논리 연구 1

Logische Untersuchungen I

논리 연구 1

순수논리학의 서론

에드문트 후설

이종훈 옮김

민음사

일러두기

1 이 일련의 책은 후설이 1900~1901년에 발표한 *Logische Untersuchungen* Ⅰ, Ⅱ/1, Ⅱ/2(*Tübingen*; *Max Niemeyer*, 1968)를 번역한 것으로, 각각 『논리 연구』 제1권, 제2-1권, 제2-2권으로 출판한다.

2 후설은 제1권과 제2-1권은 1913년에, 제2-2권은 1921년에 개정판을 출간했는데, 제1권과 제2-2권은 대부분 문구만을 손질한 데 반해 제2-1권은 상당한 내용을 수정했다. 따라서 제2-1권의 경우 초판과 재판의 차이를 명시해 밝히는 것도 후설의 사상이 발전되는 구체적인 모습을 살펴볼 수 있는 등 나름대로 의의가 있지만, 전체의 체제를 구성하는 데 매우 복잡해지고 어려운 점이 많아질 뿐만 아니라 일반 독자들에게는 서지학상의 관심이나 문제에 그칠 것으로 판단해 특별한 경우만 주석에서 언급했다.

3 본문에서 거명한 학자에 대해서는 각 권에서 처음 등장하는 곳에서만 간략하게 소개했다.

4 원문에서 격자체나 이탤릭체로 강조한 부분은 고딕체로, 겹따옴표(" ")로 강조된 부분은 홑따옴표(' ')로 표기했다. 몇 가지 말로 합성된 용어에도 원문에는 없는 홑따옴표로 묶었다.

5 상당히 긴 문장 가운데 문맥의 흐름을 부각시키거나 부분적 내용을 강조하기 위해 원문에 없는 홑따옴표로 묶었으며, 관계대명사로 길게 이어지는 문장은 짧게 끊거나 그것이 수식하는 말의 앞뒤에 줄표(―)를 넣었다. 물론 너무 긴 문단은 그 내용에 따라 새로운 단락으로 나누었다.

6 분문 중 괄호 ( )는 원문에 의한 것이며, 문맥의 흐름에 따라 또는 독자의 이해를 돕기 위해 옮긴이가 보충한 말은 꺾쇠괄호 〔 〕속에 넣었다.

7 후설의 저술에 대한 약칭은 대부분 한국현상학회가 정한 '후설 저서 약호표'에 따랐다.(이 책 끝의 '후설의 저술' 참조)

차례

옮긴이 해제 후설현상학 전체의 얼개인 심리학주의 비판과 지향적 분석   11

머리말   41

제2판의 머리말   45

들어가는 말

1   논리학에 대한 정의와 그 학설의 본질적 내용에 관한 논쟁   57

2   원리적 문제에 대한 논의를 갱신할 필요성   59

3   쟁점. 선택해 나아갈 길   62

1절   규범적 분과 특히 실천적 분과로서의 논리학

4   개별학문들이 이론적으로 불완전한 점   65

5   형이상학과 학문이론을 통해 개별학문들을 이론적으로 보충하는 것   67

6   학문이론으로서 논리학의 가능성과 그 정당화   68

7   계속. 정초의 가장 중요한 세 가지 특징   73

8   이러한 특징과 학문 및 학문이론의 가능성의 관계   75

9   학문의 방법적 처리방식. 일부는 정초, 일부는 정초를 위한

보조작업   79

10   학문이론의 문제로서 이론과 학문의 이념   81

11   규범적 분과로서, 기술학(技術學)으로서 논리학 또는 학문이론   82

12   이와 관련된 논리학의 정의   84

2절   규범적 분과의 기초로서 이론적 분과

13 논리학의 실천적 성격에 관한 논쟁   87

14 규범적 학문의 개념. 규범적 학문에 통일성을 주는 근본척도 또는

원리   99

15 규범적 분과와 기술학   107

16 규범적 분과의 기초인 이론적 분과   108

3절   심리학주의, 그 논증과 통상적 반증에 대한 견해

17 규범적 논리학의 본질적인 이론적 기초가 심리학에 있는지의 쟁점   111

18 심리학주의자의 논증   112

19 이에 대립된 측의 통상적 논증과 심리학주의의 응답   113

20 심리학주의자의 논증이 놓친 빈틈   120

4절   심리학주의의 경험론적 귀결

21 심리학주의자의 관점과 그 논박에서 두 가지 경험론적 귀결의

특징   123

22 고립되어 작동해 이성적 사유를 일으키는 추정적 자연법칙인

사유법칙   128

23 심리학주의의 세 번째 귀결과 그 논박   133

24 계속   139

5절 심리학주의의 논리적 근본법칙 해석

25 모순율에 대한 밀과 스펜서의 심리학주의적 해석 143

26 원리에 대한 밀의 심리학적 해석은 어떠한 법칙도 산출하지 않고
완전히 모호하고 학문적으로 검증되지 않은 경험법칙을 산출한다 147

25와 26의 부록. 경험론의 몇 가지 원리적 결함 150

27 논리적 원리를 그 밖의 심리학적으로 해석하는 데 대한 유사한
반론. 기만의 원천인 애매함 153

28 사유의 자연법칙으로 파악하는 동시에 이 법칙을 논리적으로
규제하는 규범법칙으로 파악할 수 있을 모순율의 추정적 양면성 159

29 계속. 지그바르트의 학설 165

**6절 심리학주의의 조명에서 삼단논법 추론. 추론공식과
화학공식**

30 삼단논법의 명제를 심리학적으로 해석하는 시도 171

31 추리공식과 화학공식 175

7절 회의적 상대주의인 심리학주의

32 이론 일반이 가능한 이념적 조건. 회의주의의 엄밀한 개념 180

33 형이상학적 의미에서 회의주의 183

34 상대주의 개념과 그 특수한 형태 185

35 개인적 상대주의에 대한 비판 186

36 종적 상대주의와 특히 인간학주의에 대한 비판 187

37 일반적 논평. 확장된 의미에서의 상대주의라는 개념 194

38 그 모든 형식에서 심리학주의는 상대주의이다 195

39 지그바르트 논리학에서 인간학주의   197

40 에르트만 논리학에서 인간학주의   211

8절   심리학주의의 편견

41 첫 번째 편견   232

42 상세한 설명   237

43 관념론적 반론에 대한 검토. 그 결함과 정당한 의미   242

44 두 번째 편견   245

45 '순수수학도 심리학의 한 분과가 될 것이다'라는 데 대한 논박   246

46 순수수학과 유사하게 순수논리학의 탐구영역은 이념적 영역이다   248

47 논리적 근본개념에서 그리고 논리적 명제의 의미에서 입증하는

    증명   252

48 결정적 차이   256

49 세 번째 편견. 명증성의 이론으로서 논리학   259

50 논리적 명제가 판단의 명증성의 이념적 조건에 관한 명제로

    애매하게 변형됨. 그 결과로 생기는 명제는 심리학적 명제가

    아니다   262

51 이러한 논쟁에서 결정적 문제   268

9절   사유경제의 원리와 논리학

52 들어가는 말   273

53 마흐-아베나리우스 원리의 목적론적 성격과 사유경제학의

    학문적 의미   275

54 사유경제학의, 주로 순수연역적 방법학의 영역에서 정당화된

    목적에 대한 상세한 설명. 순수연역적 방법학과 논리적 기술학의

　　　관련　　　　　　　　　　　　　　　　　　　　　　　　　　279

55　순수논리학과 인식론에서 사유경제학이 무의미함 그리고

　　사유경제학과 심리학의 관계　　　　　　　　　　　　　　285

56　계속. 순수논리적인 것을 사유경제적으로 정초하는 '선결문제

　　요구의 오류(hysteron proteron)'　　　　　　　　　　　288

10절　비판적 고찰의 결론

57　우리의 논리적 노력이 당연하다고 생각하는 오해에 대한 숙고　　294

58　과거의 위대한 사상가 가운데 우선 칸트와의 연결점　　　297

59　헤르바르트 그리고 로체와의 연결점　　　　　　　　　　299

60　라이프니츠와의 연결점　　　　　　　　　　　　　　　304

61　순수논리학의 이념을 인식비판으로 정당화하고 부분적으로는

　　실현할 독자적인 연구의 필요성　　　　　　　　　　　308

　　추가. 랑에와 볼차노를 참조　　　　　　　　　　　　310

11절　순수논리학의 이념

62　학문의 통일성. 사물들의 연관과 진리들의 연관　　　　315

63　계속. 이론의 통일성　　　　　　　　　　　　　　　318

64　학문에 통일성을 부여하는 학문의 원리와 학문 이외의 원리.

　　추상적 학문과 구체적 학문 그리고 규범적 학문　　　　321

65　학문 또는 이론 일반이 가능한 이념적 조건의 물음.　　　325

　　A. 현실적 인식과 관련된 물음　　　　　　　　　　　325

66　B. 인식의 내용과 관련된 물음　　　　　　　　　　　328

67　순수논리학의 과제. 첫째 과제 : 순수의미의 범주, 순수대상적

　　범주 그리고 그 법칙적 결합을 고정시키는 것　　　　　331

68 둘째 과제: 이러한 범주들 속에 근거하는 법칙과 이론   334

69 셋째 과제: 가능한 이론들의 형식에 관한 이론 또는 순수

    다양체이론   335

70 순수 다양체이론의 이념에 대한 설명   337

71 작업의 구분. 수학자의 작업수행과 철학자의 작업수행   341

72 순수논리학의 이념을 확장하는 것. 경험적 인식의 순수한

    이론으로서 순수 개연성이론   345

    후설 연보   348

    후설의 저술   354

    찾아보기   361

후설현상학 전체의 얼개인
심리학주의 비판과 지향적 분석

1 후설현상학에 대한 이해의 문제

일반적 오해와 편견

현상학(Phänomenologie)은 객관적 실증과학을 극복할 새로운 방법론으로 간주되든 전통 철학의 심화된 형태로 간주되든, 다양한 '현상학운동'으로 왕성하게 발전하면서 현대의 철학뿐 아니라 인문·사회과학과 문화예술 전반에 매우 깊은 영향을 지속적으로 끼쳐 왔다. 우리나라에도 이제 현상학과 관련한 논문이나 입문서가 결코 적지 않으며, 후설과 하이데거(M. Heidegger), 메를로퐁티(M. Merleau-Ponty), 사르트르(J. P. Sartre) 등 주요 현상학자의 원전도 여러 권 번역되었다. 그래서 문학(예술)비평, 영화, 체육, 의학(간호학) 등에서도 현상학을 강렬하게 요구하고 있다.

그러나 현상학의 창시자인 후설을 본격적으로 다룬 연구는 점차 줄어들고 있고 정작 한국현상학회에서조차 가끔씩 그것도 피상적으로 언급될 뿐이다. 과연 이러한 현상은 후설현상학이 충분히 이해되었다는 사실을 뜻하는가?

수학자로 출발한 후설은 수학의 기초를 논리학에서, 또 논리학의 기초를 인식론에서 정초함으로써 철학의 참된 출발점을 근원적으로 건설하고자 자신의 관점을 끊임없이 비판해 갔다. 이 과정에서 스스로 만족할 수 없으면 줄곧 검토하고 수정했을 뿐 어떤 자료도 발표하지 않았다. 그래서 생전에는 『산술철학』(1891), 『논리 연구』(1900~1901), 『엄밀한 학문』(1911), 『이념들』 제1권(1913), 『시간의식』(1928), 『형식논리학과 선험논리학』(1929), 『성찰』(프랑스어판, 1931), 『위기』(1936)만 출간되었다. 더구나 그의 사상에 엄청난 변화가 일어났던 『논리 연구』부터 『엄밀한 학문』까지 10년 동안, 또한 『이념들』 제1권부터 『형식논리학과 선험논리학』까지 16년 동안의 모습은, 1차 세계대전으로 많은 제자들이 희생되었을 뿐 아니라 일반인조차 정상적으로 살아가기 매우 힘든 시대 극한적인 상황 때문에 전혀 알려질 수 없었다.

그 결과 후설의 사상은 일관되게 발전된 총체적 모습보다 그때그때 발표된 저술을 통해 '의식(이성)을 강조한 관념론인가, 경험의 지평구조를 밝힌 실재론인가', '주관적 합리론인가, 객관적 경험론인가' 등 각기 근본적으로 다른 시각에서 인식되고 평가되었다. 이처럼 혼란스러운 해석은 그가 어떤 전제로부터 정합적 체계를 구축하기보다 '사태 자체로!(zur Sachen selbst!)' 접근하기 위해 부단한 사유실험으로 분석해 갔기 때문에, 스스로 길을 만들고 찾아가는 독창적 사상가에게는 흔히 일어날 수 있다. 그러나 후설현상학은 좀 더 독특한 배경과 원인 때문에 오랫동안 고정된 편견과 왜곡된 해석으로 뒤엉킨 매우 견고하고도 상당히 두꺼운 껍질에 에워싸여 있다. 무엇 때문인가?

올바른 이해의 길

그 원인은 우선 후설 자체에 있다. 그의 문체는 독일어를 모국어로 사용하는 사람조차 이해하기 힘들 정도로 매우 길고 복잡하다. 다양하게 얽혀 끊임없이 흐르는 의식의 구조와 기능을 치밀하게 분석한 용어와 과정도 쉽게 파악하기 어렵다. 또한 이렇게 밝혀낸 풍부한 성과는, 4만 5000장의 속기 원고와 1만여 장의 타이프 원고로 남겨진 방대한 자료가 지금도 계속 편집되어 출판되고 있기에, 이미 일정한 모습으로 알려진 그의 사상과는 외견상 다르게 해석될 수 있다.

그런데 후설현상학을 제대로 알고 싶다면 이러한 어려움 정도는 당연히 감수해야만 한다.

더 심각한 원인은 후설현상학을 진정으로 그에 충실하게 이해하지 않는 데 있다. 특히 그의 사상에서 발전 단계를 '기술적(記述的) 현상학 → 선험적(先驗的) 현상학 → 생활세계(生活世界) 현상학', '정적(statisch) 분석 대 발생적(genetisch) 분석'이라는 단절된 틀 속에서 도식적으로 이해하는 데 있다. 물론 이러한 구분은 어떤 시기의 후설 사상과 그 발전 과정을 이해하는 데 나름대로 큰 의미가 있다. 그러나 이렇게 단절된 도식적 이해 틀에 맞추어 후설현상학을 제시하거나 소개하는 문헌, 더구나 후설에 충실하기보다 자신의 철학을 전개하는 데 급급했던 현상학자들의 피상적 비판에 의존하는 2차 문헌들은 후설현상학의 참모습을 철저히 왜곡시키고 그의 현상학이 제시해 주는 생생하고 다양한 연구의 새로운 지평을 뿌리째 잘라 낼 뿐이다.

그렇다면 이렇게 단절된 도식적 이해의 틀은 어떻게 발생할 수 있었는가?

첫째, 후설은 『논리 연구』 제1권(1900)에서 심리학주의를 회의적 상대주의라고 철저히 비판함으로써 객관주의자로 부각되었으나, 제2권

(1901)에서 다양한 의식체험을 분석함으로써 간단히 주관주의자로 각인되었다. 이미 1898년경 완성된 이 두 책이 동시에 또는 같은 해 출간되었다면, 처음부터 후설현상학은 '객관주의인지 주관주의인지' 하는 논란조차 일어나지 않았을 것이다.

어쨌든 이러한 편견 때문에 제1권 여러 곳에서 제2권이 다룰 내용을 제시하는 한편 제2권에서 제1권의 이념 아래 전개된다는 점을 분명히 밝혀도, 또한 후설이 주관적 심리학주의뿐만 아니라 주관에 맹목적인 객관적 논리학주의를 비판해도 전혀 보이지 않게 된다. 물론 그가 여러 곳에서 밝혔듯이, "현상학 전체를 포괄하는 문제의 명칭"인 의식의 지향성(Intentionalität)을 제대로만 파악하면 이러한 가정마저 쓸데없어진다.

둘째, 그는 가장 근원적인 종합형식인 내적 시간의식(Zeitbewuβtsein)을 1904~1905년 강의에서 체험의 시간적 발생을 지향적 구조로 치밀하게 분석했다. 이 성과는 그 뒤 여러 저술에서 빈번히 강조해 인용되었지만, 1928년에야 하이데거가 편집해 『시간의식』으로 발표되었다. 그러나 비슷한 주제로 1927년 발표된 하이데거의 『존재와 시간』에 곧바로 파묻혀 버렸다.

정적 분석(현상학)과 발생적 분석(현상학)이 상호 보완 관계가 아니라 배타적 대립 관계라면 발생적 분석(현상학) 이후에는 정적 분석(현상학)에서 다룬 주제나 논의가 전혀 등장하지 않는가. 스스로를 부단히 비판해 간 철학자라는데 진솔한 고백이라도 남겼어야 하지 않는가. 만약 1917년 이미 탈고된 그 초고가 좀 더 일찍 알려질 수 있었다면, '정적 분석 대 발생적 분석'으로 대립시켜 후설현상학에 접근하는 시각은 아예 생기지도 않았다.

셋째, 그는 『이념들』 제1권(1913)에서 최초로 현상학의 원리와 규범, 방법과 문제를 제시했다. 그리고 제2권에서는 신체(Leib)의 운동감각을 통해 동기가 부여되는 발생적 구성(Konstitution)의 문제를 치밀하게 분석했다. 그런데 제2권은 제3권과 함께 이미 1912년에 탈고되었지만, 몇 차례 수정과 검토를 거치다 그가 죽은 뒤 한참 후인 1952년에야 출간되었다.

매우 긴 제목의 일련의 책을 자의적으로 분리시키는 것은 우물 안 개구리가 하늘 보는 것과 무엇이 다른가. 제1권에서 제2권을, 제2권에서 제1권을 여러 차례 언급해도, 생활세계가 선험철학으로 가는 하나의 길이라고 큰 제목에서 분명하게 제시해도 전혀 보이지 않을 뿐이다. 만약 제2권이 마지막 세 번째 수정했던 1917년에 발표되었다면, '정적 분석 대 발생적 분석' 또는 '선험적 현상학 대 생활세계 현상학'으로 단절시켜 이해하는 소모적 논의도 일어나지 않았을 것이다.

결국 후설현상학의 참모습을 밝히고 다양하게 발전시키는 길은 이러한 단절된 도식적 이해의 틀이 근본적 오류임을 정확하게 인식하는 데서 출발할 수밖에 없다. 즉 후설현상학의 슬로건 '사태 그 자체로!(zur Sachen selbst!)'처럼, '후설로 돌아가야(zurück zu Husserl)' 한다. 그런 다음 '후설과 더불어 철학, 즉 현상학을 해야(Philosophieren, Phänomenologieren)' 한다. 그렇지 않으면 후설이 거듭 강조했듯이, 소박한 자연적 태도에 고착되어 그가 강조한 선험철학을 받아들이기는커녕 읽어도 알아들을 수 없기 때문이다.

2 후설현상학의 이념과 방법 그리고 전개 과정

후설현상학의 이념과 방법

에드문트 후설은 1859년 4월 8일 독일의 메렌주(당시에는 오스트리아의 영토) 프로스니츠(현재 체코의 프로스테요프)에서 유대인으로 태어나 1938년 4월 27일 프라이부르크에서 일흔아홉 살에 사망했다. 할레대학교 강사(1887~1901), 괴팅겐대학교 강사(1901~1906)와 교수(1906~1916), 프라이부르크대학교 교수(1916~1928) 그리고 은퇴 후 죽는 날까지 오직 강연과 집필에 몰두했던 그는, "철학자로 살아왔고 철학자로 죽고 싶다."라는 자신의 유언 그대로, 진지한 초심자의 자세로 끊임없이 자기비판을 수행한 바로 '철학자' 자체였다.

이러한 50여 년에 걸친 학자로서 그의 외길 삶은 (이론, 실천, 가치를 포함한) 보편적 이성을 통해 모든 학문의 타당한 근원과 인간성의 목적을 되돌아가 물음으로써 궁극적 자기책임에 근거한 이론(앎)과 실천(삶)을 정초하려는 '엄밀한 학문으로서의 철학', 즉 선험적 현상학(선험철학)의 이념을 추구한 것이었다. 이 이념을 추적한 방법은 기존의 철학에서부터 정합적으로 형이상학적 체계를 구축하는 것이 아니라, 모든 편견에서 해방되어 의식에 직접 주어지는 '사태 자체로' 되돌아가 직관하는 것이다.

이러한 이념과 방법은 부단히 발전을 거듭해 나아간 그의 사상에서 조금도 변함없었다. 그와 직접적 또는 간접적 관련 아래 독자적 사상을 전개한 수많은 현대 철학자, 심지어 그의 충실한 연구조교였던 란트그레베(L. Landgrebe)와 핑크(E. Fink)까지도 나중에는, 암묵적이든 명시적이든, 선험적 현상학을 비판하고 거부했다. 후설은 이들이 거둔 성과를 높게 평가했지만 결코 선험적 현상학을 포기하지 않고 끝까지 견지했다. 그가 후기에 '생활세계'를 문제 삼았던 것도 '선험적 현상학'(목적)에 이르기 위한 하나의 길(방법)이었다. '방법(method)'은 어원상 meta+hodos, '무엇을 얻기 위한 과정과 절차'를 뜻하듯 그것이 추구하는 목적과 결코 분리될 수 없기 때문이다.

물론 초기 저술의 정적 분석과 후기 저술이나 유고의 발생적 분석으로 드러난 모습에는 상당한 차이가 있다. 그러나 이들은 서로 배척하는 관계가 아니라 마치 어떤 건물에 대한 평면적 파악과 입체적 조망처럼 전체를 이해하는 데 필수 불가결한 보완 관계이다. 그것은 모든 의식체험이 시간적으로 등장하는 그 자신의 역사, 즉 시간적 발생을 갖기 때문에 1904~1905년 강의 후 이 발생적 분석을 줄곧 적용한 데에서도 확인된다. 다만 어떤 저술의 어느 부분에서 정적 또는 발생적 분석이 더 전면에 부각되고 있을 뿐이다.

후설현상학의 전개 과정

1) 수학에서 논리학으로, 논리학에서 인식론으로 근원을 파고들다

라이프치히대학교와 베를린대학교에서 수학과 철학을 공부하고 변수계산(變數計算)으로 박사학위를 받아 수학자로 출발한 후설은 빈대학교에서 브렌타노(F. Brentano)의 영향을 받아 철학도 엄밀한 학문이 될 수 있다고 확신해 수 개념을 심리학적으로 분석한 교수자격 논문을 발표했다.(이 논문은 1891년 『산술철학』으로 확대해 출판되었다.) 그러나 그는 곧 이 시도가 충분치 않음을 깨달았다. 여기에는 프레게(G. Frege)와 나토르프(P. Natorp)의 비판, 판단작용과 판단내용을 구별해 순수논리학을 추구한 볼차노(B. Bolzano)의 영향, 그리고 수학과 논리학의 형식적 관계를 밝히려는 자신의 문제도 확장되었다.

그래서 후설은 1900년 『논리 연구』 제1권에서 논리법칙을 경험적 사실에 입각한 심리법칙으로 이해해 논리학의 근거를 심리학에서 찾는 심리학주의는 객관적 진리 자체를 주관적 의식체험으로 해소시키는 회의적 상대주의에 빠질 뿐이라고 비판하고, 학문이론으로서의 순수논리학을 정초하고자 했다. 그 비판의 핵심은 이념적인 것(Ideales)과 실재적인 것(Reales) 그리고 이념적인 것이 실천적 계기로 변형된 규범적인 것

(Normales)의 근본적 차이를 인식론적으로 혼동한 기초이동(metabasis)을 지적한 것이다. 물론 이것은 주관적 심리학주의뿐 아니라 주관에 맹목적인 객관적 논리학주의도 비판한 것이다.

그는 이것들의 올바른 관계를 파악하기 위해 경험이 발생하는 사실이 아니라 경험이 객관적으로 타당하기 위한 권리, 즉 '어떻게 경험적인 것이 이념적인 것 속에 내재하며 인식될 수 있는가?'를 해명하고자 1901년 『논리 연구』 제2권에서 의식의 다양한 체험들을 분석해 그 본질구조가 곧 지향성이라는 점을 분명하게 밝혔다. 결국 형식논리학과 모든 인식에 타당성과 존재의미를 부여하는 궁극적 근원인 순수의식을 해명하는 선험논리학의 영역으로 들어선 것이다.

어쨌든 이 의식분석을 순수논리학보다는 체험심리학이나 인지심리학의 고유한 관심사로 간주한 동시대인들은 주관성으로 되돌아가 묻는 작업을 심리학주의로 후퇴한 것, 심지어 '단순한 의식철학', '주관적(절대적) 관념론'으로까지 해석했다. 그는 이러한 오해가 소박한 자연적 태도 때문에 발생한다는 점을 여러 번 해명했지만 이미 깊게 뿌리내린 편견을 해소할 수는 없었다.

경험의 대상과 그 대상이 주어지는 방식 사이의 보편적 상관관계의 아프리오리(Apriori)에 대한 생각이 처음 떠오른 것(『논리 연구』가 마무리된 1898년경)에 깊은 충격을 받아, 그 이후 나의 전 생애에 걸친 작업은 이 상관관계의 아프리오리를 체계적으로 완성하는 것이었다. …… 선험적 환원을 통해 새로운 철학을 체계적으로 소개한 첫 시도는 『이념들』 제1권(1913)으로 나타났다. 그 후 수십 년간 동시대의 철학은 — 이른바 현상학파의 철학도 — 구태의연한 소박함에 머물곤 했다. 물론 이 철저한 전환, 즉 삶의 자연적 방식 전체의 총체적 변경이 맨 처음 등장하기란 매우 어려워 충분히 근거 지어 서술될 수는 없었다. 특히 …… 자연적 태도로 다시

전락함으로써 일어나는 끊임없는 오해가 발생하는 경우 더욱 그러했다.(『위기』, 169~170쪽 주)

결국 그의 심리학주의 비판은 심리학 자체를 거부한 것이 아니라 자연과학적 행동주의 심리학이나 객관주의적 형태심리학의 소박한 자연적 태도를 지적한 것이다. 심리학이나 그 밖의 학문을 통해 이성(순수의식, 선험적 주관성)에 관한 참된 학문의 길을 제시하려는 선험적 현상학(선험철학)은 후설 사상에서 변함없는 핵심적 과제였다.

2) 선험적 현상학이 싹트는 결정적 계기들

후설은『논리 연구』제2권 이후『이념들』제1권까지 10여 년간 줄곧 논리적, 실천적, 가치 설정적 이성 일반에 대한 비판에 집중했으나 이에 관한 강의나 연구 초안 가운데 어떤 것도 발표하지 않았다. 그러나 이 기간에 선험적 현상학이 싹트는 데 주목할 만한 일이 세 가지 있었다.

첫째, 1904~1905년 겨울학기 강의「현상학과 인식론의 주요 문제」다. 이 가운데 순수한 감각자료의 시간적 구성과 그 구성의 기초인 현상학적 시간의 자기구성을 다룬 부분은 시간의식의 지향적 성격을 밝힘으로써 이른바 후기 사상의 전개 축인 발생적 분석의 지침을 생생하게 제시하고 있다. 1916년부터 후설의 연구조교였던 슈타인(E. Stein)은 1917년 9월 베르나우에서 이 원고를 후설과 면밀하게 검토해 최종적으로 정리했다. 하이데거는 이 자료를 편집해 1928년『연보』제9권에 발표했고, 1966년 출간된 후설전집 제10권『시간의식』은 여기에 1893년부터 1911년까지의 자료를 수록했다.

앞에서 도식적으로 이해하는 잘못의 근원을 밝히며 언급했듯이, 만약 슈타인이 정리한 베르나우 원고가 당시 널리 알려졌거나 하이데거의『존재와 시간』(1927)이 출판되기 이전인 1926년 4월 토츠나우베르크에서 하이데거에게 베르나우 원고를 출간할 의사를 밝혔을 때 즉시 공표되었다면, 후설현상학을 '정적 분석 대 발생적 분석'으로 대립시켜 이해하는 틀은 생기지도 않았다.

둘째, 1905년 여름 제펠트에서 젊은 현상학도들과 연구했던 초고다. 여기에서 선험적 현상학의 중심 개념인 '환원(Reduktion)'과 대상의 '구성(Konstitution)'에 관한 문제를 처음으로 다룬다. 이 환원은 의식체험에 대한 분석이 지각에서 회상과 감정이입(Einfühlung)까지 확장될 수 있는 실마리다. 이 주제로 행한 1907년 강의의 총론인 「다섯 개 강의」는 1950년 후설전집 제2권 『이념』으로, 그 각론인 「사물에 대한 강의」는 1973년 후설전집 제16권 『사물과 공간』으로, 이들과 밀접히 관련된 1906~1907년 강의는 1984년 후설전집 제24권 『논리학과 인식론』으로 출간되었다.

만약 선험적 관념론이 단순한 전통적 관념론의 한 형태로 간주된 『이념들』제1권이 출간된 이후 이와 불가분한 1906~1907년 자료 『사물과 공간』(1973)과 『논리학과 인식론』(1984)의 발간까지 70여 년이나 걸리지 않았다면, 현상학적 환원의 다양한 확장을 당연하게 받아들여 후설현상학을 전통적 의미의 '관념론'이나 '실재론'으로 해석하는 소모적 논쟁은 전혀 없었을 것이다.

셋째, 1910년 크리스마스 휴가부터 다음 해 초까지 작성해 《로고스(Logos)》 창간호에 발표한 『엄밀한 학문』이다. 그는 모든 존재를 수량화해 규정하고 의식과 이념을 자연화(사물화)하는 자연주의는 의식의 지향성을 파악할 수 없고, 우연한 경험적 사실로 보편타당한 이념적 규범을 정초하는 모순일 뿐만 아니라 삶에서 가치와 의미의 문제가 소외된다고 비판했다. 사회와 문화의 발전을 직관적 체험을 통해 추후로 이해하는 역사주의는 각 역사적 입장을 모두 부정하는 회의적 상대주의가 되며, 세계에 대한 세속적 경험과 지식을 강조하는 세계관철학은 각 세계관을 모두 인정하는 역사주의적 회의론이 된다고 비판했다. 그 가치평가의 원리가 이념적 영역에 있기 때문이다.

다른 저술에 비해 비교적 짧은 이 논문은 그의 강의와 세미나에 참석한 제자들만 파악하던 현상학의 구상을 일반 대중에게 극명하게 제시한 선언문이다. 이 비판의 시각은 『이념들』 제1권의 사실에 맹목적인 소박한 실증주의에서 『위기』의 수학적 방법에 따른 물리학적 객관주의로 확장된다. 따라서 이 논문은 과학기술 문명의 그늘 속에 발생한 현대의 학문과 인간성의 위기를 극복하기 위해 인격적 자아의 자기망각에서 벗어나 선험적 주관성을 해명하려는 그의 선험적 현상학을 총체적으로 이해하는 데 결정적인 시금석이다.

3) 선험적 현상학을 체계적으로 제시한 『이념들』 제1권

현상학에 대한 관심이 급증하는 가운데 상반된 해석과 많은 오해가 제기되었기 때문에 후설은 그 통일적인 모습을 체계적으로 밝힐 필요가 있었다. 그래서 1906년 겨울학기 이래 준비해 왔던 자료를 토대로 자신이 1913년 공동 편집인으로 창간한 《철학과 현상학적 탐구 연보》에 『이념들』 제1권을 발표했다. 제11권(1930)까지 이어진 이 《연보》에는 후설뿐만 아니라 하이데거, 셸러(M. Scheler), 팬더(A. Pfänder), 인가르덴(R. Ingarden), 슈타인, 란트그레베, 베커(O. Becker), 핑크 등의 탁월한 연구들이 연이어 수록되었다.

그는 여기에서 현상학의 최고 원리가 '원본적으로 부여하는 모든 직관이 인식의 권리원천'이며, 규범은 '의식 자체에서 본질적으로 통찰할 수 있는 명증성만 요구할 것'이고, 문제 영역은 이성(순수의식 또는 선험적 자아)의 본질 구조를 지향적으로 분석하는 새로운 인식비판이라고 분명히 제시했다. 또한 그 방법으로 '판단중지(Epoché)'와 '형상적 환원(idetische Reduktion)', '선험적 환원(transzendentale Reduktion)'을 최초

옮긴이 해제

로 소개했다.

'판단중지'는 자연적 태도로 정립된 실재 세계의 타당성을 괄호 속에 묶어 일단 보류하는 것이다. 예를 들어 어떤 빨간 장미꽃을 보았을 때, 이것에 관해 자신이 과거에 경험한 것이나 개인적 편견에 따라 판단하는 것을 일시적으로 중지하는 것이다. 그러나 그 꽃이 실제로 존재함을 부정하거나 회의하는 것이 아니라 그것을 바라보는 관심과 태도를 변경해 경험의 새로운 영역을 볼 수 있게 만드는 것이다.

'형상적 환원'은 개별적 사실에서 보편적 본질로 이끄는 것이다. 즉 빨간 장미꽃에서 출발해 상상 속에서 자유롭게 변경함으로써 빨간 연필, 빨간 옷 등을 만들고, 이들이 서로 합치하는 것을 종합해 '빨간색'이라는 본질, 즉 형상을 직관한다. 이 본질은 어떤 신비적인 형이상학적 실체가 아니라 의식에 의해 보편화된 새로운 대상, 즉 그 경험이 구조적으로 밝혀질 수 있는 최소한의 필요조건이다.

'선험적 환원'은 의식의 작용들과 대상들에 통일성을 부여하고 그것의 동일한 의미를 구성하는 원천인 선험적 자아와 그 대상 영역을 드러내는 것이다. 선험적 자아와는 동일한 자아이지만 서로 다른 양상인 경험적 자아는 구체적으로 존재하는 세계와 일상적으로 교섭하는 사실적 자아이고, 선험적 자아는 자연적 태도의 경험들을 판단중지하고 남은 기저의 층으로 환원을 수행하는 자의 구체적인 체험흐름이다.

그러나 순수의식의 본질 구조를 해명한 선험적 현상학은 '주관적(또는 절대적) 관념론'이라는 인상과 함께, 자아 속으로 파고들 뿐인 '독아론(獨我論)'으로 간주되었다. 더구나 제1권 「순수현상학의 일반적 입문」은 본래 계획한 3부 가운데 제1부이다. 1912년 완결된 제2부의 초고는 슈타인이 1913년과 1918년 두 차례 수기로 정리했고, 이것을 란트그레베가 1924~1925년 타이프로 정서했지만, 30년 이상 지나서야 비로소 비멜(M. Biemel)이 부록과 함께 편집해 1952년 후설전집 제4권

(「구성에 대한 현상학적 분석」)과 제5권(「현상학과 학문의 기초」)으로 출간 되었다.

그 결과 흔히 '선험적 관념론'으로 알려진 『이념들』 제1권과 '경험 적 실재론'으로 해석되는 제2권은 하나의 동일한 저술로서보다 마치 다른 주제를 다른 시기에 작성한 것처럼 되었다. 물론 제2권과 제3권도 본래의 구상에서 제2부의 제1편과 제2편일 뿐이다. 즉 제3부 「현상학 적 철학의 이념들」은 전혀 다루어질 수 없었다.

4) 현상학적 철학의 이념을 부단히 모색한 시기

후설은 『이념들』 제1권 이후 선험적 현상학, 즉 현상학적 철학의 이 념을 밝히고자 부단히 노력했지만, 스스로 그 성과에 만족하지 못해 1929년 『형식논리학과 선험논리학』까지 어떠한 저술도 발표하지 않았 다. 그러나 그 흔적은 다음과 같은 데서 추적해 볼 수 있다.

우선 1922년 6월 런던대학교에서의 강연 「현상학적 방법과 현상 학적 철학」에 나타난다. 그는 이것을 확장해 1922~1923년 「철학 입 문」(현재 유고로 남아 있다.)과 1923~1924년 「제1철학」(1956년 『제1철 학』 제1권과 1959년 제2권, 즉 후설전집 제7권과 제8권으로 출간되었다.)을 강의했다. 그가 고대 철학의 특징을 대변하는 명칭인 '제1철학(Erste Philosophie)'이라는 용어를 의도적으로 택한 이유는 근대 철학에서 독 단적 '형이상학'으로 전락할 수밖에 없었던 그릇된 이미지를 쇄신하고, 근원적이고도 보편적인 이성비판이라는 철학 본래의 이념을 철저하게 복원하고자 했기 때문이다.(이 명칭은 1920년대 말부터 점차 '선험적 현상 학' 또는 '선험철학'으로 대체된다.)

그런데 이미 여기에서 제1철학에 이르는 길로 데카르트가 방법적 회의를 통해 자의식의 확실성에 도달한 것처럼, 직접적인 길 이외에 객 관적 자연과학에 대한 비판을 통한 길, 즉 생활세계를 통한 길 그리고 자연적 태도에 입각한 경험적 심리학에 대한 비판을 통한 길 등 간접적인 길들이 모색되고 있다. 그것은 1925년 여름학기 강의 「현상학적 심리학 강의」(유고 F I 36), 1926~1927년 겨울학기 강의 「지향적 심리학의 가능성 문제」(유고 F I 33), 1928년 여름학기 강의 「지향적 심리학」(유고 F I 44)에서 확연하게 드러난다.

그리고 1927년 하이데거와 함께 집필을 시작해 두 차례 수정 작업을 거치면서 학문적으로뿐 아니라 인간적으로도 결별하게 된 『브리태니커 백과사전(Encyclopaedia Britannica)』(제14판, 제17권, 1929)의 「현상학」(이것은 후설이 독자적으로 작성한 4차 수정안이다.)에서 찾을 수 있다. 그는 여기에서 심리학과 선험적 현상학의 정초 관계를 해명함으로써 보편적 학문으로서의 철학, 즉 선험적 현상학의 이념을 밝히고자 했다. 그는 이것을 다소 수정하고 보완해 1928년 4월 암스테르담에서 강연했다. 그러나 「현상학」의 결론인 제3부는 제목만 밝힌 채 미완성으로 남겼다. 선험철학의 이념을 체계적으로 제시하기에는 여전히 부족하다고 느꼈기 때문이다.

5) 은퇴 후에도 계속된 선험적 현상학의 이념 추구

후설은 1928년 봄 하이데거에게 프라이부르크대학교의 교수직을 넘기고 은퇴했다. 그러나 학문적 작업마저 은퇴한 것이 아니라 오히려 더욱 왕성하게 새로운 출발을 모색해 갔다.

1928년 11월부터 다음 해 1월까지 『형식논리학과 선험논리학』을 작성해 발표했다. 여기에서 술어적 판단 자체의 진리와 명증성은 판단의 기체(基體)들이 주어지는 근원적인 선술어적 경험의 대상적 명증성에 근거하기 때문에, 형식논리학은 선험논리학에 의해 정초되어야만 참된 존재자, 즉 세계에 관한 논리학이 될 수 있음을 밝혔다. 이것은 『논리 연구』 제1권 이래 오랜 침묵을 지켰던 순수논리학의 이념을 더욱 명확하게 해명한 것이었다.

그리고 1929년 2월 프랑스학술원 주관으로 파리 소르본대학교 데카르트 기념관에서 선험적 현상학을 데카르트 전통에 입각해 체계적으로 묘사한 「선험적 현상학 입문」을 강연했다. 레비나스(E. Levinas)가 주로 번역한 '강연 요약문'은 1931년 프랑스어판 『데카르트적 성찰』로 출간되었다. 그런데 이러한 시도는 현상학을 방법론으로만 받아들인 셸러나, 선험적 자아를 이념적 주체로 규정해 비판한 하이데거를 통해 전파된 프랑스에 자신의 철학을 직접 해명하려는 것이었다. 후설이 볼 때, 이들의 현상학은 소박한 자연적 태도에 머문 인간학주의로서 '세속적(mundan)' 현상학일 뿐 '선험적' 현상학에는 이르지 못한 것이다.

그는 이 '파리 강연'을 독일어판으로 확장해 출판하는 일을 필생의 작업으로 삼고 수정해 갔다.(이 원고는 1973년 후설전집 제15권 『상호주관성』 제3권으로 출간되었다.) 한편 그는 칸트학회의 초청으로 1931년 6월 프랑크푸르트대학교, 베를린대학교, 할레대학교에서 「현상학과 인간학」을 강연했다.(이것은 1989년 후설전집 제27권 『강연집 2』에 수록되었다.) 여기에서 철학을 인간학적으로 정초하려는 딜타이(W. Dilthey) 학파의 생철학과 셸러나 하이데거의 시도를 비판하고, 철저한 자기성찰과 자기책임에 입각한 선험적 현상학의 이념을 데카르트의 성찰과 관련지었다. 이 강연의 예기치 않은 성황에 크게 힘을 얻어 '감정이입, 타자경험, 상호주관성'의 문제를 중심으로 다시 수정했지만 이것 역시 만족할 수 없었다.

그래서 1932년 8월 핑크에게 위임해 『선험적 방법론』을 구상시키고 함께 검토해 갔다.(이 자료는 1988년 『제6 데카르트적 성찰』 제1권과 제2권으로 출간되었다.) 그러나 그 내용은 선험적 현상학의 이념에 충실해도 완전히 다른 책이라고 판단했다. 또한 『이념들』 제1권 이래 추구한 '데카르트적 길'이 단숨에 선험적 자아에 이르지만, 상세한 예비 설명이 없기 때문에 선험적 자아를 가상적인 공허한 것으로 보이게 만들었다. 따라서 자연적 태도를 벗어나지 못한 사람은 선험적 현상학을 이해하기 어렵다고 판단해 출판을 보류했다.

더구나 후설은 1934년 8월 프라하 국제철학회로부터 「우리 시대의 철학의 사명」이라는 주제의 강연을 요청받았다. 그때는 나치 정권이 등장해 철학뿐 아니라 정치사회 전반에 걸쳐 합리주의에 대한 반발과 과학문명에 대한 회의가 넓고 깊게 퍼져 심각한 위기를 느꼈던 시대였다. 이 야심 찬 강연 준비 때문에 '파리 강연'을 독일어판으로 완성시키려는 계획은 유보되었다.(이 자료는 1950년 후설전집 제1권 『성찰』로 출간되었다.) 또한 1919~1920년 강의 「발생적 논리학」을 중심으로 관련된 자료를 정리하던 작업도 그의 관심 밖으로 밀려났다. 란트그레베에게 위임했던 이 작업은 그의 사후 1939년 『경험과 판단』으로 출판되었다.

그는 이렇게 준비한 성과를, 이미 독일이 유대인의 활동을 제약하기 시작했기 때문에, 1935년 5월 오스트리아의 빈문화협회에서 「유럽 인간성의 위기에서 철학」을, 11월 프라하의 독일대학교와 체코대학교에서 「유럽 학문의 위기와 심리학」을 강연했다. 또다시 '선험적 현상학 입문'을 시도한 제1부에서는 유럽 인간성의 근본적 삶의 위기로 표현되는 학문의 위기를 논의하고, 제2부에서는 그리스 철학과 수학뿐 아니라 갈릴레이 이래 근대과학이 발생한 이론적 배경을 상세히 분석했으며, 데카르트에서 칸트까지 근대철학사를 목적론적으로 해석했다. 이 자료는 유고슬라비아의 베오그라드에서 1936년 발행한 《필로소피아(Philosophia)》 창간호에 실렸다.

그는 이것을 완결지어 출판하려고 혼신의 노력을 기울였다. 제3부 '선험적 문제의 해명과 이에 관련된 심리학의 기능'('A. 미리 주어진 생활세계로부터 되돌아가 물음으로써 현상학적 선험철학에 이르는 길'과 'B. 심리학으로부터 현상학적 선험철학에 이르는 길')은 수정 중이었다. 제3부 A

는 출판사에서 교정본을 받았고 증보판을 위한 '머리말'도 작성되었지만, 갑자기 늑막염에 걸려 그때까지 계속했던 수정 작업을 마무리할 수 없었다. 그 결과 제3부는 관련된 논문과 부록을 포함해 1954년 후설전집 제6권 『위기』로 출간되었다.(이와 관련된 1934~1937년 유고는 1993년 후설전집 제29권으로 출판되었다.) 어쨌든 이것도 본래 5부로 저술하려던 계획상 미완성이다.

3 후설현상학 전체의 얼개인 심리학주의 비판과 지향적 분석

'순수논리학'뿐 아니라 후설현상학의 '서론': 『논리 연구』 제1권

1) 논리학에 대한 상반된 견해

논리학은 아리스토텔레스가 체계화한 이래 그 자체로 완결된 학문처럼 보였으나, 근대 이후 논리학의 성격과 원리에 관해 논리학주의(Logizismus)와 심리학주의(Psychologismus)의 견해가 대립했다. 논리학주의는 논리학이 순수한 이론적 학문으로서 심리학이나 형이상학에 독립된 분과라고 주장하고, 심리학주의는 논리학이 판단과 추리의 규범을 다루는 기술(技術)에 관한 실천적 학문으로 심리학에 의존하는 분과라고 주장한다.

후설에 따르면, 이 두 견해는 서로 대립된 것이 아니라 긴밀하게 연관되어 있다. 이론적 학문은 존재의 사실(事實)을 다루고, 규범적 학문은 존재의 당위(當爲)를 다룬다. 그런데 예를 들어 '모든 군인은 용감해야만 한다.'라는 실천적 당위의 명제는 '용감한 군인만이 훌륭한 군인이다.'라는 아무런 규범도 갖지 않은 이론적 사실의 명제를 내포한다. 물론 거꾸로도 마찬가지이다. 따라서 규범적 학문 속에 내포된 이론적

영역은 이론적 학문을 통해 해명되어야 하며, 이론적 학문 역시 실천적 계기를 배제하는 것이 결코 아니기 때문에 규범적 성격을 지닌다. 그러나 규범의 기초는 이론에 근거하기 때문에 규범적 학문이 진정으로 학문적 성격을 지니려면 이론적 학문을 전제해야만 하는 점을 고려해 볼 때, 논리학은 본질적으로 이론적 학문에 속하고 부차적으로만 규범적 성격을 띤다.

그런데 논리학이 진리를 획득하는 법칙을 세우면, 올바른 판단과 추리에 관한 기술을 다루는 규범적 학문이 된다. 그리고 논리학의 순수한 이론적 형식들이 이처럼 실천적 규칙이나 규범으로 변형되면, 결국 실천적 규정의 대상들은 인간의 심리적 활동의 산물이기 때문에 논리학의 기초는 심리학, 특히 인식의 심리학에 있다고 주장하는 심리학주의가 된다.

2) 심리학주의의 주장과 후설의 비판

심리학주의에 따르면, 논리법칙이 심리적 사실에 근거한 심리법칙이기 때문에 논리학은 심리학의 한 분과이다. 따라서 논리법칙은 심리-물리적인 실험을 반복해 일반화한 발생적 경험법칙으로서 사유의 기능 또는 조건을 진술하는 법칙이다. 모순율은 서로 모순된 두 명제(가령 '이 선분은 직선이다.'와 '이 선분은 직선이 아니다.')를 동시에 참으로 받아들일 수 없는 서로 대립되는 마음의 신념, 즉 판단작용이 실재적으로 양립할 수 없음을 가리킨다. 삼단논법에서 두 개의 전칭부정(全稱否定) 명제로부터는 어떠한 결론도 도출할 수 없는 것도 일종의 사유작용의 물리학(Physik) 때문이다.

이에 대한 후설의 비판은 다음과 같다.

순수논리법칙은 그 대상이 현실적으로나 가능적으로 존재하는지(예를 들어 '둥근 사각형', '황금산', '화성의 생명체')를 함축하거나 전제하지 않는다. 모순율도 서로 모순된 명제나 사태가 이념적으로 양립할 수 없음을 뜻한다. 삼단논법의 타당성도 어떠한 판단작용과도 무관하다. 확률적 귀납에 의한 맹목적 확신으로 특정한 조건에서 마음이 심정적으로 느낀 인과적 필연성과, 명증적 통찰로 직접 이해된 것으로 어떠한 사실로도 확인되거나 반박되지 않는 보편타당한 논리적 필연성은 결코 혼동될 수 없다. 제한된 경우들을 일반화하는 심리학의 경험법칙에는 항상 귀납법적 비약이 내포될 수밖에 없고 예외가 언제든지 가능한 개연적 근사치만 갖기 때문이다.

그런데 귀납적 일반화의 부정확성과 한계는 모든 경험적 사실과학이 피할 수 없다. 더구나 심리학적 판단은 사실만 설명할 뿐 이성적으로 증명되어야 할 이론적 정당화가 없기 때문에 회의적 상대주의의 순환론에 빠진다.

3) 상대주의의 편견들과 이에 대한 후설의 비판

심리학주의의 인식론에는 '어떠한 진리도 없고, 어떠한 인식도 없으며, 어떠한 인식의 정초도 없다.'는 고르기아스(Gorgias)의 회의주의 전통에 따라 개인이 모든 진리의 척도(homo mensura)라고 주장하는 개인적 상대주의와, 모든 판단은 인간에 대해 참이기 때문에 진리의 척도를 인간 자체, 즉 인간의 종(種)에 두는 종적 상대주의가 있다.

그러나 '어떠한 진리도 없다.'라는 개인적 상대주의의 주장은 '어떠한 진리도 없다라는 진리는 있다.'라는 명제와 똑같은 진리치(眞理値)를 갖는 가설로서 자가당착이다. 그리고 '동일한 판단내용이 인간에게는 참인 동시에 다른 존재자에게는 거짓일 수 있다.'는 종적 상대주의의 주장도 모순율에 배치된다. 따라서 인식한 판단의 내용과 심리적 주관의 연관성(Für-mich-sein)과, 그 자체로 존재하는 논리적 객관성(An-sich-sein)은 혼동되어서는 안 된다. 이것은 결국 객관적이며 절대적인 진리

옮긴이 해제

를 주관적이며 상대적인 의식의 체험으로 해체시킬 뿐이다.

이처럼 심리학주의의 상대주의는 논리적 원리를 우연적인 사실에서 도출하기 때문에, 사실이 변하면 원리도 달라지고 그 결과 자신의 주장마저 자신이 파괴하는 자기모순과 회의주의의 순환에 빠질 수밖에 없다.

심리학주의가 회의적 상대주의에 빠지게 된 편견은 다음과 같다.

첫째, 심리적 규칙들이 심리학적으로 기초가 세워지므로 인식의 규범적 법칙은 인식의 심리학에 근거해야만 한다는 편견.

이에 대해 후설은 순수논리적 명제는 이념적인 것에 관계하고 규범적 변형을 통해 부차적으로 실천적 관심을 갖지만, 심리적 사실에 근거한 방법적 명제는 실천적 목표에 직접 관심을 갖고 실재적인 것에 관계하며 이론적인 것에는 부차적이라고 지적한다. 물론 이러한 심리학주의에 반대해 주관을 배제한 채 순수논리법칙만 강조하는 논리학주의도 본래 인식의 규칙일 뿐인 규범법칙을 논리법칙의 본질로 오해한 것이라고 비판한다. 이것은 순수이념적인 논리법칙과 이것을 실천적으로 적용한 규범을 혼동한 인식론적 오류이다.

둘째, 논리학의 개념은 심리적 활동의 산물이므로 순수논리적 명제와 방법적 명제를 구별하는 것은 무익하고 근본적으로 전도된 것이라는 편견.

이에 대해 후설은 셈하고 표상하며 판단하는 개별적 경험을 다루는 실재적 심리학은 수·개념·판단과 같은 보편적 대상, 즉 이념적 종(種)을 다루는 수학이나 논리학과 전혀 다른 분과라고 주장한다. 예를 들어 '수 5'는 어떤 사람이 5를 셈하는 것도, 그 사람의 5에 대한 표상도 아니다. 심리학주의는 논리적 사고의 이념적 경향인 합리성으로부터 인간의 사고를 구체적으로 파악하는 실재적 경향을 만들고 이것을 사유경제(思惟經濟)의 원칙으로 정초함으로써 사고의 규범과 이성적 학문의 가치와 의미를 규정한다. 그러나 규범의 이념적 타당성은 사유경제에 의한 유의미한 모든 언급의 전제이지, 사유경제가 설명한 결과는 아니다. 그리고 필연적인 논리적 이론을 평균적 유용성을 지닌 자연적 이론으로 혼동하는 것은 이치에 어긋난다.

셋째, 판단이 참으로 인식되는 명증성은 판단작용에서 우연히 생기는 부수적 감정이나 조건이므로 논리학도 심리학적 명증성의 이론이라는 편견.

이에 대해 후설은 논리적 명제나 수학적 명제는 명증성의 이념적 조건을 다룬다고 반박한다. 가령 'A는 참이다.'와 '어떤 사람이 명증적으로 그것을 A라고 판단하는 것은 가능하다.'는 다르며, 'a+b=b+a'는 그 합이 그 결합의 위치에 무관함을 말할 뿐 어느 누가 합하는 심리적 활동을 언급하지 않는다. 누구도 실제로 표상하고 셈할 수 없는 매우 큰 수의 경우 그 명증성은 심리학적으로 불가능하지만, 그 수와 이것에 관련된 심리적 체험을 이념적으로 논의할 수 있다.

> 지각의 영역에서 '보이지 않음(Nichtsehen)'이 '존재하지 않음(Nichtsein)'을 뜻하지 않듯이, 명증성이 없다고 비-진리는 아니다. …… 아무것도 없는 곳에서는 아무것도 볼 수 없듯이, 진리가 없는 곳에서는 명증성을 얻을 수 없다.(190~191쪽)

즉 다양한 실재적-주관적 판단작용과 이 작용에 의해 통일적으로 구성된 이념적-객관적 판단내용은 혼동될 수 없다. 진리 자체나 논리법칙은, 우리가 통찰하든 안 하든, 있는 그대로 존재한다. 진리는 경험에 의존하거나 경험으로 정당화되지 않지만 경험에 대해 보편타당하며, 생성되고 소멸되는 시간적 존재나 실재적 의미를 전혀 갖지 않는다. 따라서 논리법칙을 상대화하는 것은 모든 학문과 진리 일반을 상대

옮긴이 해제

화하는 회의주의로 빠진다.

4) 심리학주의 비판의 의의

후설은 1913년 『논리 연구』 제1권과 제2권의 개정판에서 제1권의 몇 군데 문구만 수정했을 뿐이다.(제1권 개정판 256쪽에 '라이프니츠' 다음 '데카르트'의 이름이 첨부된 것은 그 10여 년 동안 데카르트의 영향을 더 받았다고 추측해 볼 수 있다.) 즉 수 개념(수학)의 궁극적 근원을 되돌아가 물음으로써 순수논리학에서 찾는 심리학주의에 대한 비판은 곧 그 이후에 지속된 선험적 인식비판에 대한 최초의 형태이다. 후설 자신도 그의 마지막 저술인 『위기』에서 "『논리 연구』에서 '선험적 현상학'이 최초로 출현했다."(168쪽)라고 밝힌다.

이러한 선험적 인식비판의 태도는 선험적 현상학의 이념과 더불어 『엄밀한 학문』과 『이념들』 제1권에서 실증적 자연주의에 대한 비판, 『논리학』에서 공허한 형식논리학에 대한 비판, 그리고 『위기』에서 물리학적 객관주의에 대한 비판으로 조금도 변함없이 그대로 이어진다.

물론 후설은 헤르바르트(J. Herbart), 드로비슈(M. Drobisch), 해밀턴(W. Hamilton), 볼차노, 마이농(A. Meinong) 등 주관에 대해 맹목적인 객관적 논리학주의도 철저하게 비판한다. 이러한 사실은 후설현상학을 이해하는 가장 기본적인 토대와 축이 주관과 객관이 서로 분리되거나 대립되는 것이 아니라 항상 '주관-객관-상관관계'를 지향적으로 분석하는 것임에도 불구하고 너무나도 손쉽게 잊어버리기 쉬운 아킬레스건이다.

또한 후설은 소박한 실증적 자연과학뿐 아니라 이러한 방법론에 현혹된 객관적 학문 일반이 그 객관성에 의미와 타당성을 부여하고 삶의 가치를 창조해 가는 주관성을 망각했다고 비판한다. 즉 그의 비판은 단순한 진단에 그치지 않고 근원적 치료를 적극적으로 제시한다. 이러한 성격은 특히 '이론적 실천'이라는 개념에 잘 드러나는데, 이것은 심리학주의에 대한 비판에서 밝힌 '이념적인 것'과 '실재적인 것', 그리고 '규범적인 것'의 관계와 구조를 통해 파악할 수 있다. 즉 실천의 기초는 이론에 근거하고 실천이 학문적 성격을 지니려면 이론을 전제해야 하므로 실천은 이론에 의해 정초된다.

그러므로 『논리 연구』 제1권의 심리학주의비판은 그 부제처럼 '순수논리학의 서론'에 그치지 않고 '후설현상학을 전반적으로 이끌어 가는 서론', 즉 후설현상학 전체의 얼개이다.

후설현상학의 일관된 주제인 지향적 의식분석: 『논리 연구』 제2권

1) 현상학의 중심 문제인 의식의 지향성

후설에 따르면 심리학주의는 이념적인 것(Ideales)과 실재적인 것(Reales), 그리고 이념적인 것이 실천적 계기로 변형된 규범적인 것(Normales)의 근본적 차이를 인식론적으로 혼동(metabasis)했다. 그런데 이것들의 올바른 관계를 파악하려면 경험이 발생하는 사실(quid facti)이 아니라 경험이 객관적으로 타당하기 위한 권리(quid juris), 즉 '어떻게 경험적인 것이 이념적인 것 속에 내재하며 인식될 수 있는가?'를 해명해야 한다. 따라서 후설은 순수논리학을 엄밀하게 정초하기 위한 인식론으로 관심을 전환한다.

그래서 『논리 연구』 제2권(1901)에서 의식의 다양한 체험을 분석해 그 본질적 구조가 의식은 항상 '무엇에 대한 의식', 즉 지향성이라고 밝혔다.

후설은 의식체험의 표층에 매우 복잡하게 얽혀 있는 다층적 구조를 표상(지각, 판단)작용, 정서작용, 의지작용으로 구분한다. 그리고 객관화하는 표상작용을 의식의 각 영역에 공통적으로 포함된 가장 기본적인 1차적 지향작용으로 파악해 표상작용을 모든 작용의 근본적 토대라고 파악한다. 즉 표상작용은 '이론'의 영역이고, 정서작용이나 의지작용은 '실천'의 영역이다. 따라서 그의 분석이 표상작용에 집중된 것도, '이념적인 것'과 '실재적인 것' 그리고 '규범적인 것'의 관계에서처럼, 결코 정서작용이나 의지작용의 가치를 낮게 평가한 것이 아니라 이들의 정당한 정초 관계를 밝히는 데 있다.

어쨌든 이로써 모든 인식에 타당성과 존재의미를 부여하는 궁극적 근원인 순수의식을 해명하는 선험적 탐구의 길로 더 깊이 들어가게 되었다.

2) 표현과 의미

후설은 의식의 지향성을 전제해야만 가능한 언어를 분석해 의미의 지향적 구조를 밝힌다. 언어를 통한 표현이나 기호의 구조는 이것에 의미를 부여해 생명력을 불어넣는 생생한 체험을 분석해야 이해될 수 있기 때문이다.

> 표현과 의미의 문제는 …… 현상학적 본질에 대한 탐구로 밀어붙이는 첫 번째 문제였다.(이것이 『논리 연구』가 현상학으로 밀고 들어가려 했던 길이다. 그 반대의 측면, 즉 내가 1890년대 초 이래 추적했던 경험과 감각으로 주어진 것의 측면에서 두 번째 길은 『논리 연구』에서 충분히 표현되지 못했다.)
> (『이념들』 제1권, 286쪽, 괄호 안은 287쪽의 주)

언어는 언제나 '무엇에 대한' 기호이다. 그러나 모든 기호가 그 기호로써 표현된 의미(Bedeutung)를 갖는 것은 아니다. 따라서 기호는 기호와 그것이 지적한 것이 필연적으로 결합된 '표현'과, 이것들이 협약이나 연상에 의해 어떤 동기로 결합된 '표시'가 구분된다. 이 표현 속에 주어진 것을 분석해 보면 '표현 자체', '그 표현의 의미' 그리고 '표현의 대상성'이 있다.

그런데 표현에서 가장 기본적 기능은 '통지기능'이다. 표현은 의사 소통하는 심리적 체험(형식)과 문자나 음소, 즉 물리적 체험(내용)으로 이루어진다. 물론 듣는 사람이 통지받는 것은 그가 그것을 다른 사람에게 통지하는 양상으로 이해하기 때문에 말하는 사람의 입장이 더 근본적이다.

이렇게 통지하고 통지받는 것이 일치되어 표현에 생생한 의미를 부여하고 대상성을 직관하는 것이 곧 '의미기능'이다. 여기에는 의미를 부여해 표현된 대상성과의 관계를 지향하는 '의미지향'과, 이 의미지향을 확인하고 보증하고 예증해 대상성과의 관계를 성립시켜 충족시키는 '의미충족'의 두 계기가 있다.

이때 표현은 대상에 직접 관계하지 않고 의미작용에 의해 표현되고 사념된 대상성, 즉 논리적 대상들에 우선 관계한다. 이 대상성은 동반된 직관을 통해 현재화되어 나타난다. 이것이 대상성을 지시하는 '명명기능'이다.

그러나 표현의 본질은 의미기능에 있기에 통지기능은 의미기능의 보조 수단이다. 통지기능이 없어도 (예를 들어 표정, 몸짓, 독백 등) 의미는 있을 수 있지만 의미기능이 없는 표현은 불가능하고, 의미를 통해 표현된 대상성은 비록 가상이더라도 그 표현을 무의미하게 만들지 못하기 때문이다. "의미기능에서 의미지향은 의미충족에 선행하고 의미충족이 없어도 표현을 이해시켜 주기 때문에 의미충족보다 더 본질적인 의미의 담지자(擔持者)"이다.

이와 같이 표현의 의미를 분석한 것을 정리해 보면 다음과 같다.

① '녹색 이다 또는'

의미의 지향이 없는 단순한 음절이나 단어가 비-문법적으로 결합된 것으로 무의미하다. 기호나 기호의 구조는 이해될 때만 유의미하다.

② '둥근 사각형'

논리적으로 모순, 즉 그 표현의 의미를 충족시키는 것이 아프리오리하게 불가능하지만, 그 의미의 지향이 표현을 이해시켜 주므로 유의미하다. 대상성이 직관되지 않지만 생각은 할 수 있기 때문이다.

③ '황금산'

②의 맥락에서 유의미하지만, 그 의미를 충족시키는 것은 상상만 가능하지 사실상 배제된다. 대상성이 없어도 의미는 있다.

④ '현재 프랑스의 왕'

③과 같지만, 과거 역사상 그 의미를 충족시킬 수 있다.

⑤ '달의 뒷면'

현재의 여건이 장애가 되지만, 과학이 발달하면 그 의미를 충족시킬 가능성을 제시할 수 있기 때문에 유의미한 표현이다.

⑥ '인간'

그 대상성에 대한 직관이 쉽게 가능한 유의미한 표현이다.

⑦ '내 앞에 있는 흰 벽'

상응하는 직관이 있어야만 사용할 수 있는 유의미한 표현이다.

⑧ '이다' '그리고' '또는'(준(準)-범주적 또는 공의적(共義的) 표현)

접두사나 접미사가 아닌 이것들은 대상성이 없으나 표현의 구성 요소일 경우 유의미하다. 감각적 경험과 다른 이것들은 논리함수의 관계로 충족되며, 이에 상응하는 범주적 직관이 가능하다.

이러한 의미론은 상상이나 동화, 문예 작품, 미래의 소망처럼 지시하는 대상이 현존하지 않아도 의미지향을 지닌 표현이라는 데 의미가 있다. 그래서 유의미성의 기준을 원자명제와 사태의 일대일 대응에 둔 비트겐슈타인(L. Wittgenstein)의 '그림 이론'이나 명제를 관찰하고 검증 (verification)할 방법에 둔 논리적 실증주의(Logical Positivism)의 '검증 원리'보다 더 포괄적이며 강력한 설득력을 갖는다.

3) 진리와 명증성

후설에서 명증성(Evidenz)은 '사고한 것이 주어진 사태나 대상과 일치하는 것'을 뜻한다. 명증성은 사태와 사고가 일치하는(adaequatio rei et intellectus), 즉 지향한 대상이 충족되는 충전적(adäquat) 명증성과, 주어진 사태가 존재하는 것을 결코 의심할 수 없는 자기의식의 확실성인 필증적(apodiktisch) 명증성으로 구분한다.

따라서 진리는 의미지향과 의미충족이 일치하는 명증성이다. 명증성은 언표의 실제 의미와 스스로 주어진 사태가 일치하는 것으로 의미지향이 직관으로 충족되지 않으면 공허하다. 이 직관에는 감성적 직관 이외에 사태나 관계를 있는 그대로 파악하는 범주적 직관, 즉 이념화작용(Ideation)이 있다.

결국 실증적 자연과학이 표현하는 기호나 공식, 도형은 그 직관적 충족이 아프리오리하게 불가능하다. 따라서 '결코 나타날 수 없는 사물 그 자체'는 무의미한 것(Unsinn)은 아니지만, '둥근 사각형'처럼 단지 의미지향만 지닌 이치에 어긋난 것(Widersinn)이다. 왜냐하면 감각적 음영을 통해 스스로 나타나는 사물은 원리상 그리고 정의상 지각할 수 있는 실재이며, 그 개념은 자체 속에 지각할 수 있는 아프리오리한 가능성을 함축하기 때문이다.

모든 존재자는 그 자체로 인식할 수 있으며, …… 객관적으로 규정될 수

있고, 이상적으로 말하면, 확고한 단어의 의미로 표현될 수 있다.(『논리 연구』제2-1권, 90쪽)

그러나 정밀한 자연과학이 탐구하는 그 자체(An-sich)의 '자연(Natur)'은 무한한 이념이나 기하학의 도형과 같이 실제로 경험된 것이 아니라, 그 의미를 충족시킬 수도 그 진리성을 검증할 수도 없는 이념화된 산물이다.

결국 『논리 연구』 제1권의 심리학주의 비판이나 제2권의 경험의 대상과 그 대상이 주어지는 방식 사이의 보편적 상관관계에 대한 지향적 분석은 심리학 자체를 거부한 것이 아니라, 과학적 행동주의 심리학이나 객관적 형태심리학의 소박한 자연적 태도를 지적한 것이다. 심리학 등을 통해 이성(순수의식)에 관한 참된 학문의 길을 제시하려는 선험적 현상학은 후설현상학에서 변함없는 주요 과제였다.

이종훈

카를 슈툼프에게
존경과 우정을 담아 바침

머리말

이 '서론(Prolegomena)'을 시작으로 발표하는 『논리 연구』는 내가 순수수학을 철학적으로 해명하려고 여러 해 동안 계속해 온 노력을 거듭 방해하다가 결국에는 중단시켰던 불가피한 문제에서 나왔다.[1] 그 노력은 수학의 근본개념과 근본통찰의 기원에 관한 물음 이외에 특히 수학의 이론과 방법의 어려운 문제와도 관련된 것이다. 전통논리학 또는 줄곧 재편된 논리학의 서술이 쉽게 이해되고 명백하게 제시되어야만 했던 것, 즉 형식적 통일성과 상징적 방법학을 갖춘 연역적 학문의 합리적 본질은 내가 실제로 그 연역적 학문을 연구할 때 모호하고 문제가 많은 것으로 밝혀졌다. 어쨌든 분석을 통해 더 깊이 파고들수록 현대 논리학은 그것을 해명해야 할 사명을 띤 현실적 학문에 도달하지 못했다는 사실은 더욱 분명해졌다.

나는 특별한 수(數)의 형식과 연장(延長)의 형식에 모든 특색을 넘어서 다루는 분과와 방법인 형식적 산술(Arithmetik)과 다양체이론

---

1 (옮긴이 주) 후설은 이렇듯 제2권을 출간하기 전에 제1권의 머리말 시작부터 제1권과 제2권은 동일한 문제의식에서 출발한 일련의 저술임을 분명하게 밝힌다. 따라서 '제1권을 객관주의, 제2권을 주관주의'로 대립시켜 해석할 근거는 전혀 없다.

(Mannigfaltigkeitslehre)을 논리적으로 두루 탐구하는 데 특별한 어려움에 직면했다. 그래서 좁은 수학적 영역을 넘어서 형식적 연역체계의 보편적 이론에 진력하는 매우 일반적인 숙고를 하지 않을 수 없었다. 이때 나에게 끈질기게 달라붙었던 일련의 문제를 여기에서는 단지 일부만 언급할 것이다.

형식적 수학은 이론적 성격과 계산하는 방법학을 본질적으로 변경하지 않고도 수량의 영역을 넘어설 수 있게 일반화하거나 변형시킬 수 있는데, 이 명백한 가능성은 양적인 것이 수학적인 것 또는 '형식적인 것' 그리고 이것에 근거하는 계산 방법의 가장 보편적인 본질에 결코 속하지 않는다는 통찰을 확실하게 일깨워 주었다. 그래서 나는 '수학화(數學化)하는 논리학'에서 사실상 수량을 다루지 않는 수학을, 게다가 확실히 수학적 형식과 방법에 관한—부분적으로는 예전의 삼단논법을 다루고 부분적으로는 전승된 것에 생소한 새로운 추론 형식을 다루는—분과로서의 수학을 알게 되었다. 이때 나에게는 수학적인 것 일반의 보편적 본질에 관한 중요한 문제, 즉 수량 수학의 체계와 비수량 수학의 체계 사이의 자연적 연관이나 있을지 모를 경계, 그리고 특히 예를 들어 산술의 형식적인 것과 논리학의 형식적인 것 사이의 관계에 관한 중요한 문제가 형성되었다. 그래서 당연히 나는 이러한 문제에서부터 더 근본적인 문제, 즉 인식의 질료(Materie)와 다른 인식의 형식(Form)에 관한 문제, 그리고 형식적 (순수) 규정·진리·법칙과 질료적 규정·진리·법칙의 차이에서 생긴 의미에 관한 문제로 계속 전진해 가야만 했다.

게다가 완전히 다른 방향에서도 일반논리학과 인식론의 문제에 휩쓸리게 되었다. 나는 논리학 일반과 마찬가지로 연역적 학문의 논리학이 심리학으로부터 그 철학적 해명을 기대해야만 한다는 지배적 확신에서 출발했다. 따라서 내 『산술철학』 제1권(1권만 출판되었다.)에서 심리학적 연구는 매우 광범위한 공간을 차지했다. 그러나 나는 이와 같이 심리학적으로 기초를 놓는 것에 대해 어떤 점에서는 결코 만족할 수 없었다. 수학적 표상의 기원에 관한 문제 또는 실천적 방법을 사실상 심리학적으로 규정해 형성하는 것이 중요한 곳에서 나는 심리학적 분석이 분명하고 교훈적이라고 보았다. 하지만 사유작용의 심리학적 연관에서 사유내용의 논리적 통일체(이론의 통일체)로 이행되면 어떠한 정당한 연속성과 명석함도 명백하게 제시할 수 없었다. 그래서 '수학과 모든 학문 일반의 객체성이 어떻게 논리적인 것(Logisches)의 심리학적 정초와 조화될 수 있는지'에 대한 원리적 회의도 그만큼 더 나를 괴롭혔다. 이러한 방식으로 지배적 논리학을 확신해 이어받은 — 심리학적 분석을 통해 주어진 학문을 논리적으로 해명하는 — 내 방법 전체가 뒤흔들렸기 때문에 논리학의 본질, 특히 인식작용(Erkennen)의 주관성(Subjektivität)과 인식내용(Erkenntnisinhalt)의 객관성(Objektivität) 사이의 관계를 보편적으로 비판해 반성하도록 더 촉구했다.[2] 논리학에서 제기해야만 할 문제들과 관련해 해명되기 바랐던 도처에서 논리학을 방치해 두었고, 그래서 나는 인식론의 근본 문제에서 그리고 학문으로서 논리학을 비판적으로 이해해 확실한 명석함에 도달할 때까지 결국 철학적-수학적 연구를 완전히 보류할 수밖에 없었다.

몇 년간 작업한 산물인 순수논리학과 인식론을 새롭게 정초하는 시도를 이제 출간하면, 나를 이끌었던 참된 실질적 동기를 고려해 나의 길을 지배한 논리적 방향의 길에서 분리시키는 자립성이 오해받지 않으리라 확신한다. 내가 발전해 나간 과정은 한편으로 논리적 근본 확신에서 내 학문이 형성되는 데 가장 많이 기여한 인물들과 저서들에서 멀리

---

2 (옮긴이 주) 이처럼 주관(성)과 객관(성)의 본질상 결코 불가분의 상관관계에 대한 반성, 즉 지향성을 분석하는 과제는 초기 기술적 현상학 단계에서부터 선험적 현상학에 이르기까지 줄곧 가장 중요한 핵심 사항이었다.

벗어난 것이고, 오히려 내가 그 저서들의 가치를 제대로 평가하지 못해서 집필에 별로 참조하지 못한 일련의 학자들에게 훨씬 다가선 것이다. 어쨌든 유감스럽게도 나는 유사한 탐구를 포괄하고 학술적으로 또한 비판적으로 참조하여 추가로 삽입할 수 없었다. 그러나 내가 심리학주의자의 논리학과 인식론에 가한 솔직한 비판에 관해서는 "인간은 겨우 벗어난 오류에 대해 가장 가혹하다."[3]라는 괴테의 말을 상기시켜 주고 싶다.

1900년 5월 21일 잘레강변의 할레에서

---

3 (옮긴이 주) J. W. Goethe, *Campagne in Frankreich*(Pempelfort, November, 1792). 괴테가 어떠한 맥락에서 한 말인지 잘 모르지만, 후설이 이 문구를 인용한 배경은 이전의 자신뿐 아니라 심리학주의자 전체를 비판한 입장을 밝힌 것이다.

제2판의 머리말

나는 이미 오래전부터 절판된 이 책을 이제 어떤 형식으로 신판을 낼 것인지의 문제를 두고 전혀 염려하지 않았다. 『논리 연구』는 나에게 돌파구를 열어 준 저작이고, 그래서 끝이 아니라 시작이다. 인쇄를 마친 즉시 나는 다시 연구를 계속했다. 모든 측면에서 연결된 계열의 문제를 더 추적하기 위해, 동시에 모든 존재의 분야와 현상학 분야에서 평행하는 문제를 찾아내고 착수하기 위해 현상학의 의미와 방법, 철학적 유효 범위에 관해 나 자신에게 더 완벽하게 설명하고자 했다. 탐구의 지평을 확장함으로써, 매우 다양하게 얽힌 의식의 구조인 매우 뒤섞여 서로 관련된 지향적 '변양(Modifikation)'을 더 깊게 인식함으로써 새로운 분야로 처음 파고들어 획득한 많은 파악이 당연히 변했다. 남아 있던 불명료한 점은 분명해졌고, 애매한 점은 제거되었다. 즉 근원적으로 특별히 중요하게 인정할 수 없었던 분리된 논평들은 거대한 연관 속으로 이행하는 가운데 근본적 의미를 띠게 되었다.

요컨대 근원적 탐구의 영역 도처에서 보충되었을 뿐만 아니라 재평가되었고, 확장된 동시에 심화된 인식의 관점에서 심지어 완전히 적절하지 않을 것 같은 진술들이 배열되기도 했다.《철학과 현상학 탐구 연보》 창간호(1913)에 게재되어 최근에 출판된 나의 『(순수현상학과 현상학적 철학의) 이념들』 제1권은 이렇게 진보하고 탐구 집단이 확장된 의미와 규모를 보여 주며, 곧이어 출간될 두 권의 책[4]이 그것을 더욱 잘 보여 줄 것이다.

나는 순수현상학과 현상학적 철학의 근본적 문제제기를 찾아내고 철저히 탐구한 후에, 이전 저술의 신판을 쓸데없는 것으로 만들 일련의 체계로 — 결코 포기될 수 없는, 순수화되고 적절하게 분배된 그 내용이 이 진술 속에서 적절히 조화를 이루어 타당한 한에서 — 진술할 수 있다는 희망을 근원적으로 품었다. 그런데 상세하게 논의하는 가운데 중대한 의혹이 제기되었다. 구체적으로 이미 실시했지만 이제야 비로소 저술로 통일시킬 수 있고 대부분 새롭게 서술하며 어려운 점도 잘 개선할 수 있는 연구가 광범위하고 힘들 경우 이러한 의도를 실현하는 데는 여러 해가 반드시 필요할 것이다, 그래서 나는 맨 먼저 『이념들』을 구상하기로 결심했다. 이 저술은 새로운 현상학에 대해 보편적이지만 (철저하게 실제로 수행된 작업에 의거하기 때문에) 내용이 풍부한 이미지를 줄 것이다. 즉 새로운 현상학의 방법, 체계적 문제제기, 엄밀한 학문적 철학을 가능케 하고, 또한 경험주의 심리학을 이성적으로 이론화할 수 있는 기능의 이미지를 줄 것이다.

그러나 그 후 얼마 지나지 않아 『논리 연구』의 신판이, 게다가 독자에게 실제 현상학적인 인식론적 작업의 본성을 소개해 줄 가능성에 따라 『이념들』의 관점에서 개선된 형태로 나오게 되었다. 왜냐하면 만약 이 『논리 연구』가 현상학에 관심을 갖는 사람에게 유용하게 느껴지면, 이 책들이 단순한 프로그램을 제공한 것(이것은 철학을 그토록 대단히 풍

---

4 (옮긴이 주) 이 '두 권의 책'은 당연히 『이념들』 제2권과 제3권을 뜻한다. 따라서 1913년 『논리 연구』 제1권과 제2-1권의 재판을 내면서 쓴 이 「머리말」로 보아도 『이념들』 제1권은 선험적 관념론, 제2권은 경험적 실재론'으로 해석할 근거가 없다.

부하게 생각하는 그 원대한 본성 가운데 하나가 결코 아니다.)이 아니라 직접 직시되고 포착된 사태에서 실제로 수행하는 기초 작업을 시도한 것이기 때문이다. 또한 이 책들이 비판적으로 수행하는 곳에서조차 논의의 관점을 상실하지 않고 오히려 사태 그 자체(Sache selbst)에 그리고 이 사태 그 자체에서의 작업에 결정권을 맡기는 데 있기 때문이다. 결국 『이념들』은 『논리 연구』의 효과에 의지해야 할 것이다. 즉 독자가 『논리 연구』를 통해 명확하게 연구해 일련의 기초 문제에 몰두했다면, 『이념들』은 궁극적 원천에 입각해 그 본성과 방법을 해명하고 순수의식의 주된 구조를 미리 지시함으로써, 그리고 이러한 구조 속에서 작업하는 문제를 체계적으로 제시함으로써 그 독자가 계속 자립적으로 진척시켜 가는 데 도움을 줄 수 있을 것이다.

계획의 첫 부분을 수행하는 것은 상대적으로 수월했다. 그리고 하나의 작품으로 구상된 (집필한 내 목적에서 본질적으로 고려했을 때) 『이념들』의 처음 두 권의 책이 예상보다 범위가 커져, 나누어 출판해야 했기에 결국 제1권만 일시적으로 〔출판을〕 만족시킬 수 있었다. 내 두 번째 의도는 충족시키기 더욱 어려웠다. 이전의 저술을 아는 사람은 그 저술을 철두철미하게 『이념들』의 수준으로 끌어올릴 수 없다는 점을 즉시 알게 된다. 이것은 그 저술을 완전히 새롭게 집필하는 것 — '그리스 달력 초하루에'[5]로 〔무작정〕 연기하는 것 — 을 뜻할 것이다. 이에 반해 그 저술을 완전히 고쳐 쓰는 것을 단념하고 단순히 기계적으로 복제하는 것이 어쨌든 신판을 정당화하는 목적에서 볼 때 양심적이라기보다는 더 편안하다고 여겼다. 그렇다면 나는 간과한 것, 동요한 것, 스스로

---

5 〔옮긴이 주〕 'ad kalendas graecas'의 어원을 살펴보면 'calcu'는 서양에서 흰 돌을 가지고 계산해 왔기에 장부(帳簿)를 뜻하며, 'calends'는 고대 로마 달력의 매월 첫째 날로 이전의 모든 부채를 갚는다는 뜻도 있다. 그런데 고대 그리스에는 이러한 관습이 없었기에 마치 '수탉이 알을 낳을 때'처럼 결코 하지 않겠다는 의미도 있다.

　　　　　　　　　　　　　　　　　　　　　　제2판의 머리말

오해한 것 — 이것들은 그와 같은 저술의 제1판에서 피하기 어렵고 따라서 용인할 수 있을지도 모르며, 그 저술의 본질을 분명하게 파악하는 것을 쓸데없이 어렵게 할지도 모른다. — 이 모든 것을 통해 다시 한번 독자를 혼란시켜도 좋은가?

따라서 나에게는 중도의 길을 걷는 방식만이 떠맡겨졌다. 왜냐하면 이것은 그 저술의 통일적 양식에 속하는 어떤 불명료함과 심지어 오류마저 그대로 내버려 두는 것을 뜻하기 때문이다. 이 저술을 고쳐 쓰는 데 다음의 원칙을 따랐다.

1. 내가 상세하게 검토해야 할 정도로 완전히 확신할 수 없는 그 어떠한 것도 신판에 허용하지 않는다. 이러한 관점에서 내가 개별적 오류를 그것의 참된 동기를 재평가하는 진리에 자연적인 하부단계로 간주할 수 있을 때, 그 오류를 그대로 두어도 좋다. 이때 나는 스스로 다음과 같이 다짐해도 좋다. "현대 철학의 일반적 경향에 따르는 독자 — 이들은 본질적으로 이 저술이 생성된 지난 10년간의 독자와 정말로 같다. — 는 언젠가 저자와 마찬가지로 우선 현상학적 또는 논리적 하부단계에 이르는 입구만은 발견한다." 현상학적 탐구의 본성을 확실하게 장악했을 때 비로소 독자는 이전에 사소한 뉘앙스로 나타났을 확실한 차이의 기본적 의미를 알게 된다.

2. 이전 저술(제1판)의 진행과 양식을 근본적으로 변경하지 않은 채 개선될 수 있는 것은 모두 바로잡는다. 무엇보다 그 저술에서 돌파한 새로운 사상의 동기 — 그러나 이 동기를 처음에 여전히 주저하고 망설였던 저자는 제1판에서 때로는 날카롭게 나타냈지만 때로는 희미하게 만들었다. — 는 어디에서나 지극히 단호하게 표현한다.

3. 계속 서술하면서 상대적으로 올라가 이 저술의 근원적 특색에 따라 통찰하는 전체 수준으로 독자를 점차 끌어올린다. 여기에서 이 저술이 본래 별개의 책이나 저작이 아니라 체계적으로 결합된 일련의 연구였

다는 사실을 기억해야만 한다. 여기에는 낮은 수준에서 높은 수준으로 끊임없이 상승하는 것, 이전에 획득한 통찰을 전혀 건드리지 않은 채 놓아두지는 않는, 언제든 새로운 논리적 통찰과 현상학적 통찰로 노력해 올라가는 작업이 포함된다. 그래서 항상 새로운 현상학의 층이 뚜렷이 드러나고, 이전 층에서 파악한 것을 함께 규정한다. 이전 저술의 이러한 특성은 독자를 의식적으로 상승시키고 더구나 마지막 연구에서 본질적으로 『이념들』의 단계에 도달하며, 그래서 그 저술에서 감수할 수밖에 없었던 이전의 불명료함과 어중간함을 통찰해 해명하는 일종의 고쳐 쓰는 작업이 가능하다고 보이게 했다.

그래서 나는 이러한 원칙의 의미로 〔이 저술을〕 진행시켜 갔고, 우선 잠정적으로 발행된 두 권(「서론」과 제2권의 제1부)에 이제껏 쏟은 커다란 노력이 헛되지 않았다는 인상을 받았다. 물론 때에 따라 보충하거나 삭제하며, 때에 따라 개별적 문장이나 전체의 장 또는 절을 새롭게 써야만 했다. 따라서 사유의 내용은 더 치밀하게 짜였고 광범위하게 더 풍부해졌다. 저술(특히 제2권)의 전체 범위는 비판적 여백을 포함한 각 부록을 중단해도 불가피하게 커져서 제2권을 나눌 수밖에 없었다.

개별적 연구들과 그 새로운 형태에 관해 다음과 같이 언급해야만 한다.

'순수논리학 서론'은 1896년 여름과 가을 할레대학교에서 강의한 일련의 두 보충 강의를 단순히 완성한 것이다. 이러한 생생한 서술로 그 본질적 내용을 더욱 효과적으로 전달할 수 있었다. 이 저술도 사상적으로 완벽하게 마무리되었으므로 나는 근본적으로 고쳐 쓰면 안 된다고 믿었다. 다른 한편 가령 중간에서부터 현저하게 크게 개선해 서술할 수 있고, 잘못 본 것을 삭제하며 중요한 문제를 더 날카롭게 조명해 볼 가능성을 발견했다. 그래서 당연히 부분적으로는 ─ '이성의 진리

(vérités de raison)'에 너무나 편향된 '진리 그 자체(Wahrheit an sich)'와 같은——몇 가지 매우 본질적으로 불충분한 점은 그 저술의 통일적 수준에 속하기 때문에 남겨 두어야만 했다. 제6연구(지금의 제2권 제2부)는 이러한 관점에서 필요한 해명을 제공해 준다.

심리학주의에 대한 새로운 비판과 심지어 이에 대립된 비판을 포함한 논쟁에 부담을 주는 것(어쨌든 이것은 새로운 사상의 동기를 전혀 제시할 수 없을 것이다.)은 적절치 않다. 그래서 1899년[6]에 본질적으로 단지 새롭게 쓴 이 저술과 바로 이 시점의 관계를 명백하게 강조한다. 이 저술이 출판된 이래 나를 (논리적) 심리학주의의 대표자로 염두에 두었던 저자들 가운데 몇 사람은 자신의 입장을 본질적으로 변경했다. 그래서 예를 들어 립스[7]는 대단히 중요하고 원본적인 그의 저술로부터 거의 1902년 이후부터는 결코 이 저술에서 인용한 그 사람이 아니다. 다른 저자들은 심리학주의자로서 자신의 위치를 그사이 달리 정초하려 했는데, 내 서술이 이러한 사실을 전혀 고려하지 않았다고 이를 결코 간과하면 안 된다.

신판의 제2권에서 실제로 수행된 연구의 본질적 의미와 방법에 거의 부합하지 않는 불안정한 「들어가는 말」은 근본적으로 고쳐 썼다. 나는 출간 이후 즉시 결함을 느꼈고, 내가 현상학을 기술적(記述的) 심리

---

6 (머리말을 제외한) 「서론」의 인쇄는 이미 1899년 11월에 완성되었다. 내가 《학문적 철학 계간지(Vierteljahrschr. f. wiss. Philosophie, 1900)》, 512쪽 이하에 언급한 것을 참조.

7 (옮긴이 주) 립스(Th. Lipps, 1851~1914)는 심리학이 내성(內省)으로 직접 파악되는 경험과학이므로 논리학, 인식론, 윤리학, 미학은 개인의 의식체험을 확정하는 기술심리학에 포함된다는 심리학주의를 주장했다. 이러한 입장은 후설의 비판으로 다소 수정되었으나 이 과정에서 그의 제자들은 후설의 『논리 연구』를 통해 뮌헨현상학파를 형성했다. 미(美)의식뿐 아니라 타인의 정신생활에 관한 인식도 감정이입으로 파악한 것은 후설이 타자 구성을 해명하는 데 영향을 주었다. 저서로 『심리학 연구』(1885), 『논리학 요강』(1893), 『느낌·의지·사고』(1902), 『심리학 길잡이』(1903)가 있다.

학으로 잘못 이끌어 부른 것에 반론을 제기할 기회[8]를 곧 발견했다.

몇 가지 원리적 주안점을 거기에서 이미 요약해 정확히 그 특성을 서술했다. 내적 경험 속에 수행된 심리학적 기술은 외적인 자연의 경과를 외적 경험 속에 수행된 기술과 동등하게 다루는 것으로 나타난다. 다른 한편 그 심리학적 기술은 내재적으로 주어진 것 — 실재적 자아의 '심리적 활동과 상태' 같은 것도 — 을 초월하는 모든 해석이 완전히 배제된 현상학적 기술에 대립된 태도를 취한다. 즉 거기(399쪽)에서 현상학적 기술은 "경험적인 사람의 체험이나 체험의 부류에 관계하지 않는다. 왜냐하면 현상학적 기술은 사람, …… 나나 다른 사람의 체험에 관해 아무것도 모르며, 아무것도 추측하지 않는다. 현상학적 기술은 그와 같은 것에 관해 전혀 물음을 제기하지 않고, 결코 규정하려고 하지 않으며, 어떠한 가정도 하지 않는다."라고 기술하기 때문이다. 내가 금년 [1913년]과 내년에 현상학의 본질을 획득하고 '현상학적 환원'의 체계적 학설로 점차 이끈[9] 완전한 반성을 통한 명석함은 「들어가는 말」의 새로운 개정뿐 아니라 계속 이어지는 전체 연구의 원문에도 유용했고, 이러한 관점에서 그 저술 전체를 본질적으로 더 높은 명석함의 단계로 끌어올렸다.

제2권의 제1부인 다섯 연구 가운데 제1연구 「표현과 의미」는 신판에서도 '단순히 준비하는' 특성을 유지한다. 제1연구는 생각하게 이끌고, 현상학에 초보자의 시선을 의미의 의식에 관한 최초이자 이미 매우 어려운 문제 — 그러나 이 문제를 완전히 정당하게 다루지 않은 채 — 로 돌린다. 제1연구가 우연적 의미(어쨌든 정확하게 주시해 보면, 모든 경험적 술어화의 의미는 여기에 속한다.)를 어쩔 수 없이 받아들이는 방식은 강압

---

8 『체계적 철학 총서(*Archiv f. system. Philos.*)』 제11권(1903), 387쪽 이하의 논평을 참조.
9 『이념들』 제1권, 제2장 「현상학적 근본고찰」을 참조.

적인 것, 즉 '서론'에서 '진리 그 자체'의 본질을 불완전하게 파악하는 어쩔 수 없는 귀결이다.

제2권 끝에 가서야 비로소 이해되고 정당화될 제1연구의 결점으로서 '인식작용적인 것(Noetisches)'과 '인식대상적인 것(Noematisches)'[10]의 차이와 평행관계(모든 의식의 분야에서 이 차이와 평행관계의 기본적 역할에 관해 『이념들』(제1권)이 처음 완전하게 설명하지만, 이전 저술(『논리 연구』 제2권)의 마지막 연구에서 수행한 많은 개별적 논의가 이미 돌파구를 열었다.)가 아직 고려되지 않았다는 사실을 언급해야 한다. 따라서 이념으로서 '의미(Bedeutung)'의 본질적인 이중의미(Doppelsinn)[11]도 부각되지 않았다. 어쨌든 의미의 인식대상적 개념을 많은 중요한 곳에서 각별하게 고려했더라도, 의미의 인식작용적 개념이 일면적으로 강조되었다.

제2연구 「종의 이념적 통일성과 현대의 추상이론」은 비록 개별적 사항을 개선할 것이 많더라도 그 양식뿐 아니라 주제의 설정에서도 거의 확실하게 완결되었다. 당연히 근본에서 본질적으로 구별할 수 있는 '이념화작용(Ideation)'에 상응하는 근본에서 본질적으로 구별할 수 있는 '이념들'의 유형은 여전히 논의되지 않았다. 제2연구에서는 우리가 어떤 유형에서, 예컨대 '빨간색'이라는 이념을 통해 표상된 이념을 보는지만,

---

10 (옮긴이 주) 이 용어의 어원은 '사유하는 삶의 주체'를 뜻하는 그리스어 'nous(지성)' 이다. 플라톤은 『국가』 제6권 '선분의 비유'(519d~511e)에서 인식대상을 가시적인 것 (ta horata), 즉 감각의 대상(ta aistheta)과 지성에 의해 알 수 있는 것(ta noeta)으로 나누고, 인식주관의 상태를 전자에서 그림자(像)를 짐작하는 것(eikasia) 및 실재를 확신하는 것(pistis)과, 후자에서 수학적인 것을 추론하는 것(dianoia) 및 이데아를 직관하는 것 (episteme)을 대응시키고 전자를 속견(doxa), 후자를 지성에 의한 인식(noesis)이라 불렀다. 이러한 역사적 맥락에서 'noesis'는 '인식작용'으로, 'noema'는 '인식대상'으로 옮긴다.
11 (옮긴이 주) 후설에서 명제의 의미(Sinn)는 사고(Gedanke)이고, 그 지시체 (Bedeutung)는 사태(Sache)이다. 그는 초기에 "Sinn과 Bedeutung은 같은 뜻"(『논리 연구』 제2-1권, 52쪽)이라고 보았으나, 'Bedeutung'은 점차 표현의 이념적 내용으로 남고, 'Sinn'은 의식체험에서 표현되지 않은 기체(基體)의 인식대상 전체를 포괄하는 의미를 지닌 본질로 사용된다.(『이념들』 제1권, 133항 참조)

그리고 그와 같은 '봄(Sehen)'의 본질을 이해하게 배우는지만이 중요한 문제이다.

제3연구 「전체와 부분의 학설」은, 비록 만족하지 못한 절충은 결코 하지 않았고 추후에 보고하거나 심화할 필요가 전혀 없더라도, 매우 철저하게 고쳐 썼다. 여기에서는 연구의 고유한 의미와 중요한 성과가 더 나은 효과를 거두며 수행한 것에 여러 가지 불완전한 점을 제거할 필요가 있었다. 그래서 나는 제3연구가 거의 읽히지 않을 것이라는 인상을 받았다. 그러나 제3연구가 그다음 연구들을 완전히 이해하는 데 실로 본질적인 전제이듯, 나 자신은 제3연구에서 큰 도움을 받았다.

제4연구 「자립적 의미와 비자립적 의미 그리고 순수문법학의 이념」은 제3연구의 사정과 비슷하다. 나의 관점은 여기에서도 변경되지 않았다. 원문을 수정했고 논리학과 관련된 나의 강의에서 미리 미래에 출판할 것을 시사하는 많은 내용을 풍부하게 담았다.

제5연구 「지향적 체험과 그 '내용'」은 깊고 단호하게 고쳐 써야만 했다. 제5연구에서 현상학의 주된 문제(특히 현상학적 판단론)가 연구의 구성과 본질적 내용을 변경시키지 않고도 상당히 더 높은 단계의 명석함과 통찰을 달성할 수 있는가 하는 관점에서 착수되었다. 나는 순수자아를 배척하는 것을 더 이상 인정하지 않는다. 어쨌든 나토르프[12]가 흥미 있게 논박하는 논쟁[13]의 기반으로서 관련된 상론을 요약해 형식적으로 개선된 형태로 놓아두었다. 많이 인용되었지만 명료하지 않고 연관 속

---

12 (옮긴이 주) 나토르프(P. Natorp, 1854~1924)는 코언(H. Cohen)의 제자로 카시러 (E. Cassirer)와 함께 신칸트 학파(마르부르크학파)를 주도하며 정밀한 자연과학의 성과를 토대로 다양한 대립 요소를 칸트의 순수이성에 입각해 정초하는 논리학과 인식론을 추구했다. 후설은 『산술철학』의 심리학주의에 대한 그와 프레게(G. Frege)의 비판에 자극을 받아 오히려 심리학주의를 비판했다. 페스탈로치(J. Pestalozzi)의 영향을 받아 공동체 생활을 강조한 교육사회학을 창시했다. 저서로 『심리학 입문』(1888), 『사회교육학』(1899), 『정밀과학의 논리적 기초』(1910), 『일반 심리학』(1912), 『사회적 관념론』(1920) 등이 있다.
13 나토르프의 신간 『일반 심리학(Allgemeine Psychologie)』 제1권(1913)을 참조.

제2판의 머리말

에 완전히 쓸데없는 제7항 「심리학과 자연과학의 상호 경계설정」을 완전히 삭제했다. 내가 이전 저술의 옛 전문용어를 언급해 손대는 것을 꺼리듯이, '명사에 의한 표상'이라는 매우 부적절한 용어를 유지하는 한 너무 보수적이었던 것 같다.

인쇄된 신판의 제6연구는 제2권의 제2부로 정해졌는데, 이것은 현상학적 관계에서 가장 중요하다. 제6연구에서 나는 각각의 항에서 근원적 서술을 따라가면서 옛 내용을 개정하는 일을 더 이상 꾸려 나갈 수 없다고 즉시 확신했다. 그 문제들이 축적된 것만도 결정적이지만, 나는 그 문제들과 관련해 상당히 더 나아갔고 나의 '원칙'의 의미에서 더 이상 절충하고 싶지 않았다. 그에 따라 아주 자유롭게 처리해 갔고, 제1판에서 너무 불완전하게 다루었던 중대한 주제들을 학문적으로 관철하기 위해 이 연구의 범위를 특별하게 확장시키는 새로운 항을 삽입했다.

나는 「서론」에서와 같이 제2권(제4연구에서 약간의 예외를 제외하고)에서도 많은 비판 ── 유감스럽게도 확인해야만 하듯이, 오직 내가 서술한 것의 의미(Sinn)를 오해한 것에만 거의 의존하는 비판 ── 을 받지 않았다. 그래서 나의 철학적 노력을 유형적으로 오해한 것과 그 역사적 입장을 일반적 형식으로 비평하고 더구나 제2권의 마지막에 이른바 후기(後記)로 비평하는 것이 유익하다고 간주했다. 이미 「서론」을 읽은 다음에 독자는 당연하다고 여겨지는 그와 같은 오해로부터 늦지 않게 자신을 보호하기 위해 이 부록을 검토해 보는 것이 좋을 것이다.

이 저술에는 철학박사 후보자 루돌프 클레멘스[14]가 주도면밀하게 다듬은 상세한 색인이 첨부될 것이다.[15] 우호적인 많은 보조를 받은 데

---

14 (옮긴이 주) 루돌프 클레멘스(Rudolf Clemens)에 대한 자료는 찾을 수 없었다. 1차 세계대전에서 젊은 나이에 전사했기 때문이다.
15 (옮긴이 주) 원문에는 이와 관련된 색인이 없다.

진심으로 감사한다. 2년 전 신판을 출간할 수 있을지 처음으로 심사숙고할 때, 열의에 가득 찬 조예 깊은 사강사(私講師) 아돌프 라이나흐[16] 박사가 적극 도와주었다. 성실한 협력자 한스 립스[17] 박사와 철학박사 후보자 얀 예링[18]은 교정하는 수고를 아끼지 않아 이 저서를 본질적으로 쉽게 해 주었다.

1913년 10월 괴팅겐에서
에드문트 후설

---

16 (옮긴이 주) 라이나흐(A. Reinach, 1883~1917)는 뮌헨대학교의 립스(T. Lipps) 밑에서 철학과 심리학을 배웠지만, 후설의 『논리 연구』, 특히 본질직관의 방법에 결정적 영향을 받았다. 교수자격 청구논문인 「현상학과 종교철학」을 제출한 후 괴팅겐 현상학파의 중심적 지도자로서 후설이 1913년 창간한 《철학과 현상학적 탐구 연보》의 공동 편집자로 활동했다. 법적 관계에서 다양한 사회적 언어행위에 기초한 본질연관을 분석한 논문 「민법의 아프리오리한 기초」를 발표하기도 했다. 그는 1차 세계대전에 지원해 플랑드르 전선에서 서른세 살에 전사했다.

17 (옮긴이 주) 립스(H. Lipps, 1889~1941)는 뮌헨대학교와 괴팅겐대학교에서 철학, 생물학, 의학을 공부하고 프랑크푸르트대학교 교수로 지내다 2차 세계대전 중 1941년 군의관으로 러시아 전선에서 사망했다. 괴팅겐 현상학파로 활동하며 《철학과 현상학적 탐구 연보》에 「집합론의 파라독스」(1923), 「판단」(1929)을 발표했다. 저서로 『인식현상학 연구』(1927~1928), 『해석학적 논리학 연구』(1938), 『인간의 본성』(1941) 등이 있다.

18 (옮긴이 주) 예링(J. Hering, 1890~1966)은 스트라스부르, 하이델베르크, 괴팅겐, 파리대학교에서 철학과 신학을 공부했으며, 현상학적 방법을 개신교 신학에 받아들여 성서주석학에 크게 기여했다. 그는 레비나스(E. Levinas), 파페르(G. Peiffer), 코이레(A. Koyré)와 함께 1929년 2월 후설이 프랑스 소르본대학교에서 강연한 원고를 프랑스어로 번역하기도 했고, 후설이 귀국길에 3월 스트라스부르대학교에서 두 차례 강연하게 주선했다. 저서로 『현상학과 종교철학』(1925), 『예수에 의한 신의 나라와 사도 바울』(1938) 등이 있다.

들어가는 말

1 논리학에 대한 정의와 그 학설의 본질적 내용에 관한 논쟁

논리학 자체를 다룰 때와 마찬가지로 이 학문을 정의하는 데도 많은 견해들이 격렬하게 논쟁하고 있다. 이것은 어떤 대상의 경우 작가들 대부분이 서로 다른 생각을 표현하기 위해 오직 동일한 말을 사용했던 것과 관련해 당연히 예상될 수 있다.[1]

밀[2]이 이러한 글로 자신의 귀중한 논리학 저술을 시작한 이래 수십 년이 지났고, 어느 쪽 견해를 지지하든 뛰어난 사상가는 논리학에 최

---

1 밀, 『논리학(체계)』, 「들어가는 말」 1항(곰페르츠(Gomperz)의 번역).
2 (옮긴이 주) 밀(J. S. Mill, 1806~1873)은 흄의 연상심리학에 영향을 받아 경험적 사실에 입각한 귀납법적 논리학의 체계를 완성했다. 개인의 자유와 기본권을 보장해 시민사회의 기틀을 마련했고, 개인의 욕구와 다수의 행복을 대화와 타협으로 조정해 노동계급의 지위와 복리를 향상시키고자 했다. 쾌락의 양(量)을 중시한 벤담(J. Bentham)의 공리주의에 쾌락의 질(質)을 추가하고 개인적 이기심 이외에 사회적 관습과 명예욕, 희생정신 등 도덕적 의무감을 부각시켜 개인과 사회의 관계를 중시했다. 저서로 『논리학 체계』(1843), 『정치경제학 원리』(1848), 『자유론』(1859), 『공리주의』(1863), 『대의제정부 고찰』(1863), 『여성의 종속』(1869)이 있다.

대한 힘을 기울였으며, 항상 새롭게 서술해서 풍부한 성과를 거두었다. 그러나 오늘날에도 위의 글은 논리적 학문이 처한 상태를 적절하게 표현할 수 있고, 논리학에 대한 정의와 그 본질적 학설의 모든 측면에서 의견은 거의 일치하지 않는다. 물론 현대 논리학의 모습이 19세기 중엽의 논리학과 동일하지는 않을 것이다. 특히 탁월한 사상가인 밀의 영향으로 논리학에서 세 가지 주요한 경향, 즉 심리학적 경향, 형식적 경향 그리고 형이상학적 경향 가운데 심리학적 경향이 수적으로, 비중적으로 명백하게 우세했다.

그렇지만 다른 두 경향도 여전히 계속 전파되었고, 논리학을 서로 다르게 정의하면서 논쟁하는 원리의 문제는 해결되지 않은 채 남았다. 그래서 체계적 서술의 학설 내용에 관해서는 '서로 다른 작가가 서로 다른 생각을 표현하기 위해 오직 동일한 말을 사용한다.'는 것이 여전히 들어맞고, 오히려 [이전보다] 더 잘 들어맞는다. 이것은 서로 다른 진영에서 서술한 것에만 들어맞는 것이 아니다. 매우 활발한 계열, 즉 심리학적 논리학의 계열은 분과의 경계 설정과 그 학문의 목표 및 방법에 관해서만 확신의 통일성을 보여 준다. 하지만 [위에서] 제시된 학설, 특히 예전부터 전승된 공식이나 학설에 대립하는 해석에 관해 '만인의 만인에 대한 투쟁(bellum omnium contra omnes)'[3]이라 해도 과장된 표현이 아니다. 논리적 학문을 판단중지해 엄격한 존립요소와 그 유산을 미래의 실질적 명제들이나 이론들의 총합에 한계를 설정하려는 시도는 헛된 일이다.

---

3 (옮긴이 주) 홉스(T. Hobbes)는 『시민론(De cive)』(1642)에서 "사람은 다른 사람에게 늑대다.(homo homni lupus)"라고 정의한다. 즉 인간은 평등한 능력을 갖고 태어나 자신의 생명을 유지하기 위해 자신의 힘을 자기 뜻대로 사용할 자유(자연권)가 있다. 그런데 사람은 자신을 보존하는 가장 효과적인 수단인 힘을 더 많이 획득하려고 경쟁한다. 이 자연의 상태가 극한에 이른 비극적 전쟁을 극복하기 위해 개인들이 계약을 맺어 절대적 주권을 행사할 절대국가를 구축한다.

2 원리적 문제에 대한 논의를 갱신할 필요성

개인적 확신과 보편적 진리의 구별을 허용하지 않는 학문의 이러한 상태에서 원리의 문제로 되돌아가는 것은 언제든 새롭게 착수해야만 할 과제를 남겼다. 이것은 경향들 사이의 논쟁에서, 또한 논리학의 경계를 올바로 설정하는 논쟁에서 결정적인 문제에 아주 특별하게 적용되는 것 같다. 물론 바로 이러한 문제에 대한 관심은 지난 수십 년 동안 분명히 식어 버렸다. 밀이 해밀턴[4]의 논리학을 훌륭하게 논박한 후에, 그리고 별로 효과가 없었지만 그에 못지않게 유명한 트렌델렌부르크[5]의 논리학을 연구한 후에 그 문제는 완벽히 처리된 것처럼 보였다. 그래서 심리학적 연구가 비약적으로 발전하면서 논리학에서 심리학주의의 경향도 우세해졌고, 모든 노력은 타당하게 받아들인 원리의 척도에 따라 그 분과를 전면적으로 확대하는 데에만 집중되었다. 그런데도 논리학을 학문의 확실한 길로 이끌려 했던 주요 사상가들의 그 많은 시도가 획기적인 성과를 거두지 못한 사정은 추구한 목표가 연구를 성공시킬 정도로 충분히 해명되지 않았다는 추측을 낳았다.

그렇지만 어떤 학문의 목표를 파악하는 것은 그 학문을 정의하는 표현에 있다. 물론 어떤 분과를 성공적으로 연구하는 것은 그 분야의

---

4 (옮긴이 주) 해밀턴(W. Hamilton, 1788~1856)은 버클리의 관념론이나 흄의 회의론에 반대해 학문적 인식의 기초와 진리의 궁극적 규준을 상식에서 찾았다. 리드(T. Reid)와 칸트에게 영향을 받아 정신의 상태는 모두 인지, 감정, 의욕의 세 요소가 결합된 조건이며, 의식은 인지하는 주관과 그 대상의 관계에서 이루어진다는 자연적 실재론의 심리학을 주장했다. 논리학도 순수 형식적 학문으로 파악해 판단들의 객관적 타당성이 아니라 상호관계만 다루어야 한다고 역설했다. 저서로 『철학·문학·교육 논고』(1852), 『형이상학과 논리학 강의』(1859~1860)가 있다.

5 (옮긴이 주) 트렌델렌부르크(F. A. Trendelenburg, 1802~1872)는 킬·라이프치히·베를린대학교에서 철학과 교육학을 공부하고, 베를린대학교 교수로서 아리스토텔레스와 칸트의 견해에 충실한 견해를 취했다. 저서로 그리스 고전철학에 대한 몇 가지 주해서와 『논리 연구』(1840) 등이 있다.

개념을 충전적[6]으로 규정하는 것을 전제해야만 한다고 생각할 수는 없다. 어떤 학문을 정의하는 것은 그 학문이 발전해 나아간 단계를 다시 반영한다. 즉 그 학문을 추적해 가면서 그 대상들의 개념적으로 고유한 본성, 그 분야의 경계와 지위를 설정하는 인식은 그 학문과 더불어 진행해 간다. 그런데 그 정의가 적절한지의 정도 또는 그렇게 정의해서 부각된 그 분야를 파악하는 정도도 학문 자체가 진행해 가는 데 반작용을 하며, 이러한 반작용은 그 정의가 진리에서 벗어나는 경향에 따라 학문이 발전해 가는 길에 때로는 사소하게 때로는 매우 현저하게 영향을 끼친다.

어느 한 학문의 분야는 객관적으로 완결된 통일체이다. 즉 우리는 진리의 분야를 어디에서 또 어떻게 설정하는지를 마음대로 정할 수 없다. 진리의 세계는 그 분야가 객관적으로 구분된다. 〔학문의〕 탐구는 이러한 객관적 통일체를 따라야 하고 학문으로 결집되어야 한다. 수에 관한 학문, 공간도형에 관한 학문, 동물의 본성에 관한 학문은 있지만, 소수(素數), 부등변 사각형, 사자 또는 심지어 이 모두를 총합한 것에 관한 독자적 학문은 없다. 함께 속하는 것으로 끈질기게 달라붙는 인식들과 문제들의 그룹을 하나의 학문으로 제정하는 곳에서 경계를 적절하지 않게 설정하는 것은 다만 그 분야의 개념을 주어진 것에 관해 우선 너무 좁게 파악하는 것일 뿐, 일련의 정초하는 연관이 고찰한 분야를 넘어서면 더 넓은 분야에서 비로소 체계적으로 완결된 통일체로 집중한다. 그런데 지평을 그와 같이 제한하는 것은 학문을 순조롭게 진척시키는 데 불리한 영향을 끼치지 않는다. 이론적 관심은 처음에는 더 좁은 범위에 만족해야 하고, 여기에서 더 깊고 폭넓게 논리적으로 분파되지

---

6 (옮긴이 주) '충전적(adäquat)'은 진리나 명증성에 대한 전통적 견해인 '사물과 지성의 일치(adequatio rei et intellctus)'를 뜻하며, 반면 '필증적(apodiktisch)'은 의식에 주어진 사태가 존재하지 않음을 결코 의심할 수 없는 자기의식의 확실성을 뜻한다.

않는 연구가 참으로 무엇보다 필요할 것이다.

그러나 분야의 경계를 설정하는 데는 다른 불완전함이 훨씬 더 위험하다. 즉 이질적인 것을 추정적인 분야의 통일체에 혼합하는 것, 더구나 이질적인 것이 대상 — 이것을 탐구하는 것이 그 학문의 본질적 목표여야 한다. — 을 완전히 오해한 것에 근거할 때 훨씬 더 위험하다. 그와 같이 주목되지 않은 '다른 류(類)로의 기초이동(metabasis eis allo genos)'은 자신에게 지극히 해로운 영향을 끼친다. 즉 부당한 목표를 내세우고, 그 분과의 참된 대상들과 어울릴 수 없기 때문에 원리적으로 전도된 방법을 따르며, 참된 기초적 명제들과 이론들이 종종 매우 이상한 변장으로 완전히 생소한 계열의 생각 사이에서 겉으로 부차적인 계기나 부수적인 귀결로서 밀쳐질 정도로 논리적 층들을 뒤죽박죽 섞는다. 이러한 위험은 특히 철학적 학문의 경우 심각하다. 그래서 철학적 학문을 효과적으로 계속 형성하기 위한 범위와 한계의 문제는 우리의 경험이 경과하는 가운데 — 그 안에서 탐구를 성공시키는 데 적어도 잠정적으로 확립할 수 있다. — 〔탐구〕 분야를 분리하게끔 강제하는 외적 자연에 관한 매우 유력한 학문의 경우보다 비할 바 없이 큰 의미가 있다. 특히 칸트는 논리학과 관련해 우리가 채택한 다음과 같은 말을 했다.

학문의 경계를 뒤섞는 일은 학문을 확대하는 것이 아니라 훼손하는 것이다.[7]

사실상 다음의 연구를 통해 이제까지의 논리학, 특히 심리학에 기초한 현대 논리학이 거의 예외 없이 방금 위에서 언급한 위험에 처해 있

---

7 (옮긴이 주) 『순수이성비판』 제2판의 서문 B Ⅷ.

다는 사실, 이론적 기초를 오해함으로써 또한 이렇게 생긴 분야들을 혼합함으로써 논리적 인식에서 진보가 본질적으로 억제되었다는 사실이 명백해지기를 바란다.

3 쟁점. 선택해 나아갈 길

논리학의 경계 설정과 연관된 전통적 논쟁은 다음과 같다.

1) 논리학은 이론적 분과인가, 실천적 분과('기술학')인가.
2) 논리학은 다른 학문, 특히 심리학이나 형이상학에 독립적인 학문인가.
3) 논리학은 형식적 분과인가, 또는 흔히 파악해 왔듯이 '인식의 단순한 형식'과 관련되는가, 그 '질료'도 고려하는가.
4) 논리학은 아프리오리(apriori)[8]한 논증적 분과의 특성을 띠는가, 또는 경험적인 귀납적 분과의 특성을 띠는가.

이 모든 논쟁은 서로 밀접하게 연관되어 있어 이 가운데 어느 한 가지 입장은 적어도 어느 정도까지 다른 입장을 함께 조건 짓거나 사실적으로 영향을 끼친다. 그런데 진영은 본래 다음 둘뿐이다. 즉 그 하나는 '논리학은 심리학에 독립적인 이론적 분과이며, 동시에 형식적이고 논증적인 분과이다.'라고 판단한다. 다른 하나는 논리학을 심리학에 종속적인 기술학으로 간주한다. 그래서 이 진영은 그 반대 측에 본보기인

---

8 (옮긴이 주) 이 라틴어는 '논리적으로 경험에 앞서며, 인식적으로 경험에 의존하지 않는다.'는 뜻으로 칸트 이후 '경험의 확실성과 필연성의 근거 형식'을 뜻한다. 그런데 이 용어를 '선천적'이나 '생득적'으로 옮기는 것은 부당하다. '선험적'도 근원으로 부단히 되돌아가 묻는 후설 현상학의 근본태도인 '선험적(transzendental)'과 혼동되기 때문에 적합하지 않다. 그래서 일단 원어 그대로 표기한다. 물론 이와 대립된 용어 'aposteriori'도 '아포스테리오리'로 표기한다.

산술의 의미에서 논리학이 형식적인 논증적 분과의 특성을 갖는다는 점을 물론 배제한다.

우리가 본래 이 전통적 논쟁에 참여하는 것이 아니라 이 논쟁에서 작동하는 원리적 차이를 해명하고 궁극적으로 순수논리학의 본질적 목적을 해명할 것을 겨냥했기 때문에, 다음과 같은 길을 선택하려 한다.

즉 우리는 논리학을 하나의 기술학으로 규정하는 것 — 이것을 현대는 거의 일반적으로 받아들인다. — 을 출발점으로 삼고 그 의미와 정당성을 밝힌다. 여기에는 당연히 이러한 분과의 이론적 기초에 관한 문제, 특히 심리학과의 관계에 관한 문제가 이어진다. 이 문제는 비록 전체는 아니더라도 어쨌든 주요 부분에 따라 인식의 객관성과 관련된 인식론의 주된 문제와 본질적으로 일치한다. 이와 관련해 우리가 연구한 결과는 학문적 인식의 모든 기술학에 대해 가장 중요한 기초를 형성하며, 아프리오리하고 순수한 논증적 학문의 특성을 지닌 새롭고도 순수한 이론적 학문을 선별해 내는 것이다. 이것이 곧 칸트와 '형식'논리학 또는 '순수'논리학의 그 밖의 대표자들이 의도했지만 그 내용과 범위를 올바로 파악하고 규정하지 못한 것이다. 이렇게 고찰한 최종적 성과로서 논쟁하는 분과의 본질적 내용을 분명하게 윤곽 짓는 이념이 생기며, 그래서 자연히 제기된 논쟁에 분명한 입장이 주어질 것이다.

1절 규범적 분과 특히 실천적 분과로서의 논리학

4 개별학문들이 이론적으로 불완전한 점

예술가가 자신이 다루는 소재를 자유자재로 구사하는 탁월함, 그리고 자신의 예술 작품을 평가하는 단호하고도 종종 확신에 찬 판단은 거의 예외 없이 법칙, 즉 그가 실천적으로 활동하는 방향과 배열을 지시하는 동시에 완성된 작품이 완벽한지 가늠할 수 있는 척도를 규정하는 법칙에 대한 이론적 인식에 기인하는 것은 통상적인 경험이다. 그런데 직업적 예술가는 대체로 자신의 예술에서 원리에 관해 올바른 정보를 줄 수 있는 사람이 아니다. 그는 원리에 따라 창작하지 않고 평가하지도 않는다. 그는 창작하면서 그가 조화를 이루며 형성한 능력의 내적인 민첩함을 따르며, 판단하면서 섬세하게 연마된 예술적 취향과 감각에 따른다.

그러나 이것은 우리가 우선 생각할 수 있는 예술의 경우만이 아니라 그 말의 가장 넓은 의미에서 기술(Kunst) 일반도 마찬가지이다. 따라서 학문적으로 창작하는 활동과 그 성과에 대한 이론적 평가, 사실·법칙·이론의 학문적 정초도 그러하다. 수학자나 물리학자, 천문학자조차 가장 중요한 학문적 작업수행을 실시하는 데 그의 행위에 궁극적 근거를 통찰할 필요는 없다. 그가 획득한 성과가 그와 다른 사람들을 이성적으로 확신시킬 힘이 있더라도 어디에서나 그가 추리한 궁극적 전제를 증명해야 하고, 그가 채택한 방법이 적절한지 가늠하는 원리를 탐구해야 한다고 요구할 수는 없다. 어쨌든 모든 학문이 불완전한 점은 이러한 사실과 관련된다.

여기에서 말하는 불완전함은 그 분야의 진리를 탐구하는 단순한 불완전함이 아니라, 학문이 확장되는 것과 무관하게 요청해야만 할 내적 명석성과 합리성이 결여된 것을 뜻한다. 이러한 관점에서 보면 심지어 모든 학문 가운데 가장 진보한 수학조차 예외가 아니다. 수학은 모든 학문 일반의 이상(理想)으로 간주되었다. 그러나 실제로는 별로 그렇지 않다는 사실을 여전히 해결되지 않은 고대 기하학의 기초에 관한 쟁점과 허수(虛數)의 방법을 정당화하는 근거에 관한 쟁점이 가르쳐 준다. 비할 데 없이 뛰어난 솜씨로 수학의 경이로운 방법을 다루고 새롭게 이 방법을 충실하게 따르는 학자들은 이 방법이 논리적으로 적절한지에 대해, 그리고 그 방법을 정당하게 적용할 수 있는 한계에 대해 충분히 설명할 수 없음을 종종 철저하게 보여 준다.

학문들은 이러한 결함이 있는데도 실로 번성하고, 이전에는 전혀 예감하지 못했던 자연을 지배하는 힘을 얻게 해 주었지만 어쨌든 우리를 이론적으로 만족시킬 수 없다. 학문들은 모든 개념과 명제의 기능을 완전히 이해할 수 있고 모든 전제를 정확하게 분석하며 그래서 그 전체가 각각의 이론적 의심을 넘어설 수 있을 만큼 수정처럼 투명한 이론이 아니다.

5 형이상학과 학문이론을 통해 개별학문들을 이론적으로 보충하는 것

이 이론적 목적을 달성하기 위해, 상당히 일반적으로 인정되듯이, 형이상학의 영역에 속하는 부류의 연구가 우선 필요하다.

이러한 연구의 과제는 검증되지 않았고 게다가 대부분 주목받지도 못했지만 그래도 매우 중요한 형이상학적 전제는, 즉 적어도 실재적 현실에 접근하는 모든 학문에 기초가 되는 전제를 확정하고 검증하는 것이다. 그와 같은 전제는 예를 들어 1차원 직선적 다양체(Mannifgaltigkeit)[1]의 수학적 특성을 지닌 시간과 3차원 유클리드 다양체의 수학적 특성을 지닌 공간에 따라 확장되는 외부 세계가 존재한다는 것, 모든 생성은 인과법칙에 지배를 받는다 등이다. 전적으로 아리스토텔레스의 제1철학(Erste Philosophie) 테두리에 속하는 이러한 전제를 현대에는 아주 적절치 않게 인식론의 전제라고 부르곤 한다.

그러나 이러한 형이상학적 기초는 개별학문들이 원했던 이론적 완성을 실현하기에 충분하지 않다. 여하튼 형이상학적 기초는 단지 실재적 현실을 다루는 학문에는 관련되지만 모든 학문, 즉 실재적 존재나 비존재에 독립적으로 순수이념적 규정을 단순히 지닌 것으로 생각된 순수수학적 학문(그 대상은 수, 다양체 등이다.)에는 확실히 관련되지 않는다. 그것을 이론적으로 해결하는 일이 곧 우리가 인식하는 노력에 반드시 필요한 두 번째 부류의 연구에서는 사정이 다르다. 이 연구는 요컨대 '학문 일반을 학문으로 만드는 것'에 관계하기 때문에 모든 학문에 동일한 방식으로 관계한다. 어쨌든 이것으로써 새로운 분과이자 즉시 분명

---

1 (옮긴이 주) 이것은 리만(G. F. B. Riemann) 이래 현대 기하학에서 일정한 공리의 연역적 체계를 지칭하는 용어로 일종의 유 개념(집합)이다. 그런데 후설은 힐베르트(D. Hilbert)의 완전성 공리와 결정가능성에 입각한 형식주의의 영향으로 이 개념을 학문의 경계를 올바로 설정해 학문을 학문으로 성립시킬 이론적 형식에 관한 학문이론, 즉 순수논리학을 정초할 영역적 존재론(regionale Ontologie)으로 발전시킨다.

해지듯이 복잡한 분과의 영역이 나타나는데, 그 특징은 '학문에 관한 학문이 되는 것(Wissenschaft von der Wissenschaft zu sein)'이다. 바로 이 때문에 가장 적확하게 '학문이론(Wissenschaftslehre)'이라고 부를 수 있다.

6 학문이론으로서 논리학의 가능성과 그 정당화

학문의 이념에 속한 규범적이고 실천적인 분과로서 그와 같은 분과의 가능성과 정당화는 다음과 같은 숙고를 통해 정초될 수 있다.

학문은 그 명칭이 뜻하듯 앎(Wissen)에 관계한다. 그렇지만 이는 마치 학문 자체가 알려는 작용의 총계나 조직 같은 것이라는 뜻은 아니다. 학문은 오직 그 문헌 속에서만 객관적 존립요소를 가지며, 오직 저작의 형식 속에서만 인간과 그 지성의 활동에 여러 가지로 관계할 경우 독자적으로 현존한다. 학문은 이러한 형식으로 수천 년간 전파되었고, 개인과 세대와 국가를 초월하여 지속되었다. 그래서 학문은 많은 개인의 알려는 작용에서 나왔듯이 바로 그와 같이 수많은 개인의 알려는 작용으로—쉽게 이해할 수 있지만 장황하지 않고는 정확하게 기술할 수 없는 방식으로—다시 이행할 수 있게 외적으로 준비한 것들의 총계이다. 여기에서는 학문이 알려는 작용을 산출하는 데 더 자세한 예비조건을, 즉 이미 알려진 '정상적인' 관계에서 '정상적인' 또는 '그에 상응하는 재능 있는' 인간이 그 앎을 실현하는 것을 자신의 의도를 성취할 목표로 간주할 수 있는 앎의 실재적 가능성을 제공하거나 제공해야만 한다는 의미로 우리에게 충분하다. 그러므로 이러한 의미로 학문은 앎을 겨냥한다.

그러나 우리는 앎에서 진리를 얻는다. 최후에 되돌아가 만날 현실적 앎에서 우리는 올바른 판단의 객체[대상]로서 진리를 얻는다. 하지만 이것만으로는 충분하지 않다. 왜냐하면 올바른 모든 판단, 진리와 일치하는 어떤 사태의 모든 정립〔긍정〕이나 거부〔부정〕가 이 사태가 존재하거나 존재하지 않는 것에 대한 앎은 아니기 때문이다. 오히려 여기에는, 가장 좁고 엄밀한 의미에서 앎이 문제가 되어야 한다면 명증성 (Evidenz), 즉 우리가 인정한 것이 존재하고 거부한 것이 존재하지 않는다는 명쾌한 확실성이 필요하다. 그것은 극단적 회의주의라는 암초에 부딪쳐 난파하지 않는 한 이미 알려진 방식으로 맹목적 확신, 즉 아무리 확고하게 결정적이더라도 모호한 의견과 구별해야만 할 확실성이다. 그렇지만 일반적 관례의 화법은 앎의 이렇듯 엄밀한 개념에서 멈추지 않는다. 예를 들어 우리가 이전에 명증성을 수반한 동일한 바로 그 내용의 판단을 내렸던 명석한 기억이 동시에 이미 내린 판단에 결합되는 곳에서, 특히 기억이 — 이러한 명증성이 그것에서 생겨났고 동시에 그 명증성으로 다시 산출할 수 있는 것을 확실하게 믿는 — 증명하는 사유 과정에 관계하는 곳에서도 우리는 앎의 작용에 관해 이야기한다.("나는 피타고라스 정리가 참이라는 것을 안다. 나는 그 정리를 증명할 수 있다." 물론 후자 대신 "그러나 나는 그 증명을 잊어버렸다."라고 할 수 있다.)

그러므로 우리는 일반적으로 '앎'이라는 개념을 더 넓지만 아무튼 아주 느슨하지는 않은 의미로 이해한다. 즉 우리는 그 개념을 근거 없는 의견과 분리하고, 이것에서 인정된 사태가 존립함에 대한 또는 이미 내린 판단이 정당함에 대한 그 어떤 '표시(Kennzeichen)'를 결합한다. 정당성의 가장 완벽한 표시는 명증성이고, 우리는 이것을 진리 자체를 직접 깨닫는 것으로 간주한다. 거의 대다수의 경우 진리에 대한 이러한 절대적 인식이 우리에게 없다. 그러한 인식 대신 우리는 (사람들은 위의 예에서 기억의 기능만 생각해 낸다.) 다소간에 높은 사태 — 그에 상응하는 정도의 '현저한' 개연성의 경우 확고한 결정적 판단은 이 사태에 연결되곤 한다. — 의 개연성에 대한 명증성을 사용한다. 어떤 사태 A의 개연성의 명증성은 그 사태의 진리의 명증성을 정초하지 않지만, 비교하는 명증적인 그 높은 가치평가를 정초한다. 우리는 이 가치평가에 의해 긍정적이거나 부정적인 개연성의 가치에 따라 이성적인 가정·의견·억측을 비이성적인 가정·의견·억측과, 잘 정초된 가정·의견·억측을 엉성하게 정초된 가정·의견·억측과 구별할 수 있다. 따라서 궁극적으로 모든 진정한 인식, 특히 모든 학문적 인식은 명증성에 기인하고, 명증성이 도달하는 그만큼 앎의 개념도 거기까지 도달한다.

그런데도 '앎'(또는 우리에게는 같은 뜻인 '인식')의 개념 속에 이중성이 남아 있다. 그 말의 가장 좁은 의미에서 앎은 어떤 사태가 존재하거나 존재하지 않는 것에 관한 명증성, 예를 들어 'S는 P다 또는 P가 아니다.'에 관한 명증성이다. 그래서 어떤 사태가 개연적인 것이라는 점과 관련해 '그 사태가 이러저러한 정도로 개연적이다.'라는 것에 관한 명증성도 가장 좁은 의미에서 앎이다. 그에 반해 사태 자체(그 개연성은 아닌)의 존립과 관련해 여기에 더 넓은 의미, 즉 변경된 의미에서 앎이 제시된다. 이 후자의 앎의 의미에서 사람들은 개연성의 정도에 상응해 때에 따라 더 크거나 작은 규모로 앎에 관해 이야기한다. 그리고 더 적확한 의미에서 앎 — 'S는 P이다.'에 관한 명증성 — 은 'S가 P로-있음'에 대한 개연성이 계속 높아져 점차 접근해 가는 절대적으로 확고한 이념적 한계로 간주된다.[2]

그렇지만 학문과 그 과제라는 개념에는 단순한 앎 이상이 포함된다. 만약 개별적이거나 집단적으로 내적 경험을 체험하고 현존하는 것으로 승인하면, 앎을 갖지만 아직 학문을 가진 것은 아니다. 그리고 알려는 작용 일반의 관련 없는 그룹의 경우도 마찬가지이다. 학문은 우리에게 앎의 다양체를 제공해 주지만 그것은 단순한 다양체가 아니다. 실질적

---

2 (옮긴이 주) 판단의 양상에서 'S는 P일 것이다.'라는 개연적 확실성을 띤 개연(蓋然)판단은 그 개연성이 이념적으로 완전히 충족될 경우 'S는 P이다.(로-있음)'라는 주어 개념과 술어 개념의 관계가 사실상 현존함을 주장하는 실연(實然)판단이 된다.

유사성도 앎의 다양체 속에 학문의 고유한 통일성을 아직 형성하지 못한다. 화학에 관한 개별적 그룹의 인식은 확실히 화학에 관해 이야기할 권리가 없을 것이다. 분명히 그 이상의 것, 즉 이론적 의미에서 체계적 연관이 요구되며, 이 연관에는 앎을 정초하는 것과 이렇게 계속 정초하는 가운데 여기에 속한 결합시키는 것과 질서를 세우는 것이 포함된다.

따라서 학문의 본질에는 정초하는 연관의 통일이 포함되는데, 이 속에서 개별적 인식들과 더불어 정초 자체도, 그리고 이와 더불어 정초의 더 높은 복합 — 우리는 이것을 '이론'이라고 한다. — 도 체계적 통일성을 유지한다. 학문의 목적은 바로 앎 그 자체를 전달하는 것이 아니라, 가능한 한 완벽하게 최고의 이론적 목적에 상응하는 정도와 형식으로 앎을 전달하는 것이다.

우리에게 체계적 형식이 앎의 이념을 가장 순수하게 구현한 것으로 나타나는 것, 그리고 우리가 체계적 형식을 실천적으로 추구하는 것 속에 우리 본성의 단순한 심미적 성향이 표명된 것은 결코 아니다. 학문은 건축술이 펼쳐지는 장(場)이어서는 안 된다. 물론 진정하고 정당한 학문에 적합한 체계화(Systematik)는 우리가 꾸며 내는 것이 아니라, 우리가 그것을 간단히 찾아내거나 발견하는 사태 속에 놓여 있다. 그래서 학문은 우리의 앎에 진리의 왕국을, 더구나 최대로 가능한 범위에서 획득할 수단이 되려고 한다. 그렇지만 진리의 왕국은 결코 무질서한 혼돈이 아니며, 이 혼돈 속에서 법칙성의 통일을 지배한다. 그래서 진리를 탐구하는 것과 설명하는 것도 체계적이어야만 하고, 그 체계적 연관을 반영해야만 하며, 동시에 우리에게 주어졌거나 우리가 이미 획득한 앎으로부터 항상 더 높은 영역의 진리의 왕국으로 파고들 수 있기 위해 진보해 나아갈 단계로서 이 연관을 이용해야만 한다.

학문은 이렇게 유익한 단계 없이 이루어질 수 없다. 모든 앎이 결국에는 의거하는 명증성은 방법적-인위적으로 준비한 것이 전혀 없이 사태를 단순히 표상해 나타나는 자연의 첨부물이 아니다. 그렇지 않으면 인간은 학문을 구축할 생각을 결코 하지 못했을 것이다. 지향한 것에 따라 성과가 이미 주어진 경우에는 방법적으로 장황한 것은 그 의미를 상실한다. 만약 직접 깨달아 진리를 획득한다면, 무엇을 위해 정초의 관계를 탐구하고 증명을 조립하겠는가?

그런데 실제로 표상된 사태를 존속하는 것으로 각인하는 명증성 또는 표상된 사태를 존속하지 않는 것으로 (그리고 유사하게 개연성과 비개연성에 관해서 유사하게) 각인하는 불합리는 상대적으로 지극히 제한된 그룹의 원초적 사태의 경우에만 직접 생긴다. 무수히 많은 참된 명제를 우리는 그것이 방법적으로 '정초되었을' 경우에만 진리로 파악한다. 즉 이 경우 판단에 적합하게 결정되었더라도 어쨌든 명제의 사고(Satzgedanke)를 단순히 고려해 명증성이 생기지는 않는다. 그러나 일정한 정상적 관계가 전제되었다면 우리가 확실한 인식에서 출발하고 그런 다음 지향된 명제에 도달하는 확실한 생각의 길을 선택해 가자마자 이 두 가지, 즉 명증성과 불합리가 동시에 생긴다. 이러저러한 인식에서 이행하면서 동일한 명제에 대해 정초하는 다양한 길이 존재할 수 있다. 하지만 그와 같은 방법적 절차가 없으면 결코 앎으로 변할 수 없는 진리의 무한한 다양체가 존재한다는 사정이 인식의 특징이자 본질이다.

그리고 인식 속에, 즉 앎 속에 직접 명증적인 것을 넘어서고 따라서 통속적인 것을 넘어서기 위해 우리가 정초할 필요가 있다는 사정은 학문들뿐 아니라 학문들과 더불어 학문이론, 즉 논리학도 가능하고 필수적이게 만든다. 모든 학문이 진리를 추구할 때 방법적으로 처리한다면, 그러지 않을 경우 은폐되어 남아 있는 진리나 개연성을 인식하기 위해, 또한 멀리 떨어져 있어 단지 간접적으로만 도달할 수 있는 것에 도달하는 데 자명한 것이나 이미 확인된 것을 활용하기 위해 다소간 인위적인 모든 보조수단을 규칙적으로 사용할 것이다. 그러면 어쨌든 무수한 탐구세대의 통찰과 경험이 축적된 이 방법적 보조수단을 비교하면서 고찰하는 것은 그와 같은 처리방식에 대한 일반적 규범을 수립하고 마찬가지로 서로 다른 경우 부류에 따라 그러한 처리방식을 고안해 내 구축하는 것에 대한 규칙도 수립하기 위한 수단을 제공할 것이다.

7 계속. 정초의 가장 중요한 세 가지 특징

사태 속으로 더 깊이 파고들기 위해 우리가 '정초(Begründung)'라고 부르는 이 주목할 만한 사유의 경과의 가장 중요한 특징을 숙고해 보자.

첫째를 지적하기 위해 정초는 그 내용과 관련해 확고한 구조의 성격을 지닌다. 우리는 확실한 인식, 예를 들어 피타고라스 정리에 대한 확실한 인식에 도달하기 위해 직접 주어진 인식에서부터 아주 임의로 출발점을 선택할 수 없고, 계속 진행하는 데 임의의 항목을 삽입하거나 제외해서는 안 된다. 즉 정초할 수 있는 명제의 명증성이 실제로 밝게 드러나야 한다면, 그래서 정초는 참된 정초이어야 한다.

또한 우리는 둘째를 즉시 알아차린다. 처음부터, 즉 도처에서 넘치게 쇄도하는 정초의 예들을 비교하며 고려하기 전에 모든 정초는 그 내용과 형식에 따라 완전히 독특하게 유일하다는 것은 생각해 볼 수 있을 것이다. 자연의 변덕 ── 이것을 우선 하나의 가능한 생각으로 간주해도 좋다. ── 은 우리의 정신적 구조를 제멋대로 형성할 수 있어서 우리에게 지금 매우 친숙한 여러 가지 정초의 형식에 관한 논의가 완전히 무의미하고 그 어떤 정초를 비교하는 경우 공통점으로서 여전히 이것 하나만 확인할 수 있을 것이다. 그것은 곧 그 자체로 명증적이 아닌 명제 S는 합리적 법칙이 전혀 없이 그 명제에 단정적으로 분류된 일정한 인식들 P_1, P_2……와의 연관 속에 등장할 때 명증성의 성격을 얻는다는 것이다.

그러나 사정은 그렇지 않다. 맹목적 자의(恣意)는 어떤 무리의 진리 P_1, P_2 …… S를 긁어 모으지 않고, 그런 다음 인간의 정신은 P_1, P_2 …… 의 인식에서 불가피하게 (또는 '정상적' 상황에서) S에 관한 인식을 결합 시키게끔 조정되어 있다. 그런데 단 하나의 경우도 사정은 그렇지 않 다. 정초의 연관에서 지배하는 것은 자의와 우연이 아니라 이성과 질 서, 즉 규제하는 법칙이다.

이러한 사실을 설명하기 위해 예는 거의 필요치 않다. 어떤 삼각 형 ABC에 관한 수학의 과제에서 '등변삼각형은 등각삼각형이다.'라 는 명제를 사용하면, 우리는 '모든 등변삼각형은 등각삼각형이다. 삼각 형 ABC는 등변삼각형이다. 그러므로 그 삼각형은 등각삼각형이다.'라 고 명시하는 정초를 한다. 그 밖에 '마지막 수가 짝수인 모든 10진법의 수는 짝수이다. 364는 마지막 수가 짝수인 10진법의 수이다. 그러므로 364는 짝수이다.'라는 산술의 정초를 설정하자. 그러면 우리는 이러한 정초가 공통적인 것, 즉 '모든 A는 B이다. X는 A이다. 그러므로 X는 B 이다.'라는 '추론형식'으로 이해할 수 있게 표현하는 동일한 내적 구조 를 갖는다는 사실을 곧바로 알아차린다.

그런데 이렇게 동일한 형식은 이 두 가지 정초만이 아니라 무수히 다른 정초도 갖는다. 아니 그 이상이다. 그러한 추론형식은 그 속에 날 카롭게 새겨진 구조로 명제들이 결합된 무한한 다양체를 포함하는 부 류의 개념을 대표한다. 동시에 그 추론형식에 적합하게 진행하는 모든 추정적 정초도, 일반적으로 올바른 전제에서 출발하는 한, 실제로 올바 른 정초라는 아프리오리한 법칙이 있다.

그리고 이는 일반적으로 타당하다. 우리가 주어진 인식에서 정초하 면서 새로운 인식으로 올라가더라도 거기에는 정초하는 길에 일정한 형식이 깃들어 있는데, 이 형식은 무수히 많은 다른 정초와 더불어 그 길에 공통적이며, 이 모든 개별적 정초를 단번에 정당화하게끔 허용하는 일반적 법칙과 일정한 관계에 있다. 어떠한 정초도 고립되어 있지 않다는 것, 이것은 극히 주목할 만한 사실이다. 결합의 외적 양상에서든 이 양상에서 또한 동시에 개별적 명제의 내적 구조에서든 일정한 유형 — 이것은 일반적 개념으로 파악해 보면 무한히 가능한 정초에 관계된 일반적 법칙으로 즉시 이행한다. — 이 뚜렷이 새겨지지 않았다면, 어떠한 정초도 인식을 다른 인식에 연결하지 않는다.

마지막으로 셋째가 여전히 주목할 만한 것으로 부각되어야 한다. 우리는 처음부터, 즉 서로 다른 학문들의 정초를 비교하기 전에 정초의 형식은 인식의 영역에 구속되어 있다는 생각을 가능한 것으로 간주할 수 있을 것이다. 일반적으로 객체[대상]의 부류와 더불어 이에 속한 정초가 변경되지는 않지만, 어쨌든 정초가 매우 일반적인 일정한 부류의 개념에 따라, 가령 학문의 영역을 명확하게 설정하는 개념에 따라 날카롭게 구분된다고 할 수 있다. 그렇다면 두 가지 학문, 예를 들어 수학과 화학에 공통적인 정초의 형식은 전혀 존재하지 않는가? 그럼에도 이것은 실로 위의 예가 가르쳐 주듯이, 명백하게 그러한 경우가 아니다. 법칙이 개별적 경우들에 이행될 수 없을 학문은 없으며, 따라서 우리에게 예로 사용되는 형식의 추론이 빈번하게 등장하지 않을 학문은 없다. 그리고 이것은 그 밖의 많은 종류의 추론에도 타당하다. 구체적으로 제한된 인식의 영역과의 모든 본질적 관계에서 해방되도록 다른 종류의 모든 추론은 일반화되어야 하고 '순수하게' 포착되어야 한다.

8 이러한 특징과 학문 및 학문이론의 가능성의 관계

우리는 일상적인 것을 거의 문제로 삼지 않는 경향 때문에, 학문의 가능성과 더 나아가 학문이론의 가능성에 명백하게 관계하지 않았기 때문에 정초의 이러한 특징에 주목할 만한 점을 살펴보지 않았다.

그러나 정초가 있다는 것은 이러한 관계에서 충분하지 않다. 만약 정초가 형식이 없고 법칙이 없다면, '지금 여기에(hic et nunc)' 제시된 (단순하거나 매우 복잡한) 추론에 고유한 것이 아니라 추론의 부류 전체에 전형적인 일정한 '형식', 즉 이러한 추론의 부류 전체의 정당성이, 동시에 바로 그 형식을 통해 보증되는 일정한 '형식'이 모든 정초에 깃든 이러한 기본적 진리가 존립하지 않을 것이고, 오히려 이 모든 것에서 정반대가 존립할 것이며 그러면 어떠한 학문도 존재하지 않을 것이다.

그렇다면 방법에 관한 논의, 인식에서 계속 인식으로 체계적으로 규제된 진보에 관한 논의는 더 이상 의미가 없을 것이고, 모든 진보는 우연일 것이다. 명제 S에 명증성을 줄 수 있는 명제 P_1, P_2 ……가 우리 의식 속에 한 번 우연히 일치되었다고 과연 명증성이 명백하게 드러날 것인가. 이미 실현된 정초에서, 미래에 새로운 소재에 관한 새로운 정초와 관련해 극히 사소한 것조차 더 이상 배울 수 없을 것이다. 왜냐하면 어떤 정초도 다른 것의 본보기를 가질 수 없을 것이고, 어떤 유형을 그 자체 속에 구체화하지 못할 것이기 때문이다. 그래서 전제들의 체계로 생각된 그룹의 판단도 유형적인 것 그 자체를 가질 수 없을 것이다. 이 유형적인 것은 새로운 경우나 완전히 다른 '소재'를 만나는 기회에 (개념적으로 강조하지 않고, 명확한 '추론형식'에 의지하지 않고) 끈질기게 달라붙고 새로운 인식을 손쉽게 획득할 수 있다. 앞에 주어진 명제를 증명하려고 탐구하는 것도 전혀 의미가 없을 것이다.

우리는 이것 또한 어떻게 해야 하는가? 가능한 모든 그룹의 명제를 앞에 제시된 명제에 대한 전제로 사용할 수 있는지 철저히 검사해야 하지 않는가? 여기에서는 가장 영리한 사람이 가장 어리석은 사람보다 아무것도 더 갖고 있지 않으며, 가장 영리한 사람이 가장 어리석은 사람보다 도대체 본질적인 것을 더 많이 갖고 있는지 의심스럽다. 풍부한 상상, 광범위한 기억, 긴장된 주의력 등은 훌륭한 것이지만, 법칙적 형식으로 정초하고 고안해 내는 오직 사유하는 존재자의 경우에서만 그 지적 의미를 획득한다.

그래서 임의의 심리적 복합에서 요소들뿐 아니라 결합하는 형식들도 연상의 효력 또는 재생산의 효력을 행사한다는 것은 일반적으로 인정된다. 따라서 이론적 사유와 사유연관의 형식은 유익한 것으로 입증될 수 있다. 예를 들어 어떤 전제의 형식이 — 우리가 동일한 형식의 이전 추론에 성공했기 때문에 — 그에 속한 결론을 특별히 쉽게 도출하듯이, 증명할 수 있는 명제의 형식도 이전에 유사한 형식의 결론을 산출했던 일정한 정초의 형식을 기억하게 할 수 있다. 이것이 명석한 본래의 기억이 아니라면, 어쨌든 이 기억과 유사한 것, 어느 정도 잠재적 기억, 즉 (에르트만[3]의 의미에서) '무의식적 자극'이다. 어쨌든 그것은 증명을 (수학에서처럼 오직 '형식상 논증(argumenta in forma)'이 지배하는 영역에서만 아닌) 구축하는 데 더 쉽게 성공하기 위해 지극히 유익한 것으로 나타난다. 숙련된 사상가가 미숙한 사상가보다 더 쉬운 증명을 찾아내는가? 그러면 이것은 왜 그러한가? 여러 가지 경험을 통해 증명의 유형이 숙련된 사상가에게 점점 더 깊게 새겨지기 때문에, 그래서 그에게 그 유형이 훨씬 쉽게 효력을 발휘하고 사유의 방향을 규정하고 있음에 틀림없다. 임의의 유(類)의 학문적 사유가 학문적 사유 일반에 대해 어느 정도 [효력을] 행사한다. 그러나 그 밖에 특수한 정도와 범위에서 수학적 사유가 특히 수학적인 것에, 물리학적 사유가 특히 물리적인 것에 예정되어 있다는 것 등은 인정된다. 수학적 사유는 모든 학문에 공통적

---

3 (옮긴이 주) 에르트만(B. Erdmann, 1851~1921)은 논리학을 심리학주의로 해석하는 데 반대하고, 논리학은 판단의 방법과 가치에 관한 규범학이라고 주장했다. 저서로 『기하학의 공리』(1877), 『논리학』 제1권(1892), 『인과법칙의 내용과 타당성』(1905), 『신체와 영혼의 학문적 가정』(1907) 등이 있다.

　　　　　　　　　　　1절 규범적 분과 특히 실천적 분과로서의 논리학

인 유형적 형식이 존립하는 것에 의거하고, 물리학적 사유는 개별과학의 특수성에 특수하게 관계하는 다른 형식(어쩌면 수학적 사유를 일정하게 형태를 부여한 복합으로 성격 지을 수 있는 형식)이 존립하는 것에 의거한다. 학문적 자질의 특성, 예견하는 직관과 예언의 특성은 이것과 연관된다.

우리는 언어학적 자질과 안목, 수학적 자질과 안목 등에 관해 이야기한다. 그런데 누가 이것을 소유하는가? 그것은 여러 해 단련된 언어학자나 수학자 등이다. 그때그때 영역의 대상들의 일반적 본성에는 실질적 연관의 일정한 형식이 뿌리를 내리고, 이 형식은 바로 이러한 영역 속에 주요한 정초 형식의 유형적 특징을 다시 규정한다. 앞서 서두르는 학문적 억측의 기반은 이 속에 있다. 그러므로 모든 검토, 고안과 발견은 형식의 합법칙성에 의거한다.

이 모든 것에 따라 규제된 형식이 학문의 존립을 가능하게 하면, 다른 측면에서 범위가 넓은 앎의 영역에 관한 형식의 독립성은 학문이론의 존립을 가능하게 한다. 이러한 독립성이 인정되지 않는다면, 서로 병존하고 개별과학들에 개별적으로 상응하는 논리학만 존재할 것이고 보편적 논리학은 존재하지 않을 것이다. 그러나 실제로 우리는 모든 학문에 균등하게 관계하는 학문이론의 연구와, 개별과학들의 이론과 방법에 관계하며 이러한 특징을 탐구하는 것을 보충하는 특별한 연구 ― 이 두 가지가 필요한 것을 알게 된다.

그래서 정초를 비교하는 고찰에서 생긴 그 특성을 부각시켜 강조하는 것은 우리의 분과 자체에, 학문이론의 의미에서 논리학에 약간의 빛을 비춰 줄 것이다.

9 학문의 방법적 처리방식. 일부는 정초, 일부는 정초를 위한 보조작업

어쨌든 우선 우리가 방법적 처리절차의 개념을 고갈시키지 않는 정초에 제한한 것에 관해 여전히 보충할 필요가 있다. 하지만 정초에는 우리가 잠정적으로 제한한 것이 정당화되는 중심적 의미가 당연히 주어진다.

우리는 다음과 같이 말할 수 있다. 즉 그 자체가 (단순하든 여전히 매우 복잡하든) 실제적 정초의 성격을 갖지 않는 모든 학문적 방법은 정초의 사유경제에 생략과 대용물이다. 이 생략과 대용물은 그 자체로 정초를 통해 앞으로도 계속 의미와 가치를 받아들인 뒤에 이것을 실천적으로 사용할 경우 자체 속에 작업수행을 포함하지만 정초의 통찰에 의한 사유내용을 포함하지 않는다. 그러지 않으면 모든 학문적 방법은 다소간에 복잡한 보조작업을 서술한다. 이 보조작업은 미래의 정초를 준비하고 손쉽게 하며 확실하게 하거나 가능하게 하는 데 이바지하며, 이 학문적 근본과정에 가치가 같은 의미나 그 옆에 독자적 의미도 요구하면 안 된다.

그러므로 예를 들어 두 번째로 언급한 그룹의 방법에 연결하기 위해 잘 구별할 수 있고 명백한 기호(Zeichen)를 써서 적절한 방식으로 생각을 표현하는 것은 정초 일반이 확실할 수 있는 중요한 선결조건이다. 언어는 사상가에게 자신의 생각을 표현하는 데 광범위하게 적용할 수 있는 기호체계를 제공해 준다. 기호체계 없이는 학문을 연구해 나아갈 수 없다. 그러나 그렇다 해도 학문을 엄밀하게 탐구하는 데에는 지극히 불완전한 보조수단이다. 애매함이 추론한 결과의 적확함에 악영향을 끼친다는 것은 이미 잘 알려져 있다. 그래서 신중한 탐구자는 기술적으로 매우 조심스럽게 언어를 사용해야 한다. 그리고 사용된 용어가 명백하지 않고 정밀한 의미가 없는 한 사용된 전문용어를 정의해야만 한다.

따라서 명사를 정의하는 데 우리는 정초를 확실하게 할, 즉 이러한 1차적인 본래의 이론적 절차를 확실하게 할 방법적 보조처리를 보게 된다.

학술용어의 경우도 마찬가지이다. 거듭 반복되는 더 중요한 개념에 대한 간결한 특징적 기호(Signatur)는 오직 한 가지만 언급하기 위해 〔명확하게〕 정의된 표현들이 근원적으로 비축되어 이 개념이 매우 번잡하게만 표현되는 어디에서나 절대로 필요하다. 왜냐하면 여러 겹으로 포개진 번잡한 표현은 정초하는 조작을 어렵게 하거나 심지어 실행할 수 없게 하기 때문이다.

이와 유사한 관점에서 분류의 방법 등도 고찰되어야 한다.

첫 번째 그룹의 방법의 예는 지극히 성과가 많은 계산처리(algorithmus)의 방법이 제공해 준다. 이 방법의 독특한 기능은 감각적 기호로 기계적 조작을 인위적으로 배열함으로써 본래 연역적 정신작업에서 가능한 한 많은 부분을 덜어 주는 것이다. 아무리 이 방법이 경이로운 것을 수행하더라도 정초하는 사유의 본질에서만 그 의미와 정당화를 획득한다. 여기에는 문자 그대로의 의미에서 기계적 방법 —기계적 적분법의 기구, 계산기 등을 생각할 수 있다.— 도 포함된다. 더 나아가 별의 위치, 전기의 저항, 관성(慣性)의 질량, 굴절률, 중력의 상수(常數) 등을 결정하는 다양한 방법과 같이, 객관적으로 타당한 경험의 판단을 확인할 방법적 처리 방식도 포함된다. 그와 같은 모든 방법은 정초의 연관을 통해 선정되고 배열되는 준비대책의 총계를 대표하며, 그 정초의 연관은 그러한 성질의 처리절차가 비록 맹목적으로 실행되더라도 객관적으로 타당한 개별적 판단을 필연적으로 제공함에 틀림없다는 사실을 일반적으로 입증한다.

아무튼 예들은 충분하다. 인식의 모든 실제적 진보가 정초하는 가운데 일어나는 것은 분명하다. 그래서 논리학이 정초를 넘어서도 다루는 방법적 준비대책과 기교는 모두 정초와 관계한다. 실로 이것들은 이러한 관계 덕분에 방법의 이념에 본질적으로 속하는 그 유형의 성격을 지닌다. 그런데 이것들 역시 이 유형적인 것을 위해 이전 항인 8항의 고찰에 같이 순응한다.

10 학문이론의 문제로서 이론과 학문의 이념

그러나 여전히 더 보충할 필요가 있다. 물론 학문이론은, 여기에서 명백해졌듯이, 개별적 정초(와 이것에 분류된 보조작업)의 형식과 합법칙성을 탐구하는 것에만 연관된 것은 아니다. 실로 우리는 개별적 정초를 학문 이외에서도 본다. 그래서 개별적 정초가 —— 마찬가지로 긁어 모은 정초들의 더미도 —— 분명히 어떠한 학문도 형성하지 않는다. 위에서 진술했듯이, 학문에는 정초연관에 일정한 통일이, 정초단계의 순서에 일정한 통일이 필요하다. 그리고 이러한 통일의 형식은 모든 학문이 추구해 노력하는 최고의 인식목표를 달성하기 위한 고상한 목적론적 의미를 그 자신이 갖는다. 그 인식목표는 진리를 탐구하는 데 —— 즉 어쨌든 개별적 진리가 아니라 진리의 왕국 또는 이 왕국이 나누어진 자연의 구역을 탐구하는 데 —— 가능한 한 우리를 촉진시키는 것이다.

그러므로 학문이론의 과제 역시 다음과 같은 것이 될 것이다. 즉 이러저러한 성질의 체계적 통일체로서 학문을 다루는 것, 달리 말하면 이 통일체를 형식에 따라 학문으로 성격 짓는 것, 이들 상호 간의 경계를 설정하는 것, 이들의 내적 분류를 본질적으로 서로 다른 본성이나 형식의 영역으로, 즉 상대적으로 완결된 이론으로 결정하는 것 등이다.

정초의 이러한 체계적 조직도 방법의 개념에 종속되고, 그래서 학문이론에는 학문 속에 등장하는 앎의 방법을 다루는 과제뿐 아니라 그 자체를 학문이라 부르는 것을 다루는 과제도 배당된다. 타당한 정초를 부당한 정초에서 구별할 뿐만 아니라 타당한 이론과 학문을 부당한 이론

1절 규범적 분과 특히 실천적 분과로서의 논리학

과 학문에서 구별하는 것이 학문이론에 부과된 과제이다. 이렇게 학문이론에 배당된 과제는 전자의 과제에 명백히 무관하지 않고 상당한 범위로 전자의 과제가 미리 해결될 것을 전제한다. 왜냐하면 정초를 미리 탐구함 없이 체계적 통일체로서 학문을 탐구하는 것은 생각할 수 없기 때문이다. 어쨌든 이 둘은 학문 그 자체에 관한 학문이라는 개념 속에 포함되어 있다.

11 규범적 분과로서, 기술학(技術學)으로서 논리학 또는 학문이론

우리가 이제까지 논의한 것에 따라 논리학 —— 여기에서 문제가 되는 학문이론의 의미에서 —— 은 규범적 분과로 드러났다. 학문은 일정한 목표를 향한 그래서 이 목표에 적합하게 판단되어야만 하는 정신의 창작물이다. 또한 이것은 이론, 정초, 그리고 일반적으로 우리가 방법이라고 부르는 모든 것에 적용된다. 어떤 학문이 참으로 학문인지, 어떤 방법이 참으로 방법인지는 그것이 추구하는 목표에 적합한지에 달려 있다. 논리학은 진정한 학문, 타당한 학문 그 자체가 되는 것, 즉 학문의 이념을 구성하는 것을 탐구하려 한다. 그래서 우리는 경험적으로 제시된 학문이 그 이념에 상응하는지, 또는 그 학문이 이 이념에 어느 정도까지 접근하는지, 그리고 그 학문이 어떤 점에서 이 이념에 어긋나는지를 평가할 수 있다.

이로써 논리학은 규범학으로 알려지며, 각 시대의 구체적 문화의 산물로서 학문들을 그 유형적 특징과 공통성에 따라 파악하고 시대적 상황에서 설명하려고 시도하는 역사학의 비교하는 고찰방식을 그 자체에서 분리시킨다. 왜냐하면 규범화하는 근본척도 —— 예를 들면 이념이나 최고의 목표 —— 에 관해서 일정한 징표를 소유한 것이 그 척도에 적합성을 보증하거나, 이 적합성에 필수불가결한 조건을 제공하는 일정한 징표를 지시하는 일반적 명제를 정초하는 것이 규범학의 본질이기 때문이다. 마찬가지로 부적합한 경우를 고려하거나 그와 같은 상황이 현존하지 않음을 표명하는〔일반적 명제와〕유사한 명제를 정초하는 것도 규범학의 본질이다. 그러나 마치 규범학이 어떤 객체〔대상〕일반이 근본규범에 상응하기 위해 어떠한 성질이어야 하는지를 뜻하는 일반적 표시를 줄 필요가 있다는 것은 아니다. 즉 치료법이 보편적 증상을 지시하지 않듯이 그 어떤 규범적 분과가 보편적 기준(Kriterium)을 부여하지 않는다. 특히 학문이론이 우리에게 주고 또 오직 줄 수 있는 것은 특수한 기준이다. 학문이론은 학문의 최고목표의 관점에서, 또한 인간 정신의 사실상 구조의 관점에서 그 밖에 여전히 고찰할 수 있는 것, 가령 M_1, M_2 ……의 이러저러한 방법이 생기는 것을 확인함으로써 다음과 같은 형식의 명제를 표명한다. 즉 '복합형식 M_1(또는 M_2 ……) 속에 진행되는 α, β ……의 성질을 띤 모든 그룹의 정신활동은 올바른 방법의 한 사례만 제공한다.'는 명제, 또는 같은 뜻이지만 '형식 M_1(또는 M_2 ……)을 (이른바) 방법적으로 처리하는 모든 것은 올바로 처리하는 한 가지이다.'라는 명제이다. 이러한 성질이나 이와 유사한 성질의 그 자체로 가능하고 타당한 모든 명제를 실제로 수립하는 것이 성공했다면, 그때 규범적 분과는 물론 이른바 각각의 방법 일반에 대해 측정하는 규칙을 — 하지만 이때 특수한 기준의 형식으로만 — 포함할 것이다.

근본규범이 목적이거나 목적이 될 수 있는 경우 규범적 분과의 과제를 당연하게 확장함으로써 규범적 분과에서 기술학이 나온다. 여기에서도 마찬가지이다. 학문이론이 더 이상의 과제 — 즉 타당한 방법을 실현하는 데 절대 필요한 조건인 우리의 힘에 지배되는 조건을 탐구하는 과제, 우리가 진리를 방법적으로 찾아내는 데 처리하는 규칙 또는 학문들에 적절하게 경계를 설정하거나 구축하는 규칙, 특히 학문들에서 촉진되는 여러 가지 방법을 고안해 내거나 적용하는 규칙과 이 모든 관계에서 오류를 경계해야 할 규칙을 수립하는 과제 ── 를 세우면 학문이론은 학문의 기술학이 된다. 명백하게 이 학문의 기술학은 규범적 학문이론을 완전히 자체 속에 포함하고, 그래서 논리학의 개념이 이에 상응해 확장되고 이러한 기술학의 의미에서 정의된다면 그것은 이 기술학의 의심할 여지없는 가치에 의해 전적으로 적합하다.

12 이와 관련된 논리학의 정의

논리학을 기술학으로 정의하는 것은 예로부터 매우 인기가 있지만, 더 상세하게 규정하는 일은 대개 유감스럽게 남았다. 판단작용·추론작용의 기술학, 인식의 기술학, 사유의 기술학(l'art de penser)처럼 정의하는 것은 오해의 여지가 있으며 어쨌든 매우 좁은 정의이다. 예를 들어 마지막에 언급한 그리고 오늘날에도 여전히 사용되는 정의에서 '사유하다(denken)'라는 용어의 모호한 개념을 올바른 판단의 개념에 한정하면, 그것은 '올바른 판단의 기술학'이라는 정의다. 그러나 학문적 인식의 목적을 이것에서 이끌어 낼 수 없으므로 이 정의가 너무 좁다는 것은 분명해진다. 만약 사유의 목적이 학문 속에서 완전히 충족된다고 말하면, 이것은 의심의 여지없이 올바르다. 하지만 그것은 동시에 문제가 되는 기술학의 목적은 본래 사유 또는 인식이 아니라 사유 그 자체가 그것의 수단이라는 사실을 인정한다.

그 밖의 정의들은 이와 유사한 의혹에 빠진다. 이 정의들은 최근 베르크만[4]이 다시 제기한 다음과 같은 반론에 빠진다. 즉 우리는 어떤

---

4 (옮긴이 주) 베르크만(J. Bergmann, 1839~1904)은 괴팅겐대학교와 베를린대학교에서

활동 — 예컨대 그림 그리기, 노래 부르기, 말 타기 등 — 의 기술학에서 "관련된 활동을 올바로 실행해야만 할 것, 예를 들어 그림을 그릴 때 붓을 어떻게 잡고 다루어야 하는지, 노래를 부를 때 가슴·목·입은 어떻게 사용해야 하는지, 말을 탈 때 고삐를 어떻게 끌어당기거나 풀어야 하는지, 넓적다리로 어떻게 눌러야 하는지를 그 기술학이 알려 준다."라고 무엇보다 예상해야 한다는 반론에 빠진다. 그러면 논리학의 영역에서 논리학에 완전히 이질적인 논리학이 될 것이다.[5][6]

논리학을 학문적 인식의 기술학이라고 슐라이어마허[7]가 정의한 것은 확실히 진리에 더 가깝다. 왜냐하면 자명하게도 그렇게 한정된 분과에서만 학문적 인식의 특수성을 고려할 수 있고, 학문적 인식을 촉진시키는 것을 탐구할 수 있기 때문이다. 반면 인식 일반이 성립되도록 조

수학과 철학을 공부했으며 관념론적 인식론과 형이상학에 관심을 두고 쾨니히베르크대학교와 마르부르크대학교 교수로 활동했다. 저서로 『존재와 인식』(1880), 『논리학의 근본 문제』(1882, 1895), 『철학사』(1892, 1894) 등이 있다.

5 베르크만, 『논리학의 근본 문제(*Die Grundprobleme der Logik*)』 제2판(1895), 78쪽. 또한 볼차노 박사, 『학문이론(*Wissenschaftslehre*)』(Sulzbach, 1837) 제1권 24쪽을 참조. "예를 들어 고수 열매가 기억을 강화시키는 약인지 하는 문제가 논리학에 포함되는가? 어쨌든 논리학이 그 말의 전체 외연(범위)에서 '추론을 형성하는 기술(ars rationis formandae)'이라면, 논리학은 그런 것임에 틀림없을 것이다."

6 (옮긴이 주) 볼차노(B. Bolzano, 1781~1848)는 칸트와 독일 관념론의 주관주의를 비판하고 수학과 논리학, 인식론과 윤리학에서 독특한 객관주의를 주장했다. 특히 논리학을 주관적으로 해석하는 심리학주의에 반대하고 판단작용과 판단내용을 구별해 객관적인 '명제 그 자체', '진리 그 자체'를 확립하고자 순수논리학을 추구했다. 후설은 이러한 이론에 영향을 받아 『산술철학』에서 취했던 심리학주의의 한계를 극복하고 『논리 연구』 제1권에서 수학의 근거로 파악한 순수논리학을 정초했다. 저서로 『학문이론』(1837), 『무한한 것의 역설』(1851) 등이 있다.

7 (옮긴이 주) 슐라이어마허(F. Schleiermacher, 1768~1834)는 계몽주의 비판정신과 전통적 개신교 사상을 조화시켰으며, 베를린대학교 설립에 참여하고 신학과 철학을 가르쳤다. 그는 모든 삶과 사유의 중심인 '주체'로서의 인간을 강조하고 스피노자의 범신론을 받아들여 교리와 신앙 고백보다 인간의 종교 체험과 감정을 더 중시한 자유주의 신학을 강조했다. 또한 성서 등의 해석은 텍스트에서 사용된 언어와 전체적 문맥을 통해 저자의 의도를 구성해 파악해야 한다는 보편적 해석학으로 딜타이(W. Dilthey)의 해석학에 큰 영향을 주었다. 저서로 『종교론』(1799), 『신앙론』(1821, 1830) 등이 있다.

성하는 비교적 먼 예비조건은 교육학, 위생학 등에 떠맡겨졌다. 그런데 슐라이어마허의 정의에서 '학문들의 경계를 설정하고 구축할 규칙을 수립할 의무가 이 기술학에 있는 반면, 거꾸로 이 목적은 학문적 인식의 목적을 포함한다.'라고 명백하게 표현하고 있지 않다. 우리의 분과인 논리학을 한정하는 것에 관한 탁월한 생각은 볼차노의 『학문이론 (*Wissenschaftslehre*)』에서 찾아볼 수 있는데, 오히려 그 자신이 옹호한 정의보다 그의 비판적 예비연구에서 더 많이 찾아볼 수 있다. 이 말은 정말 이상하다. 즉 학문이론(또는 논리학)은 "우리가 학문을 목적에 맞는〔실용적〕교과서에서 어떻게 서술해야 하는지를 지시하는 학문이다."[8]

---

8 볼차노, 앞의 책, 제1권 7쪽. 물론 『학문이론』 제4권은 특히 그의 정의를 표명하는 과제에 전념한다. 그러나 최초의 세 권이 다루는 비할 데 없이 중요한 분과들이 단지 학문적 교과서의 기술에 대한 보조수단으로 서술되어야 한다는 것은 이상한 느낌을 준다. 결코 아직 충분히 평가되지 않았고, 더구나 실로 거의 이용되지 않았던 이 저술의 위대함도 당연히 이 최초의 세 권에서 연구한 것에 의거한다.

2절 규범적 분과의 기초로서 이론적 분과

13 논리학의 실천적 성격에 관한 논쟁

앞의 고찰에서 논리학을 기술학으로 정당화한 것은 자명한 것으로 드러났으므로, 이 논쟁이 어떻게 지금까지 있을 수 있는지 놀라울 수도 있다. 실천적으로 향한 논리학은 모든 학문의 거부할 수 없는 요청이며, 또한 이 요청에 상응해 논리학은 역사적으로 학문을 도모하는 실천적 동기에서 생겼다. 이러한 사실은 잘 알려져 있듯이 새롭게 싹튼 그리스 학문이 회의주의자와 주관주의자의 공격에 굴복당할 수 있고 그이후 학문의 모든 번영이 소피스트[궤변적] 변증법(Dialektik)[1]의 기만하는 가상(假象)을 파괴할 수 있을 객관적 진리의 기준을 발견하는 데 달

---

1 (옮긴이 주) 본래 '지혜를 갖춘 사람'이란 뜻을 지닌 소피스트들은 사회의 규범이 구성원의 합의에 이루어지므로 보편타당한 객관적 진리와 절대적 가치는 불가능하다고 상대적 회의주의를 주장했다. 그런데 모든 의견은 경우에 따라 참일 수도 거짓일 수도 있지만, 일단 시비를 가릴 경우 논쟁술(eristike)을 동원할 수밖에 없는데, 이처럼 자신의 의견을 웅변술과 수사학으로 강화하고 궤변을 동원해서라도 상대방의 의견을 제압하는 것이 진리라고 간주해, "정의란 강자의 이익"이라고도 했다. 소크라테스의 논박술(elenchos), 플라톤의 변증술을 거쳐 아리스토텔레스에 이르러 형식논리학이 완성된 것도 소피스트의 궤변과 회의주의를 극복해야만 진리추구의 참된 방법을 확보할 수 있기 때문이었다.

려 있는 위험에 처한 그 막중한 시대에 일어났다.

그런데도 특히 근대에 칸트의 영향을 받아 논리학에서 기술학의 성격을 반복해 부인하는 반면 다른 측면에서 이렇게 성격 짓는 것에 계속 가치를 인정하면, 논리학에 실천적 목표를 정하고 이에 따라 논리학을 기술학으로 파악하는 것이 가능한지에 관한 논쟁은 결코 단순한 문제가 될 수 없다. 어쨌든 칸트 자신은 "오성(Verstand)을 사용하는 것을 방해하거나 촉진시킬 수 있는 주관의 우연적 조건에"[2] 오성을 사용하는 것을 규제하도록 임무를 맡기는 응용논리학, 우리가 "올바로 오성을 사용하도록 촉진하는 것, 오성을 올바로 사용하는 보조수단이나 논리적 실수와 오류를 치유하는 수단"[3]도 배울 수 있는 응용논리학에 대해 이야기했다.

칸트가 응용논리학을 본래 순수논리학과 같은 학문으로 간주하려 하지 않았더라도, 심지어 응용논리학은 "본래 논리학이라 부를 수 없다."[4]고 생각했더라도, 논리학의 목표를 응용논리학, 즉 실천적 논리학[5]을 함께 포괄할 만큼 넓게 세우는 것은 각자의 자유이다. '실천적 학문

---

2 『순수이성비판』, 〔'선험적 원리론' 의〕 〔제2부〕 「선험적 논리학」, 「들어가는 말」 I 〔논리학 일반〕 마지막 단락(B 78~79).

3 칸트, 『논리학』, 「들어가는 말」 II (하르텐슈타인판, 1867 VIII, 18쪽).

4 『순수이성비판』, 같은 곳(하르텐슈타인판 83쪽).

5 칸트는 실천적 부분을 지닌 일반논리학에서 '첨가의 모순(contradictio in adjecto)'을 보고, 그래서 논리학을 이론적 논리학과 실천적 논리학으로 구분했다.(『논리학』, 「들어가는 말」, II 3항) 어쨌든 이것이 그가 응용논리학이라 부른 것을 우리가 실천적 논리학으로 평가하는 것에 결코 방해되지 않는다. '실천적 논리학'은, 그 표현을 보통의 의미로 받아들일 경우, "그것이 응용되는 일정한 종류의 대상에 대한 앎"을 결코 필연적으로 전제하지 않는다. 그러나 실천적 논리학을 통해 인식을 얻으려 노력하는 가운데 촉진될 정신의 앎은 아마 필연적으로 전제한다. 〔그래서〕 이중의 방향에서 응용될 수 있다. 즉 논리적 규칙의 도움으로 특수한 인식영역─특수한 학문과 이 학문에 연결된 방법론을 포함해─에 이용할 수 있다. 다른 한편 인간 정신의 특수성에 의존하지 않는 순수논리학의 이념적 법칙(이러한 법칙이 존재할 경우)의 도움으로 인간의 특수한 본성(종(種))에서)을 고려하는 실천적 규칙을 이끌어 내는 것도 생각해 볼 수 있다. 그러면 우리는 일반논리학에 더해 실천적 논리학도 가질 것이다.

이론으로서 논리학을 통해 인간의 인식을 촉진하는 데 상당한 수확을 기대할 수 있는지', 예를 들어 '주어진 인식을 단지 검토할 수 있을 고대 논리학을 확장하는 것에 발견의 기술(ars inventiva), 즉 '발견의 논리학'을 위해 이미 잘 알려져 있듯이 라이프니츠가 믿었던 것만큼 실제로 커다란 변혁과 진보를 기대해도 좋은지' 등을 어쩌면 논쟁할 수 있고, 충분히 논쟁할 수 있다.

그러나 이러한 논쟁은 원리적으로 중요하지 않고, 학문이 미래에 촉진하는 데 적당한 개연성이 겨냥하는 규범적 분과의 연마를 정당화하는 명석한 격률(Maxime), 게다가 연역 규칙들 그 자체가 인식을 귀중하고 풍부하게 서술하는 명석한 격률을 통해 결정된다.

유감스럽게 어떤 측면에서도 명석하게 정밀하게 되지 않은 원리상 중요한 본래의 쟁점은 완전히 다른 방향에 있다. 즉 그 쟁점은 '대체 논리학을 기술학으로 정의하는 것이 논리학의 본질적 성격에 맞는지'로 향한다. 즉 '그것은 고유한 학문적 분과인 논리학의 권리를 정초하는 오직 실천적 관점일 뿐이며, 반면 이론적 관점에서는 논리학이 인식에서 수집하는 것 모두는 한편으로 — 그 밖에 이미 잘 알려진 학문에서, 하지만 주로 심리학에서 근원적으로 주거할 자신의 권리를 당연히 요구해야만 하는 — 순수이론적 명제 속에 있고, 다른 한편으로 이 이론적 명제에 근거하는 규칙 속에 있는지'는 의문이다.

사실 칸트가 파악한 본질도 그가 논리학의 실천적 성격을 반박한 점에 있지 않고, 그가 논리학을 일정하게 한정하거나 제한할 수 있는 것을 인식론의 관점에서 근본적이라고 생각한 점에 있다. 이렇게 논리학을 한정하고 제한함에 따라 논리학은 완전한 독립 학문으로서, 이미 알려진 학문들과 비교해 새롭고 게다가 순수이론적 학문으로 현존한다. 이 순수이론적 학문은 수학의 본성에 따라 가능하게 응용하는 것에 대한 모든 생각이 외적인 것으로 남아 있고, 그것이 아프리오리한 순수논증적 분과라는 점에서도 수학과 닮았다.

논리학을 이론적 앎의 내용으로 제한하는 것은 이에 반대하는 학설의 지배적 형식에 따라 심리학적 명제, 어쩌면 문법적 명제나 다른 명제로 이끈다. 따라서 다르게 한정된 학문, 게다가 경험적 학문에서 나온 작은 단편으로 이끈다. 그런데 칸트에 따르면 오히려 우리는 그 자체로 완결되고 독립적이며 게다가 아프리오리한 이론적 진리의 영역, 즉 순수논리학에 직면한다.

우리는 이러한 학설에서 여전히 다른 중요한 대립, 즉 '논리학은 아프리오리한 학문인지 경험적 학문인지, 독립적 학문인지 종속적 학문인지, 논증적 학문인지 비논증적 학문인지'의 대립이 함께 관련된 것을 본다. 만약 당면한 문제로서 멀리 떨어져 있는 이 대립을 분리하면, 위에서 내세운 쟁점만 남는다. 즉 우리는 한 측면에서 기술학으로 파악된 모든 논리학에는 고유한 이론적 학문, 즉 '순수'논리학이 기초가 된다는 주장을 추상하는 반면, 반대 측면에서 논리적 기술학 속에 확인될 수 있는 모든 이론적 학설이 다르게 이미 알려진 이론적 학문 속에 분류될 수 있다고 믿는다.

후자의 관점은 이미 베네케[6]가 활발하게 대표한다.[7][8] 밀은 이 후

---

6 (옮긴이 주) 베네케(F. E. Beneke, 1798~1854)는 베를린대학교 교수로 관념론에 반대하고 경험론에 입각한 심리학주의를 주장했다. 저서로 『도덕의 물리학 원론』(1822), 『영혼과 신체의 관계』(1826), 『사유의 기술학으로서 논리학 체계』(1842) 등이 있다.

7 베네케는 논리학이 본질적으로 실천적 성격을 지녔다는 확신을 논리학을 서술한 표제, 즉 『사유의 기술학으로서 논리학 교본(Lehrbuch der Logik als Kunstlehre des Denkens)』(1832), 『사유의 기술학으로서 논리학 체계(System der Logik als Kunstlehre des Denkens)』(1842)에서 이미 시사한다. 실질적 관계는 『논리학 체계』의 「머리말」, 「들어가는 말」과 특히 헤르바르트에 대한 반박(제1권 21쪽 이하)을 참조.

8 (옮긴이 주) 헤르바르트(J. F. Herbart, 1776~1841)는 헤겔의 관념론에 반대하고 칸트의 실재론 입장에서 철학을 경험에서 발생한 개념을 명석하고 판명하게 다듬는 방법으로 파악해 이 방법론으로서의 논리학을 형이상학, 인식론, 심리학, 윤리학, 미학 등에 적용했다. 또한 페스탈로치의 실천적 교육사상도 이론적으로 심화시켜 근대 교육학의 기초를

자의 관점을 명석하게 바꾸어 썼는데, 그의 논리학도 이 면에서 매우 큰 영향력을 끼쳤다.[9] 최근 독일에서 논리학 운동을 이끈 저술인 지그바르트[10]의 『논리학』도 동일한 기반 위에 서 있다. 이 저술은 그것을 다음과 같이 날카롭고도 단호하게 표명한다. 즉 "논리학의 최고 과제, 논리학에 본래의 본질을 형성하는 과제는 기술학이 되는 것이다."[11]

다른 관점에서 칸트 이외에 특히 헤르바르트와 그의 수많은 제자가 있다.

그 밖에 이러한 관계에서 극단적 경험론이 칸트의 견해와 얼마나 잘 조화되는지는 기술학으로서 구축되었지만 이론적이고 추상적인 고유한 학문, 게다가 수학의 본성에 따른 학문으로서의 논리학을 명확하게 승인하는 동시에 그 자체 속에 포함할 것을 요구한 베인[12]의 『논리학』에서 보게 된다. 베인에 따르면 확실히 이 이론적 분과는 심리학에 의존한다. 그래서 칸트가 하려 했듯이 하나의 절대적으로 독립적인 학문으로서 다른 모든 학문에 선행하지 않는다. 그러나 그 이론적 분과는 하나의 고유한 학문이고, 밀의 경우와 다르게 인식을 실천적으로 규제하는 의도로 제공된 심리학적 장(章)들을 단순히 수집한 모음이

세웠다. 저서로 『일반 교육학』(1806), 『일반적 실천철학』(1808), 『과학으로서의 심리학』(1824~1825), 『일반 형이상학』(1828~29) 등이 있다.

9 이와 관련된 문제를 토론하기 위해 밀의 논리학에 관한 주요 저술보다 해밀턴에 반박하는 그의 논박 문서가 더 적절하다. 필요한 인용은 이후에 계속 이어진다.

10 (옮긴이 주) 지그바르트(Chr. Sigwart, 1830~1904)는 튀빙겐대학교 교수로 독일뿐 아니라 영국 논리학자들의 저술을 깊게 연구해 논리학과 윤리학에 큰 영향을 주었다. 그는 심리학주의를 비판해 논리학을 확실하고 보편타당한 명제에 도달할 판단의 방법을 제공하는 사유작용의 기술학(技術學)이라 규정하고 논리학을 분석론, 규범론, 기술론 세 부분으로 나눴다. 저서로 『논리학』(제1권, 1873; 제2권, 1878), 『윤리학의 선결문제』(1886)가 있다.

11 지그바르트, 『논리학』(제3판), 10쪽.

12 (옮긴이 주) 베인(A. Bain, 1818~1903)은 스코틀랜드 출신의 철학자, 교육학자로서 영어권 분석철학의 전문지 《마인드(Mind)》를 창간하는 등 논리학, 심리학, 언어철학, 도덕철학에 기여했다. 저서로 『도덕철학』(1852), 『감성과 지성』(1855), 『마음과 몸』(1872), 『과학으로서의 교육』(1879), 『논리학』(1879), 『윤리학의 선결문제』(1886) 등이 있다.

2절 규범적 분과의 기초로서 이론적 분과

아니다.[13]

논리학이 19세기에 겪었던 여러 연구 검토에서 여기에서 문제가 되는 차이점이 이제껏 명백하게 부각되거나 신중하게 숙고된 적은 거의 없다. 논리학을 실천적으로 다루는 것이 두 입장과 잘 조화를 이루고, 대개 두 측면에서도 유용한 것으로 인정된다는 점을 고려해 많은 사람은 논리학이 (본질적으로) 실천적 성격을 띠는지 이론적 성격을 띠는지의 논쟁 전체를 무의미하게 보았다.

우리의 목적은 '논리학이 기술인지 학문인지, 이 모두인지 아무것도 아닌지' 또한 '논리학이 학문일 경우 실천적 학문인지 사변적 학문인지 동시에 이 둘 모두인지' 하는 고대 논리학자들의 논쟁거리에 비판적으로 조사하는 것을 요구하지 않는다. 윌리엄 해밀턴 경은 이러한 논쟁거리와 동시에 이 문제의 가치에 대해 다음과 같이 판단한다.

그 논쟁은 …… 아마 사색의 역사에서 가장 쓸데없는 것 가운데 하나이다. 논리학에 관한 한, 그 문제를 결정하는 것은 지극히 사소한 일이 결코 아니다. 그것을 어떤 명칭으로 부르든 철학자들이 논쟁하는 것은 이 학설〔논리학〕의 범위와 본성과 관련해 의견이 다양해서 나온 결과가 아니었다. 그 논쟁은 사실상 기술에 적절한 것이 무엇인지, 학문에 적절한 것이 무엇인지에 관한 것일 뿐이었다. 그리고 사람들이 이들 가운데 어느 한 의미나 다른 의미를 붙여서 '논리학은 기술이다 또는 학문이다, 이 둘이다 또는 둘 다 아니다.'라고 단정한다.[14]

어쨌든 해밀턴 자신은 여기에서 문제가 되는 구별과 논쟁의 내용

---

13 베인, 『논리학』 제1권(1879), 50항 34쪽 이하 참조.
14 윌리엄 해밀턴, 『논리학 강의』(제3판) 제1권('형이상학과 논리학 강의'의 제3권, 1884), 9~10쪽.

및 가치에 대해 매우 깊게 탐구하지는 않았다는 사실을 알아차려야 한다. 논리학을 취급하는 방식과 논리학이 속하는 학설의 내용과 관련해 견해들이 적절하게 일치하면, '기술(art)'과 '학문(science)'의 개념이 논리학을 정의하는 데 필요한지, 또 어떻게 필요한지 하는 문제는 비록 단순히 꼬리표를 붙이는 문제는 아니더라도 그다지 중요하지 않을 것이다. 그러나 정의에 관한 논쟁은 (상론했듯이) 참으로 학문 자체에 대한 논쟁이고, 게다가 이미 완성된 학문이 아니라 여전히 그 문제와 방법과 학설이 요컨대 생성되며 일시적으로 단지 [학문으로] 가장할 뿐인, 예외 없이 불확실한 학문에 대한 논쟁이다. 이미 해밀턴의 시대나 그 오래전에 논리학의 본질적 내용, 범위와 취급 방식에서 견해차가 매우 현저하게 드러났다. 사람들은 단지 해밀턴, 볼차노, 밀과 베네케의 저술만 비교한다. 그리고 그 이후 차이가 겨우 어떻게 생겼는지만 비교한다.

그런데 에르트만과 드로비슈,[15] 분트[16]와 베르크만, 슈페[17]와

---

15 (옮긴이 주) 드로비슈(M. W. Drobisch, 1802~1896)는 헤르바르트의 제자로 라이프 치히대학교에서 수리논리학과 경험적 심리학에 입각해 수학적 심리학과 형이상학을 비판하며 경험적 형식논리학에서 의미의 형식과 사유의 형식을 매개하고 동일하게 간주했다. 그래서 신(神)은 목적론적 증명으로만 신앙의 대상이 되며 도덕적 신념도 이렇게 확증된다고 철학과 신학의 조화를 시도했다. 저서로 『새로운 논리학』(1836), 『종교철학 개요』(1840), 『수학적 심리학 개요』(1850)가 있다.

16 (옮긴이 주) 분트(W. Wundt, 1832~1920)는 헬름홀츠의 제자로 인류학적 문화심리학을 주도하고, 감각·지각·반응시간에 관한 다양한 실험을 통해 심리학을 독립된 과학으로 확립했다. 심리적 현상을 조작주의적 내성(內省)의 방법, 심리물리적 실험과 관찰, 사회심리학의 역사적 분석을 통해 감각이나 감정의 단순한 자료(요소)로 분석해 실험적으로 재구성함으로써 정신현상을 설명하는 생리학적 심리학을 추구했으며, 경험과학인 정신과학뿐 아니라 논리학도 심리학에 정초하려는 심리학주의를 주장했다. 저서로 『생리학적 심리학 개요』(1874), 『논리학』(1880~1883), 『윤리학』(1886), 『심리학』(1896), 『민족심리학』(1900~1921)이 있다.

17 (옮긴이 주) 슈페(W. Schuppe, 1836~1913)는 블레스라우·본·베를린대학교에서 가톨릭신학과 고전문헌학을 배웠으며, 고등학교 교사를 거쳐 그라이프스발트대학교 철학과 교수로서 내재성(Immanenz)의 철학을 정초해 후설에게 영향을 주었다. 저서로 『인간의 사

2절 규범적 분과의 기초로서 이론적 분과

브렌타노,[18] 지그바르트와 위버베크[19]를 함께 세우면, 이 모든 것은 하나의 학문이고 단순히 하나의 명칭이 아닌가? 물론 학설과 심지어 문제제기의 내용에 관해 이 두 논리학자가 참을 수 있을 만큼 합의되지 않지만 더 포괄적인 그룹의 주제가 그때 거기에 공통으로 있지 않다면, 거의 그렇게(하나의 명칭으로) 결정할지도 모른다. 우리가 실로 이러한 점을 「들어가는 말」에서 강조한 것 — 즉 논리학을 정의하는 것은 사람들이 논리학의 본질적 과제와 방법적 성격에 관해 갖고 있는 확신을 단지 뚜렷이 새긴 것이며, 그 정의와 관련된 선입견이나 오류는 그렇게 뒤처진 학문의 경우 탐구를 처음부터 잘못된 길로 이끌 수 있다는 것 — 과 함께 정리해 보면, 확실히 우리는 "그 문제를 결정하는 것은 지극히 사소한 일이 결코 아니다."라는 해밀턴의 말에 동의할 수 없을 것이다.

드로비슈와 베르크만처럼 순수논리학의 고유한 권리를 옹호한 탁월한 선구자들이 이 분과의 규범적 성격을 논리학의 개념에 본질적으로 속한다고 주장한 것도 이러한 사정의 혼란을 조금도 조장하지 않았다. 이에 반대하는 측은 이러한 점에서 명백한 불일치, 실로 모순을 발견했다. 그렇다면 규범화하는 개념 속에 주도하는 목적과 이 목적에 바친

유』(1870) 등이 있다.

18 (옮긴이 주) 브렌타노(F. Brentano, 1838~1917)는 아리스토텔레스와 토마스 아퀴나스 연구로 독일-오스트리아 학파를 주도했다. 마티(A. Marty), 슈툼프, 마이농, 후설, 프로이트(S. Freud) 등이 제자이다. 독일 관념론과 신칸트 학파를 비판하고 자연과학에 따른 경험적-기술심리학의 방법으로 윤리적 인식의 근원을 해명하는 가치론을 탐구했다. 후설은 그에게 영향을 받아 수학에서 철학으로 전향했으며, 특히 물리적 현상과 구별되는 심리적 현상의 특징으로 의식의 지향성을 분석한 것은 후설현상학에 결정적 역할을 했다. 저서로 『경험적 관점에서의 심리학』(1874), 『도덕적 인식의 근원』(1889)이 있다.

19 (옮긴이 주) 위버베크(F. Überweg, 1826~1871)는 괴팅겐·베를린·할레대학교에서 철학을 배우고 고등학교 교사를 거쳐 쾨니히베르크대학교 교수로서 칸트의 주관주의에 반발해 관념실재론(Idealrealismus)을 주장했다. 저서로 『논리학 체계와 논리학 학설의 역사』(1857), 『관념론, 실재론과 관념실재론』(1859), 『철학사 개요』(1863) 등이 있다.

활동의 관계가 포함되지 않는가? 따라서 규범적 학문은 규범학과 정확하게 똑같은 것을 뜻하지 않는가?

드로비슈가 자신의 규정을 도입하고 포착한 방식은 단지 〔이렇게〕 확인될 수 있을 뿐이다. 여전히 가치 있는 그의 『논리학』은 다음과 같이 쓰고 있다.

사유는 이중의 관계에서 학문적 연구의 대상이 될 수 있다. 즉 그 하나는 사유가 정신의 활동인 한, 그 조건과 법칙에 따라 탐구될 수 있는 한, 하지만 다시 사유가 간접적 인식을 획득할 도구, 올바로 사용될 뿐만 아니라 틀리게 사용될 수 있는 도구 ── 올바로 사용할 경우 참된 결과로 이끌고 그렇지 않은 경우 잘못된 결과로 이끈다. ── 인 한에서이다. 그래서 사유의 자연법칙뿐만 아니라 참된 결과로 이끌기 위해 사유가 따라야만 할 지시(규범)에 대한 규범법칙도 있다. 사유의 자연법칙을 규명하는 것은 심리학의 과제이지만, 사유의 규범법칙을 확립하는 것은 논리학의 과제이다.[20]

게다가 이것에 첨가한 설명에 "규범법칙은 사유의 활동을 항상 어떤 목적에 적합하게 규제한다."라고 밝힌다.

반대하는 측은 '여기에는 베네케나 밀이 동의할 수 없거나 자신에게 유리하게 평가할 수 없는 말은 전혀 없다.'고 주장할 것이다. 그러나 '규범적 분과'와 '기술학'이라는 개념의 동일성을 인정하면, 기술학 일반의 경우와 같이 논리적 진리들을 하나의 분과로 통합해 묶는 것은 실질적 공속성이 아니라 주도하는 목적이라는 사실도 자명하다. 그렇다면 전통적 아리스토텔레스 논리학이 했듯이 ── '순수'논리학은 이것으로 귀결되기 때문이다. ── 논리학에 너무 좁은 경계를 긋는 것은 명백

---

20 드로비슈, 『새로운 논리학』(제4판), 제2항 3쪽.

2절 규범적 분과의 기초로서 이론적 분과

히 거꾸로 된 것이다. 논리학에 어떤 목적을 세우는 것, 그런 다음 이 목적에 속한 부류의 규범과 규범적 연구를 논리학에서 배제하는 것은 이치에 어긋난다. 순수논리학의 대표 학자들은 여전히 전통에 심취해 있고, 공허한 형식에 얽매인 스콜라철학의 논리학이 천년이나 행사해 온 놀라운 마력은 그들 속에서 여전히 우세하다.

이렇게 당연하게 생각되는 일련의 반론은 위대한 독창적 사상가의 경우 고유한 학문으로서 순수논리학을 지지하고 지금도 여전히 진지한 검토를 요구할 수 있는 실질적 동기를 더 면밀하게 숙고하는 현대의 관심을 딴 데로 돌리는 데 아주 적절하다. 탁월한 드로비슈가 자신의 규정을 잘못 파악할 수도 있다. 그러나 이것이 그의 스승 헤르바르트와 결국 최초의 주창자인 칸트의 입장[21]과 같이 그의 입장이 본질적으로 잘못된 것이었다는 사실을 입증하지 않는다. 〔이렇게〕 불완전한 규정 자체의 배후에 단지 개념적으로 명석하게 새길 수 없는 소중한 생각이 담겨 있다는 사실은 결코 배제되지 않는다.

어쨌든 순수논리학의 대표자들이 매우 선호하는 논리학과 순수수학을 나란히 놓는 것에 주목하자. 수학적 분과들도 기술학을 정초한다. 산술에는 실천적 계산술이, 기하학에는 토지측정술이 상응한다. 또한 비록 다소 다른 방식이지만 이론적인 추상적 자연과학에는 공학이, 물

---

21 칸트 자신은, 그런데 그는 '오성은 어떻게 존재하고 사유하는지'를 말하는 심리학적 법칙에 '오성은 사유 속에 어떻게 처리해 가야 하는지'를 말하는 '필연적 규칙'으로서 논리적 법칙을 대립시켰지만,(『논리학 강의』(하르텐슈타인판 제8권, 14쪽을 참조) 어쨌든 결국에는 논리학을 (설정된 목적에 적합한지 측정하는 학문이라는 의미에서) 규범적 분과로 파악하는 의도가 전혀 없었다. 그가 두 가지 '심정(Gemüt)의 근본원천'에 따라 상관적인 '오성의 규칙 일반에 관한 학문'으로서 논리학과 '감성의 규칙 일반에 관한 (즉 합리적) 학문'으로서 감성론(Ästhetik)을 대등하게 세운 것은 이러한 점을 결정적으로 지시한다. 이러한 칸트의 의미에서 감성론과 마찬가지로 그의 논리학도 **목적**에 따라 규제하는 분과로 간주될 수 없다.(『순수이성비판』, 〔선험적 원리론 제2부〕 선험적 논리학 「들어가는 말」 I, 두 번째 단락 끝(B 76)을 참조)

리학에는 물리학적 공학이, 화학에는 화학적 공학이 이어진다. 이러한 점을 고려해 위에서 말한 경우와 유사한 방식으로 공학을 정초하고 곧 보통의 실천적 의미로 논리학을 정초하는 추상적으로 이론적 분과이고자 하는 것이 부당하게 요구된 순수논리학 본래의 의미라고 당연히 억측할 것이다.

기술학의 경우 때로는 우선적으로 하나의 이론적 분과가, 때로는 더 많은 이론적 분과들이 기술학의 규범을 도출하기 위한 토대를 제공하듯이, 논리학도 기술학의 의미에서 다수의 이론적 분과들에 의존할 수 있으며, 그래서 그 순수논리학에서 아마 가장 주요하지만 단지 하나의 토대를 가질 수 있다. 더구나 적확한 의미에서 논리법칙과 형식이 이론적으로 완결된 추상적 진리의 영역 — 이제까지 한정된 이론적 분과에 결코 어울리지 않으며, 따라서 그 자신을 문제가 되는 순수논리학으로 요구할 수 있을 영역 — 에 속한다는 사실이 분명해질 것이다. 그러면 이 분과(순수논리학)의 개념을 규정하는 불완전성뿐만 아니라 이 분과를 순수하게 서술하고 이 분과와 기술학으로서의 논리학의 관계를 설명할 능력이 없는 것, 이 기술학과 혼동하는 것도 조장하며 '논리학을 본질적으로 이론적 분과로 또는 실천적 분과로 한정해야 하는지' 하는 논쟁을 일으킬 수 있는 더 이상의 억측도 자꾸 떠오를 것이다. 어느 한편은 그 순수이론적이고 적확한 의미에서 논리적 명제에 눈길을 돌리는 반면, 다른 한편은 가장된 이론적 학문의 논박할 여지가 있는 정의와 이것을 사실적으로 수행하는 것에 입각한다.

여기에서 문제로서 그 가치가 별로 없다고 역사가 판단할 스콜라-아리스토텔레스 논리학을 재생시키는가 하는 반론이 우리를 괴롭히지는 않을 것이다. 아마 문제가 되는 분과가, 사람들이 비난하듯이 결코 그렇게 범위가 좁고 심오한 문제에 그렇게 빈약하지 않다는 사실이 더 밝혀질 것이다. 아마 고대 논리학은 그 순수논리학의 이념을 지극히 불완전하고 불명확하게 실현한 것이지만, 적어도 최초에 출발하고 착수한 것으로서 훌륭하고 존경할 만하다. 전통 논리학을 경멸하는 것은 오늘날 우리를 더 이상 감동시킬 수 없는 르네상스 사조의 부당한 영향이 아닌지 의문스럽다. 스콜라철학의 학문에 반대해 역사적으로 정당하지만 사태에서 종종 이해할 수 없는 논쟁이 무엇보다 그에 속한 방법론으로서의 논리학에 향한 것은 당연한 일이다.

그러나 형식논리학이 스콜라철학의 수중에서 (더구나 쇠퇴기에) 잘못된 방법학의 성격을 받아들였다는 것은 논리적 이론(이것이 이미 전개된 한에서)에 대한 올바른 철학적 이해가 없었다는 사실, 그래서 논리적 이론을 실천적으로 이용하는 것이 잘못된 길로 나아갔다는 사실, 그 본질상 논리적 이론이 증가되지 않는 방법적 작업수행(Leistung)[22]을 무리하게 논리적 이론에 요구한다는 사실을 입증할 뿐이다. 따라서 수의 신비주의[23]도 산술에 반대해 아무것도 입증하지 않는다. 르네상스의 논리 논쟁이 실질적으로 공허하고 성과가 없었다는 것은 잘 알려져 있다. 그 논쟁에서 표명된 것은 열정이지 통찰이 아니었다. 그렇다면 우리는 왜 그들이 경멸하는 판단에 아직도 지배되어야 하는가? 르네상스의 열광적인 혁명적 충동과 근대의 과학적 냉정함을 함께 지닌 라이프니츠와

---

22 (옮긴이 주) 이 용어는 '산출, 수행, 수행된 결과, 기능, 성취' 등을 뜻하며, 일상적으로 은폐된 의식을 현상학적 환원을 통해 드러내 밝히는 선험적 주관성의 다양한 지향적 활동을 지칭한다. 또한 경험한 내용이 축적되고, 이것이 다시 기억되거나 새로운 경험을 형성하는 복잡한 심층구조를 지닌 발생적 역사성을 함축한다. 그래서 의식의 단순한 '작용(Akt)'과 구별하고자 '작업수행'으로 옮긴다.

23 (옮긴이 주) 피타고라스와 그의 학파는 영혼의 불멸과 윤회를 믿으며 영혼을 정화하기 위해 원시적 터부의 계율을 엄격하게 지킬 것을 강조했다. 그들에 따르면 규정되지 않은 무한정자(apeiron)에 형상을 부여하는 것(peras)인 수는 만물의 근원이며, 조화와 질서를 갖춘 우주(kosmos)를 형성한다. 그래서 수학을 기하학, 수론, 측량술, 계산술의 단계를 넘어 체계적 이론으로 발전시켰다. 하지만 수와 그 관계로 모든 것을 설명하려는 신비주의는 다양한 수비학(數秘學)으로, 특히 유대교 카발라 문헌의 성서 해석에 이용한 수마법(數魔法) 등을 낳기도 했다.

같이 이론적인 창조적 정신은 어쨌든 스콜라철학에 반대하는 몰이사 냥에 관해 아무것도 모를 것이다. 그는 비난받는 아리스토텔레스 논리 학이 아무리 확장되고 개선될 필요가 있다고 여겨져도 그 철학을 따뜻 한 말로 받아들였다. 아무튼 문제가 된 분과의 의미와 내용에 관해, 또 는 우리에게 끈질기게 달라붙는 억측의 정당성에 관해 명석하게 밝힐 수 없는 한, 우리는 순수논리학이 '형식에 얽매인 공허한 스콜라철학' 을 개혁하는 결과가 된다는 비난을 그때까지 방치해 둘 수 있다.

이러한 억측을 검토하기 위해 가령 논리학을 이러저러하게 파악하 려고 역사적으로 등장한 모든 논증을 수집하거나 비판적으로 분석하려 고 겨냥하지 않겠다. 이것은 오래된 논쟁에 새로운 관심을 불러일으키 는 길이 아닐 것이다. 그러나 오래된 논쟁에서 순수하게 구별되지 못했 던 원리적 대립은 논쟁하는 사람의 경험적 제약을 넘어서는 고유하고 숭고한 관심을 가지며, 우리는 이 관심을 추구하려 한다.

14 규범적 학문의 개념. 규범적 학문에 통일성을 주는 근본척도 또는 원리

우리는 이후의 연구에 결정적으로 중요한 명제를 확립하는 데서 시 작한다. 즉 그 명제는 모든 규범적 분과와 마찬가지로 모든 실천적 분 과는, 이 분과의 규칙들이 규범화하는 (당위의) 사유에서 분리할 수 있 는 이론적 내용 — 이 내용을 학문적으로 규명하는 것은 바로 그 이론 적 분과의 의무이다 — 을 갖는 한, 하나 또는 다수의 이론적 분과에 의 거한다는 것이다.

이를 설명하기 위해 우선 규범적 학문의 개념과 이론적 학문의 개념 의 관계에서 숙고해 보자. 일반적으로 규범적 학문의 법칙은, 아마 그것 이 존재하지 않든지 혹은 주어진 상황에서 존재할 수 없더라도, '마땅히 존재해야 할 것(was sein soll)'을, 반면 이론적 학문의 법칙은 단적으로 '존재하는 것(was ist)'을 뜻한다. 이제 단적으로 존재하는 것에 비해 '마땅히 존재해야 하는 것(Seinsollen)'이 무엇을 뜻하는지 숙고해야 한다.

예를 들어 '너는 내 말에 따라야만 한다.' 'X는 내 것이 되어야 한다.'와 같이 어떤 소망이나 의지, 요구나 명령과 관계하는 당위(Sollen)의 근원적 의미는 명백하게 너무 좁다. 요구하는 자가 아무도 없거나 요구된 자가 아무도 없을 때에도 우리가 그 이상의 의미로 어떤 요구에 대해 말하듯이, 어떤 사람의 소망이나 의지에 관계없이 종종 당위에 관해서도 이야기한다. '군인은 용감해야만 한다.'라고 말하면, 이것은 우리나 그 밖의 누구도 이것을 소망하거나 욕구하는 것, 또는 명령하거나 요구하는 것을 뜻하지 않는다. 차라리 일반적으로, 즉 각각의 군인과 관련해 그에 상응하는 소망과 요구가 정당성을 갖는다는 의견을 가질 수도 있다. 비록 여기에서 그와 같이 어떤 소망이나 요구에 대한 평가가 실제로 널리 퍼진다는 것이 어쨌든 정말 필요하지 않기 때문에 완전히 맞지 않는 정당성이라 하더라도 그렇다. '군인은 용감해야만 한다.'는 것은 오히려 '오직 용감한 군인만 '좋은' 군인이다.'를 뜻하고, 이것은 '좋은'과 '나쁜'이라는 술어가 군인이라는 개념의 외연을 나누기 때문에 '용감하지 않은 군인은 '나쁜' 군인이다.'를 함축한다. 이러한 가치 판단이 타당하기 때문에 이제 누구든지 어떤 군인에게서 '그가 용감'할 것을 요구하는 권리를 갖는다. 동일한 근거에서 '그가 그러하다.'도 소망하거나 칭찬하는 등의 가치가 있다.

다른 예에서도 마찬가지이다. '인간은 이웃을 사랑해야만 한다.' 즉 이를 행하지 않는 자는 더 이상 '착한' 인간이 아니고, 그래서 그 자체에서(이러한 점에서) '악한' 인간이다. '드라마는 에피소드로 해체되면 안 된다.' 그러지 않으면 그것은 '좋은' 드라마가 아니고, '올바른' 예술작품이 아니다. 그러므로 이 모든 경우에 우리는 충족시킬 수 있는 조건에 의존하는 긍정적 가치의 술어를 인정하고 긍정적으로 가치를 평가한다. 반면 그 조건을 충족시키지 못하는 것은 그에 상응하는 부정적 술어를 수반한다. 일반적으로 우리는 'A는 B이어야만 한다.'와 'B가 아닌 A는 나쁜 A이다.' 또는 '오직 B인 A만 좋은 A이다.'의 형식을 동등한 것, 적어도 같은 값을 지닌 것으로 간주해도 좋다.

물론 '좋은'이라는 술어는 여기에서 어떤 방법으로든 가치 있는 것의 가장 넓은 의미로 사용된다. 이 술어는 우리의 공식에 포함된 구체적 명제에서 그때그때 가치를 지닌 — 예를 들어 유익한 것, 아름다운 것, 도덕적인 것 등으로 그것들에 기초가 되는 — 특별한 의미로 이해될 수 있다. 서로 다른 종류의 가치를 지닌 것, 따라서 실제적이거나 억측적인 서로 다른 종류의 가치가 존재하는 그만큼 '당위'에 관한 각양각색의 논의가 존재한다.

'당위'의 부정적 진술은 그에 상응하는 긍정적 진술을 부정한 것으로 해석하면 안 된다. 그것은 보통의 의미에서 어떤 요구를 부정하는 것이 금지하는 가치를 갖지 않는 것과 마찬가지이다. '군인은 비겁하지 않아야만 한다.'는 '군인은 비겁해야만 한다는 것은 거짓이다.'가 아니라 '비겁한 군인은 또한 나쁜 군인이다.'를 뜻한다. 따라서 'A는 B이면 안 된다.'와 'B인 A는 일반적으로 나쁜 A이다.' 또는 '오직 B가 아닌 A만 좋은 A이다.'는 같은 값을 지닌다.

'당위'와 '당위가 아닌 것(Nichtsollen)'이 서로 배척하는 것은 해석하는 진술의 형식적-논리적 귀결이며, 동일한 것이 '당위에 관한 판단은 그에 상응하는 존재에 관한 주장을 전혀 포함하지 않는다.'는 명제에도 해당된다.

방금 명시한 규범적 형식의 판단은 표현 속에 '마땅히 해야만 한다.(soll)'라는 한마디 말도 없지만 규범적 판단으로 인정해야 할 유일한 판단은 분명히 아니다. 우리가 'A는 B이어야만 한다.(또는 B이면 안

된다.)' 대신 'A는 B이지 않으면 안 된다.(또는 B이면 안 된다.)'도 말할 수 있다는 것은 본질적이 아니다. 위의 형식과 모순적 대립을 서술하는 두 가지 새로운 형식, 즉 'A는 B이면 안 된다.'와 'A는 B이어도 좋다.'를 지적하는 것이 더 실질적이다. 따라서 '하면 안 된다.(muß nicht)'는 '마땅히 해야만 한다.(soll)' 또는 동일한 것이지만 '해야만 한다'(muß)의 부정이고, '해도 좋다.(darf)'는 '하면 안 된다.(soll nicht)' 또는 동일한 것이지만 '해서는 안 된다.(darf nicht)'의 부정이다. 마찬가지로 〔다음과 같은〕 해석하는 가치판단에서 쉽게 알게 된다. 즉 'A는 B이면 안 된다.' = 'B가 아닌 A는 그 때문에 여전히 나쁜 A가 아니다.' 'A는 B이어도 좋다.' = 'B인 A는 그 때문에 여전히 나쁜 A가 아니다.'인 것이다.

그러나 다른 명제들도 여기에서 고려해야만 한다. 예를 들어 'A가 좋은 A이니까 그것이 B라는 것은 충분하다.(또는 충분하지 않다.)'를 보자. 이전의 명제가 긍정하거나 부정하는 가치의 술어를 인정하거나 부인하는 어떤 필요조건에 관계하는 반면, 지금 제시한 명제에서 중요한 문제는 **충분조건**이다. 이에 반해 다른 명제들은 동시에 필요조건과 충분조건을 진술한다.

따라서 일반적인 규범적 명제의 본질적 형식을 다 논해도 좋다. 물론 이 형식에는 특칭이나 단칭의 가치판단의 형식이 상응하는데, 이것은 그 분석에 중요한 아무것도 첨부하지 않으며 어쨌든 그 가운데 단칭의 가치판단의 형식은 우리의 목적에 고려되지 않는다. 그 형식은 항상 어떤 규범적 일반성에 더 가깝거나 먼 관계를 맺으며, 추상적인 규범적 분과에서 이러한 판단들을 규제하는 일반성에 의존해서만 등장할 수 있다. 그와 같은 분과는 일반적으로 모든 개체적 현존의 피안에 머물며, 이 분과의 일반성은 '순수한 개념적' 성질을 띠고 말의 진정한 의미에서 법칙의 성격을 지닌다.

우리는 이러한 분석에서 각각의 규범적 명제는 어떤 부류의 대상

〔객체〕에 대해 일정한 의미에서 '좋은'(가치 있는) 또는 '나쁜'(무가치한)
의 개념이 생기는 어떤 종류의 가치태도(인정·평가)를 전제한다는 사실
을 보게 된다. 이에 따라 그 가치태도에 적합하게 이 대상은 좋은 대상
과 나쁜 대상으로 나뉜다. '군인은 용감해야만 한다.'라는 규범적 판단
을 내릴 수 있기 위해 나는 '좋은' 군인에 대한 어떤 개념을 가져야만
하며, 이 개념은 자기 멋대로의 명목상 정의에 근거할 수 없고, 오직 이
러저러한 성질에 따라 군인을 때로는 좋은 군인으로 때로는 나쁜 군인
으로 평가하게 허용하는 일반적 가치태도에만 근거할 수 있다. 이 평가
가 어떤 의미에서 '객관적으로 타당한지', 도대체 주관적으로 '좋은 것'
과 객관적으로 '좋은 것'을 구별할 수 있는 것인지는 당위의 명제의 의
미를 단지 확인하는 여기에서 고려되지 않는다. 〔어떤 것이〕 가치가 있다
고 간주하는 것, 어떤 것이 가치가 있거나 좋다는 내용의 지향(Intention)
이 수행된 것으로 충분하다.

만약 거꾸로 어떤 일반적 가치태도에 근거해 그에 속한 부류에 대
해 한 쌍의 가치술어가 확정된다면, 규범적 판단의 가능성도 주어진다.
규범적 명제의 모든 형식은 자신의 일정한 의미를 유지하기 때문이다.
'좋은' A의 각각의 구성적 징표 B는 예를 들어 'A는 B이어야만 한다.'
는 형식의 명제를 제공하고, B와 양립할 수 없는 징표 B'는 'A는 B'이
어는 안 된다.(B'이면 안 된다.)'는 형식 등의 명제를 제공한다.

끝으로 규범적 판단의 개념에 관해서는, 우리의 분석에 따라 이 개
념을 다음과 같이 기술할 수 있다. 즉 기초가 되는 일반적 가치태도와
이에 속한 가치술어의 쌍을 이 가치태도를 통해 규정한 내용에 관해
서, 모든 명제는 그와 같은 술어를 소유하는 것에 대한 어떤 필요조건
이나 충분조건 또는 필요조건이자 충분조건을 표명하는 규범적 명제
를 말한다. 일정한 의미에서, 따라서 일정한 영역에서 가치를 평가하면
서 '좋은'과 '나쁜'의 차이를 일단 획득하면, 우리는 당연히 '좋게 있는

것(Gutsein) 또는 나쁘게 있는 것(Schlechtsein)이 어떤 상황 아래, 내적이
거나 외적인 어떤 성질을 통해 이러한 의미 속에 보증되거나 보증되지
않는지', '그 영역의 어떤 대상에 좋은 것이라는 가치 등을 여전히 부
여할 수 있기 위해 어떤 성질이 필요한지'를 결정하는 데 관심을 갖게
된다.

　'좋은'과 '나쁜'에 관해 이야기하는 곳에서 우리는 비교하는 가치평
가에서 '더 좋은'과 '가장 좋은' 또는 '더 나쁜'과 '가장 나쁜'을 구별하곤
한다. 만약 쾌락이 좋은 것이라면, 두 가지 쾌락 가운데 더 강렬하고 또
더 오래 지속하는 쾌락이 더 좋은 쾌락이다. 만약 인식을 좋은 것으로
간주하면, 여전히 각각의 인식을 '동등하게 좋은 것'으로 간주하지 않
는다. 우리는 법칙에 대한 인식을 개별적 사실에 대한 인식보다 더 높
이 평가하고, 더 일반적인 법칙에 대한 인식(예를 들어 '모든 n차 방정식
은 n개의 근(根)을 갖는다.')을 이 법칙에 종속된 특수한 법칙에 대한 인
식('모든 4차 방정식은 4개의 근을 갖는다.')보다 더 높게 평가한다. 그래서
상대적 가치술어에 관해서 절대적 가치술어에 관해서와 유사한 규범
적 물음이 제기된다. 만약 좋은 것으로 또는 나쁜 것으로 평가될 수 있
는 것의 구성적 내용이 확정되면, '비교하는 평가에서 무엇이 '더 좋은'
또는 '더 나쁜'으로 구성적으로 간주하는지', 더구나 "'더 좋은 것' 또
는 '더 나쁜 것'과 결국 상대적으로 '가장 좋은 것'의 내용을 구성적으
로 규정하는 상대적 술어에 대해 어떤 것이 가까운 조건이고 먼 조건인
지, 필요조건이고 충분조건인지' 하는 물음이 제기된다. 긍정적인 상대
적 가치술어의 구성적 내용들은 그에 따라 우리가 관련된 영역의 대상
들을 측정하는 이른바 측정의 단위이다.

　이러한 규범들의 총체는 명백하게 근본적 가치태도를 통해 규정된
그 자체로 완결된 그룹을 형성한다. 그 영역의 대상들에서 그것이 긍정
적 가치술어의 구성적 징표들을 최대 규모로 충족시킬 것을 일반적으

로 요구하는 규범적 명제는 함께 속한 각 그룹의 규범에서 탁월한 지위를 가지며, 근본규범이라 할 수 있다. 이것은 예를 들어 칸트 윤리학을 형성하는 규범적 명제들의 그룹에서 정언명법(kategorischer Imperativ)[24]의 역할을, 마찬가지로 공리주의자의 윤리학에서 '최대다수의 최대행복'이라는 원리[25]의 역할을 한다.

근본규범은 문제가 된 의미에서 '좋은 것'과 '더 좋은 것'의 정의에 상관자이다. 근본규범은 어떤 근본척도(근본가치)에 따라 모든 규범화(規範化)가 수행되어야 하는지를 지시해 주며, 그래서 본래의 의미에서 어떠한 규범적 명제도 서술하지 않는다. 근본규범과 본래 규범화하는 명제의 관계는 이른바 수의 급수(級數)에 대한 정의와 산술에서 — 항상 그 정리로 소급되는 — 수의 관계에 관한 정리의 관계와 유사하다. 여기에서 근본규범을 '좋은 것' — 예를 들어 도덕적으로 '좋은 것' — 에 척도를 주는 개념의 '정의'로 부를 수도 있을 것이다. 물론 이것으로써 정의에 대한 보통의 논리적 개념은 떠나갈 것이다.

그와 같은 '정의'와 관련해, 따라서 기초적인 일반적 가치평가와 관련해 우리가 함께 속한 규범적 명제들의 총체를 학문적으로 규명하는

---

24 (옮긴이 주) 칸트는 행위의 결과를 고려하거나 타율적 경험의 의지(자연적 경향)에 따르는 것이 아니라 의무를 존중하는 순수한 동기에서 그것이 옳고 실행할 수 있기 때문에 마땅히 실행해야만 하는 자율적 순수의지의 능력으로서 실천이성의 절대적 정언명법을 다음과 같이 제시한다. "네 의지의 원칙이 항상 보편적 입법의 원리로서 타당하도록 행동하라." "너 자신을 포함한 모든 인격을 항상 목적으로 대우하고 결코 단순한 수단으로 이용하지 말라." "인격체의 구성원으로서 그 단체가 잘 되도록 자율적으로 행동하라."(『도덕의 형이상학 원론(Grundlegung zur Metaphysik der Sitten)』(1785), 421, 429, 438쪽)
25 (옮긴이 주) 벤담은 '최대다수의 최대행복'과 '모든 사람은 하나로 취급되어야 하며 누구도 그 이상일 수 없다.'라는 민주주의의 원리를 통해 공리주의를 창시했다. 그리고 쾌락은 오직 한 가지이며 양적 차이가 있을 뿐 질적 차이는 없다고 간주해 실증적 자연과학의 방법으로 쾌락계산법을 제시하는 등 가능한 한 많은 사람의 평등한 이해관계와 만족을 점진적으로 추구했다. 밀은 이러한 벤담의 공리주의를 바탕으로 쾌락의 질을 고려하고, 사상과 토론의 자유 그리고 개인의 이기심에 사회적 관습과 명예 및 희생정신 등 도덕적 의무를 보완함으로써 민주시민사회의 기본 틀을 마련했다.

2절 규범적 분과의 기초로서 이론적 분과

목표를 세운다면 규범적 분과의 이념이 생긴다. 따라서 그와 같은 각 분과는 그 근본규범을 통해 또는 그와 같은 분과에서 '좋은 것'으로 간주되어야 할 것의 정의를 통해 명백하게 성격 지어진다. 예를 들어 쾌락을 산출하고 유지하며 증가시키고 높이는 것을 '좋은 것'으로 간주하면, 우리는 '어떤 대상이 쾌락을 일으키는지 또는 어떤 주관적 상황이나 객관적 상황에 쾌락이 관련되는지', 그리고 일반적으로 '무엇이 쾌락을 일으키고 유지하며 증가시키는 데 필요충분조건인지'를 묻게 된다. 이러한 물음을 학문적 분과가 추구할 목표점으로 받아들이면 쾌락주의(Hedonik)[26]가 생긴다. 이것은 쾌락주의자의 의미에서 규범적 윤리학이다. 쾌락을 자극하는 가치평가는 여기에서 그 분과의 통일성을 규정하고 다른 모든 규범적 분과와 그 분과를 구별하는 근본규범을 제공한다. 그래서 각각의 규범적 분과는 자신의 고유한 근본규범을 갖고, 이 근본규범은 그때그때 규범적 분과의 통일원리를 서술한다.

이에 반해 이론적 분과에서는 규범화하는 지배적 관심의 원천으로서 기본적 가치태도를 탐구하는 모든 것과의 이러한 중심적 관계가 없어진다. 이론적 분과가 탐구하는 통일성과 그 인식의 통합은 전적으로 이론적 관심을 통해서만 규정되는데, 이 이론적 관심은 실질적으로(즉 사태의 내적 법칙성에 의해 이론적으로) 함께 속한 것을 규명하는 것과 그래서 함께 속한 가운데도 함께 규명하는 것을 향한다.

---

26 (옮긴이 주) 쾌락주의의 원류인 에피쿠로스(Epikuros)는 감각적 쾌락에 정신적 쾌락을 첨부해 최고의 선(善)인 최대의 쾌락, 즉 번뇌 없는 마음의 평정(atraxia)이 삶의 목표이고 이성의 통찰은 여기에 이르는 하나의 수단일 뿐이라고 본다. 쾌락의 역설(paradox) 등의 문제점도 있지만, 행복의 질보다 양을 강조하고 고통을 줄여 쾌락을 극대화할 수 있다는 계산법은 벤담의 '최대다수의 최대행복'이라는 공리주의에 직접 영향을 주었다.

15 규범적 분과와 기술학

물론 규범적 관심이 특히 우리를 지배하는 것은 실천적 가치평가의 대상인 실재적 대상의 경우이다. 그러므로 규범적 분과의 개념을 실천적 분과, 즉 기술학의 개념과 동일하게 간주하는 명백한 경향이 우리를 지배한다. 그러나 이렇게 동일하게 간주하는 것은 정당할 수 없음을 쉽게 알게 된다. 타고난 성격에 관한 그의 학설의 결론에서 실천적으로 도덕화하는(Moralisieren) 모든 것을 원칙적으로 배척한 쇼펜하우어[27]에서 기술학이라는 의미에서의 윤리학은 존재하지 않지만, 그 자신이 실로 연마한 규범적 학문으로서의 윤리학은 존재한다. 왜냐하면 그는 결코 도덕적 가치를 구별하지 않았기 때문이다.

기술학은 근본규범이 일반적인 실천적 목적을 달성하는 데 있는 규범적 분과의 그 특수한 경우를 서술한다. 그래서 명백히 모든 기술학은 규범적이지만 그 자체가 실천적이지 않은 분과를 그 자신 속에 완전히 포함한다. 왜냐하면 기술학의 과제는, 실천적 목적 달성과 관련된 모든 것을 도외시하고, 우선 실현할 수 있는 목표의 일반적 개념에서, 관련된 부류의 가치들을 성격 짓는 징표들을 소유하는 것에서 적합성을 판정할 수 있는 규범을 확립하는 더 좁은 과제가 해결되는 것을 전제하기 때문이다. 거꾸로 기본적 가치태도가 그에 상응하는 목적을 설정하는 것으로 변하는 모든 규범적 분과는 하나의 기술학으로 확장된다.

---

27 (옮긴이 주) 쇼펜하우어((A. Schopenhauer, 1788~1860)는 칸트와 같이 현상과 물자체를 구별하지만, 경험적 현상의 세계는 주관의 여러 가지 형식(시간, 공간, 인과법칙)에 의존하는 단순한 표상에 불과하고 물자체는 직관을 통해 인식되는 맹목적 생존의지라고 파악하고, 인간은 이 부조리한 세계 속에 고통과 욕구에 시달리며 살아간다고 보았다. 여기에서 벗어나는 길로 예술적 관조, 인도 우파니샤드의 범아일여(梵我一如)를 제시했다. 이러한 염세적 허무주의를 대표하는 대표적 저서로 『의지와 표상으로서의 세계』(1819)가 있다.

16 규범적 분과의 기초인 이론적 분과

이제 모든 규범적 분과와 더구나(a fortiori) 모든 실천적 분과는 하나 또는 몇 가지 이론적 분과를 기초로 전제한다는 사실을 쉽게 이해할 수 있다. 즉 규범적 분과와 실천적 분과는 규범화하는 모든 것을 절단할 수 있는——이미 한정되었든 여전히 구성해야 하든 그 어떤 이론적 학문에서 그 자체로 자신의 당연한 위치를 갖는——이론적 내용을 가져야만 하는 의미에서 그렇다.

근본규범(또는 근본가치, 궁극적 목적)은, 이미 살펴보았듯이, 분과들의 통일을 규정한다. 또한 근본규범은 규범화하는 생각을 그 분과의 모든 규범적 명제로 갖고 들어온다. 그러나 근본규범에서 측정한다는 이러한 공통적 생각 이외에 이 규범적 명제는 다른 명제와 구별되는 고유한 이론적 내용을 갖는다. 각각의 규범적 명제는 규범(Norm)과 규범화된 것(Normiertes) 사이의 측정하는 관계에 대한 생각을 표현한다. 그러나 이 관계 자체는——만약 가치를 평가하는 관심을 도외시하면——관련된 규범적 명제에서 존재하거나 존재하지 않는다고 여겨지는 조건 짓는 것(Bedingung)과 조건 지어진 것(Bedingtes) 사이의 관계로 객관적으로 성격 지어진다.

그래서 예를 들어 'A는 [마땅히] B이어야만 한다.'는 형식의 모든 규범적 명제는 '오직 B인 A만이 C의 성질을 갖는다.'는 이론적 명제를 포함한다. 이때 우리는 C를 통해 '좋다'라는 기준을 부여하는 술어의 구성적 내용(예를 들어 쾌락, 인식, 요컨대 주어진 범위 속에 기본적 가치태도를 통해 바로 '좋은 것'으로 부각된 것)을 암시한다. 그 새로운 명제는 순수 이론적 명제이고, 규범화하는 생각을 전혀 포함하지 않는다. 그리고 거꾸로 이 후자의 형식의 어떤 명제가 타당하고 그 명제에 규범화하는 관계를 바라게 하는 C 그 자체의 가치태도가 생긴다면, 그 이론적 명제는 '오직 B인 A만이 좋은 것이다.' 즉 'A는 (마땅히) B이어야만 한다.'는 규범적 형식을 받아들인다. 이 때문에 심지어 이론적 생각의 연관 속에 규범적 명제가 등장할 수도 있다. 즉 이론적 관심은 그와 같은 연관 속에 M이라는 종류의 사태가 존립하는 것(가령 규정될 수 있는 삼각형의 등변성(等邊性)이 존립하는 것)을 중요하게 생각하고, 이것으로 그 밖의 사태들(예를 들어 등각성(等角性), 즉 삼각형이 등변이어야만 하면, 그 삼각형은 반드시 등각이어야 한다.)을 측정한다. 다만 이론적 학문의 궁극적 지향이 여기에서 사태들의 고유한 이론적 연관을 향하기 때문에 이론적 학문에서 이러한 전환은 일시적인 것 그리고 2차적인 것이다. 그러므로 (전환되지 않고) 남아 있는 결과는 규범적 형식이 아니라 객관적 연관의 형식, 즉 여기에서는 류적(類的) 명제의 형식으로 포착된다.

위에서 규명한 것에 따라, 규범적 학문의 명제 속에 끼워 있는 이론적 관계는 일정한 이론적 학문 속에 그 논리적 자리를 가져야만 한다는 사실이 이제 분명하다. 따라서 규범적 학문이 자신의 명칭에 걸맞아야 하면, 규범화할 수 있는 사태와 근본규범의 관계를 학문적으로 규명해야 하면, 규범적 학문은 이러한 관계의 이론적 핵심내용을 반드시 연구하고 그래서 관련된 이론적 학문의 영역으로 들어가야 한다. 즉 모든 규범적 분과는 어떤 규범도 아닌 진리에 대한 인식을 요구한다. 그러나 규범적 학문은 이러한 인식을 어떤 이론적 학문에서 끌어내거나 이론적 학문에서 끌어낸 명제를 규범적 관심을 통해 규정된 사례들의 형세에 적용함으로써 획득한다. 물론 이것은 기술학의 더 특수한 경우에도 적용되며, 명백히 확장된 정도로 여전히 적용된다. (그래서) 목적과 수단을 효과적으로 실현하는 기반을 제공함에 틀림없는 이론적 인식이 첨가된다.

다음에 서술하는 것의 관심에서 한 가지를 더 말해야 할 것이다. 물론 이 이론적 학문은 서로 다른 정도로 관련된 규범적 분과를 학문적으로 정초하고 연마해 형성하는 데 관여할 수 있다. 또한 규범적 분과에 대한 이론적 학문의 의미는 더 크거나 작을 수도 있다. 규범적 분과의 관심을 만족시키는 데 일정한 부류의 이론적 연관에 대한 인식이 우선 첫째로 필요하다는 사실, 따라서 그 연관이 소속된 이론적 앎의 영역을 형성시키고 동원하는 것은 규범적 분과를 가능하게 만드는 데 바로 결정적이라는 사실은 입증될 수 있다. 하지만 다른 한편으로 이러한 분과를 구축하는 데 일정한 부류의 이론적 인식이 유익하고, 경우에 따라서는 매우 중요하지만 어쨌든 그러한 인식이 없을 때 이러한 분과의 영역을 제한하는 경우 그런데도 완전히 폐기되지 않을 2차적 의미에 불과하다는 사실도 있을 수 있다. 예를 들면 단순히 규범적 윤리학과 실천적 윤리학의 관계를 생각해 볼 수 있다.[28] 실천적으로 실현하는 것을 가능케 하는 데 관계하는 명제는 모두 윤리적으로 가치를 평가하는 단순한 규범의 영역을 언급하지 않는다. 이러한 규범이 없어지면, 또는 이 규범에 기초가 되는 이론적 인식이 없어지면 윤리학 일반은 전혀 존재하지 않는다. 실천적으로 실현하는 것을 가능케 하는 그 명제가 생략되면, 윤리적 실천의 가능성 또는 도덕적 행위에 관한 기술학의 가능성조차 전혀 없게 된다.

이와 같은 차이와 관련해 이제 규범적 학문의 본질적인 이론적 기초에 관한 논의가 이해되어야 한다. 이것으로써 우리는 규범적 분과를 구축하는 데 전적으로 본질적인 이론적 학문을 말하지만, 어쩌면 규범적 분과를 가능케 하는 데 결정적으로 중요한 관련된 그룹의 이론적 명제도 말할 것이다.

---

28 위의 제15항을 참조.

3절 심리학주의, 그 논증과 통상적 반증에 대한 견해

17 규범적 논리학의 본질적인 이론적 기초가 심리학에 있는지의 쟁점

제2절에서 일반적으로 확인한 것에서부터 논리학을 규범적 분과로 적용했다면, '어떤 이론적 학문이 학문이론의 본질적 기초를 제공하는가?'라는 첫 번째이자 가장 중요한 문제가 제기된다. 그리고 우리는 이 문제에 즉시 계속된 문제를 첨가한다. 즉 우리가 전통 논리학과 근대 논리학의 테두리 속에서 다룬 것을 알게 되는 이론적 진리, 그리고 무엇보다 논리학의 본질적 기초에 속한 이론적 진리가 이미 한정되고 독자적으로 발전된 학문 안에서 그 이론적 위치를 갖는 것이 올바른가 하는 문제이다.

여기에서 우리는 심리학과 논리학의 관계에 관한 논쟁에 직면한다. 왜냐하면 이렇게 제기된 문제에 대해 바로 현대를 지배하는 한 경향이 '논리학의 본질적인 이론적 기초는 심리학이고, 논리학에 그 성격적 특성을 각인시키는 명제는 그 이론적 내용에 따라 심리학의 영역에 속한다.'라고 답변할 준비가 되어 있기 때문이다. (이 경향에 따르면) 화학공학의 특정 분야가 화학에 관계되고 토지측정술이 기하학에 관계되듯이, 논리학은 심리학에 관계된다. 이러한 경향에 어떤 새로운 이론적 학문, 특히 더 좁고 더 적확한 의미에서의 논리학의 명칭에 걸맞을 이론적 학문을 한정할 이유는 전혀 없다. 실로 사람들은 심리학이 논리적 기술학에 유일하고도 충분한 이론적 기초를 준다고 종종 이야기한다. 그래서 밀은 해밀턴을 반박하는 저술에서 다음과 같이 썼다.

논리학은 심리학에서 분리된, 심리학과 대등한 학문이 아니다. 학문인 한에서 논리학은 한편으로 전체와 구별되는 부분처럼, 또 다른 한편으로 학문과 구별되는 기술(技術)처럼 심리학과 구별되는 심리학의 한 부분이나 한 분야이다. 논리학의 이론적 토대는 총체적으로 심리학에 의거하며, 기술의 규칙들을 정초하는 데 필요한 범위에서 심리학에 포함된다.[1]

더구나 립스에 따르면, 논리학은 심리학의 단순한 구성요소로 분류되는 것처럼 보인다. 립스는 "논리학이 바로 심리학의 특수한 분과라는 사실이야말로 이 둘을 서로 충분히 명백하게 구별한다."[2]라고 말하기 때문이다.

18 심리학주의자의 논증[3]

이러한 견해의 정당성을 심문해 보면, 더 이상의 모든 논쟁을 처음

---

1 밀, 『윌리엄 해밀턴 경의 철학에 대한 검토(*An Examination of Sir William Hamilton's Philosophy*)』(제5판), 461쪽.
2 립스, 『논리학 개요(*Grundzüge der Logik*)』(1893), 3항.
3 나는 '심리학주의자', '심리학주의' 등의 표현을 슈툼프가 그의 저술 『심리학과 인식론 (*Psychologie und Erkenntnistheorie*)』에서 사용했듯이, (경시해) 평가하는 '색조'를 전혀 띠지 않고 사용한다.

부터 차단하는 것으로 보이는 극히 그럴듯한 논증이 드러난다. 아무리 논리적 기술학 — 사유·판단·추론·인식·증명·앎에 관한 기술학으로서든, 진리를 추구하는 경우, 증명의 근거를 평가하는 경우 등 오성을 이끄는 기술학으로서든 — 을 정의하더라도 우리는 언제나 심리적 활동이나 산물을 실천적 규제의 대상으로 나타난 것으로 알게 된다. 그리고 일반적으로 어떤 소재를 기술적으로 처리한 것이 그 소재의 성질에 대한 인식을 전제하듯이, 특히 심리학적 소재를 다루는 경우도 사정은 마찬가지이다. 소재가 처리될 수 있는 규칙을 학문적으로 규명하는 것은 자명하게 소재의 성질을 학문적으로 규명하는 것으로 소급시킨다. 따라서 논리적 기술학을 구축하기 위한 이론적 기초를 제공하는 것은 심리학, 더 자세하게 말하면 인식의 심리학이다.[4]

또한 이것은 논리학 문헌의 내용을 일견해도 입증된다. 그렇다면 무엇에 관해 끊임없이 논의되는가? 개념·판단·추론·연역·귀납·정의·분류 등은 단지 규범적이거나 실천적인 관점에 따라 선택되고 정리되었을 뿐이지 심리학이다. 아무리 순수논리학을 좁게 제한하더라도 우리가 심리학적인 것을 격리시킬 수는 없다. 심리학적인 것은, 예를 들어 참과 거짓, 긍정과 부정, 일반성과 특수성, 원인과 결과 등과 같이 논리 법칙을 이루는 개념들 속에 이미 삽입되어 있다.

19 이에 대립된 측의 통상적 논증과 심리학주의의 응답

아주 현저하게도 이에 대립하는 측은 바로 논리학의 규범적 성격을

---

4 "인식작용이 오직 심리(Psyche) 속에서만 일어나고 인식작용 속에 완성되는 사유작용이 심리적 사건이라는 것이 확실하듯이, 논리학은 하나의 심리학적 분과이다."(립스, 앞의 책)

고려해 두 학문을 날카롭게 분리시키는 것을 정초할 수 있다고 믿는다. 사람들은 심리학은 사유작용을 '그것이 어떻게 있는지(wie es ist)'의 사실(事實)을 고찰하고, 논리학은 사유작용을 '그것이 어떻게 마땅히 있어야 하는지(wie es sein soll)' 당위(當爲)를 고찰한다고 한다. 심리학은 사유작용의 자연법칙에 관계하고, 논리학은 사유작용의 규범법칙에 관계한다. 그래서 예셰(Jäsche)가 편집해 출판한 칸트의 『논리학 강의』에서는 다음과 같이 말하고 있다.

몇몇 논리학자는 논리학 속에 심리학적 원리를 전제한다. 그러나 논리학에 그와 같은 원리를 끌어들이는 것은 도덕(Moral)을 삶(Leben)에서 이끌어 내는 것처럼 부조리하다. 만약 원리를 심리학에서, 즉 우리의 오성을 관찰한 것에서 받아들이면, 우리는 단지 '사유작용이 어떻게 앞으로 진행되는지' '사유작용이 여러 가지 주관적 장애와 조건에서 어떻게 존재하는지'만 보게 된다. 하지만 이것은 단지 우연적 법칙에 대한 인식으로 이끌 뿐이다. 그런데 논리학은 우연적 규칙이 아니라 필연적 규칙의 문제를 추구한다. 즉 '우리가 어떻게 사유하는지'가 아니라 '우리는 어떻게 사유해야만 하는지'를 추구한다. 그러므로 논리학의 규칙은 모든 심리학을 배제하고 그것에서 발견하는 이성(Vernunft)을 우연적으로 사용하는 것이 아니라, 필연적으로 사용하는 것에서 끌어내야 한다. 우리가 논리학에서 알려고 하는 것은 '오성이 어떻게 존재하고 사유하는지' '오성이 사유작용 속에 이제까지 어떻게 처리되었는지'가 아니라, '오성이 사유작용 속에 어떻게 처리되어야만 하는지'이다. 〔따라서〕 논리학은 오성을 올바로 사용하는 것, 즉 자기 자신과 일치하게 사용하는 것을 가르쳐야만 한다.[5]

---

5 『칸트 전집』(하르텐슈타인판, 1867) 제8권, 15쪽. 「들어가는 말. 1 논리학의 개념」.

헤르바르트도 당시의 논리학과 '그 논리학이 그것으로 착수하는 오성과 이성에 관해 심리학적으로 이야기해야만 할 것'을 — 이것은 인간의 성향과 충동과 나약함의 자연사(自然史)로 시작하려는 도덕론의 오류처럼 아주 나쁜 오류라고 — 반박하면서, 또한 〔논리학과 심리학의〕 차이를 정초하는 데 윤리학과 같이 논리학의 규범적 성격을 지적하면서 이와 유사한 입장을 취한다.[6]

이와 같은 논증이 심리학주의의 논리학자를 결코 당혹하게 만들지 않는다. 그래서 그는 '오성을 필연적으로 사용하는 것도 곧 오성을 사용하는 것이며, 오성 자체와 더불어 심리학에 속한다.'고 답변한다. '사유작용이 어떻게 마땅히 있어야 하는지'의 사유작용은 '사유작용이 어떻게 있는지'의 사유작용의 단순히 특수한 경우에 불과하다. 확실히 심리학은 사유작용의 자연법칙을, 따라서 올바르든 거짓되든 모든 판단 일반의 법칙을 탐구해야만 한다. 어쨌든 이 명제를 지극히 포괄적인 일반성에서 모든 판단 일반에 관련되는 그와 같은 법칙이 오직 심리학에만 속하는 반면, 올바른 판단작용의 법칙처럼 판단작용의 특수한 법칙은 심리학의 영역에서 배제되어야만 한다고 해석하는 것은 부조리할 것이다.[7]

아니면 그 견해는 다른 것인가? 사유작용의 규범법칙이 그와 같은 심리학적 특수법칙의 성격을 갖는다는 사실을 주장할 것인가? 하지만 이것 역시 상관없다. 사유작용의 규범법칙은 인간이 올바로 사유한다고 전제할 때, 그가 어떻게 처리해야만 하는지를 지시할 뿐이다.

우리가 사물이 존재하는바 그 사물을 사유할 때 우리는 실질적 의미에

---

6 헤르바르트, 『학문으로서 심리학(*Psychologie als Wissenschaft*)』 제2권, 119항.(초판 제2권 173쪽)
7 예를 들어 밀의 앞의 책(제5판), 459쪽 이하를 참조.

서 올바로 사유한다. 그러나 우리가 사물이 이러저러하며 확실하거나 의심스럽다고 말하는 것은 우리가 정신의 본성에 따라 사물을 바로 이러한 방식 이외에 달리 사유할 수 없다는 것을 뜻한다. 왜냐하면 너무 자주 언급된 것 — 즉 우리가 그 사물을 사유해야만 하는 방식을 도외시하고 어떠한 사물도 그것이 존재하는 그대로 자명하게 사유될 수 없거나 인식의 대상이 될 수 없다는 것, 따라서 사물에 대한 자신의 생각과 사물자체를 비교하는 사람은 사실상 관습, 전통, 애호와 반감에 영향을 받은 자신의 우연적 사유를 그와 같은 영향에서 자유롭고 그 자신의 법칙성 이외에 어떠한 소리에도 따르지 않는 사유에서 측정할 수 있을 뿐이라는 것 — 을 반복할 필요가 없기 때문이다.

그러나 이때 올바로 사유하기 위해 처리해야만 할 규칙은 사유작용의 특성, 사유작용의 특수한 법칙성이 요구하는 바와 같이 사유하기 위해 처리해야만 할 규칙일 뿐이다. 요컨대 그 규칙은 사유작용 자체의 자연법칙과 동일하다. 논리학은 사유작용(Denken)의 물리학(Physik)이거나 (그렇지 않으면) 전혀 아무것도 아니다.[8]

아마 반(反)심리학주의 측은 다음과 같이 말할 것이다.[9]

물론 서로 다른 유(類)의 표상, 판단, 추론 등은 심리적 현상과 성향으로서 또한 심리학에 속하지만, 심리학은 이것들에 관한 논리학과 다른 과제를 갖는다. 이 둘은 이러한 활동의 법칙을 탐구한다. 그러나 '법칙'은 이 둘에서 총체적으로 다른 것을 뜻한다. 심리학의 과제는 서로 경과하는 의식의 실재적 연관뿐 아니라 심리적 성향과 이에 상응하는

---

8 립스, 「인식론의 과제(Die Aufgabe der Erkenntnistheorie)」, 《철학월보(*Philos. Monatshefte*)》 제16권(1880), 530쪽 이하 참조.
9 예를 들어 해밀턴, 『(논리학) 강의』 제3권, 78쪽(밀의 앞의 책, 460쪽에서 인용); 드로비슈, 『새로운 논리학 서술』(제4판), 제2항(밀의 앞의 책, 36쪽에서 인용)을 참조. 또한 여기에 에르트만, 『논리학』 제1권, 18쪽을 참조.

경과를 육체의 유기체에서 법칙으로 규명하는 것이다. 여기에서 법칙은 공존(Koexistenz)과 계기(Sukzession) 속에 필연적이고 예외 없는 결합을 포괄하는 공식을 뜻한다. 그 연관은 인과적이다.

그런데 논리학의 과제는 완전히 다른 종류이다. 논리학은 지성적 활동의 인과적 기원과 결과가 아니라 그 진리의 내용을 심문한다. 즉 논리학은 그와 같은 지성적 활동이 그 결과로 얻은 판단이 참이기 위해 어떤 성질이어야만 하고 어떻게 경과해야만 하는지를 심문한다. 올바른 판단과 거짓된 판단, 통찰에 의한 판단과 맹목적인 판단은 자연법칙에 따라 생성되고 소멸되며, 이것들은 모든 심리적 현상과 마찬가지로 인과적 전제와 귀결을 갖는다. 하지만 논리학자가 관심을 두는 것은 심리적 현상의 자연적 연관이 아니다. 그는 항상 실현된 것으로 발견하지 못하지만, 사유작용이 사실적으로 경과하는 가운데 실로 오직 예외적으로만 실현된 것으로 발견하는 이념적 연관을 추구한다. 논리학자의 목표는 물리학(Physik)이 아니라 사유작용의 윤리학(Ethik)이다. 그러므로 지그바르트는 사유작용을 심리학적으로 고찰하면서 "참과 거짓의 대립은 인간의 행위에서 선과 악의 대립이 심리학적 대립인 만큼 …… 역할을 하지 않는다."[10]라고 정당하게 강조한다.

이에 대해 심리학주의자가 답변하겠지만, 우리는 그와 같이 어중간한 논의에 만족할 수 없다. 확실히 논리학은 심리학과 전혀 다른 과제를 갖는다. 과연 누가 이러한 사실마저 부정할 것인가? 논리학은 곧 인식의 기술공학이다. 그러나 이때 논리학은 어떻게 인과적 연관의 문제를 도외시할 수 있고, 자연적 연관을 연구하지 않고 어떻게 이념적 연관을 추구할 수 있는가? "마치 모든 당위(Sollen)가 존재(Sein)에 입각

---

10 〔지그바르트의〕『논리학』제1권(제2판), 10쪽. 물론 지그바르트 자신이 논리학을 다루는 방식(우리가 이 책 제7절에서 살펴볼 바와 같이)은 철저하게 심리학주의의 방향으로 움직인다.

하지 않듯이, 각 윤리학이 동시에 물리학으로 증명되어야만 할 것이다."[11]

'무엇을 마땅히 해야만 하는지'의 문제는 일정한 목표가 달성되었을 경우 '무엇을 해야만 하는지'의 문제로 항상 소급될 수 있다. 이 문제는 다시 '그 목표가 어떻게 실질적으로 달성되었는지'의 문제와 같은 뜻이다.[12]

논리학과 구별되는 심리학에서 참과 거짓의 대립은 고려되지 않는다는 사실은 "심리학이 서로 구별되는 이 두 가지 사실의 존립요소를 동일한 것으로 말한다는 점을 뜻할 수 없고, 단지 심리학이 이 둘을 동일한 방식으로 이해시킨다는 점을 뜻할 뿐이다."[13] 그래서 이론적 관점에서 논리학과 심리학의 관계는 부분과 전체의 관계와 같다. 논리학의 주된 목표는 특히 다음과 같은 형식의 명제를 수립하는 것이다. 즉 결과로 얻은 판단이 명증성의 성격, 말의 적확한 의미에서 인식의 성격을 획득하기 위해 지성적 활동은 ― 일반적이거나 일정하게 성격 지어진 상황에서 ― 반드시 바로 그렇게 형성되고 정리되며 결합되어야 하며 그 밖에 다른 길은 없다는 형식의 명제이다. 여기에서 인과적 관계는 명백하다. 명증성의 심리학적 성격은 일정한 전건(前件)의 인과적 결과이다. 〔그렇다면〕 어떤 성질을 지닌 결과인가? 이것을 규명하는 것이 바로 과제이다.[14]

종종 반복되는 다음의 논증은 심리학주의 진영을 동요시키는 데 더 성공하지 못한다. 즉 사람들은 논리학이 어떤 다른 학문만큼이나 심리

---

11 립스, 「인식론의 과제」, 앞의 책, 529쪽.
12 립스, 「논리학 요강」, 위의 책, 1항.
13 위의 책, 3항, 2쪽.
14 이러한 관점은 밀, 지그바르트, 분트, 회플러-마이농의 저술에서 점차 명백하게 나타난다. 이에 관해서는 이 책 제8장 49항의 인용과 비판을 참조.

학에 기초를 둘 수 없다고 말한다. 왜냐하면 각 학문은 오직 논리학의 규칙과 조화를 이룸으로써만 학문인 것이며, 이 규칙의 타당성을 이미 전제하기 때문이다. 따라서 논리학을 무엇보다 심리학에 근거를 두려는 것은 순환론일 것이다.[15·16]

이에 반대하는 사람들은 다음과 같이 답변할 것이다. 즉 이 논증이 정당할 수 없다는 것은 이미 이 논증에서 논리학 일반의 불가능성이 명백해진다는 사실을 통해 밝혀진다. 학문으로서의 논리학이 그 자체로 논리적으로 처리해야만 하므로, 논리학은 실로 동일한 순환론에 빠질 것이다. 논리학이 전제하는 규칙의 정당성을 논리학은 동시에 정초해야만 하기 때문이다.

어쨌든 본래 순환론이 어떤 점에 있는지 더 자세하게 살펴보자. 그 순환론은 심리학이 논리법칙을 타당한 것으로 전제한다는 사실에 있는가? 그러나 전제라는 개념 속에 있는 애매함에 주의하자. 어떤 학문이 일정한 규칙의 타당성을 전제한다는 것은 그 규칙이 그 학문을 정초하는 전제라는 것을 뜻할 수 있다. 그러나 그것은 학문이 학문이기 위해 학문이 그에 따라 처리해야만 하는 규칙이다. 그런데 심리학주의의 논증은 이 둘을 한데 섞어 혼동한다. 즉 그 논증은 '논리적 규칙에 따라(nach) 추론하는 것'과 '논리적 규칙으로부터(aus) 추론하는 것'을 동일

---

15 로체, 『논리학』(제2판), 332항 543~544쪽 참조; 나토르프, 「인식의 객관적 정초와 주관적 정초(Über objektive und subjektive Begründung der Erkenntnis)」, 《철학월보》 제23권, 264쪽; 에르트만, 『논리학』 제1권, 18쪽을 참조. 이에 대립해 슈툼프, 『심리학과 인식론』, 5쪽을 참조;《왕립학술아카데미 논문집》 제1부 제19권, 제2장 469쪽. 슈툼프의 경우 논리학이 아니라 인식론에 관해 논의한다는 사실은 명백히 본질적 차이를 전혀 만들지 않는다.
16 (옮긴이 주) 슈툼프(C. Stumpf, 1848~1936)는 브렌타노의 제자로, '현상학'이라는 용어를 처음 사용했으며, 실험적 방법으로 심리적 현상과 의식작용의 구조를 기술하는 실험심리학을 통해 후설에게 영향을 주었다. 그래서 후설은 『논리 연구』 제1권을 그에게 존경과 우정을 담아 헌정했다. 슈툼프의 이러한 분석은 제임스(W. James)의 근본적 경험론에 입각한 『심리학의 원리들』(1890)에도 영향을 끼쳤다. 저서로 『음향(音響) 심리학』(1883, 1890), 『나타남과 심리적 기능』(1906)과 유작으로 『인식론』(1939) 등이 있다.

한 것으로 간주한다. 그래서 논리적 규칙으로부터 추론되는 경우에만 순환론이 존립할 것이다. 어쨌든 수많은 예술가가 미학(美學)에 관해 전혀 모른 채 아름다운 작품을 창조하듯이, 연구자는 논리학에 의지한 적이 전혀 없어도 증명할 수 있다. 그러므로 논리법칙이 그 증명의 전제일 수는 없다. 그리고 개별적 증명에 타당한 것은 학문 전체에도 타당하다.

20 심리학주의자의 논증이 놓친 빈틈

이러한 논증이나 이와 유사한 논증으로 반(反)심리학주의자는 부정할 수 없이 불리한 것처럼 보인다. 적지 않은 사람들은 그 논쟁이 의심할 여지없이 명백한 것이라고 여기고, 심리학주의자 진영의 항변을 완전히 결정적인 것으로 간주한다. 그런데 적어도 여기에서 철학적으로 놀랄 만한 일, 즉 일반적으로 논쟁이 있었고 여전히 지속하는 상황, 그리고 동일한 논증이 항상 다시 주장되고 이에 대한 논박이 구속력 있는 것으로 인정되지 않는 상황이 자극할 수도 있다. 심리학주의의 경향이 보증하듯이 실제로 모든 것이 평탄하고 명석하다면 이러한 상태는 올바로 이해될 수 없을 것이고, 특히 진지하고 날카로운 통찰력을 지닌 편견 없는 사상가도 반대 진영에 있을 것이다.

진리는 또 한 번 올바른 중간에 놓여 있지 않은가? 각 진영은 진리의 좋은 부분을 인식했지만 단지 이것을 개념적으로 정밀하게 한정하고 바로 전체의 진리에 단순한 부분으로 파악하는 능력이 없음을 보여줄 뿐 아닌가? 어쨌든 반(反)심리학주의자의 논증에는 — 논박할 계기를 제공한 부당하거나 불명료한 많은 것이 상세히 있는데도 — 해결되지 않고 남아 있는 문제가 있지 않은가? 어쨌든 그 논증에는 편견 없이 숙고하는 경우 언제나 다시 끈질기게 달라붙는 참된 힘이 내재하고 있지 않은가? 나로서는 이 물음에 "그렇다."고 긍정하고 싶다. 더구나 나에게는 진리의 더 중대한 부분이 반심리학주의 측면에 있는 것처럼, 단지 그 결정적인 생각이 충분히 뚜렷하게 다듬어지지 않았고 여러 가지로 부당하게 희석된 것일 뿐처럼 보일 것이다.[17]

위에서 제기된 문제, 즉 규범적 논리학에 본질적인 이론적 기초에 관한 문제로 돌아가자. 그 문제는 심리학주의자의 논쟁을 통해 실제로 해결되었는가? 여기에서 우리는 즉시 어떤 약점을 깨닫는다. 그 논증은 단지 심리학이 논리학을 기초 짓는 데 함께 관여한다는 사실만 입증하지만, 심리학이 논리학을 기초 짓는 데 단독으로 또는 단지 우선적으로 관여한다는 사실이나 심리학이 — 이 책 (제16항에서) 정의한 의미로 — 논리학에 본질적 기초를 제공한다는 사실을 입증하지는 못한다.

그런데 다른 어떤 학문이 아마 훨씬 더 중요한 방식으로 논리학에 기초를 제공하는 데 기여할 가능성이 열려 있다. 그리고 다른 진영〔의 관점〕에 따라 자연적으로 한정되고 그 자체 속에 완결된 학문으로서 모든 심리학에 독립적으로 자신의 현존재를 이끌어 갈 '순수논리학'이 자리를 잡을 장소는 여기일 것이다. 칸트 학파나 헤르바르트 학파의 사람들이 순수논리학의 명칭으로 연마한 것은 〔그 명칭으로〕 제기된 추측에 따라 순수논리학에 고유한 것이 틀림없을 성격과 완전히 상응하지 않는다는 사실을 우리는 기꺼이 인정한다. 어쨌든 그들의 경우 언제나 사유작용의 규범법칙, 특히 개념을 형성하고 판단을 형성하는 등의 규범법칙을 논의한다면, 사람들은 그 소재가 이론적이지도 않고 심리학에

---

17 (옮긴이 주) 후설은 심리적 판단작용에 근거한 주관적 심리학주의(밀, 브렌타노, 분트, 지그바르트, 립스 등)뿐 아니라 이 주관에 대해 맹목적인 단순한 반(反)심리학주의인 객관적 논리학주의(헤르바르트, 드로비슈, 해밀턴, 볼차노, 마이농 등)도 비판한다. 이 주관과 객관의 불가분한 상관관계(Subjekt-Objekt-Korrelation), 즉 지향성을 분석하는 것은 현상학의 일관된 과제이다.

도 생소한 것이라는 사실이 충분히 증명되었다고 말할지도 모른다.

그러나 위(13항 후반부)에서 우리에게 끈질기게 달라붙었던 억측, 즉 그 두 학파가 지향한 분과를 정의하고 구축하는 데 성공하지 못했지만 그래도 '그들이 심리학에도 다른 개별적 학문에도 편입되지 않으며 따라서 진리의 고유한 왕국을 예감하게 해 주는 이론적으로 일체를 이루는 풍부한 진리를 전통 논리학에서 알아차렸던 한에서'〔성공하는 데〕 접근했다는 억측은 이렇게 숙고해 보면 그 힘을 상실할 것이다. 그리고 모든 논리적 규제가 궁극적으로 관련되고 그래서 논리적 진리에 관해 논의하는 경우 우선적으로 염두에 두어야만 할 진리가 곧바로 존재한다면, 우리는 그 진리 속에서 논리학 전체에 본질적인 것을 쉽게 보게 되고 그 진리의 이론적 통일을 '순수논리학'이라는 명칭으로 쉽게 이름 붙일 수 있을 것이다. 이것으로써〔순수논리학의〕 참된 상태가 특징지어진다는 사실을 나는 실제로 입증할 수 있기 바란다.

4절 심리학주의의 경험론적 귀결

21 심리학주의자의 관점과 그 논박에서 두 가지 경험론적 귀결의 특징

심리학주의 논리학의 토대에 잠시 서서, 논리적 규칙들의 본질적인 이론적 기초가 심리학 속에 있다고 가정해 보자. 이 분과〔심리학〕가 — 심리적 현상 또는 의식의 사실이나 내적 경험의 사실에 관한 학문, 체험하는 개인에 종속되는 체험에 관한 학문 등등 — 어떻게 정의되더라도, 심리학은 사실학문이고 그래서 경험에서 나온 학문이라는 점에 모든 진영의 의견은 일치한다. 심리학에는 이제까지 여전히 참된 정밀한 법칙이 결여되었다는 점, 심리학 자체가 법칙에 대한 명성으로 존경한 명제가 매우 가치 있지만 어쨌든 단지 모호한[1] 경험을 일반화한 것일 뿐이고, 공존(共存)하거나 계기(繼起)하는 것의 — 정밀하게 규정된 상황에서 함께 존재하거나 일어나야만 할 것을 반드시 명백하게 규

---

1 나는 '**모호하다**(vage)'라는 용어를 '**정밀한**(exakt)'에 대립하는 것으로 사용한다. 심리학을 어떻게든 경시하려고 이 용어를 사용하여 표현한 것은 결코 아니다. 심리학에 흠을 잡아 비방하려는 생각은 전혀 없다. 또한 자연과학은 많은 분과, 특히 구체적 분과들에서 '모호한' 법칙을 갖는다. 그래서 기상학(氣象學)의 법칙은 모호하지만 매우 가치가 있다.

정해 확인하는 요구를 전혀 제기하지 않는 ── 대략적 규칙성에 관해 진술한 것일 뿐이라는 점을 첨부해 말하면, 우리는 반론에도 직면하지 않을 것이다. 예를 들어 연상심리학이 심리학의 근본법칙의 지위와 의의를 인정해 줄 관념연상의 법칙을 고찰해 볼 수 있다. 이 법칙의 경험적으로 정당화된 의미를 적절하게 공식화하려고 노력하자마자 그것은 즉시 가장된 법칙의 성격을 상실한다. 이러한 사실을 전제하면, 심리학주의에 입각한 논리학자에게는 당연히 미심쩍은 다음과 같은 귀결이 생긴다.

첫째, 모호한 규칙은 단지 모호한 이론적 기반 속에 근거할 수 있다. 만약 심리학적 법칙이 정밀성을 결여하면, 논리적 규칙의 경우에도 정밀성이 없다. 이 많은 규칙에 물론 경험적으로 모호함이 부착되어 있다는 사실은 의심할 여지가 없다. 그러나 논리학이 정초의 법칙으로서 모든 논리학의 본래 핵심 ── 논리학의 '원리', 삼단논법의 법칙, n에서 $n+1$까지 베르누이[2] 추론이나 등식(等式) 추론 같은 그 밖에 여러 종류의 추론, 개연성 추론의 원리 등 ── 을 형성한다고 이전에 우리가 인식했던 적확한 의미에서 이른바 논리법칙은 바로 절대적으로 정밀한 것이다. 논리법칙에 경험적으로 정해지지 않은 것을 깔아 놓고 그 타당성을 모호한 '상황'에 종속하는 것으로 만들려는 모든 해석은 논리학의 참된 의미를 근본적으로 변경시킬 것이다. 하지만 논리법칙은 진정한 법칙이며, '단순히 경험적인 것', 즉 대략적 규칙이 아니다.

만약 로체가 생각했듯이 순수수학이 독자적으로 발전된 논리학의

---

2 (옮긴이 주) 베르누이(J. Bernoulli, 1654~1705)는 네덜란드에서 스위스로 이주한 저명한 수학자 집안의 맏형으로 바젤대학교의 실험물리학 교수를 거쳐 수학과 교수로 활동했다. 라이프니츠와의 교류를 통해 무한소(無限小)를 계산해 미분학과 적분학의 발전에 크게 공헌했으며, 다항식 수열에서 '베르누이의 수'를 발견했다. 등시성(等時性) 곡선·등주(等周)·기하학·역학 등의 문제를 연구했고, 조합이론을 세웠으며, '대수(大數)의 법칙'으로 통계학에서 확률이론의 분야를 개척했다. 저서로 유고인 『추측술(Ars Conjectandi)』(1713)이 있다.

한 부분일 뿐이라면, 무궁무진한 순수수학의 법칙도 방금 말한 정밀한 논리법칙의 영역에 속한다. 더 이상의 모든 반론에서 순수수학의 영역도 이 논리학의 영역과 더불어 주목해야 할 것이다.

둘째, 첫 번째 반론을 피하기 위해 누군가 심리학의 법칙이 전반적으로 정밀하지 않음을 부정하고, 방금 특징지은 부류의 규범을 사유작용의 추정적으로 정밀한 자연법칙에 근거 지으려 한다면 여전히 많은 것을 획득하지 못할 것이다.

어떠한 자연법칙도 아프리오리하게 인식할 수 없다는 것은 그 자체로 명료하게 정초할 수 있다. 그와 같은 법칙을 정초하고 정당화하는 유일한 길은 경험의 개별적 사실들에서 귀납(Induktion)하는 것이다. 그러나 귀납은 법칙의 타당성을 정초하지 못하고, 이러한 타당성의 다소 간에 높은 개연성만 정초할 뿐이다. 즉 명료하게 정당화된 것은 개연성이지 법칙이 아니다. 그 결과 논리법칙도 예외 없이 단순한 개연성의 등급을 가질 게 틀림없다. 그에 반해 '순수논리'법칙이 총체적으로 아프리오리하게 타당하다는 것보다 더 명백한 것은 없어 보인다. 이 법칙이 정초와 정당화를 발견하는 것은 귀납을 통해서가 아니라 필증적(apodiktisch) 명증성을 통해서이다. 명료하게 정당화되는 것은 순수논리법칙의 타당성에 단순한 개연성이 아니라 그 타당성 또는 그 진리 자체이다.

모순율은 두 가지 모순된 판단에서 어떤 판단이 참이면 다른 판단은 거짓이라고 추측하는 것을 뜻하지 않는다. AAA 양식(modus Barbara)[3]은 '모든 A는 B이다.'와 '모든 B는 C이다.'라는 형식의 두 명제가 참이면 이에 속하는 '모든 A는 C이다.'라는 형식의 명제가 참이라고 추측하는

---

3 (옮긴이 주) 이것은 삼단논법의 추론에서 대전제, 소전제, 결론이 모두 전칭(全稱) 긍정 명제(모든 S는 P이다.)로 이루어진 AAA 양식을 뜻한다.

것을 뜻하지 않는다. 그리고 이것은 어디에서나, 순수수학의 명제의 영역에서도 그러하다. 그렇지 않으면 실로 우리는 언제나 단지 제한된 경험의 범위를 확장하는 경우 억측이 증명되지 않을 가능성을 열어 두어야만 할 것이다. 아마 이때 우리의 논리법칙은 참으로 타당하지만 우리가 도달할 수 없는 사유법칙에 '접근하는 것'에 불과하다. 자연법칙의 경우 그와 같은 가능성은 진지하고 또 당연하게 검토된다. 비록 만유인력 법칙이 극도로 포괄적인 귀납과 검증으로 추천되더라도, 어쨌든 오늘날 어떠한 자연과학자도 이것을 절대적으로 타당한 법칙으로 파악하지 않는다. 사람들은 그것을 때에 따라 새로운 만유인력 공식으로 시험해 보고, 예를 들어 전기 현상에 대한 베버[4]의 근본법칙이 중력의 근본법칙으로도 아주 잘 기능할 수 있는지 증명했다. 양쪽의 공식을 구별하는 요인은 곧 관찰에 불가피한 오류의 영역을 넘지 않는 계산된 가치의 차이를 전제한다. 하지만 그와 같은 종류의 용인은 무한히 많이 생각해 볼 수 있다. 그러므로 우리는 (그것이 오직 특별히 간단해서 추천된) 뉴턴의 만유인력 법칙처럼 무한히 많은 법칙이 동일한 것을 수행할 수 있고 수행해야만 하는 것을 아프리오리하게 안다. 즉 결코 관찰의 부정확성을 제거할 수 없는 경우 유일하게 참된 법칙을 추구하는 것이 실로 어리석은 일이라는 사실을 안다.

그런데 이것은 정밀한 사실과학에서의 상태이다. 논리학에서는 결코 그렇지 않다. 사실과학에서 정당한 가능성은 논리학에서 거꾸로 명백한 불합리로 바뀐다. 정말 우리는 단순한 개연성이 아니라 논리법칙의 진리에서 통찰을 갖는다. 우리는 삼단논법, 베르누이의 귀납, 개연성

---

4 (옮긴이 주) 베버(W. E. Weber, 1804~1891)는 할레·괴팅겐·라이프치히대학교 물리학과 교수로 수학자 가우스(C. Gauss)와 함께 전자기학을 연구했고, '베버의 법칙'을 발견해 전기역학의 기초를 세웠다. 전류계, 지자기, 감응기 등을 고안했으며, 전기의 여러 가지 양을 측정할 절대단위계를 도입했다. 자력선의 SI 단위 중 자속을 나타내는 웨버(Wb)는 그의 이름을 딴 것이다.

추론, 보편산술 등의 원리를 통찰한다. 즉 이 원리 속에서 진리 자체를 파악한다. 그래서 부정확성의 영역에 관한 논의, 단순히 접근하는 것〔개연성〕에 관한 논의 등은 그 가능한 의미를 상실한다. 그러나 논리학을 심리학적으로 정초하는 것을 귀결로서 요구하는 것이 불합리하다면 그 정초 자체도 불합리하다.

우리가 명료하게 파악하는 진리 자체에는 가장 강력한 심리학주의의 논증이라도 대항할 수 없다. 개연성이 진리에, 추측이 통찰에 대항해 논쟁할 수는 없다. 보편적으로 숙고하는 영역에 파묻혀 있는 사람은 심리학주의의 논증으로 착각을 일으킬 수 없다. 논리법칙의 그 어느 하나를, 논리법칙이 진리 그 자체로 파악될 그 본래의 의견과 통찰력을 단순히 얼핏 보기만 해도 반드시 착각에서 깨어날 것이다.

어쨌든 매우 당연시되는 심리학주의의 반성이 우리에게 끈질기게 달라붙으려는 것, 즉 '논리법칙은 정초를 위한 법칙이다.'라는 주장은 얼마나 그럴듯하게 들리는가. 이때 정초는 최종 항(項)으로 등장하는 판단이, 일정한 정상적 상황에서 필연적 귀결의 성격을 띠고 나타나는 인간의 독특한 사유가 경과하는 것뿐이다. 이러한 성격은 그 자체로 심리적 성격이고, 어떤 종류의 기분(Zumutesein)이며, 그 이상의 무엇도 아니다. 그리고 이 모든 심리적 현상은 물론 고립되어 있지 않고, 심리적 현상, 심리적 성향, 그리고 인간의 삶(Leben)이라는 유기체의 과정이 복잡하게 얽힌 망에서의 개별 실낱들이다. 이러한 상황에서 어떻게 경험적 일반성 이외에 다른 것을 결과로 얻을 수 있겠는가? 심리학은 어디에서 그 이상을 주겠는가?

'확실히 심리학은 더 이상을 주지 못한다.'는 것이 우리의 답변이다. 바로 이 때문에 심리학은 모든 논리학의 핵심을 형성하는, 필증적으로 명증하고 그래서 초경험적이며 절대적인 정밀한 법칙을 줄 수 없다.

22 고립되어 작동해 이성적 사유를 일으키는 추정적 자연법칙인 사유법칙

또한 여기는 논리법칙을 확장해 파악하는 입장을 취하는 장소이다. 이 파악은 올바른 사유작용을 (어떻게 공식화하든) 일정한 사유법칙에 적합한지를 통해 규정하지만, 동시에 이 적합성은 다음과 같은 방식으로 심리학주의로 해석하는 경향이 있다. 즉 사유법칙을 사유하는 자로서 인간 정신의 특징을 성격 짓는 자연법칙으로 간주하듯이, 올바른 사유작용을 정의하는 적합성의 본질은 (습관, 경향, 전통과 같은) 다른 어떤 심리적 영향으로도 희미해지지 않는 이러한 사유법칙이 순수하게 작동하는 데 놓여 있어야만 한다.[5]

이러한 학설의 미심쩍은 귀결 가운데 한 가지를 여기에서 상술해 보자. 인식이 그것에 따라 영혼의 연관 속에 생기는 자연법칙으로서의 사유법칙은 단지 개연성의 형식으로만 주어질 수 있을 것이다. 그래서 어떠한 주장도 올바른 주장으로 확실히 판정될 수 없을 것이다. 왜냐하면 모든 올바름의 근본척도로서 개연성은 각각의 인식에 단순한 개연성의 낙인을 찍어야만 하기 때문이다. 그 결과 우리는 극단적인 개연론 (Probabilimus)에 직면할 것이다. 모든 앎은 단순히 개연적인 것일 뿐이라는 주장도 단지 개연적으로만 타당할 것이다. 이 새로운 주장도 또다시 그럴 것이고 이렇게 무한히 계속될 것이다. 다음에 이어지는 각 단계가 바로 이전 단계의 개연성의 등급을 어느 정도 밀어 내리기 때문에, 우리는 모든 인식의 가치를 진지하게 걱정해야만 한다. 그렇지만 이렇게 무한한 급수[계열]의 개연성의 등급이 항상 칸토어[6]의 '기본급

---

5 예를 들어 위[19항 중간]에서 『인식론의 과제』에 관한 립스의 논문을 참조.

6 (옮긴이 주) 칸토어(G. Cantor, 1845~1918)는 덴마크의 유대인으로 태어나 베를린대학교에서 수학, 철학, 물리학을 공부했다. 후설의 선배로서 함께 바이어슈트라스(K.

수(Fundamentalreihe)'성격을 갖는다는 것, 게다가 그때그때 판정할 수 있는 인식의 개연성에 대한 최종적 극한치가 0보다 큰 실수(實數)라는 것이 다행스럽게 잘 들어맞기를 바란다. 물론 사유법칙을 통찰해 주어진 법칙으로 간주한다면 이러한 회의적인 불리한 점을 벗어난다. 그러나 우리는 인과법칙에 대한 통찰을 어떻게 갖게 되는가?

그리고 이러한 어려움이 없다고 가정하더라도 이때 우리는 다음과 같이 물을 것이다. 즉 '이러한 법칙(또는 그 밖에 어떤 법칙이든)이 순수하게 작동해서 올바른 사유의 작용이 생긴다는 것을 온 세상 어디에서 증명하는가?' '두 부류의 자연법칙 ── 〔한편으로〕 오직 논리적 사유를 일으키는 그와 같은 인과의 작용이 진행되는 것만을 규정하는 자연법칙과 〔다른 한편으로〕 논리적이지 않은(alogisch) 사유에 대해서도 다른 자연법칙이 함께 규정하는 자연법칙 ── 으로부터 사유의 현상을 설명하는 것을 우리에게 정당화하는 기술적(記述的)이고 발생적(發生的)인 분석[7]은 어디에 있는가?' '논리법칙에 따라 어떤 사유를 측정하는 것은 자연법칙인 바로 이 〔논리〕법칙에 따라 사유가 인과적으로 성립하는 것을 증명하는 것과 어쩌면 같은 뜻이 아닌가?'

여기에 몇 가지 당연하다고 생각되는 혼동이 심리학주의의 오류에 길을 터 준 것으로 보인다. 우선 논리법칙과 이 논리법칙이 어쩌면 인

Weierstraße)에게 해석학을, 크로네커(L. Kronecker)에게 정수론을 배웠으며, 1867년 가우스가 남긴 정수론의 문제를 해결해 박사학위를 받은 후 할레대학교 교수로 활동했다. 그는 형식주의의 관점에서 초한기수와 초한서수로 이루어진 초한수이론, 즉 집합론(다양체이론)을 체계적으로 구축해 일반 위상수학의 기초를 마련했다. 저서로 『일반 집합론의 기초』(1883) 등이 있다.

7 (옮긴이 주) 후설현상학 초기(『논리 연구』)에 중기 이후 드러나는 다양하고 깊은 발생적 분석의 모습은 찾을 수 없고, 혹시 그런 모습이 있더라도 너무 성급한 시도이다. 그렇지만 여기에서도 확인할 수 있듯이, 그의 사상이 '정적 현상학에서 발생적 현상학으로' 전환해 단절된 형태로 발전해 갔다는 해석은 전혀 근거가 없을 뿐만 아니라 더 포괄적으로 파악하더라도 지나치게 단순화한 오류이다.

4절 심리학주의의 경험론적 귀결

식되는 판단하는 작용의 의미에서 판단을 혼동하고, 그래서 판단 자체와 '판단의 내용'으로서의 법칙을 혼동한다. 판단 자체는 그 원인과 결과를 갖는 실재적 사건이다. 특히 법칙적 내용의 판단은 종종 우리의 사유체험이 진행하는 것을 바로 그 내용, 즉 사유법칙이 지시하는 것과 같이 규정하는 사유의 동기(Motiv)로 작동한다. 이와 같은 경우 우리의 사유체험을 실재적으로 배열하고 결합하는 것은 주도하는 법칙적 인식 속에 일반적으로 생각된 것에 적합하다. 그것은 법칙의 일반적 사례에 대해 구체적인 개별적 사례이다.

그러나 법칙을 법칙에 대한 인식작용인 판단작용과 혼동하고 이념적인 것(Ideales)을 실재적인 것(Reales)과 혼동하면, 법칙은 우리의 사유가 경과하는 것을 규정하는 힘(bestimmende Macht)으로 나타난다. 그렇다면 아주 이해하기 쉽게 두 번째 혼동, 즉 인과의 작용에 항(Glied)으로서의 법칙과 인과의 작용에 규칙(Regel)으로서의 법칙 사이의 혼동이 이어진다. 그러지 않으면 '마치 원인이 되는 연관의 규칙이 그 자체로 다시 원인으로, 그래서 바로 그러한 연관의 항(項)으로 유의미하게 기능할 수 있듯이' 자연적으로 일어난 일을 지배하는 힘으로서의 자연법칙에 관한 신화적 논의는 우리에게 생소하지 않다. 그와 같이 본질적으로 서로 다른 사항을 진지하게 혼동하는 것은 우리의 경우 이전에 이미 일어난 법칙과 법칙에 대한 인식의 차이를 혼동함으로써 명백하게 조장되었다. 실로 논리법칙은 이미 사유 속에 작동하는 발동기로 나타난다. 사람들은, 논리법칙이 사유가 경과하는 것을 인과적으로 지배하므로, 따라서 이를 사유작용의 인과법칙이라고 생각하며, 논리법칙은 우리가 우리 정신의 본성에 따라 어떻게 사유해야만 하는지를 표현하므로 이를 인간의 정신을 (적확한 의미에서) 사유하는 정신이라고 특징짓는다. 우리가 때에 따라 이 법칙이 요구하는 것과 다르게 사유하면, 본래 말하자면, 우리는 전혀 '사유하는' 것이 아니며, 사유작용의 자연법칙이 요구하는 대로 또는 사유하는 자로서 우리 정신의 특성이 요구하는 대로 판단하는 것이 아니라, 다른 법칙이 더구나 또다시 인과적으로 규정하는 대로 판단하고, [그래서] 우리는 습관, 열정 등으로 희미해진 영향에 따르게 된다.

물론 다른 동기도 이와 동일하게 파악하도록 재촉할 수 있다. 어떤 영역에서 정상적 성향을 지닌 자, 예를 들어 자신의 전문 영역을 가진 학문적 탐구자가 논리적으로 올바르게 판단하곤 하는 경험의 사실은 '사유작용의 올바름을 측정하는 논리법칙이 동시에 인과법칙의 방식으로 그때그때 사유과정의 진행을 규정하는 반면, 규범에서는 산발적으로 벗어나는 것은 다른 심리학적 원천에서 유래하는 그 희미해진 영향을 쉽게 계산할 수 있다.'는 자연적 설명을 요구하는 것처럼 보인다.

이에 반해 다음과 같이 숙고하는 것으로 충분하다. 즉 우리는 모든 사유가 논리법칙이 요구하는 대로 진척되는 이상적 인간을 상정한다. 물론 사유가 그렇게 진척된다는 사실은 그것이 설명하는 근거를, 이 이상적 인간의 심리적 체험의 경과를 일정한 최초의 '배열(Kollokation)'로부터 일정한 방식으로 규제하는 일정한 심리학적 법칙 속에 갖는다. 그렇다면 이러한 자연법칙과 그 논리법칙은 이렇게 가정된 상황에서 과연 동일한가? 그 답변은 반드시 명백하게 부정적이다. [한편으로] 사유가 논리학의 이념적 규범을 정당화할 수 있는 방식으로 경과해야만 할 인과법칙과 [다른 한편으로] 이 규범 자체는 결코 동일한 것이 아니다. 어떤 인간이 일련의 통일적 생각 가운데 모순된 판단은 전혀 내리지 않게 구성되었다는 것, 또는 삼단논법의 양식에 어긋나는 추론은 결코 할 수 없게 구성되었다는 것은 '모순율, AAA 양식 등이 그와 같이 구성된 것을 설명할 수 있을 자연법칙이다.'라는 것 속에 전혀 포함되어 있지 않다.

계산기의 예가 이러한 차이를 명백하게 보여 준다. 튀어나오는 숫자를 배열하고 결합하는 것은 산술의 명제가 그 의미에 대해 요구하는 대로 자연법칙에 따라 규제된다. 그러나 그 기계의 작동을 물리학적으로 설명하기 위해 누구도 역학의 법칙 대신 산술의 법칙을 끌어들이지 않는다. 물론 기계는 사유하는 것이 아니고, 자기 자신을 이해하지 못하며, 자신이 작업을 하는 의미도 이해하지 못한다. 그러나 우리의 사유하는 기계〔인간의 사유작용〕는, 어떤 사유가 실재로 진행하는 것이 다른 어떤 사유 속에 드러나는 논리적 법칙성에 대한 통찰을 통해 항상 올바른 것으로 틀림없이 인정된다는 점은 제외하고, 그 밖에 〔계산기와〕 유사한 방식으로 기능할 수 있지 않은가? 이렇게 다른 〔인간의〕 사유는 다른 사유하는 기계와 아주 똑같이 사유하는 기계의 작업수행(Leistung)에 속할 수 있지만, 이념적으로 평가하는 것과 인과적으로 설명하는 것은 여전히 이질적인 것(heterogen)으로 남아 있다. 또한 우리는 이념적으로 평가하는 데는 무의미하지만, 인과적으로 설명하는 데는 불가결한 '최초의 배열'을 잊어버리면 안 된다.

심리학주의의 논리학자는 이념적 법칙과 실재적 법칙, 규범화하는 규제와 인과적 규제, 논리적 필연성과 실재적 필연성, 논리적 근거와 실재적 근거 사이의 근본에서 본질적이며 영원히 다리를 놓을 수 없는 차이를 보지 못하고 놓친다. 생각해 볼 수 있는 어떠한 단계를 만들어도 이념적인 것(Ideales)과 실재적인 것(Reales) 사이를 중재할 수는 없다. 지그바르트 같은 등급의 탐구자가 위에서 검토한, 지성적으로 이상적 인간을 상정한 것과 관련해 곧바로 그와 같은 인간에 대해 '논리적 필연성은 동시에 실제 사유를 낳는 실재적 필연성이다.'라고 받아들여야만 한다고 믿을 때, 또는 '논리적 근거(logischer Grund)'라는 개념을 설명하는 데 '사유의 강제(Denkzwang)'라는 개념을 이용할 때,[8] 또한

8 지그바르트, 『논리학』 제1권(제3판), 259쪽 이하.

분트[9]가 이유율(Satz von Grunde)[10] 속에 '우리의 사유작용이 서로 의존하는 근본법칙'을 찾아낼 때 등에서 현대에 순수논리적 통찰은 최저수위라는 점이 특징적이다. 이러한 관련에서 실제로 논리적 근본오류가 중요한 문제라는 사실은 선입견에 사로잡힌 사람에게도 연구가 계속 진행되면 완전히 확실하게 될 것이다.

23 심리학주의의 세 번째 귀결과 그 논박

셋째,[11] 논리법칙이 그 인식의 원천을 심리학적 사실성에서 갖는다면, 예를 들어 반대 진영이 통상 가르치듯이 논리법칙이 심리학적 사실을 규범적으로 전환한 것이라면, 논리법칙 자체는 심리학적 내용을 소유하는 것이 틀림없으며 게다가 심리적인 것에 대한 법칙인 동시에 심리적인 것의 현존을 전제하거나 포함해야 한다는 이중의 의미에서 그러하다. 그러나 이것은 명백하게 거짓이다. 어떠한 논리법칙도 '사실의 문제(matter of fact)'를 함축하지 않으며, 표상이나 판단 또는 그 밖의 인식현상의 현존도 함축하지 않는다. 어떠한 논리법칙도 ── 그 진정한 의미에 따라 ── 심리적 삶의 사실성에 대한 법칙이 아니며, 따라서 표상(즉 표상작용의 체험)에 대한 법칙도 아니고, 판단(즉 판단작용의 체험)이나 그 밖의 심리적 체험에 대한 법칙도 아니다.

---

9 분트, 『논리학』 제1권(제2판), 573쪽.

10 (옮긴이 주) '이유율'은 어떤 A가 일정한 시간과 공간 속에 존재하거나 생성되고 변화되며 그것이 참으로 인식되거나, 인간의 행위에서 실천적 동기 등 그 나름대로의 충분한 이유나 원인이 있다는 전통(일반)논리학의 원리 가운데 하나이다. 이 원리에는 어떤 A가 자신과 일치하는 자기동일성으로서 '동일률', 어떤 A가 B인 동시에 non-B일 수 없는 '모순율', 어떤 A가 B이든지 non-B이든지 그 밖의 것을 배제하는 '배중률'이 있다.

11 위의 21항 초반부 이하를 참조.

심리학주의자들 대부분은 자신의 일반적 편견의 영향에 지나치게 사로잡혀 그 편견을 확실하게 제시된 논리학의 법칙에서 검증하려고까지 생각한다. 만약 이 법칙이 일반적 근거에서 심리학적이어야만 한다면, 그 법칙이 실제로 그러하다는 것을 무엇을 위해 상세히 증명하는가? 사람들은 철저한 심리학주의가 그 참된 의미에 근본적으로 생소할 논리법칙의 해석을 강요하게 된다는 사실에 주목하지 않는다. 사람들은 자연적으로 이해된 〔논리〕법칙이 그 정초에서도 그 내용에서도 심리적인 것(따라서 영혼의 삶의 사실성)을 전제하지 않으며 어쨌든 순수수학의 법칙 그 이상이 아니라는 사실을 간과한다.

만약 심리학주의가 올바른 길에 있다면, 우리는 추리에 관한 학설에서 완전히 다음과 같은 종류의 규칙만을 예상해야 할 것이다. 즉 '필증적으로 필연적 귀결의 성격이 구비된 S라는 형식의 추론명제는 상황 U 아래 P라는 형식의 전제에 대한 경험에 적합하게 연결되어 있다.'는 규칙이다. 그래서 '올바로' 추론하기 위해, 즉 추론하는 경우 이렇게 두드러진 성격의 판단을 획득하기 위해, 우리는 그것에 적합하게 처리해야만 하고, 상황 U와 이와 관련된 전제를 실현하기 위해 배려해야만 한다. 심리적 사실성은 여기에서 규제된 것으로 나타날 것이고, 동시에 그와 같은 사실성의 현존은 규칙을 정초하는 데 전제된 것처럼 규칙의 내용 속에 함께 포함될 것이다.

그러나 추론법칙은 이러한 유형에 전혀 상응하지 않는다. 예를 들어 AAA 양식은 무엇을 뜻하는가? 어쨌든 '임의의 부류의 명사 A, B, C에서 '모든 A가 B이고 모든 B가 C이면 또한 모든 A는 C이다.'는 일반적으로 타당하다.'는 것만 뜻할 뿐이다. '전건긍정 긍정식(modus ponens)'[12]

---

12 (옮긴이 주) 가언적 삼단논법에서 대전제만 가언(假言)일 경우 소전제에서 전건을 긍정하면 결론에서 후건을 긍정하는 추론이다. 이때 소전제에서 전건을 부정해 결론에서 후건을 부정하는 것은 구체적 사례에서 추론한 결과의 진위에 관계없이 명백한 논리적 오류이다.

도 축소되지 않은 형태로 표명하면 "만약 A가 타당하고 게다가 A가 B와 같이 타당하면 이때 B도 타당하다는 것'은 임의의 명제 A, B에 대해 타당한 법칙이다.'를 뜻한다. 이 법칙과 이와 유사한 모든 법칙은 경험적이 아니며 심리학적이지도 않다. 물론 이 법칙은 전통논리학에서 판단의 활동을 규범화하려는 의도에서 수립되었다. 하지만 어떤 현실적 판단이나 그 밖의 심리적 현상의 현존이 그 법칙 속에서 함께 주장되는가? 어떤 사람이 이러한 의견을 가졌다면 우리는 그렇게 증명할 것을 요구할 것이다. 어떤 명제 속에 함께 주장된 것으로 포함된 것은 타당한 추론방식을 통해 그 명제에서 도출되어야만 한다. 그런데 순수법칙에서 사실을 도출하는 것을 허용하는 추론형식은 어디에 있는가?

누구도 우리가 현실적 체험 속에 어떠한 표상이나 판단도 갖지 않고, 관련된 논리적 근본개념을 표상과 판단에서 추상했을 때 논리법칙에 관한 논의가 온 세계에 일어날 수 없을 것이라고, 하물며 〔논리〕법칙을 각각 이해하고 주장하는 데 표상과 판단의 현존이 함축되었다고, 따라서 다시 〔이 현존에서〕 추론될 수 있다고 반론을 제기하지 않을 것이다. 왜냐하면 여기에서 〔추론의〕 귀결이 법칙에서가 아니라 법칙을 이해하고 주장하는 것에서 이끌어 냈다는 것, 이러한 귀결은 임의의 각 주장에서 이끌어 낼 수 있다는 것, 그리고 어떤 법칙을 주장하는 심리학적 전제나 성분은 그 내용의 논리적 계기(契機)와 혼동되어서는 안 된다는 것은 말할 필요가 없기 때문이다.

'경험적 법칙'은 당연히(eo ipso) 사실의 내용을 갖는다. 위조된 법칙으로서 그것은, 거칠게 말하면, 단지 어떤 상황에서 경험에 적합하게 일정한 공존이나 계기가 일어나곤 한다는 것만, 또는 상황에 따라서 더 크거나 작은 개연성으로 예상될 수 있다는 것만 진술할 뿐이다. 여기에는 그와 같은 상황, 그와 같은 공존이나 계기가 사실적으로 일어난다는 것이 함축되어 있다. 그러나 경험적 학문의 엄밀한 법칙도 사실의 내용이 없지는 않다. 이 법칙은 사실에 관한 법칙일 뿐만 아니라 사실의 현존도 함축한다.

어쨌든 여기에서는 더 정확한 것이 필요하다. 물론 정밀한 법칙은 그것이 규범적으로 공식화되는 가운데 순수한 법칙의 성격을 지니며, 현존하는 내용을 자체 속에 전혀 포함하지 않는다. 하지만 우리가 그 법칙이 그것에서 학문적 정당화를 길어 내는 정초를 생각해 보면, 정밀한 법칙은 규범적으로 공식화하는 순수한 법칙으로서 정당화될 수 없다는 점이 즉시 명백하다. 참으로 정초되는 것은 천문학이 표명하듯이 만유인력의 법칙이 아니라, '현재의 보조수단으로 도달할 수 있는 경험의 영역에 대해 뉴턴의 명제가 타당하다는 것, 또는 일반적으로 단지 불가피한 관찰의 오류 범위 안에서만 뉴턴의 법칙과 차이가 날 수 있는 무한한 다양체에서 수학적으로 생각해 볼 수 있는 하나의 법칙이 타당하다는 것은 이제까지 우리의 인식의 척도에 따라 이론적으로 정초된 최고 권위를 지닌 개연성이다.'라는 형식의 명제일 뿐이다. 이 진리는 사실성의 내용에 상당히 부담을 받으며, 따라서 진리 자체는 그 말의 진정한 의미에서 법칙일 따름이다. 하지만 명백하게 진리는 모호하게 한정된 더 많은 개념들도 포함한다.

그래서 사실성에 관한 정밀한 학문의 모든 법칙은 진정한 법칙이지만, 인식론적으로 고찰해 보면, 비록 그것이 '사물 속에 근거한 허구(Fiktion cum fundamento in re)'라 해도 이념화하는 허구이다. 이 법칙은 이론적 학문을 실제성에 가장 적합한 이상(理想)으로 가능하게 하는, 따라서 모든 학문적 사실 탐구의 최고 이론적 목표인 설명하는 이론의 이상, 즉 법칙성에 입각한 통일의 이상을 ── 인간의 인식이 넘어설 수 없는 한계의 척도에 따라 가능한 한에서 ── 실현하는 과제를 충족시킨다. 우리가 거부하는 절대적 인식 대신 우리는 통찰하는 사유로 경험적 개별성과 일반성의 영역에서 우선 이른바 그 필증적 개연성을 이끌어 내는데, 실제성과 관련해 획득할 수 있는 모든 앎은 이 개연성에 포괄된다. 이때 우리는 이 개연성을 진정한 법칙의 성격을 지닌 일정한 정밀한 생각으로 환원하고, 형식적으로 완전한 설명하는 이론체계를 구축하는 데 성공한다. 그러나 이 체계(예를 들어 이론역학, 이론음향학, 이론광학, 이론천문학 등)는 실질적으로 '사물 속에 근거한' 이념적 가능성, 즉 무수히 많은 다른 가능성을 배제하지 않지만 이 다른 가능성들에 대해 일정한 한계 속에 포함하는 가능성으로서만 타당할 수 있다. 어쨌든 이것은 여기에서 우리와 상관없고, 이러한 이념적 이론의 인식실천적 기능[13]에 대한 논의, 즉 미래의 사실을 효과적으로 예정하고 과거의 사실을 재구성하는 작업수행과 실천적으로 자연을 지배하는 기술적 작업수행에 대한 논의에 아직 관계하지도 않는다. 따라서 우리는 다시 우리의 사례로 넘어간다.

방금 위에서 분명해졌듯이, 진정한 법칙성이 사실을 인식하는 영역 속에서 단순한 이상이라면, 반면 그 법칙성은 '순수개념적' 인식의 영역 속에서 실현되는 것을 알게 된다. 우리의 순수논리법칙은, 순수수학(mathesis pura)의 법칙과 마찬가지로, 이〔순수개념적 인식의〕영역에 속한다. 순수논리법칙은 그 '기원'을, 더 정확하게 말하면, 그것이 정당화하는 정초를 귀납에서 받아들이지 않는다. 그래서 순수논리법칙은 모

---

13 (옮긴이 주) 후설에게 이론(인식)과 실천의 관계는 학문들을 이렇게 구분한 아리스토텔레스 이래의 전통과 매우 다르다. 후설은 '술어로 인식하는 작업수행은 그 자체로 행동(Handeln)', '묻는 작용(Fragen)은 판단의 결단에 이르려고 노력하는 실천적 행동으로서 의지의 영역', '인식이성은 실천이성의 기능이며, 지성은 의지의 공복(公僕)', '이론적이라 부르는 이성적 인식작용은 실천적 이성으로부터 나온 행동', '이론적이지 않은 모든 작용은 태도 변경을 통해 이론적 작용으로 변화될 수 있다.'고 한다. 즉 실천적 관심은 이론적 인식을 주도하고 이론적 인식의 성과는 실천적 행위가 나아갈 방향을 제시하면서 부단히 긴밀한 상호작용 속에서 전개되는 개방된 순환 구조를 갖는다. 그래서 반성적인 이론적 태도와 자연적인 실천적 태도를 제3의 형식으로 종합하는 보편적 태도가 '이론적 실천'이며, '모든 이성은 실천적 이성인 동시에 이론(논리)적 이성'이라 파악했다.

든 개연성 그 자체에 부착된, 최고의 또 가장 가치 있는 개연성에도 부착된 존재에 관한 내용도 수반하지 않는다. 순수논리법칙이 말하는 것은 완전히 타당하다. 이 법칙 자체는 그 절대적 정밀함 속에 명료하게 정초되며, 그 대신 구성요소에서 명백하게 모호한 부분을 지닌 어떤 개연성의 주장은 정초되지 않는다. 그때그때의 법칙은 비록 실질적으로 한정된 영역이지만 일정한 영역의 우수한 이론적 가능성 가운데 하나의 가능성으로 나타나지 않는다. 그 법칙은 각기 다른 종류의 가능성을 배제하고 통찰해 인식된 법칙성으로서 정초뿐 아니라 내용에 따라 모든 사실에서 (떠나) 순수하게 보존되는 하나의 유일한 진리이다.

우리는 이러한 고찰에서 심리학주의의 귀결에 두 반쪽 — 즉 (한쪽은) 논리법칙은 단지 심리적 사실성의 존재에 관한 주장을 수반할 뿐만 아니라 (다른 한쪽은) 그와 같은 사실성에 대한 법칙이어야만 한다는 것 — 이 얼마나 밀접하게 연관되는지를 알게 된다. 우선 첫 번째 반쪽에 대해 논박해 보자. 그런데 다른(두 번째) 반쪽에 대한 논박은 다음과 같은 논증에 따라 그 속에 함께 포함된 것으로 나타난다. 즉 '개별적 사실에서 유래하는 경험과 귀납의 법칙인 각각의 법칙이 사실에 대한 법칙이듯이, 거꾸로 사실에 대한 각각의 법칙은 경험과 귀납에서 유래하는 법칙이다.'라는 논증이다. 그러므로 위에서 입증되었듯이, 존재에 관한 내용을 주장하는 것이 그 법칙에서 분리될 수 없다.

물론 우리는 여기에서 사실법칙으로 순수개념적 명제, 즉 순수 개념에 근거해 보편타당한 관계로 서술되는 명제를 사실성으로 옮기는 일반적 진술도 포함하면 안 된다. 3이 2보다 크면, 저 책상의 세 권의 책도 저 서랍장의 두 권보다 많다. 그리고 일반적으로 임의의 사물에 대해서도 그러하다. 그러나 순수 수의 명제는 사물이 아니라 순수 일반성에서 수 — 수 3은 수 2보다 크다. — 에 관해 이야기하며, 개체적 대상뿐만 아니라 '일반적' 대상 — 색깔의 종(種), 음의 종, 기하학적 도형의 본성, 비시간적 일반자의 본성 — 에도 적용되는 것을 알 수 있다.

만약 이 모든 것이 인정되면, (그 순수성에서 파악된) 논리법칙이 심리적 활동이나 산물의 법칙이라는 주장은 당연히 배제된다.

24 계속

아마 많은 사람은 '사실에 관한 각각의 법칙이 경험과 귀납에서 생기는 것은 아니다.'라고 반론을 제기함으로써 우리의 결론에서 벗어나려 시도할 것이다. 오히려 우리는 여기에서 다음과 같이 구별해야만 한다. 즉 법칙에 대한 모든 인식이 경험에 의거하지만, 귀납의 방식으로, 따라서 개개의 사실이나 낮은 단계의 경험적 일반성에서 법칙적 일반성으로 이끄는 잘 알려진 과정으로 경험에서 생기지 않는다. 그래서 특히 논리법칙은 경험에 적합하지만, 귀납적 법칙이 아니다. 심리학적 경험에서 우리는 논리적 근본개념과 이 근본개념과 함께 주어지는 순수 개념적 관계를 추상한다. 우리가 개개의 경우 발견하는 것을 우리는 오직 추상된 내용 속에 근거하기 때문에 단번에 보편타당한 것으로 인식한다. 그래서 경험은 우리 정신의 법칙성에 대한 직접적 의식을 우리에게 가져다준다. 그리고 우리가 여기에서 귀납이 필요하지 않듯이, 그 성과도 귀납의 불완전함이 부착되어 있지 않으며, 그것은 단순한 개연성의 성격이 아니라 필증적 확실성을 갖는다. 그것은 모호하게 한정된 것이 아니라 정밀하게 한정된 것이며, 또한 존재에 관한 내용을 주장하는 것을 결코 포함하지 않는다.

그런데도 여기에서 반론을 제기한 것이 충분할 수 없다. 심리적 작용으로서 논리법칙에 대한 인식이 개개의 경험을 전제한다는 것, 그 인식이 구체적 직관 속에 자신의 기반을 갖는다는 것을 누구도 의심하지 않을 것이다. 그러나 우리는 〔한편으로〕 법칙에 대한 인식의 심리학적 '전제조건' 및 '기반'과 〔다른 한편으로〕 법칙의 논리적 전제조건과 근거, 전제를 혼동하지 않는다. 또한 이에 따라 심리학적 종속성(예를 들어 생성되는 데서)과 논리적 정초 및 정당화를 혼동하지 않는다. 논리적 정초와 정당화는 명백히 근거와 결론의 객관적 관계에 따르는 반면, 심리학적 종속성은 공존과 계기 속에서의 심리적 연관에 관계한다. 가령 눈앞에 있는 구체적인 개개의 사례가 마치 개개의 것의 현존에서 법칙의 일반성으로의 귀결이 일어나는 듯이, 법칙에 대한 통찰이 실현되는 '근거'에서 논리적 근거와 전제의 기능을 갖는다는 것을 아무도 진지하게 주장할 수 없다. 법칙에 대한 직관적 파악을 위해서는 심리학적으로 두 가지 단계, 즉 직관의 개별성을 살펴보는 단계와 이와 관련된 법칙적 통찰의 단계가 필요하다. 그러나 논리적으로 거기에는 오직 하나가 있을 뿐이다. 즉 통찰의 내용은 개별성에서 추론한 결론이 아니다.

모든 인식은 '경험과 더불어 시작하지만',[14] 그 때문에 실로 경험에서 '생기지' 않는다. 우리가 주장하는 것은 곧 사실에 대한 각각의 법칙이 경험에서 생긴다는 것이며, 바로 여기에는 그 법칙은 개개의 경험에서 오직 귀납을 통해서만 정초될 수 있다는 점을 포함한다. 만약 통찰해 인식된 법칙이 존재하면, 따라서 그 법칙은 사실에 대한 (직접적) 법칙일 수 없다. 사실에 관한 법칙의 직접적 통찰성(Einsichtigkeit)을 이제까지 줄곧 받아들인 곳에서는 우리가 〔한편으로〕 사실에 대한 진정한 법칙, 즉 공존과 계기의 법칙과 〔다른 한편으로〕 시간적으로 규정된 것 그 자체와 관련 없는 이념적 법칙을 혼동했거나, 아니면 우리가 〔한편으로〕 매우 친숙한 경험적 일반성을 수반하는 활발한 확신의 충동과 〔다른 한편으로〕 우리가 오직 순수개념적인 것의 영역 속에서만 체험하는

---

14 (옮긴이 주) 이 말은 칸트의 『순수이성비판』, 「들어가는 말」(B 1)에서 인용한 것이다.

통찰성을 혼동했다는 사실이 판명된다.

이러한 종류의 논증도 결정적으로 작동할 수 없다면, 적어도 다른 방법의 논증의 힘을 강화할 수 있다. 그러한 논증들 중 하나를 여기에서 더 첨부하자.

모든 순수논리법칙이 하나의 동일한 성격을 지닌다는 사실을 누구도 부정하기 어렵다. 만약 우리가 그중 몇 가지에서 순수논리법칙을 사실에 관한 법칙으로 파악하는 것이 불가능함을 보여 줄 수 있다면, 동일한 것이 모든 것에 대해 타당해야만 할 것이다. 이제 그 법칙 가운데는 그래서 그 속에서 진리가 규제된 '대상'인 진리 일반과 관련된 법칙도 있다. 예를 들어 모든 진리 A에 대해 '그 모순대 논리학의 추론상 등장하는 용어의 관계에 있는 것은 전혀 진리가 아니다.'는 타당하다. 각각 진리의 쌍 A, B에는 '그 연언(連言)의 결합과 선언(選言)의 결합[15]도 참이다.'는 타당하다. 세 가지 진리 A, B, C가 'A는 B에 대한 근거이고, B는 C에 대한 근거이다.'라는 관계에 있으면, 'A도 C에 대한 근거이다.' 등등.

그러나 진리 그 자체에 대한 법칙을 사실에 대한 법칙으로 부르는 것은 불합리하다. 어떠한 진리도 사실, 즉 시간적으로 규정된 것이 아니다. 물론 진리는 '어떤 사물이 존재한다, 어떤 상태가 존속한다, 어떤 변화가 일어난다 등'의 의미가 있을 수 있다. 하지만 진리 자체에 모든 시간성을 넘어선 것, 즉 그 진리 자체에 시간적 존재, 생성이나 소멸의 속성이 있다는 것은 무의미하다. 그 불합리는 진리의 법칙 자체에 대해 가장 명료하게 드러난다. 진리의 법칙이 실재의 법칙이라면 사실들, 특히 진리들이 공존하고 계기하는 규칙일 것이고, 진리의 법칙 자체는 그 법칙이 규제하는 이 사실들에, 즉 진리로서 속해야만 할 것이다. 그렇

---

15 나는 이 용어로 'A와 B', 즉 '양자가 타당하다.' 또는 'A나 B', 즉 '둘 가운데 하나가 타당하다.' —이것은 **오직** 하나만 타당하다.'를 포함하지 않는다. —라는 명제의 의미를 이해한다.

다면 어떤 법칙이 진리라고 일컫는 일정한 사실들에 생성과 소멸을 지시하고, 그래서 법칙 자체가 다른 것들 옆에 있는 하나와 같이 이러한 사실들 가운데서 발견된다. 〔요컨대〕 법칙이 법칙에 따라 생성되고 소멸한다는 것 — 이것은 명백하게 이치에 어긋난다(Widersinn). 그리고 우리가 진리의 법칙을 공존의 법칙으로, 즉 시간적으로 개별적인 것으로 그리고 어쨌든 시간적으로 존재하는 각각의 모든 존재자에 대해 척도를 제시하는 일반적 규칙으로 해석하려고 할 때 사정은 유사하다. 그와 같은 불합리[16]는, 우리가 이념적 대상과 실재적 대상의 근본적 차이와 이에 상응해 이념적 법칙과 실재적 법칙의 차이를 주목하지 않거나 올바른 의미로 이해하지 않는다면, 피할 수 없다. 우리는 이러한 차이가 심리학주의의 논리학과 순수논리학 사이의 쟁점에 대해 결정적이라는 사실을 〔다음의 서술에서〕 반복해 보게 될 것이다.

---

16 이에 대해 논리법칙을 사실에 종속하게 만드는 모든 파악이 회의적–상대주의적으로 이치에 어긋난 점에 관해서는 이 책 제7절의 체계적 상론을 참조.

5절 심리학주의의 논리적 근본법칙 해석

25 모순율에 대한 밀과 스펜서의 심리학주의적 해석

우리는 앞에서 논리법칙을 심리적 사실에 관한 법칙으로 파악해 철저하게 실행하면, 논리법칙을 본질적으로 오해하게 될 수밖에 없다는 점을 깨달았다. 그러나 다른 모든 점에서와 마찬가지로 이 점에서 지배적[심리학주의의] 논리학은 대개 일관성을 꺼렸다. 만약 극단적 경험론이 가장 명료하게 통찰하는 증언보다 어떻게 훨씬 더 강력하게 뿌리내린 편견이 될 수 있는지에 대한 주목할 만한 예를 제공하지 못한다면, 나는 '심리학주의는 오직 불일치를 통해서만 생명을 이어 갈 뿐이고, 심리학주의를 시종일관 생각해 보는 사람은 심리학주의를 이미 포기했다.'라고 말할 뻔했다. 극단적 경험론은 대담하게 시종일관 지극히 난폭한 귀결을 이끌어 내는데, 하지만 단지 이 귀결을 떠맡기 위해 또 물론 모순에 각득 찬 이론들을 한데 묶기 위해서일 뿐이다.

우리가 논쟁한 논리적 입장에 반대해 타당하다고 주장한 것 ─ 즉 논리적 진리는 아프리오리하게 보증되고 절대적으로 정밀한 순수 개념적인 종류의 법칙 대신, 오히려 인간 영혼 삶의 일정한 사실성에 관련된 경험과 귀납을 통해 정초된 다소 모호한 개연성임에 틀림없을 것이다. ── 이것은 (만약 우리가 가령 모호함을 강조한 것을 도외시하면) 곧바로 경험론의 명확한 학설이다. 그런데 이러한 인식론적 경향을 있는 힘을 다해 비판하는 것이 우리의 과제일 수는 없다. 그러나 이러한 학파에서 등장하고 또한 이 학파의 한계를 넘어서 눈부신 가상(假象)을 확장한 논리법칙에 대한 심리학적 해석이 우리의 특별한 관심을 끈다.[1]

잘 알려져 있듯이 밀[2]은 모순율(pricipium contradictionis)을 "경험에서 나온, 우리에게 가장 오래되고 가장 당연하다고 생각된 일반화 가운데 하나이다."라고 가르친다. 그는 모순율의 근원적 기반을 "믿음과 믿지 않음이라는 서로 배척하는 서로 다른 두 정신상태"라는 데서 발견한다. 밀이 문자 그대로 그렇게 계속했듯이 우리는 이것을 우리 자신의 정신을 가장 단순하게 관찰한 것에서 확인한다. 그리고 우리의 관찰을 외부로 돌리면, 여기에서 빛과 어둠, 소음과 고요함, 동등함과 동등하지 않음, 앞서감과 뒤따라감, 잇달아 일어남과 동시성 ── 요컨대 각기 적극적 현상과 이것을 부정하는 것이 구별된 (소극적) 현상은 어느 하나가 현존하는 곳에서 다른 하나는 언제나 없는 첨예하게 대립된 관계라는 사실도 알게 된다. 그는 "나는 문제가 된 공리를 이 모든 사실에서 일반화한 것으로 간주한다."라고 말한다.

그 자신의 경험론적 편견에 원리적 토대가 문제가 되는 경우 평소에는 매우 명석한 밀의 머리가 어쩐지 완전히 이상해졌다. 그리고 여기에는 그와 같은 학설을 어떻게 확신할 수 있었는지를 이해하는 것만 유일하게 어려운 일이다. 괴상한 것은 무엇보다 '모순된 두 명제가 함께

---

1 경험론의 원리적인 주된 결함에 대해 일반적으로 구명하는 것은 그것을 통해 논리학에서 우리가 관념론적 지향을 촉진하기를 기대해도 좋을 것보다 훨씬 더 수행되었다는 점은 이 25항과 26항의 부록이 제공해 준다.

2 밀, 「논리학」, 제2권, 제7절, 4항(곰페르트의 번역서 제1판, 제1권 298쪽).

참이 아니며 이러한 의미에서 서로 배척된다는 원리는 빛과 어둠, 소음과 고요함 등—어쨌든 이 모든 것은 모순된 명제보다 이전에 존재한다.—이 배제되는 예시된 '사실'을 일반화한 것'이라는 주장이 명백하게 옳지 않은 점이다. 어떻게 밀이 이러한 명목상 경험의 사실과 논리법칙의 연관을 수립하려 했는지 이해할 수 없다. 해밀턴에 대해 반박하는 책에서 〔서로〕 평행하는 밀의 상론이 해명되기를 바라는 것은 헛된 수고이다. 여기에서 그는 자신과 뜻이 같은 스펜서[3]가 논리적 원리에 깔아놓은 '절대적으로 불변하는 법칙'을 찬성하며 다음과 같이 인용한다.

의식의 어떤 긍정적 양상이 나타나는 것은 이와 상관적인 부정적 양상을 배제하지 않고는 일어날 수 없다. 그리고 부정적 양상은 이와 상관적인 긍정적 양상을 배제하지 않고는 일어날 수 없다.[4]

그러나 서로 배제하는 것이 '긍정적 현상과 부정적 현상'이라는 서로 상관적인 술어를 정의하는 데 속하기 때문에 이 명제는 순수한 동어반복(Tautologie)을 서술한다는 사실을 누가 모르는가? 하지만 반대로 모순율은 결코 동어반복이 아니다. 모순된 명제의 정의는 그것이 배제된다는 사실을 포함하지 않는다. 그리고 모순된 명제도 〔앞에서〕 일컬은 원리〔모순율〕 덕분에 서로 배제되면, 아무튼 그 거꾸로는 타당하지 않다. 즉 서로 배제되는 명제의 각 쌍이 모순된 명제의 각 쌍은 아니다.

---

3 (옮긴이 주) 스펜서(H. Spencer, 1820~1903)는 실증주의의 관점에서 진화론의 방법으로 자연과학, 심리학, 사회학, 윤리학을 연구했다. 그는 제한된 개인의 경험으로 사물의 본질에 이를 수 없다는 불가지론과 함께 인간의 사회와 자연을 동질적으로 파악한 사회유기체설을 주장했다. 저서로 다양한 분야에 걸쳐 30여 년간 저술한『종합철학의 체계』(1862~1992) 이외에『사회학 연구』(1873) 등이 있다.
4 밀,『윌리엄 해밀턴 경의 철학에 대한 검토』(제5판), 제21장 491쪽. 이것은 스펜서가 모순율 대신 배중률(排中律)을 인용할 때, 정말 무심코 저지른 실수이다.

5절 심리학주의의 논리적 근본법칙 해석

이것은 우리의 원리[모순율]가 그 동어반복과 혼동되면 안 된다는 사실을 증명하는 데 충분하다. 그리고 밀 자신도, 자신에 따르면 그 원리가 최초에 귀납을 통해 경험에서 생겨야 하기 때문에, 그 원리가 동어반복으로 이해되는 것을 알려고 하지 않았다.

어쨌든 밀의 다른 표명은 외적 경험이 공존하지 않음(Inkoexistenz)에 관한 거의 이해할 수 없는 논의보다 원리의 경험적 의미를 우리에게 설명해 주는 데 더 유용할 수 있다. 그 표명은 세 가지 논리적 근본원리를 '사유의 고유한 필연성'으로, '우리 정신구조 원래의 부분'으로, '마음에 타고난 구조에 의한 우리 사유의 법칙'으로 간주해야 하는지, 또는 논리적 근본원리는 오직 '우리가 그 원리를 관찰된 현상에 보편적으로 참이라고 지각하기 때문에' 사유법칙인지 ── 그 밖에 밀이 적극적으로 결정할 수 없었던 문제 ── 를 논의할 뿐이다. 그는 이 법칙과 관련해 다음과 같이 말한다.

이 법칙은 경험에 의해 변경될 수 있거나 변경될 수 없지만, 우리의 실존의 조건은 그 법칙이 변경될 것을 요구하는 경험을 우리에게 거부한다. 그러므로 이 법칙 가운데 어떤 것과 충돌하는 주장 ── 예를 들어 모순을 주장하는 명제 ── 은, 비록 이것이 우리의 경험영역을 완전히 벗어난 주제라 하더라도, 우리가 믿을 수 없다. 그와 같은 명제에 대한 믿음은 현재와 같은 본성의 구조에서 심리적 사실로서 불가능하다.[5]

우리는 모순율 속에 표현된 공존하지 않는 것, 즉 모순적 명제들이 '함께 참으로 있지 않음(Nichtzusammenwahrsein)'을 밀은 우리의 믿음

---

5 위의 책, 491쪽. 또한 498쪽의 "그것[모순율]은 연속적으로 일어나고 추론하는 것 속에 없으면 안 될 심리적 작용을 일반화한 것이다."라는 내용도 참조.

(belief) 속에 그와 같은 명제들이 '양립할 수 없음(Unverträglichkeit)'으로 해석하는 사실에서 알아차린다. 달리 말하면, 명제들이 함께 참으로 있지 않음은 이에 상응하는 판단의 작용들이 실재적으로 양립할 수 없음으로 대체된다. 이것은 "믿음의 작용들이 우리가 본래의 의미에서 참이나 거짓으로 부를 수 있을 유일한 대상이다."라는 밀의 반복된 주장과 조화를 이룬다. '모순적으로 대립된 두 가지 믿음의 작용은 공존할 수 없다.' — 그 원리는 반드시 이와 같이 이해되어야 한다.

26 원리에 대한 밀의 심리학적 해석은 어떠한 법칙도 산출하지 않고 완전히 모호하고 학문적으로 검증되지 않은 경험법칙을 산출한다

여기에서 이제 갖가지 의혹이 일어난다. 우선 '원리'라는 표현이 확실히 불완전하다. 어떤 상황에서 우리는 대립된 믿음의 작용이 공존할 수 없는지 물어야만 하지 않은가? 모두에게 잘 알려져 있듯이 서로 다른 개인들에서 대립된 판단이 매우 잘 공존할 수 있다. 그래서 우리는 실재적 공존의 의미를 동시에 설명하면서 '동일한 개인 속에서, 또는 더 적절하게 말하면, 동일한 의식 속에서 아무리 짧은 시간의 간격 동안이라도 모순적 신념의 작용들이 지속할 수 없는지' 더 정확하게 말해야만 할 것이다. 그러나 이것이 실제로 법칙인가? 우리는 실제로 제한되지 않은 일반성으로 법칙을 표명해야 하지 않는가? 그 법칙을 받아들이게끔 권리를 부여한 심리학주의의 귀납은 어디에 있는가? 때에 따라, 예를 들어 틀린 추론을 통해 혼란되어 대립된 것을 동일한 시간에 참으로 간주하는 인간은 존재하지 않았고 여전히 존재하지 않는가? '제정신을 잃은 사람 가운데 아마 심지어 벌거벗은 모순의 경우에도 그와 같은 일이 일어나지 않는지' 하는 의문에 대해 학문적으로 연구해야

하지 않는가? 최면 상태, 열병에 의한 정신착란 상태 등의 경우 사정은 어떠한가? 그 법칙은 동물에도 적용되는가?

아마 경험주의자는 이러한 반론을 피하기 위해, 예를 들어 단지 정상적 사유체제의 상태에서 존재하는 인간 종(Spezies homo)의 정상적 개인에게만 타당성을 요구하는 적절한 상태를 통해 그의 '법칙'을 한정할 것이다. 그러나 '정상적 개인'이나 '정상적 사유체제'라는 개념을 더 정확하게 규정하는 곤혹스러운 질문을 제기해야 맞다. 그리고 우리는 그 법칙의 내용이 얼마나 복잡하게, 또 얼마나 부정확하게 형성되었는지 인식한다. 이제 이 문제를 다루어 보자.

이러한 고찰을 더 계속할 필요는 없다.(비록 예를 들어 그 법칙 속에 등장하는 시간의 관계가 몇 가지 실마리를 제공하더라도 말이다.) 그 고찰은 다음과 같은 경탄할 만한 귀결을 정초하는 데 매우 충분하다. 그 귀결은 '우리가 항상 명증적이며 절대적으로 정밀하고 예외 없이 타당한 법칙으로 간주해 왔던 매우 친숙한 모순율은 실제로 거칠고 정확하지 않으며 학문적이지 않은 명제의 견본인데, 이 명제는 외견상 정밀한 그 내용을 당연히 모호한 내용으로 변화시키는 여러 수정을 거친 다음에야 비로소 그럴듯한 억측의 지위로 올라갈 수 있다.'는 것이다. 경험론은 그 원리[모순율]가 말하는 양립할 수 없음이 모순적 판단의 작용들이 실재적으로 공존하지 않음으로, 따라서 그 원리 자체가 경험적-심리학적 일반성으로 해석될 수 있다는 점에서 옳다. 그리고 밀의 관습에 따른 경험론은 심리학적 해석에서 최초로 생기는 그 거칠게 정확하지 않은 명제가 학문적으로 한정될 수 있고 또 정초될 수 있다는 점을 전혀 생각조차 하지 않았다. 그 경험론은 이러한 명제를 그것이 주어진 것처럼, '경험에서 나온 가장 오래되고 가장 당연하다고 생각된 일반화'의 경우, 즉 학문 이전의 경험을 조잡하게 일반화한 경우 단지 그 어떤 것이 예상될 수 있는 것처럼 부정확하게 받아들인다.

그런데 모든 학문의 궁극적 기초가 중요한 문제가 되는 곳에서 바로 연상(Assoziation)의 맹목적 메커니즘을 지닌 소박한 경험으로 만족해야만 하는 것이다. 어떠한 통찰도 없이 심리학적 메커니즘에서 생긴 확신, 모두에게 널리 퍼진 편견보다 더 나은 정당화가 없는 확신, 그 기원 덕분에 〔그 기원을〕 유지할 수 있거나 확고하게 한정하는 것이 결여된 확신, 이른바 글자 그대로 보았을 때 명백한 거짓을 포함하는 확신은 곧 가장 엄밀한 말의 의미에서 모든 학문적 인식을 정당화하는 궁극적 근거를 마땅히 서술해야 한다.

어쨌든 우리는 여기에서 이 문제를 더 추적할 필요가 없다. 그러나 '도대체 신념의 작용에 관해 그 경험적 명제 또한 언제든 공식화할 수 있는 명제가 실제로 논리학에서 사용되는 그 명제인가.'를 심문해 봄으로써 반대 진영 학설의 근본적 오류로 되돌아가는 것은 중요하다. 그 명제는 '(유감스럽게도 더 상세하게 규명되지 않았고 완전하게 진술할 수 없는) 일정한 주관적 상황 X에서 동일한 의식 속에 '예'와 '아니오'처럼 대립된 두 믿음의 작용이 함께 존립할 수 없다는 것'이다. 논리학자가 '모순된 두 명제는 양쪽 모두 참이 아니다.'라고 말할 때 실제로 이것을 뜻하는가? 우리는 이 법칙이 판단의 활동을 규제하는 데 사용하고 그 의견은 완전히 다른 것이라는 사실을 인식하는 경우만 고려할 필요가 있다. 그것이 규범적으로 전환되는 경우 그 법칙은 명백히 다음과 같은 것만 뜻할 뿐이다. 즉 믿음의 대립된 작용에 어떤 쌍이 선택되든지 — 그래서 동일한 개인에 속하는지 다른 개인에 속하는지, 동일한 시기에 공존하는지 어떤 시기를 통해 분리되는지 — 그때그때 쌍의 항(項)이 양쪽 모두 올바르지 않다는 것, 즉 진리에 적합하지 않다는 것은 절대적으로 엄밀하고 예외 없이 타당하다. 나는 우리가 경험론의 측면에서 이러한 규범 자체의 타당성을 의심할 수 없을 것이라고 생각한다. 어쨌든 논리학이 사유의 법칙에 관해 이야기하는 경우 오직 두 번

째 논리법칙만 문제로 삼을 뿐이지, 내용상 총체적으로 다르고 이제까
지도 전혀 공식화되지 않은 그 모호한 심리학의 '법칙'을 문제로 삼지
않는다.

25와 26의 부록. 경험론의 몇 가지 원리적 결함

경험론과 심리학주의가 밀접하게 연결되어 있기 때문에 경험론의
근본적 오류를 폭로하기 위해 잠시 주제에서 이탈하는 일은 정당할 것
이다. 극단적 경험론은 인식론으로서 극단적 회의주의 못지않게 불합
리하다. 극단적 경험론은 간접적 인식을 이성적으로 정당화할 가능성을 파
기하고, 이로써 학문적으로 정초된 이론으로서 자기 자신의 가능성을 파
기한다.[6,7]

그 경험론은 정초의 연관에서 생기는 간접적 인식이 존재하는 것을
시인하고, 정초의 원리도 부정하지 않는다. 그 경험론은 논리학의 가능
성을 인정할 뿐만 아니라 그 가능성 자체도 구축한다. 그러나 만약 각
각의 정초가 그에 따라 그 정초가 경과하는 원리에 의거하고 그 정초
를 최고로 정당화하는 것이 오직 이 원리에 호소함으로써만 실행될 수
있다면, 정초의 원리 자체가 언제든지 다시 정초를 필요로 할 경우 그

---

6 그러므로 우리가 이 책 제7절에서 전개할 회의주의의 적확한 개념에 따라 경험론은 회의
적 이론으로 성격 지어진다. 빈델반트는 '희망 없는 시도'라는 칸트의 말을 경험론에 매우 적
절하게 적용한다. 즉 경험론은 "**하나의 경험적 이론을 통해 그 자체로 모든 이론의 전제를 형성하
는 것을 정초하려는**"(『서언(*Präludien*)』제1판), 261쪽) 희망 없는 시도일 것이다.

7 (옮긴이 주) 빈델반트(W. Windelband, 1848~1915)는 신칸트 학파 가운데 서남(西南)
학파, 즉 바덴 학파의 창시자로 심리적-발생적 관점을 배척하고 비판적-선험적 태도로 인식
의 권리문제와 사실문제의 구별을 역사·도덕·법·예술·종교 등의 체험영역으로 확장해, 사
실들의 특성을 인식할 수 있는 가치와 존재의 당위규범을 밝히는 것이 철학이라고 주장했다.
또한 칸트 인식론의 수학적-자연과학적 영역의 한계를 넘어 과학을 법칙으로 정립하는 법칙
학, 역사학을 개성을 기술하는 사건학으로 규정해 역사학의 기초를 확립했다. 저서로 『현대
철학사』(1878~80), 『서언』(1884), 『역사와 자연과학』(1894) 등이 있다.

것은 순환(Zirkel)으로 이끌거나 무한한 소급(Regreß)으로 이끌 것이다. 순환은 정초의 원리를 정당화하는 것에 속하는 정초의 원리가 이 정초의 원리 자체와 동일한 경우이다. 무한한 소급은 어떤 정초의 원리가 다른 정초의 원리와 언제든 다시 구별되는 경우이다. 그래서 각각의 간접적 인식에 대해 원리적 정당화를 요구하는 것은 모든 정초가 궁극적 근거에서 의거하는 일정한 궁극적 원리를 통찰해 또 직접적으로 인식할 수 있을 경우에만 가능한 어떤 의미를 가질 수 있다는 사실은 분명하다. 따라서 가능한 정초를 정당화하는 모든 원리는 반드시 직접 명증적인 일정한 궁극적 원리로 연역해 환원시켜야 하며, 더구나 그 연역 자체의 원리도 총체적으로 이러한 원리 아래 일어나는 방식으로 환원시켜야 한다.

그러나 극단적 경험론은, 결국 경험적 개별판단에만 완전히 (그리고 그 경험론은 바로 이 개별적 판단이 아주 풍부하게 마주치는 어려움에 주목하지 않기 때문에 전혀 무비판적으로) 신뢰함으로써, 당연히(eo ipso) 간접적 인식을 이성적으로 정당화할 가능성을 포기했다. 그 경험론은 간접적 인식을 정당화하는 것이 의존하는 궁극적 원리를 직접적 통찰로, 그래서 주어진 진리로 인정하는 대신 그 원리를 경험과 귀납에서 도출하고 따라서 간접적으로 정당화하는 경우 더 많은 것을 수행할 수 있다고 믿는다. 만약 우리가 이렇게 도출하는 원리에 관해, 즉 그 원리를 정당화하는 것에 관해 물어보면, 그 경험론은 직접 통찰하는 일반적 원리를 지시하는 길이 폐쇄되어 있기 때문에 오히려 무비판적인 소박한 일상의 경험을 지시함으로써 그렇게 답변할 것이다. 그리고 그 경험론은 일상의 경험을 흄과 같은 방식으로 심리학적으로 설명함으로써 이 일상의 경험 자체에 더 높은 권위를 획득할 수 있다고 믿는다. 그러므로 극단적 경험론은 간접적으로 가정하는 것 일반을 통찰로 정당화하지 않는 경우, 그래서 직접 명증적인 일반적 원리 — 관련된 정초는 이 원리에서 계속 경과한다. ─ 에 따른 정당화가 없는 경우, 경험론 자체의 심리학적 이론 전체, 간접적 인식에 의거하는 그 학설 전체도 이성적 정당화가 완전히 결여되었다는 사실, 그래서 그 이론과 학설은 가장 가까운 편견보다 더 나을 것이 없는 자의적(恣意的) 가정일 뿐이라는 사실을 보지 못하고 놓친다.

〔극단적〕 경험론이 그와 같은 불합리에 괴로움을 당하는 이론에 논리학이나 산술의 기본적인 지극히 평범한 것보다 더 신뢰하는 것은 이상한 일이다. 진정한 심리학주의로서 그 경험론은 일정한 일반적 판단이 경험에서, 다분히 이러한 추정적 '자연스러움(Natürlichkeit)' 덕분에 심리학적으로 생성되는 것과 그 일반적 판단을 정당화하는 것을 혼동하는 경향을 도처에서 보여 준다.

순수수학과 논리학의 영역을 (이것들도 혼란시킨 모든 심리학주의의 경우) 아프리오리하게 정당화된 영역으로 확보하려 시도하고, 사실과학을 경험론적으로 포기한 흄의 온건한 경험론에 사정이 어쩌면 더 유리하지 않다는 사실은 주목할 만하다. 또한 이러한 인식론적 입장은 유지할 수 없는 것으로, 정말 이치에 어긋난 것으로 판명된다. 이것은 우리가 위에서 극단적 경험론에 반대했던 것과 유사한 반론을 가리킨다. 간접적인 사실에 대한 판단은 ─ 흄의 이론의 의미를 이렇게 요약해 표현할 수 있듯이 ─ 이성적 정당화를 전혀 게다가 아주 일반적으로 허용하지 않고, 단지 심리학적 설명만 허용할 뿐이다. 〔이에〕 우리는 이 이론 자체가 의지하는 심리학적 판단(습관, 관념연상 등에 관한)과 그 이론 자체가 사용하는 사실에 관한 추론의 이성적 정당화는 도대체 상태가 어떠한지 단순히 물음을 제기하기만 하면 된다. 그리고 우리는 〔한편으로〕 그 이론이 증명하는 명제의 의미와 〔다른 한편으로〕 그 이론이 그것을 증명하는 데 사용하려 하는 추론의 의미 사이의 명백한 모순을 인식하게 된다. 그 이론의 심리학적 전제는 그 자체로 간접적인 사실에 대한 판단이고, 따라서 증명하려는 논제의 의미에서 이성적 정당화가 전혀 없다. 달리 말하면 이론의 정당성은 그 전제의 비이성성 (Unvernunftigkeit)을 전제하고, 전제의 정당성은 이론(또는 논제)의 비이성성을 전제한다.(또한 흄의 학설은 그에 따라 〔앞으로〕 제7절에서 정의할 적확한 의미에서 회의적 학설이다.)

27 논리적 원리를 그 밖의 심리학적으로 해석하는 데 대한 유사한 반론. 기만의 원천인 애매함

우리가 앞의 항들에서 제기했던 종류의 반론이 이른바 사유법칙과 이 법칙에 종속하는 모든 법칙을 심리학적으로 오해하는 모든 것에 반드시 관련된다는 사실은 쉽게 통찰할 수 있다. '이성의 자기 신뢰' 또는 논리적 사고 속에 사유법칙에 부착된 명증성을 증거로 내세움으로써 한정하는 것과 정초하는 것에 대한 우리의 요구를 회피할 수 있는 길은 전혀 없을 것이다. 논리적 법칙의 통찰성은 확고하다.

그러나 이 법칙의 사유내용을 하나의 심리학적 사유내용으로 이해하자마자, 우리는 통찰성이 결합되었던 그 법칙의 원본적 의미를 총체적으로 변경시킨다. 이미 살펴보았듯이, 정밀한 법칙에서 경험적으로 모호한 일반성이 생기고, 이 일반성은 규정되지 않은 그 영역을 적당하게 고려할 경우 타당할 수도 있지만, 아무튼 모든 명증성에서 거리가 먼 것이다. 심리학적 인식론자도 자신의 사유의 자연스러운 특징을 — 하지만 이것을 스스로 명석하게 의식하지 않은 채 — 따라가면서 여기에 속한 법칙을 모두 우선 — 즉 철학적으로 해석하는 자신의 기술을 발휘해 시작하기 전에 — 객관적 의미로 의심할 여지없이 이해한다. 하지만 이때 심리학적 인식론자는 이 본래의 의미에 관련된 명증성, 자신에게 법칙의 절대적 타당성을 보증해 줄 명증성을 '그가 추후에 반성을 통해 법칙의 공식을 적용할 수 있다고 믿은' 본질적으로 변경된 그 해석에 대해 요구하는 오류에 빠진다. 도대체 우리가 진리 그 자체를 깨닫게 되는 통찰에 관한 논의가 어딘가 정당화를 갖는다면, '모순된 두 명제 가운데 양쪽 모두 참은 아니다.'라는 명제는 확실하다. 또한 우리가 이러한 논의에 정당화를 어딘가 거부해야만 한다면, [앞의] 동일한 명제(또는 그와 같은 값을 갖는 명제)를 심리학화(心理學化)하는 모든 왜곡의 경우 확실하다. 예를 들어 '사유 속에서 긍정과 부정은 서로 배척된다.', '모순되는 것으로 인식된 판단은 동시에 하나의 의식 속에 나란히 존재할 수 없다.'[8][9], '명백한 모순을 믿는 것은 우리에게 불가능하다.'[10], '어떤 것이 존재하는 동시에 존재하지 않는다는 것을 누구도 받아들일 수 없다.' 등등.

명석하지 않은 점을 남겨 두지 않기 위해 이렇게 종잡을 수 없는 표현을 잠시 더 검토해 보자. 더 상세하게 고찰해 보면 그것 때문에 진정한 법칙 또는 이 법칙과 같은 값을 지니고 규범적으로 변용된 것을 심리학적 주장과 혼동하는 함께 작동하는 애매함이 현혹시키는 영향을 즉시 알아차린다. 첫 번째 표현의 경우가 그러하다. 사유 속에서 긍정과 부정은 서로 배척된다. 더 넓은 의미에서 모든 지성적 활동을 포괄하는

---

8 헤이만스의 표현(『학문적 사유의 법칙과 요소(Die Gesetze und Elemente des wissenschaftlichen Denkens)』 제1권(제1판), 19항 이하). '의식적으로 동일한 명제를 동시에 긍정하고 또 부정하는 것은 불가능하다.'는 지그바르트의 『논리학』 제1권(제2판), 419쪽의 표현은 [헤이만스의] 두 번째 표현과 유사하다.

9 (옮긴이 주) 헤이만스(G. Heymans, 1857~1930)는 네덜란드에서 철학과 법학을 배운 뒤 독일에서 윤리학과 정치경제학을 연구했다. 그는 페히너(G.Th. Fechner)의 심리일원론의 관점에서 네덜란드 심리학의 기초를 쌓았다. 저서로 『공리주의 비판』(1882) 등이 있다.

10 이 책 26항에서 해밀턴에게 반박하는 밀의 저술에서 인용한 결론을 참조. 밀의 같은 저서 484쪽에는 다음과 같이 말한다. "그 하나는 긍정하고 다른 하나는 부정하는 두 주장은 함께 사유될 수 없다." 여기에서 '사유된다(thought)'는 것은 그것에 대해 동일하게 '믿어진다(believed)'로 해석된다.

‘사유’라는 술어는 많은 논리학자의 관용어에서 이성적인 ‘논리적’ 사유와 관련해, 따라서 올바른 판단과 관련해 매우 즐겨 사용된다. 올바른 판단 속에 ‘예’와 ‘아니오’가 서로 배척됨이 명백하지만, 그것으로써 표명되는 것은 논리법칙과 같은 값을 가진 명제이지 결코 심리학적 명제가 아니다. 그 명제는 그 속에 동일한 사태가 동시에 긍정되고 부정되는 판단은 결코 올바른 판단이 아니라는 것을 뜻한다. 그러나 그 명제는 — 하나의 의식 속이든 다수의 의식 속이든 상관없이 — 모순적 판단의 작용이 실제로(realiter) 공존할 수 있는지 아닌지에 관한 그 어떤 것도 결코 뜻하지 않는다.[11][12][13]

동시에 두 번째 공식화[된 표현]('모순되는 것으로 인식된 판단은 동시에 하나의 의식 속에 나란히 존재할 수 없다.')는, 우리가 ‘의식’을 ‘의식 일반’으로, 초시간적인 규범적 의식으로 해석하지 않으면 그렇게 배척된다. 그러나 물론 원초적인 논리적 원리는 ‘규범적인 것(Normales)’이라는 개념을 전제할 수 없고, 이 원리로 소급해 관련지어야만 파악된다. 그 밖에 그렇게 이해된 명제는, 우리가 [그 명제의] 모든 형이상학적 실체화(Hypostasierung)를 중단하는 한, 논리적 원리를 같은 값으로 바꿔

---

11 회플러와 마이농도 논리적 원리에 공존하지 않음(Inloexistenz)에 대한 생각을 덮어씌우는 부주의한 실수를 저질렀다.(『논리학』(1890), 133쪽)

12 (옮긴이 주) 회플러(A. Höfler, 1853~1922)는 오스트리아의 심리학자로 브렌타노의 영향을 받아 심리학에서 연상보다 형태를 중시하고, 마이농의 영향을 받아 논리학에서 대상 이론에 충실했다. 저서로 『논리학과 심리학의 근본』(1903) 등이 있다.

13 (옮긴이 주) 마이농(A. Meinong, 1853~1920)은 실험심리학에 기초해 게슈탈트 심리학과 인지심리학을 개척한 학자로, 오스트리아 그라츠대학교에서 활동한 그라츠 학파의 대표자이다. 그는 브렌타노의 제자로 기술심리학의 영향을 받았으나, 표상·실재·감정·욕구의 대상을 그 현실적 존재나 가능성에 관계없이 자유롭게 탐구하는 대상 이론에서 표상과 판단을 매개하는 가정(假定)을 중시해 분석했다. 이 대상 이론은 후설의 『논리 연구』뿐 아니라 러셀(B. Russell)의 기술(description) 이론과 신(新)실재론에도 영향을 주었다. 저서로 『기억의 인식론적 평가』(1886), 『대상 이론』(1904), 『가능성과 개연성』(1915), 『일반 가치론 정초』(1923) 등이 있다.

155   5절 심리학주의의 논리적 근본법칙 해석

쓴 것을 서술하고 심리학과 전혀 관계가 없다는 점은 분명하다.

첫 번째 표현에서와 유사한 애매함이 세 번째 그리고 네 번째 표현에서 작동한다. 아무도 어떤 모순을 믿을 수 없고, 아무도 동일한 것이 존재하면서 존재하지 않는다는 것을 받아들일 수 없다. 물론 〔여기에〕 '이성적인 사람이라면 아무도'〔라는 문구〕가 보충되어야만 한다. 이 불가능성은 '그 밖의 다른 누구도'가 아니라 올바로 판단하려는 모든 사람에게 존속한다. 따라서 이 불가능성은 심리학적 강제를 표현하는 것이 아니라, '대립된 명제는 둘 다 참이 아니다.' 또는 '대립된 명제에 상응하는 사태는 둘 다 존속할 수 없다.'라는 통찰을 표현한다. 그러므로 올바로 판단하는 것, 즉 참을 참으로 거짓을 거짓으로 간주할 것을 요구하는 사람은 이 법칙이 그것을 지시하는 대로 판단해야만 한다는 통찰을 표현한다. 사실적 판단 속에 다른 것이 일어날 수도 있다. 어떠한 심리학적 법칙도 논리법칙에 속박되어 판단하는 사람을 강제하지 않는다. 그래서 우리는 논리법칙과 같은 값을 지니고 변용된 것 — 이것은 판단하는 현상을 지배하는 심리학적 법칙성에 대한 생각과 전혀 상관없다. — 에 관계한다. 그러나 다른 한편 바로 이러한 생각이 심리학적 해석의 본질적 내용을 형성한다. 심리학적 해석은 '할 수 없음(Nichtkönnen)'이 상응하는 명제들이 '양립할 수 없음(Inkompatibilität)'으로(이 명제들이 법칙적으로 '함께 참으로 있지 않음(Nichtzusammenwahrsein)'으로) 대신 바로 판단하는 작용들이 '공존하지 않음(Inkoexistenz)'으로 파악될 때, 그 결과로 생긴다.

"'이성적인 사람'이라면 아무도 또는 무릇 '판단력이 있는 사람'만은 어떤 모순을 믿을 수 없다.'라는 명제는 여전히 다른 해석을 인정한다. 우리는 '정상적 사유체제로' '자신의 〔전문〕영역에서' 올바로 판단하는 습관적 성향이 있다고 믿는 사람을 '이성적인 사람'이라고 부른다. 정상적 사유체제에서 적어도 '자명한 것', '명백한 것'을 놓치지 않는 습관적 재능을 가진 사람은 여기에서 문제가 되는 의미에서 '판단력이 있다.'고 인정된다. 물론 우리는 명백한 모순을 피하는 것을 이러한 자명한 것(그런데 바로 모호한 것)의 영역으로 간주한다. 이러한 포함관계가 수행되면 '판단력이 있는 사람(또는 심지어 이성적인 사람)은 아무도 모순을 참으로 간주할 수 없다.'라는 명제는 일반적인 것을 개별적인 사례로 평범하게 옮겨 놓는 것일 뿐이다. 물론 우리는 다르게 태도를 취하는 사람 누구도 '판단력이 있다.'라고 말하지 않는다. 그래서 심리학적 법칙은 다시 논의가 되지 않는다.

어쨌든 〔이것으로〕 가능한 해석의 끝이 아니다. 객관적으로 법칙에 의해 일치시킬 수 없음(Unvereinbarkeit)뿐만 아니라 주관적으로 통합을 실현시킬 능력이 없음(Unvermögen)을 의미할 수 있는 '불가능성'이라는 말의 지나치게 두 가지로 해석할 수 있는 성격은 심리학주의의 경향을 조장하는 데 거의 기여하지 못한다. 모순이 함께 존속하는 것을 나는 믿을 수 없다. 내가 아무리 〔이렇게 믿으려〕 노력하더라도 이 시도는 극복할 수 없는 감성적 저항에 실패한다. 사람들은 이 믿을 수 없음(Nichtglaubenkönnen)이 명증적 체험이라고 논증할 수도 있고, 그래서 나는 '모순되는 것에 대한 믿음이 나에게, 따라서 나와 유사하게 생각함에 틀림없는 모든 존재자에게 하나의 불가능성이다.'라는 사실을 통찰하며, 이것으로써 나는 바로 모순율을 표현하는 심리학적 법칙성에서 명증적 통찰을 얻는다.

이러한 논증의 새로운 오류만 고려하면서 다음과 같이 답변한다. 즉 우리가 마침 가득 찬 확신을 포기하고 반대 측면의 사태를 받아들이려는 시도는, 추후에 의심이 생기고 예전의 확신과 현재의 확신이 양립할 수 없으며 종종 서로 반목해 우뚝 솟는 생각의 무리에서 어두운 '감정'일 뿐인 새로운 사유의 동기가 등장하는 경우 이외에는, 우리가 판단하면서 결정했던 경우 경험에 의거해 실패했다. 감성적 저항 등 쓸데없는

5절 심리학주의의 논리적 근본법칙 해석

시도는 개인과 시간에 한정되고 결코 정밀하게 규정할 수 없는 일정한 상황에 구속된 개개인의 체험이다.

그렇다면 개인과 시간을 초월하는 일반적 법칙의 명증성은 어떻게 정초되어야만 하는가? 각 체험의 현존에 대한 실연적(assertorisch) 명증성과 일반적 법칙의 존립요소에 대한 필증적(apodiktisch) 명증성을 혼동하면 안 된다. 그렇다면 능력이 없다고 해석된 그 감정의 현존에 대한 명증성이 '우리가 방금 사실적으로 성취하지 않은 것은 항상 법칙적으로 거부될 수 있다.'는 통찰을 줄 수 있는가?

우리는 본질적으로 함께 작동하고 있는 상황을 규정할 수 없다는 점에 주목한다. 어떤 사태 A가 존립한다는 것을 굳게 확신해 '누군가 non-A로 판단하는 것은 생각해 볼 수 없다.'는 발언에 쉽게 빠지더라도, 사실적으로 우리는 이러한 관점에서 아주 자주 잘못 생각한다. 또한 동일한 의미에서 우리는 이제 다음과 같이 말한다. 즉 '누군가 우리가 실로 가장 확고하게 확신하는 모순율을 받아들이지 않는 것을 생각해 볼 수 없다.' 또한 '누구도 모순된 두 명제를 동시에 참으로 간주할 준비가 되어 있지 않다.' 사례들을 여러 가지로 시험해 생긴 판단과 어쩌면 실제로 또렷한 경험에서 생긴 판단이 이를 지지해 말해 준다고 할 수도 있다. 그러나 일반적이며 필연적으로 그러한 상태에 있는 명증성을 우리가 소유한 것은 아니다.

참된 상태를 다음과 같이 기술할 수 있다. 즉 필증적 명증성, 곧 그 말의 적확한 의미에서 우리는 모순되는 명제들이 '함께 참으로 있지 않음'과 관련해 또는 대립된 사태들이 '함께 존립하지 않음'에 대해 통찰을 갖는다. 이렇게 양립할 수 없음의 법칙은 모순율의 진정한 원리이다. 이때 필증적 명증성은 심리학적으로 유효하게 적용되게 확산된다. 우리는 '모순된 내용의 두 판단은 그 둘이 기초 짓는 직관 속에 실제로 주어진 것을 판단에 적합하게 파악하는 방식으로 공존할 수 없다.'

는 통찰도 갖는다. 더 일반적으로 우리는 '모순된 내용의 실연적일 뿐만 아니라 필증적으로 명증적인 판단은 하나의 의식에서든 서로 다른 의식으로 나뉜 의식에서든 공존할 수 없다.'는 통찰을 갖는다. 그럼에도 이것은 실로 '모순적인 것으로서 객관적으로 양립할 수 없는 사태들은 또한 누구도 사실적으로 그가 직관하고 통찰하는 영역에서 공존하는 것으로 발견될 수 없다.'는 것 — 이것은 그 사태들이 공존하는 것으로 간주된다는 것을 결코 배제하지 않는다. — 을 뜻할 뿐이다.

이에 반해 우리는 모순되는 판단 일반과의 관계에서 필증적 명증성을 결여한다. 우리는 실천적 목적을 위해 충분히 확정되고 실천적으로 이미 알려진 부류의 경우 안에서만, 이러한 경우에 모순되는 판단의 작용이 사실적으로 배제되는 경험에 적합한 앎을 소유할 뿐이다.

28 사유의 자연법칙으로 파악하는 동시에 이 법칙을 논리적으로 규제하는 규범법칙으로 파악할 수 있을 모순율의 추정적 양면성

심리학적으로 관심을 쏟는 현대에 단지 소수의 논리학자만, 그 자신이 논리학을 심리학적으로 기초 짓는 데 반대하거나 다른 이유로 심리학주의를 비난하는 데 민감하게 거절하지 않더라도, 논리적 원리를 심리학적으로 오해하는 것에서 완전히 벗어나려는 태도를 의식적으로 취할 뿐이다. 심리학적이지 않은 것 역시 심리학적 해명에 접근할 수 없다는 점, 그래서 심리학적 탐구를 통해 '사유법칙'의 본질을 밝히려는 여전히 호의적인 모든 시도가 그 법칙을 심리학적으로 바꾸어 해석한 것을 전제한다는 점을 숙고해 보면, 지그바르트가 개척한 방향의 모든 독일 논리학자를 — 비록 이들이 이러한 사유법칙을 심리학적 법칙으로 명백하게 공식화해 표현하거나 특징짓는 것과 거리가 멀거나 여느 때와 같이 심리학의 그 밖의 법칙에 대항했더라도 ─ 심리학주의에 속하는 것으로 간주해야만 할 것이다. 생각이 바뀌는 것이 법칙에서 선택된 공식 속에 뚜렷이 새겨지지 않는다는 것을 알게 되면, 이때 수반하는 설명에서 또는 그때그때 서술의 연관에서 더 확실하게 뚜렷이 새겨진다.

모순율은 한편으로 자연법칙으로서 우리의 사실적 판단작용을 규정하는 힘을 형성해야 하고, 다른 한편으로 규범법칙으로서 모든 논리적 규칙의 기초를 형성해야 한다는 이중의 위치를 마련해 주려는 시도는 우리에게 특히 주목할 만한 가치가 있다. 랑에[14]는 『논리 연구(Logische Studien)』에서 특히 매력적인 방식으로 이러한 견해를 대표하는데, 이 책은 그 밖에도 밀과 같은 양식의 심리학주의적 논리학을 촉진시킬 뿐만 아니라 『형식논리학의 새로운 정초(Zur Neubegründung der formalen Logik)』에도 기여할 재치가 풍부한 저술이다. 물론 이 새로운 정초를 상세하게 검토해 보고 "논리학의 진리는 수학의 진리와 마찬가지로 공간에 대한 직관에서 유래한다."[15] "이 논리학의 단순한 기반은 '모든 인식 일반의 엄밀한 정당성을 보증하기 때문에' 우리의 지성적 조직(Organization)의 기반이다." 그래서 "우리가 경탄하는 그 법칙성은 우리 자신으로부터 유래하고 …… 우리 자신의 의식되지 않은 기반에서 유래한다."[16]라는 문구를 읽을 경우, 우리는 랑에의 입장을 다시 하나의 심리학주의로 분류할 수밖에 없다. 물론 다른 부류이지만 이것은 칸트의 형식적 관념

---

14 (옮긴이 주) 랑에(F. A. Lange, 1828~1875)는 비스마르크 정권의 퇴진을 앞장서 주장한 사회노동운동가이자 사회학자, 교육학자, 철학자이다. 저서로 『신체 연습』(1863), 『노동의 문제』(1865), 『유물론의 역사』(1866), 『논리 연구』(1877) 등이 있다.
15 랑에, 『논리 연구. 형식논리학과 인식론의 새로운 정초에 관한 논고(Logische Studien. ein Beitrag zur Neubegründung der formalen Logik und Erkenntnistheorie)』(1877), 130쪽.
16 위의 책, 148쪽.

론 —— 이에 대한 지배적 해석의 의미에서 —— 과 타고난 인식의 능력이나 '인식의 원천'에 관한 그 밖의 종류의 학설을 포함한다.[17]

이와 관련해 랑에는 다음과 같이 진술한다.

모순율은 사유의 자연법칙이 규범법칙과 만나는 점이다. 우리의 표상을 형성하는 그 심리학적 조건은 변경할 수 없는 활동을 통해 어떤 규칙으로도 이끌리지 않는 자연적 사유 속에 진리뿐 아니라 오류도 영원히 충만하게 솟구쳐 산출하는데, 이 조건은 우리가 대립된 것이 마치 합치되자마자 그 대립된 것을 우리의 사유 속에 일치시킬 수 없다는 사실을 통해 보완되고 제한되며 그 조건이 작동하는 가운데 일정한 목표로 이끈다. 인간의 정신은, 대립된 것을 서로 다른 생각의 범위로 둘러싸고 이렇게 구별할 수 있는 한, 극단의 모순을 자체 속에 받아들인다.

이와 같은 진술이 정반대의 진술과 직접 동일한 대상에 관련될 경우에만 일치시키는 이 능력은 중지하고, 완전히 불확실한 것이 생기거나 두 주장 가운데 하나가 굴복되어야만 한다. 물론 모순되는 것을 이렇게 파기하는 것은, 모순을 직접 합치시키는 것이 일시적인 한, 심리학적으로 일시적일 수 있다. 서로 다른 사유의 영역 속에 깊이 뿌리내린 것은 우리가 단순한 추리를 통해 그것이 모순임을 보여 주는 경우처럼 그렇게 즉시 파괴될 수 없다. 물론 우리가 어느 한 명제와 다른 명제의 귀결을 직접 합치시키는 점에서 그 결과가 일어나지 않는 것은 아니지만, 일련의 추리 전체를

---

17 칸트의 인식론이 인식의 원천으로서 영혼의 능력의 이러한 심리학주의를 넘어서려고 노력하고 또한 사실상 넘어서까지 미친 측면을 갖는다는 사실은 잘 알려져 있다. 여기에서는 그의 인식론이 심리학주의에 빠져든 강력하게 부각된 측면도 갖는다는 것으로 충분하다. 물론 심리학주의로 인식을 정초하는 다른 형식에 반대해 어떻게 격렬한 논쟁을 벌였는지는 배제되지 않는다. 그 밖에 랑에뿐 아니라 상당수의 칸트 학파 철학자들도, 그들이 아무리 인정하려 하지 않더라도, 심리학주의 인식론의 영역에 속한다. [그래서] 곧 선험적 심리학도 **역시** 심리학이다.

5절 심리학주의의 논리적 근본법칙 해석

관통해 근원적 모순의 거주지로까지 항상 미치는 것은 아니다. 일련의 추론의 적확함에 대한 의심, 추리 대상의 동일성에 대한 의심은 오류를 종종 방지하지만, 그 오류가 순간적으로 파괴되어도 반복된 공격에 결국 굴복되지 않을 경우 표상을 결합하는 습관화된 범위에서 오류가 다시 새롭게 형성되고 주장된다.

오류가 이렇게 완강함에도 직접적 모순을 사유 속에 일치시킬 수 없는 심리학적 법칙은 시간이 흐름에 따라 더 큰 영향력을 발휘함에 틀림없다. 그 법칙은 경험이 진행되는 가운데 점차 유지할 수 없는 표상들의 결합을 절단할 예리한 칼날인 반면, 더 잘 유지할 수 있는 표상들의 결합은 지속된다. 그것은 인간의 사유가 자연적으로 진보하는 가운데 절단하는 원리이며, 이 원리는 유기체의 진보와 같이 항상 표상들의 새로운 결합이 산출되고 이 가운데 끊임없이 대부분 다시 절단되는 반면 더 좋은 결합은 살아남고 계속 작동한다는 사실에 의존한다.

모순율의 이 심리학적 법칙은 …… 우리의 조직〔지성〕을 통해 직접 주어지며 모든 경험에 앞서 모든 경험의 조건으로 작동한다. 이 법칙의 효력은 객관적이며, 작동하기 위해 우선 〔분명하게〕 의식될 필요는 없다.

그러나 이제 이 법칙을 논리학의 기반으로 파악하려고 하면, 이 법칙을 우리의 승인이 없어도 자연법칙으로 작동하듯이 모든 사유의 규범법칙으로 승인하려고 하면, 이때 물론 우리는 여기에서 우리 자신을 확신시키기 위해 다른 모든 공리의 경우와 일치하게 유형적 직관이 필요하다.[18]

모든 심리학적 첨가물을 제거하면, 여기에서 논리학에 본질적인 것은 무엇인가? 모순되는 것이 끊임없이 폐기된다는 사실뿐이다. 그것은, 마치 필연적인 것의 근거 배후에 또다시 필연성이 끼워 있듯이 모순은 존재할 수

---

18 위의 책, 27쪽 이하.

없다고 하면, 도식 속에 직관의 토대에서 단순히 동의어중복(Pleonasmus)일 뿐이다. 사실은 '모순이 그 개념의 한계를 넘어서는 모든 판단은 대립되고 더 확고하게 정초된 판단에 의해 즉시 폐기되는 데 존립하지 않는다.'는 것이다. 그러나 이 사실적 폐기는 논리학에서 모든 규칙의 궁극적 근거이다. 심리학적으로 고찰해 보면, 우리는 그 폐기를 더 일반적인 자연법칙의 한 특수 사례로 간주함으로써 또다시 필연적인 것으로 나타낼 수 있다. 하지만 이렇게 함으로써 논리학은 만들어 낼 아무것도 없고, 오히려 모순의 그 근본법칙과 함께 여기에서 비로소 자신의 기원을 받아들인다.[19]

이러한 랑에의 학설은 특히 크로만[20][21]과 헤이만스[22]에게 현저하게 영향력을 행사했다. 인식론을 철두철미 심리학의 토대 위에 구축하는 체계적 시도는 헤이만스 덕분이다. 그것은 거의 순수한 사유실험으로서 우리에게 특히 환영받을 만한 것임에 틀림없으며, 우리는 이것을 더 상세하게 고려해 볼 기회를 곧 가질 것이다. 리프만[23][24]이 논리적 필연성과 '이성적으로 사유하는 각 존재자에 대한 절대적 타당성'을 '그 밖의 그의 구조가 우리의 구조와 일치하든 않든 상관없이' 혼합시키며 뜻밖에도 철저히 적절하게 고찰하는 가운데 표명한 것에서도 우리는 이

---

19 같은 책, 49쪽.

20 크로만, 피셔-벤존(Frischer-Benzon) 옮김, 『우리의 자연인식(*Unsere Naturerkenntnis*)』(코펜하겐, 1883).

21 (옮긴이 주) 크로만(K. Kroman, 1846~1925)은 신칸트 학파의 관점에서 헤이만스와 함께 심리일원론을 주장했으며, 대상을 사유가 산출하는 논리학, 수학, 역학 등의 형식적 학문과 인과율이 지배해 개연성을 전제하는 실재적 학문으로 구분했다. 저서로 『우리의 자연인식』(1883) 등이 있다.

22 헤이만스, 『학문적 사유의 법칙과 요소』(제1판) 제2권(라이프치히, 1890, 1894).

23 리프만, 『사유와 사실(*Gedanken und Tatsachen*)』 제1권(1882), 25~27쪽.

24 (옮긴이 주) 리프만(O. Liebmann, 1840~1912)은 '칸트로 돌아가라!'라며 신칸트 학파의 입장에서 비판적 형이상학을, 의식과 의식의 내용은 항상 필연적 상관관계를 갖는다는 의식내재설을 주장했다. 저서로 『칸트와 그 후예』(1865), 『사유와 사실』(1882) 등이 있다.

와 유사한 견해를 보게 된다.

우리가 이러한 학설에 반론을 제기해야만 했던 것은 위의 서술에 따라 명백하다. 우리는 랑에가 매우 투철하게 서술해 논의한 사실을 부정하지 않지만, 여기에서 자연법칙으로 이야기하는 것이 정당화될 수 있는 것이 전혀 없음을 깨닫는다. 추정적 법칙을 때에 따라 서로 다르게 공식화한 표현과 사실을 비교해 보면, 그것은 상당히 조잡한 표현으로 입증된다. 랑에가 우리에게 매우 친숙한 경험을 개념적으로 정확하게 기술하고 한정하려 시도했다면, 그는 그 경험이 논리적 원리의 경우 문제가 되는 정밀한 의미에서 결코 어떤 법칙의 개별적 사례로 간주될 수 없다는 점을 놓치지 않았을 것이다.

사실상 사람들이 '모순의 자연법칙'으로 서술하는 것은 조잡한 경험적 일반성으로 환원되는데, 이 일반성에는 그 자체로 더 정확하게 전혀 확정할 수 없는 (아직) 규정되지 않은 영역이 부착되어 있다. 게다가 그 자연법칙은 단지 정상적인 심리적 개인에게 관련될 뿐이다. 심리적으로 정상이 아닌 사람이 어떻게 태도를 취하는지 여기에서 참조해야만 할 정상인의 일상적 경험은 아무것도 진술할 수 없기 때문이다. 요컨대 우리는 학문 이전의 경험판단을 학문적 목적으로 이용하는 모든 경우 절대적으로 요구된 엄밀하게 학문적 태도를 취하는 것이 없음을 깨닫는다. 우리는 모호한 경험적 일반성을 오직 논리학에서만 자신의 위치를 갖는 절대적으로 정밀하고 순수한 개념적 법칙과 혼동하는 것에 반대해 지극히 단호하게 이의를 제기한다. 우리는 이 둘 가운데 어느 하나를 다른 것과 동일화하거나, 다른 것에서 도출하는 것 또는 이 둘을 모순율의 추정적 두 측면의 법칙으로 용접시키는 것을 곧바로 이치에 어긋난 것으로 간주한다. 논리법칙의 단적인 의미내용을 주목하지 못한 경우에만 이 논리법칙이 사유 속에 모순된 것을 사실적으로 폐기하는 것에 직접적이든 간접적이든 전혀 관계하지 않는다는 점을 놓쳐 버릴 수 있다.

이렇게 사실적으로 폐기하는 것은 명백하게 하나의 동일한 시점과 작용 속에 하나의 동일한 개인이 판단하는 체험에만 관계한다. 그것은 서로 다른 개인으로 또는 서로 다른 시점과 작용으로 나뉜 긍정함과 부정함에 관계하지 않는다. 왜냐하면 여기에서 문제가 되는 사실적인 것은 그와 같은 구별을 본질적으로 고려하게 되는데, 논리법칙은 이러한 구별에 전혀 관계하지 않는다. 논리법칙이 이야기하는 것은 모순된 판단들, 즉 실재적으로 이러저러하게 시간적으로 규정된 작용들의 투쟁이 아니라, 우리가 모순적 명제라고 부르는 무(無)시간적인 이념적 통일체의 법칙적 양립 불가능성인 것이다. 그와 같은 명제의 한 쌍에서 둘 다 참은 아니라는 진리는 그 어떤 의식과 이 의식이 판단하는 작용에 관해 경험적으로 주장하는 그림자조차 포함하지 않는다. 나는 우리가 비판한 견해가 부적절함을 통찰하기 위해 사람들이 이러한 점을 단한 번이라도 진정으로 명백하게 이해해야만 한다고 생각한다.

29 계속. 지그바르트의 학설

논리적 근본원리의 이중성격에 관해 여기에서 논쟁한 학설의 측면에서 우리는 랑에 이전에 이미 심리학주의에 양보하는 경향을 평소에 거의 보이지 않지만 어떤 때 말하는 소견 자체에 따라 보면[25] 탁월한 사상가 베르크만을, 무엇보다 지그바르트를 발견한다. 최근의 논리학에 대한 지그바르트의 광범위한 영향은 관련된 그의 상론을 더 정확하게 숙고해 보는 것을 정당화한다. 이 뛰어난 논리학자는 다음과 같은 의견

---

25 베르크만, 『순수논리학』, 20쪽(제2항의 맺음말).

5절 심리학주의의 논리적 근본법칙 해석

을 말한다.

모순의 원리는 …… 하나의 자연법칙이었고 단지 부정하는 의미를 확
립하는 규범법칙의 의미로만 등장한다. 그러나 자연법칙으로서 그 원리
는 'A가 b이고 A가 b가 아니다.'를 어떤 순간 의식적으로 말하는 것이 불
가능하다는 사실을 말할 뿐인 반면, 지금 규범법칙으로서 그 원리는 '의식
일반의 통일성이 두루 퍼져 있는 불변하는 개념의 범위 전체'에 적용된다.
이러한 전제에서 그 원리는 일상적으로 이른바 '모순의 원리'를 정초하는
데, 이 원리는 지금 동일성의 원리('A는 A이다.'라는 공식의 의미에서)에 짝
을 이루는 부분을 결코 형성하지 않고 이 동일성의 원리, 즉 개념들 자체
의 절대적 불변성을 충족된 것으로 다시 전제한다.[26]

마찬가지로 (일치의 원리로 해석된) 동일률과 관련해 이와 평행하는
상론에서 다음과 같이 말한다.

일치의 원리를 자연법칙으로 고찰할지 규범법칙으로 고찰할지의 차이
는 …… 그 원리 자신의 본성이 아니라 그 원리가 적용되는 전제 속에 있
다. 전자의 경우 그 원리는 바로 의식에 현재하는 것에 적용된다. 후자의
경우 질서가 세워진 표상의 내용 전체가 하나의 의식에 대해 예외 없이 변
할 수 없는 이념적 상태, 즉 경험적으로 결코 완전하게 충족될 수 없는 이
념적 상태에 적용된다.[27]

이제 우리는 다음과 같은 의심을 품는다. 즉 (모순율로서) '부정하

---

26 지그바르트, 『논리학』(제2판), 385쪽(제45항의 5).
27 위의 책, 383쪽(제45항의 2).

는 의미를 확립하는' 명제가 어떻게 자연법칙의 성격을 띨 수 있는 가? 물론 지그바르트는 그 명제가 명목상 정의하는 방식으로 '부정한 다.'는 말의 의미를 지시한다고 생각하지 않았다. 지그바르트가 주목 할 수 있는 것은 오직 모순율이 '부정하는 것'의 의미 속에 정초한다 는 점, 모순율이 '부정한다'는 개념의 의미에 속하는 것을 설명한다는 점, 달리 말하면, 그 명제를 파기함으로써 '부정한다'는 말의 의미도 파 기될 것이라는 점뿐이다. 그러나 이것은 자연법칙의 사유내용을, 특히 지그바르트가 [위의 인용문과] 연결되는 말에서 '어떤 순간 의식적으로 A는 b이고 A는 b가 아니라고 말하는 것은 불가능할 것이다.'와 같이 공식화해 표현한 자연법칙의 사유내용을 결코 형성할 수 없다. 개념 속에 근거한(그리고 개념 속에 근거한 것이 사실로 단순히 전이되지 않는) 명제는 우리가 어떤 순간 의식적으로 행할 수 있거나 행할 수 없는 것 에 관해 아무것도 진술할 수 없다. 지그바르트가 다른 곳에서 가르치 듯이, 그 명제가 초시간적이면, 그 명제는 시간적인 것, 따라서 사실적 인 것에 관계하는 어떠한 본질적 내용도 가질 수 없다. 사실을 이러한 종류의 명제로 끌어들이는 모든 것은 그 본래적 의미를 불가피하게 폐 기한다.

그러므로 시간적인 것에 관해 이야기하는 자연법칙과 초시간적인 것에 관해 이야기하는 규범법칙(진정한 모순의 원리)은 완전히 이질적인 것이라는 사실, 따라서 단지 서로 다른 기능이나 적용 범위에서 동일한 의 미로 등장하는 하나의 법칙이 중요한 문제일 수 없다는 사실은 분명하 다. 그 밖에도 어쨌든 [우리와] 반대되는 의견이 올바르다면, 사실에 관 한 그 법칙과 이념적 객체[대상]에 관한 이 법칙을 한결같게 포괄하는 일반적 공식이 표시될 수 있을 것이다. 여기에 [공통된] 하나의 법칙을 가르치는 사람은 그 하나에 관해 개념적으로 규정된 파악을 갖고 있어 야만 한다. 그러나 이러한 통일적 파악에 관한 문제는 당연히 쓸데없는 문제이다.

다시 나는 다음과 같은 의심을 품는다. 즉 규범법칙은 개념의 절대적 불변성을 충족된 것으로 전제하는가? 따라서 이때 그 법칙은 표현이 항상 동일한 의미로 사용되는 전제에서만 타당성을 가질 것이다. 이 전제가 충족되지 않을 경우 그 법칙도 타당성을 상실할 것이다. 그런데 이것이 탁월한 그 논리학자의 진지한 확신일 수 없다. 물론 그 법칙을 경험적으로 적용하는 것은 우리가 사용하는 표현의 의미로 기능하는 개념 또는 명제가 실제로 동일한 것이며, 마찬가지로 그 법칙의 이념적 외연은 그에 대립된 질(質)을 지녔으나 동일한 질료(Materie)를 지닌 가능한 모든 명제의 쌍에 관계한다는 사실을 전제한다. 그러나 물론 이것은 마치 그 타당성이 가정적 타당성인 것같이 타당성의 전제가 결코 아니라, 미리 주어진 개별적 사례들에 가능하게 적용하는 전제이다. 필요한 경우 수의 법칙이 명확하게 표시되는 규정성을 지닌 수(數)가 우리 앞에 놓여 있는 것이 수의 법칙을 적용하는 전제이듯이, 우리 앞에 명제가 놓여 있고 더구나 논리법칙이 명확하게 동일한 질료를 요구하는 것은 논리법칙의 전제이다.

또한 지그바르트가 서술한 의식 일반과의 관계[28]도 나는 실제로 유효하다고 생각할 수 없다. 그와 같은 의식 속에서 모든 개념(더 정확하게는 모든 표현)이 절대적으로 동일한 의미로 사용된다면, 유동적인 의미, 애매함과 네 가지 개념(의 오류)(quarterniones terminorum)[29]도 결코

---

28 위의 책, 419쪽(제48항의 4) 참조.
29 (옮긴이 주) 삼단논법은 대개념, 소개념, 매개념의 세 가지가 등장해야 하지만 네 가지 개념이 등장하거나 전제에 없는 개념이 결론에 등장할 경우 논리적 오류이다.
　　예컨대 ① 모든 동물은 생물이다.　　② 사랑은 열(熱)이다.
　　　　　 모든 새는 동물이다.　　　　　열은 물체를 팽창시킨다.

　　　　∴ 모든 새는 생물이다.　　　∴ 사랑은 물체를 팽창시킨다.
　　①의 경우 결론은 참이지만, 두 전제로부터 필연적으로 도출한 것이 아니기 때문에 올바

존재하지 않을 것이다. 그러나 논리법칙은 그 자체로 우리가 그것을 위해 오히려 최초로 형성하는 이 이상(理想)에 본질적으로 전혀 관계하지 않는다. 이 이상의 의식에 끊임없이 호소하는 것은 마치 논리법칙이 엄밀하게 본래 단지 허구의 이상적 사례에 대해서만 타당성을 갖고 경험적으로 성립된 개개의 사례들에 대해서는 타당성을 갖지 않는 것처럼, 불쾌한 감정을 일으킨다.

우리는 순수논리적 명제가 어떤 의미에서 동일한 개념을 '전제하는지' 방금 구명했다. 만약 개념적 표상이 유동적이면, 즉 '동일한' 표현을 반복할 경우 표상의 '그' 개념적 내용이 변경되면, 우리는 논리적 의미에서 더 이상 동일한 개념이 아니라 〔그것의〕 두 번째 개념을 가지며, 더 변경되는 모든 경우 〔또 다른〕 새로운 개념을 갖는다. 그러나 개별적인 각 개념은 그 자체로 초경험적 통일체이며, 각 개념의 그때그때 형식에 관계하는 논리적 진리에 소속된다. 경험적인 색깔의 내용의 유동성과 질적으로 동일화하는 것의 불완전함이 질의 종(spezies)으로서 색깔의 차이에 관계하지 않듯이, 하나의 종이 가능한 개개의 사례들(이것은 그 자체로 색깔이 아니라 바로 하나의 색깔의 사례이다.)의 다양체에 대립해 이념적으로 동일한 것(ideal Identisches)이듯이, 동일한 의미 또는 개념도 그 '내용'인 개념적 표상과의 관계에서 사정이 같다.

이념화하면서 개별적인 것 속에 일반적인 것을, 경험적 표상 속에서 개념을 직관하면서 파악하는 능력, 그리고 반복된 표상작용 속에서 우리에게 개념적 지향의 동일성을 확인시키는 능력은 인식이 가능하기 위한 전제이다. 그리고 이념화(Ideation)의 작용 속에 하나의 개념적인 것 ── 사실적 개별 사례나 사실적으로 표상된 개별 사례의 다양체에 대

른 추리가 아니다. ②의 경우 '열'이 각기 다른 의미를 가진 개념이므로 매개념 애매의 오류 또는 네 가지 개념의 오류라고 한다.

립해 그 통일체를 통찰해 주장할 수 있는 하나인 종(種)으로서 ── 을 직관하면서 파악하듯이, 우리는 때에 따라 이러저러하게 형성된 이 개념에 관련된 논리법칙의 명증성도 획득할 수 있다. 이념적 통일체의 이러한 의미에서 '개념'에는 실로 '모순의 원리'가 진술하는 '명제'도 속하며, 그래서 일반적으로 논리적 명제의 공식적 표현 속에 사용되는 문자기호의 의미도 속한다. 개념적인 표상작용이라는 작용을 수행하는 어디에서나 거기에서 우리는 개념도 갖는다. 즉 표상은 그 '내용', 이념화하는 추상작용 속에 추상적으로 우리의 것으로 삼을 수 있는 그 이념적의미를 갖는다. 이것으로써 우리는 어디에서나 논리법칙을 적용할 가능성도 부여했다. 그러나 이 논리법칙의 타당성은 전적으로 무제한이며, 우리나 다른 누구든 개념적 표상을 사실적으로 수행할 수 있는지 그 개념적 표상을 동일한 지향의 의식과 함께 확보할 수 있는지 또는 반복할 수 있는지에 의존하지 않는다.

6절 심리학주의의 조명에서 삼단논법 추론. 추론공식과 화학공식

30 삼단논법의 명제를 심리학적으로 해석하는 시도

우리는 제5절의 상론에서 우선적으로 모순율의 기초를 놓았다. 왜냐하면 근본명제 일반과 마찬가지로 바로 이 모순율의 경우 심리학주의로 파악하려는 유혹이 매우 크기 때문이다. 그러한 해석으로 밀어붙이는 사유의 동기는 사실상 자명한 것이라는 강한 겉모습을 띤다. 게다가 사람들은 추론법칙의 경우 경험론적 학설을 특별히 수행하는 데 더욱 드물게 관여한다. 이 추론법칙을 근본명제로 환원할 수 있기에 사람들은 추론법칙의 경우 더 이상의 어떠한 노력도 하지 않아도 된다고 믿는다. 이 공리(근본명제)가 심리학적 법칙이고 삼단논법의 법칙이 공리의 순수한 연역적 귀결이라면, 삼단논법의 법칙도 심리학적 법칙으로 간주되어야만 할 것이다.

우리는 이제 '모든 오류추리는 결정적 반증을 제시해야만 한다.'고, '따라서 이러한 연역에서 공리를 심리학적으로 해석하는 모든 가능성에 반대하는 논증을 이끌어 내야 한다.'고 생각해야 할 것이다. 더 나아가 '공리가 요구한 심리학적 내용을 사유에서나 언어로 확정하는 데 필요한 신중함이 ─ 그와 같은 해석에서 공리가 추리공식을 증명하는 데 전혀 기여할 수 없고 그와 같은 증명이 이루어질 때마다 종착점과 마찬가지로 출발점은 심리학에서 법칙이라 부르는 것과 전적으로(toto coelo) 다른 법칙의 성격을 띤다는 사실을 ─ 경험론자를 확신시키게 된다.'고 생각해야 할 것이다.

그러나 가장 명석한 논박조차 심리학주의의 학설을 즐기는 확신을 산산조각 냈다. 이러한 학설을 최근 상세하게 전개한 헤이만스는 오류추리가 현존하는 것을 별로 불쾌해하지 않아서, 오류추리를 증명하는 가능성 속에 심지어 [자신의] 심리학적 파악이 입증되는 것으로 간주한다. 왜냐하면 이러한 증명은 여전히 모순율에 따라 사유하지 않고, 더 나은 것을 가르치는 데 있지 않고, 오류추리 속에 눈에 띄지 않게 범한 모순을 지적하는 데 있기 때문이다. 우리는 여기에서 '눈치채지 못한 모순도 모순이 아닌지', '논리적 원리는 단지 눈치챈 모순을 일치시킬 수 없음을 진술할 뿐인 반면, 눈치채지 못한 모순의 경우 그 모순이 함께 참이라는 것을 인정하는 것인지' 당연히 심문해야 한다. 또한 우리가 심리학적으로 일치시킬 수 없음과 논리적으로 일치시킬 수 없음의 차이를 생각만 해 보아도 우리가 이미 논의한 애매성의 혼탁한 영역 속을 헤매고 다니는 것이 분명하다.

오류추리를 포함한 '눈에 띄지 않은' 모순에 관한 논의는 본래의 논의가 아니라는 생각은 적절하지 않다. 즉 논박하는 사유의 과정이 경과하는 가운데 최초로 모순이 새로운 것으로 등장하고, 이는 우리가 이러한 추리방식을 잘못된 것으로 포기하게끔 강요된 것으로 알게 되는 (언제나 심리학적으로 이해된) 더 이상의 귀결로 연결된다. 사유의 움직임에 따라 다른 결과가 생긴다. [그런데] 어떠한 심리학적 법칙도 '반박'을 오류추리에 결합시키지 않는다. 어쨌든 무수한 경우 오류추리는 반박이 없어도 등장하고, 확신 속에 끝까지 견뎌 낸다. 그래서 오직 일정한 심리적 상황에서만 허위의 추론에 연결되는 사유의 어떤 움직임이 어떻게 곧바로 모순 그 자체를 이 허위의 추리에 돌리는 권리를, 그리고 이러한 상황에서 '타당성'뿐만 아니라 객관적인 절대적 타당성을 이 허위의 추리에서 박탈하는 권리가 되는가? 물론 '올바른' 추리형식의 경우 논리적 공리를 통한 그 형식의 정당화하는 정초와 관련해 사정은 똑같다. 〔그렇다면〕 오직 일정한 심리적 상황에서만 일어나는 정초하는 사유의 과정이 관련된 추리형식을 단적으로 타당한 형식으로 부각시키는 요구가 되는가?

이러한 물음에 심리학주의의 학설은 만족한 답변을 내놓지 못한다. 심리학주의의 학설은 여느 곳에서와 같이 여기에서도 논리적 진리의 객관적 타당성에 대한 요구를 이해하고, 그래서 논리적 진리의 기능도 올바른 판단작용과 거짓된 판단작용의 절대적 규범으로 이해할 가능성이 없다. 잘못된 판단 방식이 올바른 판단 방식에 못지않게 심리학적 법칙에 따라 일어나기 때문에, 이러한 반론이 얼마나 자주 제기되었고, 논리법칙과 심리학적 법칙을 동일화하면 올바른 사유와 잘못된 사유의 모든 차이도 폐기된다고 얼마나 자주 지적되었는가. 또는 우리는 가령 자의적 협정에 근거해 어떤 법칙성의 성과를 올바르다고, 다른 법칙성의 성과를 잘못되었다고 말해야 하는가?

물론 진리를 겨냥한 사유는 모순 없는 사유의 결합을 산출하기 위해 노력한다. 그러나 이러한 모순 없는 사유의 결합의 가치는 어쨌든 바로 다시 오직 모순 없는 것만 사실적으로 긍정될 수 있는 상황 속에, 따라서 모순율이 사유의 자연법칙인 상황 속에 있다.[1]

---

1 헤이만스, 앞의 책(제1판), 70쪽. 그래서 랑에(위의 28항 중간 그의 『논리 연구』에서 더 길게 인용한 마지막 단락을 참조)도 "우리의 판단에서 모순되는 것을 **사실적으로** 폐기하는 것은 논리적 규칙의 궁극적 근거일 것"이라고 진술했다.

사람들은 여기에서 사유에 요구되는 기묘한 노력은 모순 없는 사유의 결합을 위한 노력인 반면, 모순 없는 결합만이 존재하며 ― 그래서 적어도 여기에서 논의하는 '자연법칙'이 실제로 존속한다면 ― 존재할 수 있다고 말할 것이다. 또는 다음과 같이 말하는 것은 더 나은 논증이다.

서로 모순되는 두 측면의 판단을 동시에 긍정하는 것이 불가능하다고 우리가 본능적으로 또 직접적으로 느끼는 바로 이러한 경우가 아니라면, 우리는 서로 모순되는 두 판단의 결합을 '옳지 않다.'고 판정할 단 하나의 근거도 갖고 있지 않다. 〔그렇다면〕 사람들은 이제 이러한 사실에 의존하지 않고 오직 모순 없는 것만 마땅히 긍정되어야 한다는 것을 증명하려고 시도할 것이다. 즉 사람들은 언제든 다시 그 증명을 수행할 수 있기 위해 증명할 수 있는 것을 전제해야만 한다.[2]

우리는 〔이러한 논의에서〕 앞서 분석한 애매함이 작동하는 것을 곧 인식한다. 즉 '모순적 명제는 함께 참일 수 없다.'는 논리법칙에 대한 통찰은 모순적 판단의 작용을 동시에 수행할 심리학적 능력이 없음에 대한 본능적이고 추정적인 직접적 '감각(Empfindung)'과 동일화된다. 명증성과 맹목적 확신, 정밀한 일반성과 경험적 일반성, 사태의 논리적 양립 불가능성과 믿는 작용의 심리학적 양립 불가능성, '함께 참일 수 없음(Nicht-zusammen-wahrsein-können)'과 '동시에 믿을 수 없음(Nicht-zugleich-glauben-können)'이 하나로 합류된다.

---

2 위의 책, 69쪽.

31 추리공식과 화학공식

추리공식은 '사유의 경험법칙'을 표현한다는 학설을 헤이만스는 화학공식과 비교함으로써 그럴듯하게 만들고자 시도했다.

화학공식 '$2H_2 + O_2 = 2H_2O$'와 아주 똑같이 '2용적의 수소와 1용적의 산소가 적당한 상황에서 2용적의 물로 결합된다.'는 일반적 사실만을 표현한다. 이와 똑같이 논리적 공식은 다음과 같은 것만을 진술할 뿐이다.

$$MaX + MaY = YiX + XiY$$

즉 공통의 주어개념을 가진 두 전칭(全稱) 긍정판단[3]은 적당한 상황에서 의식 속에 새로운 두 특칭(特稱) 긍정판단을 산출하는데, 이 특칭 긍정판단에는 근원적 판단[전칭 긍정판단]의 술어개념들이 술어개념과 주어개념으로 등장한다는 것만 진술할 뿐이다. 이 경우 왜 새로운 판단이 산출되는 반면, 가령 결합 'MeX + MeY'[두 전칭 부정판단]의 경우 산출되지 않는지[4]에 대해 우리는 이제껏 아직 아무것도 모른다. 그러나 이러한 관계를 지배하는, 또한 전제가 인정되는 경우 추리의 결론도 참으로 간주하도록

---

3 (옮긴이 주) 전통 논리학에서는 판단을 양과 질에 따라 라틴어의 긍정(affirmo)과 부정(nego)에 각 첫 번째 모음으로 전칭을, 두 번째 모음으로 특칭을 표기해 왔다. 따라서 A는 전칭긍정, E는 전칭부정, I는 특칭긍정, O는 특칭부정을 뜻한다.

4 (옮긴이 주) 삼단논법에서 두 전제가 모두 부정이(S는 결론의 주어, P는 결론의 술어),

① S와 P가 일치하는 경우   ② S와 P가 포섭관계인 경우
모든 등변삼각형은 원이 아니다.   모든 동물은 광물이 아니다.
모든 등각삼각형은 원이 아니다.   모든 말은 광물이 아니다.

③ S와 P가 부분적으로 교차하는 경우   ④ S와 P가 전혀 관련 없는 경우
모든 애국자는 허약한 사람이 아니다.   모든 동물은 광물이 아니다.
모든 운동선수는 허약한 사람이 아니다.   모든 식물은 광물이 아니다.

이처럼 S와 P의 관계를 일반적으로 결정할 수 없으며 결론이 긍정인지 부정인지 일률적으로 규정할 수 없음에도 추론을 이끌면 '양부정의 오류' 또는 '매개념 부주연(不周延)의 오류'라고 한다.

강제하는 확고부동한 필연성을 우리는 실험을 …… 반복함으로써 확신해도 좋을 것이다.[5]

물론 이 실험은 '방해가 되는 모든 영향을 배제하는 가운데' 수행되며, '우리가 관련된 전제의 판단을 가능한 한 명석하게 현전화하고 그런 다음 사유의 메커니즘을 작동시키며 새로운 판단이 산출되는 것이나 산출되지 않는 것을 기다려야만 한다.'는 데서 성립한다. 어쨌든 새로운 판단이 실제로 이루어지면, 우리는 그 과정의 출발점과 종착점 이외에 혹시 개개의 중간 단계가 여전히 의식 속에 등장하는지 날카롭게 주시해야만 하며, 이 중간 단계를 가능한 한 정확하고 완전하게 기록해야만 한다.[6]

이러한 견해의 경우 우리가 놀라게 되는 것은 논리학자가 배제한 결합의 경우 새로운 판단이 전혀 산출되지 않는다는 주장이다. 예를 들어 다음과 같은 형식의 각 오류추리의 관계에서

XeM + MeY = XeY

어쨌든 일반적으로 XeM과 MeY라는 [M이 매개념의 역할을 하는] 형식의 두 판단은 '적당한 상황에서' 의식 속에 새로운 판단이 생기게 한다고 말해야만 할 것이다. 화학공식과 유사한 것이 다른 경우와 똑같이 여기에서도 적절하거나 나쁘게 어울린다. 물론 '그 상황'이 이러저러한 경우 동일하지 않다는 데 대해 반론이 허용되지 않는다. 심리학적으로 그 조건은 모두 동일한 관심거리이며 이에 속한 경험적 명제는 동일한 가치를 지닌 것이다. 따라서 왜 우리는 두 부류의 공식을 이렇게 근본적으로 구별해야 하는가? 만약 우리에게 이러한 질문을 제시하면, 당연

---

5 헤이만스, 앞의 책, 62쪽.
6 위의 책, 57쪽.

히 이렇게, 즉 '우리는 한쪽의 공식과 관련해 그것이 표현하는 것, 곧 진리를 그리고 다른 쪽의 공식과 관련해 그것이 허위임을 통찰하기 때문이다.'라고 답변할 것이다. 그러나 경험론자는 이러한 답변을 줄 수 없다. 경험론자가 받아들인 해석의 전제에서 오류추리에 상응하는 경험적 명제는 실로 그 밖의 추리에 상응하는 경험적 명제와 같이 동일한 방식으로 타당하다.

경험론자는 '전제가 주어지는(인정되는) 경우 추리의 결론도 참으로 간주하도록 강제하는' '확고부동한 필연성'의 경험을 증거로 내세운다. 그러나 논리적으로 정당화되었든 그렇지 않든 모든 추리는 심리학적 필연성과 더불어 수행되며, 또한 (물론 (일정한) 상황에서만) 느낄 수 있는 강제는 어디에서나 동일하다. 어떤 오류추리를 저지르고도 이에 대한 모든 비판적 반론에 반항해 줄곧 고집을 부리는 사람은 '확고부동한 필연성', 즉 '다를 수 없음(Nicht-anders-können)'의 강제를 느낀다. 그는 올바로 추리하고 인정(확인)된 정당성을 굽히지 않고 주장하는 사람과 전적으로 동일하게 강제를 느낀다. 모든 판단작용과 마찬가지로 바로 추리작용도 자의(恣意)의 사항이 아니다. 이렇게 느낀 확고부동함은 실제적 확고부동함의 증거가 거의 아니어서 새로운 판단의 동기에 의해, 게다가 심지어 올바른 추리의 경우나 올바르다고 인정(확인)된 추리의 경우 피할 수도 있다. 따라서 그렇게 느낀 확고부동함과 모든 올바른 추리에 속하는 진정한 논리적 필연성을 혼동하면 안 된다. 논리적 필연성은 (비록 판단하는 모든 사람이 실제로 인식하지 않더라도) 통찰로 인식할 수 있는 추리의 이념적-법칙적 타당성과 같은 것을 뜻할 뿐이며 이러한 타당성을 뜻해야만 한다. 물론 타당성 그 자체의 법칙성은 추리법칙을 통찰로 파악해야 비로소 드러나는데, 이 추리법칙과 비교하면 '지금 여기(hic et nunc)' 수행된 추리의 통찰성은 개별적 사례의 필연적 타당성에 대한 통찰로서, 즉 법칙에 근거한 개별적 사례의 타당성에 대한 통찰로서 나타난다.

경험론자는 왜 논리학에서 거부된 전제들의 결합이 '아무 성과도 제공하지 않았는지'에 대해 우리가 '이제껏 아직 아무것도' 모른다고 말한다. 그렇다면 경험론자는 인식에서 미래의 진보에 관해 더 풍부한 가르침을 기대하는가? 사람들은 여기에서 우리가 일반적으로 알아야 할 모든 것을 알았다고 생각할 것이다. 어쨌든 우리는 일반적으로 가능한 (즉 삼단논법의 결합의 테두리에 속하는) 결론의 모든 형식이 문제가 된 전제들의 결합과 연결되어 잘못된 추리법칙을 제공할 것이라고 통찰한다. 즉 사람들은 이러한 경우에도 무한히 완전한 지성에 대해 더 이상의 앎이 전적으로 불가능하다고 생각할 것이다.

이러한 반론 및 유사한 반론에는 비록 이에 못지않게 강력하지만 우리의 목적상 덜 중요한 다른 종류의 반론이 여전히 연결될 수 있다. 즉 화학공식과의 유비는 바로 광범위하게 이르지 않았고, 나는 논리법칙 이외에 이 논리법칙과 혼동된 심리학적 법칙을 비장하게 받아들일 이유를 발견할 만큼 광범위하게 생각하지 않는다. 화학의 경우 우리는 공식으로 표현된 종합(Synthesis)이 일어나는 '상황'을 알며, 이 상황은 상당히 정밀하게 규정될 수 있고, 바로 그렇기 때문에 화학공식을 자연과학의 가장 귀중한 귀납(Induktion)으로 간주한다.

이에 반해 심리학의 경우 상황에 대해 우리가 도달할 수 있는 지식이 너무 적어서 결국 '인간이 논리법칙을 합쳐 추리하는 것은 바로 종종 일어나며, 정밀하게 한정될 수 없는 어떤 상황에서 "'주의를 기울이는 긴장', '정신적 신선함', '예비교육' 등은 논리적 추리작용을 지원하는 조건이다."라고 말할 뿐이다. 추리하는 판단의 작용이 인과적 필연성을 수반하며 나타나는 상황 또는 엄밀한 의미에서 조건은 우리에게 완전히 은폐되어 있다. 주어진 상태의 경우 다양한 추리공식에 분류될 수 있고 그 모호한 상황을 통해 성격 지어진 일반성을 심리학에서 개별적 방식으로 열거하고 '사유법칙'이라는 명칭으로 존중하는 것을 왜 심리학자는 생각조차 하지 않았는지도 잘 이해할 수 있다.

결국 우리는 헤이만스가 관심을 두었던 (그리고 여기에서 언급되지 않은 많은 개별적인 점에서 고무하는) 시도, 즉 '사람들이 판단의 화학이라고도 부를 수 있는 인식론'[7]과 '사유의 심리학일 뿐인'[8] 인식론의 시도도 칸트가 말한 의미에서 희망 없는 시도로 간주해도 충분할 것이다. 그러한 심리학주의적 해석을 거부하는 데 우리는 동요할 수 없을 것이다. 추리공식은 이 공식에 기초가 된 경험적 내용을 갖지 않는다. 추리공식의 참된 의미는 우리가 그 공식을 같은 값을 지닌 이념적 양립 불가능성으로 표명할 때 가장 명석하게 드러난다. 예를 들면 '모든 M은 X다.'와 '어떠한 P도 M이 아니다.'라는 형식의 명제는, '약간의 X는 P가 아니다.'라는 형식의 명제 역시 참인 경우가 아니라면, 〔둘 다〕 참이 아니라는 사실은 보편적으로 타당하다. 그리고 이것은 모든 경우 그러하다. 어떤 의식, 판단의 작용과 판단작용의 상황 등은 여기에서 문제가 되지 않는다. 추리법칙의 참된 내용을 염두에 두었다면, 이때 마치 우리가 추리법칙을 승인한 통찰의 판단을 실험적으로 산출하는 것이 추리법칙 자체를 실험적으로 정초하는 것을 의미하거나 이끌어 갈 수 있듯이, 잘못된 가상(Schein)도 사라진다.

---

7 위의 책, 10쪽.
8 위의 책, 30쪽.

7절 회의적 상대주의인 심리학주의

32 이론 일반이 가능한 이념적 조건. 회의주의의 엄밀한 개념

우리가 어떤 이론에 반대해, 특히 논리학의 어떤 이론에 반대해 제기할 수 있는 가장 격렬한 비난은 그 이론이 이론 일반의 가능성에 대한 명증적 조건을 위반한다는 것이다. 어떤 이론을 수립하고 그 내용에서 명백하든 함축적이든 모든 이론 일반의 의미와 권리요구를 정초하는 명제에 대립하는 것 — 이것은 거짓일 뿐만 아니라 근본적으로 거꾸로 된 것이다.

여기에서 이중의 관점으로 모든 이론 일반의 '가능성'의 명증적 '조건'을 이야기할 수 있다. 첫째는 주관적 관점이다. 이 관점에서 중요한 문제는 직접적 또는 간접적 인식[1]의 가능성과 그래서 모든 이론의 이성적 정당화의 가능성이 의존하는 아프리오리한 조건이다. 인식을 정초하는 것으로서 이론은 그 자체로 하나의 인식이며, 그 가능성에 따라 인

---

1 이 책에서 '인식'이라는 술어가 많이 통용되는 실재적인 것(Reales)으로 한정된 것으로 이해되지 **않는다는** 점에 주목하기를 바란다.

식과 이 인식 및 인식하는 주관의 관계에서 순수하게 개념적으로 근거하는 일정한 조건에 의존한다. 예를 들어 엄밀한 의미에서 인식의 개념에는 진리에 들어맞을 요구를 제기할 뿐만 아니라, 이러한 요구의 정당성을 확신하고 실제로 이러한 정당성을 지닌 판단이어야 한다는 사실이 포함된다.

하지만 판단하는 자가 판단을 정당화하는 표식(명증성)을 자체 속에 체험하고 그 자체로 파악하는 상태에 결코 있지 않다면, 모든 판단의 경우 그 판단을 맹목적 선입견과 구별하며 참으로 간주할 뿐만 아니라 진리 자체를 소유한 명백한 확실성을 그 선입견에 부여하는 명증성이 그에게는 결여될 것이다. 그렇다면 판단하는 자의 경우 인식을 이성적으로 수립하고 정초하는 것은 이론과 학문에 관한 논의가 아닐 것이다. 그래서 어떤 이론이 이러한 예에 따라 맹목적 판단에 대립해 명증적 판단의 모든 우위를 부정할 때 이론 일반으로서 그 가능성의 주관적 조건에 위반되면, 그 이론 자체를 자의적인 부당한 주장과 구별함으로써 그 이론은 폐기된다.

우리는 여기에서 그 가능성의 주관적 조건으로 가령 개별적 판단의 주체나 판단하는 존재자의 변하는 종(예를 들어 인간 종) 속에 뿌리내린 실재적 조건이 이해되는 것이 아니라, 주관성 일반의 형식과 인식의 이러한 관계 속에 뿌리내린 이념적 조건이 이해된다는 사실을 안다. 이것들을 구별하기 위해 이념적 조건을 인식작용적(noetisch) 조건이라 부르고자 한다.

〔둘째,〕 객관적 관점에서 모든 이론이 가능한 조건에 관한 논의는 인식의 주관적 통일체로서의 이론이 아니라 근거와 귀결의 관계를 통해 결합된 진리 또는 명제의 객관적 통일체로서의 이론에 관련된다. 여기에서 조건은 순수하게 이론의 개념 속에 근거한 법칙 모두이다. 이러한 법칙은, 특별하게 말하면, 진리·명제·대상·성질·관계 등의 개념 —— 요컨

대 이론적 통일체의 개념을 본질적으로 구성하는 개념 —— 속에 순수하게 근거한다. 따라서 이러한 법칙을 부정하는 것은 이론·진리·대상·성질 등 문제가 되는 술어 모두 일관성 있는 의미를 결여한다는 주장과 같은 뜻(같은 값을 지닌 것)이다. 어떤 이론이 그 내용에서 그것 없이는 이론 일반이 (일관성 있는) '이성적' 의미를 전혀 가질 수 없을 법칙을 위반할 경우 그 이론은 이러한 객관적-논리적 관점에서 폐기된다.

그 이론이 논리적으로 위반하는 것은 전제 속에, 이론적 결합의 형식 속에 또한 결국 증명된 논제(These) 자체 속에 있을 수 있다. 각 논제의 이성적 가능성과 논제 일반을 각기 정초할 이성적 가능성이 의존하는 이 법칙을 부정하는 것이 이론적 논제의 의미에 속하는 경우 논리적 조건이 가장 현저하게 손상되는 것은 명백하다. 그리고 이와 유사한 것이 인식작용적 조건에 대해서도, 그리고 이 조건을 위반하는 이론에 대해서도 적용된다. 따라서 우리는 (물론 분류하는 의도에서는 아니지만) 거짓된 이론, 불합리한 이론, 논리적이고 인식작용적으로 불합리한 이론, 그리고 마지막으로 회의적 이론을 구별한다. 마지막 명칭[회의적 이론]으로 그 논제가 이론 일반의 가능성에 대한 논리적 조건이나 인식작용적 조건이 거짓이라는 것을 명백하게 진술하거나, 아니면 분석적으로 자체 속에 포함하는 모든 이론을 포괄한다.

이것으로써 회의주의라는 술어에 뚜렷한 개념을 획득하는 동시에 논리적 회의주의와 인식작용적 회의주의를 명석하게 구분했다. 이러한 회의주의의 개념에는 예를 들어 '어떠한 진리도 존재하지 않는다. 어떠한 인식도 어떠한 인식에 대한 정초도 존재하지 않는다.'[2] 등과 같은 종류의 논제를 지닌 회의주의의 고대 형식이 상응한다. 또한 경험론은, 극

---

2 (옮긴이 주) 고르기아스(Gorgias, 기원전 485~380)는 "아무것도 존재하지 않는다. 무엇이 존재하더라도 그것을 인식할 수 없다. 또한 그것을 인식할 수 있더라도 남에게 전달할 수 없다."라며 극단적 상대주의에 입각한 회의주의를 주장했다.

단적 경험론 못지않게 온건한 경험론도, 앞에서 상술한 것[3]에 따라 〔회의주의라는〕 우리의 적확한 개념에 상응하는 하나의 예이다. 이치에 어긋난 것(widersinnig)으로 존재하는 것이 회의적 이론의 개념에 속한다는 사실은 그 정의(定義)에서 즉시 명백하다.

33 형이상학적 의미에서 회의주의

'회의주의'라는 술어는 매우 모호하게 사용되어 왔다. 그 대중적 의미를 도외시하면, 우리는 원리적 근거에 입각해 인간의 인식을 현저하게 제한하는 것을 밝히려는, 그 가운데 이렇게 제한함으로써 실재적 존재의 포괄적 영역 또는 특히 소중한 학문(예를 들어 합리적 분과로서 형이상학, 자연과학, 윤리학)이 가능한 인식의 영역에서 추방되는 각 철학적 이론을 '회의적'이라 부른다.

회의주의의 이러한 겉치레 형식에는 〔한편으로〕 인식을 심리적 현존재(Dasein)에 제한하는 것과 '물자체(Ding an sich)'의 현존(Existenz)이나 인식 가능성을 부정하는 것이 중요한 문제인 형식과, 〔다른 한편으로〕 여기에서 정의된 본래의 인식론적 회의주의가 주로 혼동되곤 한다. 그러나 그와 같은 이론은 명백하게 형이상학적 이론으로서, 그 자체로 본래의 회의주의와 아무 연관이 없고, 그 이론의 논제는 모든 논리적으로 또 인식작용적으로 이치에 어긋난 것에서 벗어나 있으며, 그 이론의 권리요구는 단지 논증과 증명의 문제에 불과하다. 그런데 그렇게 혼동하는 것과 진정한 회의적 전환은 당연하다고 생각되는 애매성이나 다른 방법으로 촉진된 회의적 근본 확신의 거짓 추리의 영향으로 비로소 생

---

3 이 책 제5절 25항과 26항의 부록 「경험론의 몇 가지 원리적 결함」을 참조.

7절 회의적 상대주의인 심리학주의

겨났다. 예를 들어 형이상학적 회의론자가 자신의 확신을 '어떠한 객관적 인식도(즉 물자체에 관한 어떠한 인식도) 존재하지 않는다.' 또는 '모든 인식은 주관적이다.'(즉 모든 사실-인식은 의식의 사실에 관한 단순한 인식이다.)의 형식으로 표현하면, 주관적-객관적(Subjektiv-Objektiv) 표현방식의 양의성(兩義性)에 굴복하고 받아들인 관점에 적합한 근원적 의미에 대해 인식작용적-회의적 의미를 깔아 놓으려는 유혹이 크다.

이제 '모든 인식은 주관적이다.'라는 명제에서 '의식의 현상으로서 모든 인식은 인간 의식의 법칙에 지배된다. 우리가 인식의 형식과 법칙이라고 부르는 것은 '의식이 기능하는 형식' 또는 이렇게 기능하는 형식의 합법칙성 — 심리학적 법칙 — 일 뿐이다.'라는 총체적으로 새로운 주장이 된다. 이제 (이렇게 부당한 방식으로) 형이상학적 주관주의(Subjektivismus)가 인식론적 주관주의를 추천하듯이, 그 반대 방향에서도 인식론적 주관주의(이 주관주의를 그 자체로서 명백한 것으로 받아들이는 경우와)가 형이상학적 주관주의에 대한 강력한 논증을 제시하는 것처럼 보인다. 그래서 우리는 가령 다음과 같이 추리한다.

인식하는 기능에 대한 법칙으로서 논리법칙은 '실재적 의미'를 결여했다. 어쨌든 우리는 논리법칙이 혹시 있을지 모를 물자체와 조화를 이루는지 그 어디에서도 결코 알 수 없으며, '사전의 형성체계(Präformationssystem)'[4]를 가정하는 것은 완전히 자의적일 것이다. 개개의 인식을 그 대상과 비교하는 것('사물과 지성의 일치(adaequatio rei et intellectus)'를 확인하는 것)이 물자체의 개념을 통해 배제되면, 우리의 의식에 주관적 법칙성을 사물의 객관

---

4 (옮긴이 주) 이것은 개체발생 때 형태와 구조가 이미 생식세포 안에 형성되는 체계를 뜻한다. 칸트는 『순수이성비판』(B 167)에서 이 용어를 순수오성의 개념인 범주가 아프리오리한 제1원리도 경험에서 귀납적으로 만들어진 것이 아니라, 우리의 현존과 함께 창조주가 심은 사고의 주관적 소질로서 경험이 진행하면서 자연법칙과 정확하게 일치하게 마련되어 있다는 주장을 소개하는 데 사용한다.

적 존재 및 그 법칙과 비교하는 것도 더 배제된다. 그러므로 물자체가 존재한다면 우리는 물자체에 관해 전혀 아무것도 알 수 없다.

형이상학적 문제는 여기에서 우리와 관계가 없고, 단지 형이상학적 회의주의와 논리적, 인식작용적 회의주의를 혼동하는 것을 당장 처음부터 방지하기 위해 언급할 뿐이다.

34 상대주의의 개념과 그 특수한 형태

심리학주의를 비판하는 목적에 대해 우리는 여전히 (또한 위에서 논의한 형이상학적 이론으로 등장하는) 주관주의 또는 상대주의라는 개념을 구명해야만 한다. 그 근원적 개념 가운데 하나는 '인간은 만물의 척도이다.' — 이 문구를 '개별적 인간이 모든 진리의 척도이다.'라는 의미로 해석하는 한 — 라는 프로타고라스[5]의 문구로 달리 표현된다. 각자에게 참으로 나타나는 것은 각자에게 참이고, 어떤 사람에게 이것은, 이것이 다른 사람에게 마찬가지로 나타나는 한에서, 다른 사람에게 그와 반대되는 것이다.

그러므로 여기에서 '모든 진리(인식)는 우연적으로 판단하는 주관에 상대적이다.'라는 문구도 채택할 수 있다. 반면 주관 대신 관계가 관련되는 점으로서 판단하는 사람의 우연적 종(Spezies)을 받아들이면, 상대주의의 새로운 형식이 생긴다. 따라서 '인간 그 자체가 모든 인간의 진

---

5 (옮긴이 주) 프로타고라스(Protagoras, 기원전 481~411)는 회의적 상대주의의 관점에서 '인간은 만물의 척도(homo mensura)', 즉 '나에게는 사물이 나에게 나타나는 그대로이고, 너에게는 너에게 나타나는 그대로이다.'라고 주장해 보편타당한 객관적 진리를 부정했다. 그러나 그는 어떤 의견을 개선할 여지를 확보함으로써 진리와 가치에 대한 전통적 관습을 받아들일 수 있는 여지를 마련했다.

리의 척도이다.' 인간의 종적인 것, 즉 이 종적인 것을 구성하는 법칙 속에 뿌리내린 모든 판단은 — 우리 인간에 대해 — 참이다. 이러한 판단이 일반적 인간의 주관성(인간의 '의식 일반'의) 형식에 속하는 한, 여기에서도 주관주의(궁극적 인식의 원천 등으로서 주관)에 관해 이야기한다. 상대주의라는 술어를 선택하고 개인적 상대주의와 종적 상대주의를 구별하면 더 적절하다. 인간의 종으로 한정하는 관계는 이 경우 종적 상대주의를 인간학주의(Anthropologismus)로 규정한다. 이제 우리의 관심으로 지극히 신중하게 상론되는 비판으로 방향을 전환하자.

35 개인적 상대주의에 대한 비판

개인적 상대주의는 매우 명백하고 뻔뻔한 회의주의라서 설사 각기 등장했더라도 아주 확실하게 최근에는 진지하게 등장하지 않았다고 나는 대략 말하고 싶다. 그 학설은 제기되자마자 즉시 논박된다. 그러나 물론 모든 논리적인 것의 객관성을 통찰하는 사람만 논박할 뿐이다.

'모순율과 같이 명제가 진리의 단순한 의미 속에 근거한다는 것', 그리고 '명제에 적합하게 어떤 사람에게는 이것이고 다른 사람에게는 반대되는 것인 주관적 진리에 관해 논의하는 것은 곧 이치에 어긋난 것으로 간주해야만 한다는 점'을 통찰할 수 있는 소질이 일단 결여되었다면, 우리는 명백한 회의주의자 일반과 마찬가지로 주관주의자를 확신시킬 수 없다. 또한 주관주의자가 자신의 이론을 수립함으로써, 그래서 그가 자신이 논제에서(in thesi) 부정하는 진리의 객관성을 전제하는 것을 다른 사람에게 확신시키는 요구를 제기한다는 통상적 반론을 통해서도 그를 확신시키지 못한다.

물론 주관주의자는 다음과 같이 답변할 것이다. 즉 나는 내 이론으로 나에 대해 참이며 그 밖의 누구에 대해서도 참일 필요가 없는 나의 관점을 표명한다. 심지어 주관주의자는 자신의 주관적 의견을 말하는 사실을 단순히 자기 자신의 자아에 대해 주장하지만, 그 자체로 참된 사실로서 주장하는 것은 아니다.[6] 그러나 주관주의자를 개인적으로 확신시키고 자신의 잘못을 시인할 가능성이 아니라, 주관주의자를 객관적으로 타당하게 논박할 가능성이다. 그런데 논박은 그 지레로서 일정한 통찰에 의한 확신, 그래서 보편타당한 확신을 전제한다. 그와 같은 확신으로서 정상적인 소질을 갖춘 사람에게, 우리가 모든 회의주의를 통해 회의주의의 학설이 가장 본래적이고 가장 엄밀한 의미에서 이치에 어긋난다는 점을 인식하는 한, 모든 회의주의가 반드시 좌초되는 그 평범한 통찰이 유용하다. 즉 회의주의가 주장하는 내용은 일반적으로 모든 주장의 의미나 내용에 속하는 것, 그래서 어떠한 주장과도 의미에 적합하게 분리되는 것을 부정한다.

36 종적 상대주의와 특히 인간학주의에 대한 비판

주관주의의 경우 이 주관주의가 각기 완전히 진지하게 등장하는지 의심할 수 있다면, 반대로 근대 철학과 최근의 철학은 종적 상대주의와 더 자세하게는 인간학주의에 — 이러한 학설의 오류에서 완전히 벗어날 줄 알았던 한 철학자를 예외적으로만 마주칠 정도로 — 귀를 기울인다. 어쨌든 인간학주의의 학설도 위에서 확정한 의미에서 하나의 회의

---

6 마치 의식의 내용이 '나에 대해 존재하는 것(Für-mich-sein)'이 그 자체로 동시에 '그 자체의 존재(An-sich-sein)'가 아니듯이, 심리학적 의미의 주관성이 논리적 의미의 객관성과 충돌하듯이, 주관주의자가 자신의 의식체험에 관한 지각판단에 객관성의 성격을 제거함으로써 단순한 주관적 진리와 객관적 진리를 구별할 필요가 있다고 믿는 사람은 이러한 점에서 주관주의자의 주장을 틀림없이 곧바로 인정하게 될 것이다.

적 학설이고, 그래서 어떤 이론 일반의 경우 생각해 볼 수 있는 최대한 불합리가 부착되어 있다. 인간학주의의 학설에서 〔한편으로〕 그 논제의 의미와 〔다른 한편으로〕 어떠한 논제 그 자체와도 의미에 적합하게 분리될 수 없는 것 사이의 단지 약간만 은폐된 명증적 모순도 있다. 이것을 낱낱이 검증하는 것은 어렵지 않다.

1) 종적 상대주의는 '판단하는 존재의 구조에 따라, 그의 사유법칙에 따라 참으로 간주해야만 하는 것은 판단하는 존재의 각 종(種)에 대해 참이다.'라는 주장을 제기한다. 그런데 이 학설은 이치에 어긋난다. 왜냐하면 동일한 판단의 내용(명제)이 어느 한 사람, 즉 인간(homo) 종의 한 주체에 대해 참이고 다른 사람, 즉 다르게 조직된 종의 한 주체에 대해 거짓일 수 있다는 것이 그 의미 속에 포함되어 있기 때문이다. 그러나 동일한 판단의 내용이 참과 거짓 양쪽 모두일 수는 없다. 이러한 점은 참과 거짓이라는 단어의 단순한 의미 속에 포함되어 있다. 상대주의자가 이러한 단어를 그것에 속한 의미로 사용하면, 그의 논제는 그 자신의 의미에 위반되는 것을 말한다.

우리가 참과 거짓이라는 단어의 의미를 모순율을 통해 전개해 끌어낸 모순율의 문구가 불완전하다는 평계, 문제 되는 논의가 그 의미 속에서 바로 인간적으로 참이다와 인간적으로 거짓이라는 평계는 명백히 쓸데없는 무효이다. 이와 유사하게 평범한 주관주의도 참과 거짓에 관한 논의는 정확하지 않고, '개개의 주관에 대해 참 또는 거짓'으로 생각된다고 말할 수 있을 것이다. 그리고 당연히 우리는 그 주관주의에 대해 '명증적으로 타당한 법칙은 명백히 이치에 어긋난 것을 뜻할 수 없고, 이러저러한 사람에 대한 진리에 관한 논의는 사실상 이치에 어긋난다.'고 답변할 것이다. 동일한 판단의 내용(우리는 위험한 애매성으로 '동일한 판단'을 이야기한다.)이 판단하는 사람에 따라 참과 거짓 양쪽 모두라는 유보된 가능성은 이치에 어긋난다.

이에 상응해 종적 상대주의에 대한 답변도 다음과 같을 것이다. 즉 '이러저러한 종에 대한 진리', 예를 들어 인간 종에 대한 진리 — 이것은 여기에서 생각한 바와 같이 이치에 어긋난 논의이다. 물론 우리는 이 논의도 좋은 의미에서 사용할 수 있지만, 이때 그것은 총체적으로 다른 것, 즉 인간 그 자체에 접근할 수 있는 〔인간이〕 인식할 수 있는 진리의 범위를 뜻한다. 참인 것은 절대적이며 '그 자체로(an sich)' 참이다. 진리는 이것을 판단하면서 파악하는 것이 인간이든 초인간이든 천사이든 신들이든 동일한 하나이다. 논리법칙은 인종, 개인, 체험의 실재적 다양체에 대립해 이러한 이념적 통일체로 진리에 관해 이야기하며, 가령 상대주의적으로 혼란되지 않는다면 우리 모두 이념적 통일체로 진리에 관해 이야기한다.

2) 모순율과 배중률(排中律)이 뜻하는 것은 참과 거짓이라는 단어의 단순한 의미에 포함되는 점을 고려해 그 반론도 다음과 같이 표현될 수 있다. 즉 상대주의자가 이러한 원리에 구속되지 않은 존재자가 있을 수 있다고 말하면,(이 주장은 쉽게 파악할 수 있듯이 앞에서 공식화한 상대주의적 주장과 같은 값을 갖는다.) 그는 '이러한 존재자의 판단 속에 그 원리에 적합하지 않은 명제와 진리가 등장할 수 있다.'라고 생각하거나, 아니면 '판단작용의 경과가 그 존재자의 경우 이러한 원리를 통해 심리학적으로 규제되지 않는다.'라고 생각한다.

후자 속에서 우리는 특이점을 전혀 발견하지 못한다. 왜냐하면 우리 자신이 그와 같은 존재자이기 때문이다.(우리는 논리법칙을 심리학주의로 해석하는 데 대항하는 반론을 기억하고 있다.) 그러나 전자에 관해서는, 간단히 다음과 같이 그 어느 하나로 대답하게 된다. 즉 하나는 그 존재자가 참과 거짓이라는 단어를 우리의 의미로 이해하는 것은, 이때 그 원리가 타당하지 않다는 것에 관한 이성적 논의가 아니다. 그 원리는 실로 이러한 단어의 단순한 의미에 속하며, 더구나 그 원리를 이해하는 바의 의미에 속한다. 우리는 그 원리와 충돌하는 어떤 것도 참 또는 거짓으로 부르지 못할 것이다. 그렇지 않으면 다른 하나는 그 존재자가 참과 거짓이라는 단어를 다른 의미로 사용하고, 이때 논쟁 전체는 언쟁이된다.

예를 들어 우리가 '명제'라 부르는 것을 그가 '나무'라 부르면, 이때 우리가 원리를 표현한 진술은 물론 타당하지 않다. 하지만 이때 그 진술은 우리가 그 진술을 주장한 의미도 상실한다. 그래서 상대주의는 '상대주의가 진리라는 단어의 의미를 총체적으로 변경시키지만 어쨌든 논리적 원리를 확정하는 의미에서, 그리고 우리 모두가 진리에 관해 논의하는 경우 오직 생각하는 의미에서 진리에 대해 이야기하는 요구를 제기한다.'로 귀결된다. 하나의 의미에서 오직 하나의 진리만 존재하는데, 그러나 애매한 의미에서는 당연히 우리가 애매성을 만들어 내기 좋아하는 그만큼 많은 '진리'가 존재한다.

3) 종의 구조(Konstitution)는 하나의 사실이다. 그런데 사실로부터는 언제든 다시 사실만 도출될 뿐이다. 따라서 진리를 상대주의적으로 종의 구조에 근거 짓는 것은 진리에 사실의 성격을 부여하는 것을 뜻한다. 그러나 이것은 이치에 어긋난다. 각각의 사실은 개별적이고, 따라서 시간적으로 규정된다. 〔그런데〕 진리의 경우 시간적으로 규정되는 것에 관한 논의는 진리를 통해 정립된 사실(진리가 곧 사실의 진리인 경우)과 관련 맺는 의미만을 부여하지, 진리 그 자체와 관련을 맺지 않는다. 진리를 원인이나 결과로 생각하는 것은 불합리하다. 우리는 이미 이것에 관해 이야기했다.

'어쨌든 모든 판단과 마찬가지로 참된 판단도 판단하는 존재자의 구조에서 이에 속한 자연법칙에 근거해 생겼다.'라는 것에 의지하려면, 우리는 '판단의 내용, 즉 이념적 통일체로서의 판단과 개개의 실재적 판단하는 작용을 혼동하면 안 된다.'라고 반론할 것이다. '$2 \times 2 = 4$'라는 판단에 관해 이야기할 경우 판단의 내용이 생각되는데, 이것은 누가 그것을 판단해도 동일한 것이다. 진리에 적합한 올바른 판단의 작용으로서 참된 판단과 이러한 판단의 진리 또는 참된 판단의 내용을 혼동해도 안 된다. '2×2=4'라는 나의 판단작용은 확실히 인과적으로 규정되지만, '2×2=4'라는 진리는 인과적으로 규정되지 않는다.

4) 모든 진리가 (인간학주의의 의미에서) 일반적인 인간의 구조 속에 자신의 유일한 원천을 갖는다면, 그 구조가 없을 경우 어떠한 진리도 없을 것이라는 주장도 타당하다. 이러한 가정적 주장의 논제는 이치에 어긋난다. 왜냐하면 '어떠한 진리도 없다.'라는 명제는 '어떠한 진리도 없다는 진리가 있다.'라는 명제와 그 의미상 똑같은 가치를 갖기 때문이다.

이 논제가 이치에 어긋난 것은 가정이 이치에 어긋난 것을 요구하기 때문이다. 그러나 논제가 사실적 내용에 관한 어떤 타당한 명제를 부정하는 것으로서 거짓일 수 있지만, 결코 이치에 어긋난 것이 아니다. 사실상 인류에게 시간성에서 시작과 종말을 정립하는 이미 잘 알려진 지질학과 물리학의 이론을 불합리한 것으로 배척하는 것을 아직 누구도 머릿속에 떠올리지 않을 것이다. 그 결과 이치에 어긋난 것을 비난하는 것은 가정적 주장 전체에 들어맞는다. 왜냐하면 그 주장은 의미상 일치하는 ('논리적으로 가능한') 전제에 이치에 어긋난('논리적으로 불가능한') 귀결을 연결하기 때문이다. 이때 동일한 비난이 인간학주의에 적용되며, 당연히 필요한 변경을 통해(mutatis mutandis) 상대주의의 일반적 형식으로 옮겨진다.

5) 상대주의에 따르면 어떤 종의 구조에 근거해 그와 같은 구조가 전혀 존재하지 않아도 그 종에 대해 타당한 '진리'가 생길 수 있을 것이다. 따라서 우리는 그 구조가 실제로 존재하지 않는다고, 또는 그 구조가 존재하더라도 단지 우리 인간에 대해서만 존재한다고 말해야만 하는가? 판단하는 존재자의 모든 인간과 모든 종이 방금 전제한 종까지

포함해 정말 없어지는 경우에는 어떠한가? 이 때문에 우리는 명백히 이치에 어긋나게 된다.

어떤 종의 구조가 존재하지 않는다는 것이 이 동일한 구조 속에 근거한다는 생각은 명백한 모순이다. 진리를 근거 짓는 구조, 따라서 존재하는 구조는 다른 진리들 이외에 자신의 고유한 존재하지 않음의 진리를 정초해야 한다. 이와 같은 불합리는, 존재함(Existenz)을 존재하지 않음(Nichtexisrenz)으로 대체하고 이에 상응해 허구적이지만 상대주의적 관점에서 가능한 그 종 대신 인간 종을 기초에 놓을 때, 더 감소되지 않는다. 이때 그 모순은 사라지지만, 이 모순과 뒤섞인 그 밖의 이치에 어긋난 것은 사라지지 않는다.

진리의 상대성은 우리가 '진리'라고 부르는 것이 인간(homo) 종의 구조에, 그리고 이 구조를 지배하는 법칙에 의존한다는 것을 뜻한다. 이 의존성은 오직 인과적인 것으로만 이해될 것이고, 또한 이렇게만 이해될 수 있다. 따라서 이러한 구조와 이러한 법칙이 존재한다는 진리는 자신의 실재적 설명을 '그 구조와 법칙은 설명이 그에 따라 진행된다는 원리가 바로 이 법칙과 동일할 경우 존재한다.'는 사실에서 길어 냄에 틀림없을 것이다. 그러나 이것은 이치에 어긋날 뿐이다. 그 구조는 자기 자신에 입각해 자신의 원인이 되는 등의 법칙에 근거한 자기원인 (causa sui)일 것이다.

6) 진리의 상대성은 세계 현존의 상대성을 수반한다. 왜냐하면 세계는 모든 사실의 진리의 이념적 체계에 상응하고 이 체계와 분리될 수 없는 대상적 통일체 전체일 뿐이기 때문이다. 우리는 진리를 주관화(主觀化)할 수 없고, 그 대상(오직 진리가 존재하는 경우에만 존재하는 대상)을 절대적으로(그 자체로) 존재하는 것으로 간주해야만 한다. 따라서 어떠한 세계 그 자체도 존재하지 않을 것이며, 우리 또는 어떤 다른 우연적 존재자의 종에 대해 하나의 세계만 존재할 것이다. 이러한 논의는 이

제 많은 사람에게 적절하게 들어맞겠지만, 우리가 자아와 그 의식의 내용이 세계에 속한다는 사실에 주목할 경우 아주 의아하게 생각할 것이다. 또한 '나는 존재한다.'와 '나는 이러저러한 것을 체험한다.'는 어쩌면 — 즉 내가 그렇게 구조 지어져 이러한 명제를 나의 종적 구조에 근거해 부정해야만 한다고 가정하면 — 거짓일 것이다.

그리고 세계 속에 판단하는 존재자의 그 어떤 사실적 종도 하나의 세계(이 가운데 그 자신도 포함해)를 승인할 수밖에 없을 만큼 운이 좋게 구조 지어지지 않았을 경우, 이러저러한 종뿐만 아니라 어떠한 세계도 결코 존재하지 않을 것이다. 만약 우리가 사실적으로 아는 유일한 종, 즉 동물 종에 입각하면, 그 구조의 변화는, 물론 동물 종이 세계가 진화한 산물일 것이라는 일반적으로 받아들인 학설에 따를 경우 세계의 변화를 일으킨다. 그래서 우리는 다음의 귀여운 놀이를 하게 된다. 즉 세계에서 인간이 발생하고, 인간에서 세계가 발생한다. 신은 인간을 창조하고, 인간은 신을 창조한다.

이러한 반론의 본질적 핵심은 상대주의도 직접 직관적인 현존재의 명증성과, 즉 정당화된 의미이지만 이때 또한 불가결한 의미에서 '내적 지각'의 명증성과 명백하게 대립한다는 점에 있다. 직관에 의거하는 판단의 명증성은, 그 판단이 사실적인 의식자료의 내용을 지향적으로 넘어서는 한에서, 정당하게 반박된다. 그러나 판단의 지향이 의식자료의 내용 자체를 향하고 그 내용이 있는 그대로 그 내용 속에 충족을 발견할 경우, 그 판단은 실제로 명증적이다. 이에 반해 이러한 판단 모두의 모호함은 [명증성에 관해] 논쟁하지 않는다.(우리는 직접적 직관의 판단 어떤 것에 대해서도 폐기할 수 없는 단지 시간을 규정하는 모호함과 어쩌면 장소를 규정하는 모호함만 생각하자.)

37 일반적 논평. 확장된 의미에서의 상대주의라는 개념

〔위에서 논의한〕상대주의의 두 형식은 그 말의 어떤 가장 넓은 의미에서 상대주의, 순수논리적 원리를 그 어떤 방식으로 사실에서 이끌어 내는 학설로서의 상대주의의 특수한 형태이다. 사실은 '우연적'이며, 그래서 아주 똑같이 존재하지 않을 수도 있고 다르게 존재할 수도 있다. 그러므로 사실이 다르면 논리법칙도 다르다. 따라서 논리법칙도 우연적일 것이고, 단지 논리법칙을 정초하는 사실에 대해서만 상대적일 뿐이다.

이에 반해 나는 논리법칙의 필증적 명증성과 그 밖에 우리가 이전 절에서 타당하게 간주한 것을 지적할 뿐만 아니라, 여기에서 중요한 다른 점[7]도 지적하려고 한다. 이제까지의 논의에서 이미 알아차렸겠지만 나는 순수논리법칙으로 모든 이념적 법칙 — 이것은 순수하게 진리·명제·대상·성질·관계·결합·법칙·사실 등 개념의 의미 속에('본질', '내용' 속에) 근거한다. — 을 이해한다. 더 일반적으로 말하면, 그 논리법칙은 학문의 개념에 따르면 학문 그 자체가 그것에서 구성되는 건축 석재의 범주를 나타내기 때문에 모든 학문의 상속재산에 속하는 그 개념의 의미 속에 순수하게 근거한다. 어떠한 이론적 주장도, 어떠한 정초나 이론도 이러한 종류의 법칙을 위반하면 안 된다. 그러지 않으면 그 주장이 거짓일지 모르기 때문 — 이것은 그 주장이 임의의 진리에 대립하는 것을 통해서도 거짓일지 모른다. — 이 아니라, 그 주장이 그 자체로 이치에 어긋날 것이기 때문이다. 예를 들어 그 내용이 진리 그 자체의 의미 속에 근거한 원리에 대립하는 주장은 '그 자체로 폐기된다.' 왜냐하면 주장하는 것은 이러저러한 내용이 참으로 존재한다고 진술하는 것

---

7 이 책 제7절 32항 도입 부분을 참조.

이기 때문이다. (또한) 내용적으로 원인과 결과라는 관계의 의미 속에 근거하는 원리에 대립하는 정초는 그 자체로 폐기된다. 왜냐하면 정초한다는 것은 원인과 결과의 이러저러한 관계가 존재한다 등을 다시 진술하는 것이기 때문이다. 어떤 주장이 '그 자체로 폐기된다.', 그 주장이 '논리적으로 이치에 어긋난다.'는 것은 그 주장의 특수한 내용(뜻(Sinn), 의미(Bedeutung))[8]이 그 내용에 속하는 의미의 범주가 일반적으로 요구하는 것, 즉 그 범주의 일반적 의미 속에 일반적으로 정초되는 것에 모순된다는 것을 뜻한다.

논리적 원리를 어떤 사실에서 이끌어 내는 모든 이론은 이러한 적확한 의미에서 논리적으로 이치에 어긋난다는 사실은 이제 분명하다. 논리적 원리를 사실에서 이끌어 내는 것은 '논리적 원리'와 '사실'이라는 개념의 일반적 의미와 충돌한다. 또는 더 정확하고 더 일반적으로 말하기 위해, '개념의 단순한 내용 속에 근거한 진리'와 '개별적 현존재에 관한 진리'라는 개념의 일반적 의미와 충돌한다. 또한 우리는 앞에서 논의한 상대주의적 이론에 대한 반론이 그 주안점에 따라 보면 가장 일반적인 의미에서 상대주의에도 해당된다는 사실 역시 쉽게 알게 된다.

38 그 모든 형식에서 심리학주의는 상대주의이다

우리가 상대주의에 맞서 싸운 것은 당연히 심리학주의를 염두에 둔 것이다. 사실상 심리학주의는 그 모든 변종이나 개별적으로 형성된 것에서, 비록 항상 인식되거나 명백하게 인정되지 않더라도, 상대주의일

---

8 (옮긴이 주) 「제2판의 머리말」의 주석 11 참조.

뿐이다. 이때 심리학주의가 '선험적 심리학'[9]에 의지하고 형식적 관념론으로서 인식의 객관성을 구출한다고 믿든지, 경험적 심리학[10]에 의지하고 상대주의를 불가피한 사실로서 받아들이든지 매한가지이다.

순수논리법칙을 경험론자(Empirist)의 기질에 따라 경험적-심리학적 법칙으로 파악하는, 또는 아프리오리주의자(Apriorist)의 기질에 따라 다소 신화적으로 (인간) 오성의 일정한 '근원적 형식'이나 '기능의 양식'으로, (인간) '유(類)의 이성'으로서 '의식 일반'으로, 인간의 '심리물리적 구조'로, (일반적으로 인간의) 타고난 소질로서 사실적 사유와 모든 경험 등에 선행하는 '지성 그 자체(intellectus ipse)'로 소급하는 모든 학설은 그 자체에서(eo ipso) 상대주의적이고, 더구나 일종의 종적 상대주의이다. 우리가 이 종적 상대주의에 반대해 제기했던 모든 반론은 이러한 학설에도 들어맞는다.

그러나 자명하게도 예를 들어 '오성', '이성', '의식'과 같은 아프리오리주의(Apriorismus)의 종잡을 수 없는 상투어를 부분적으로 인간 종과의 본질적 관계를 부여하는 자연적 의미로 받아들인다. 그런데 이 아프리오리주의의 이론이 그 상투어에 때로는 이러한 실재적 의미를 때로는 이념적 의미를 붙이고, 그래서 부분적으로 올바르거나 거짓된 명제의 견딜 수 없는 혼란이 얽히는 것이 곧 이 아프리오리주의에 속한 이론의 저주이다. 어쨌든 아프리오리주의의 이론이 상대주의적 동기에 여지를 허용하는 한, 아프리오리주의의 이론도 상대주의로 간주해야만

---

9 (옮긴이 주) 여기에서 '선험적 심리학'은 후설현상학에서 '선험적 전환'이 확연하게 이루어진 『이념』(1907) 이전이므로 단정해 규정할 수 없지만, 인격적 주체로서 주관으로 되돌아가지만 여전히 세계가 미리 주어져 있음을 소박하게 믿고 전제하는 자연적 태도로 심리적 현상을 기술하는 '현상학적 심리학'이라 할 수 있다.
10 (옮긴이 주) 경험적 심리학은 객관적 자연과학의 방법으로 의식을 자연의 한 사물로 파악하는 인위적인 자연주의적 태도로 심리적 현상을 탐구하는 것을 뜻한다.

한다. 물론 칸트주의 학자의 일부가 약간의 논리적 원리를 '분석판단'[11]의 원리로서 제외시킬 경우 그의 상대주의도 (즉 수학적 인식과 자연에 대한 인식의 영역에) 제한된다. 그러나 그들이 이렇게 함으로써 회의주의의 불합리를 벗어나지 못한다. 그래도 그들은 더 좁은 범위에서 진리를 일반적으로 인간적인 것에서, 따라서 이념적인 것을 실재적인 것에서, 특히 법칙의 필연성을 사실의 우연성에서 도출하는 데 머문다.

어쨌든 여기에서 우리의 관심을 더 끄는 것은 그러한 제한을 전혀 모르는 더 극단적이고 더 철저한 형식의 심리학주의이다. 이 심리학주의에는 영국 경험론과 근대 독일 논리학자의 주요 대표자인 밀, 베인, 분트, 지그바르트, 에르트만과 립스 같은 학자가 속한다. 이들의 모든 저술을 비판적으로 고려하는 것은 가능하지도 바람직하지도 않다. 그렇지만 이 '서론'의 개혁적 목표를 충족시키기 위해 현대 독일 논리학의 주요 저술을 간과해선 안 되며, 무엇보다 지난 10년간 논리적 동향을 심리학주의의 길로 이끄는 데 누구보다 앞장선 지그바르트의 뛰어난 저술을 간과해선 안 된다.

39 지그바르트 논리학에서 인간학주의

논리학에 대한 연구에서 반(反)심리학주의의 경향을 대표하는 사상가의 경우 우리는 심리학주의의 색조와 성격을 띤 산발적 상론도 일시적 오해로서 발견한다. 그런데 지그바르트의 경우는 다르다. 그에게 심

---

11 (옮긴이 주) 칸트 철학에서 분석판단은 주어의 개념 속에 포함된 내용을 술어가 설명하는 것으로, 경험을 통해 확인하지 않아도 보편타당한 필연적인 것이다. 반면 종합판단은 경험을 통해 새로운 지식을 확장해 주는 것으로, 그때그때 경험에 따라 달라지기 때문에 우연적일 수밖에 없다.

7절 회의적 상대주의인 심리학주의

리학주의는 비본질적이고 떼어 버릴 수 있는 혼합물이 아니라 체계적으로 지배하는 근본적 파악이다. 그는 자신의 저술 처음에 다음과 같이 명백하게 부정한다.

논리학의 규범(따라서 방법론의 기술적(技術的) 규칙뿐만 아니라 모순율·이유율 등 순수논리적 명제를 포함하는 그 규범)은 그 규범을 통해 규제되어야 할 자연적 힘과 기능의 형식을 연구하는 토대 위에서와 다르게 인식될 수 있다.〔는 것을 명백하게 부정한다.〕[12]

그리고 그 논리학을 다루는 방식 전체도 이에 상응한다. 지그바르트에 따르면 논리학은 분석적 부분, 법칙을 세우는 부분, 기술적(技術的) 부분으로 나뉜다. 만약 여기에서 관심을 두지 않는 기술적 부분을 도외시하면, 분석적 부분은 '그 기능에 대해 규칙이 추구되어야 할 기능의 본질을 탐구하는 것'이다. 즉 '그 기능을 정상적으로 수행하는 조건과 법칙을 수립해야만 할 법칙을 세우는 부분은 분석적 부분 위에 세워져야 한다.'[13] '우리의 사유가 필연적이고 보편타당해야 한다는 요구는 그 모든 조건과 요인에 따라 인식된 판단의 기능'에 입각해 '판단작용이 충족시켜야만 할 일정한 규범'을 산출한다. 게다가 그 규범은 다음 두 가지 점에 집중된다. '첫째, 판단의 요소는 시종일관 규정되어야 한다는 점, 즉 개념적으로 확정되어야 한다. 둘째, 판단의 작용 자체는 필연적인 방식으로 그 전제에서 나와야 한다는 점이다. 그래서 완전한 판단을 형성하기 위한 규범적 법칙의 총체로서 개념과 추리에 관한 학설은 이러한 부분에 소속한다.'[14] 달리 말하면, 이 부분에는 모든 순수논

---

12 지그바르트, 『논리학』 제1권(제2판), 22쪽.
13 위의 책, 4항 16쪽.
14 위의 책, 21쪽.

리적 원리와 정리(이것들이 대체로 지그바르트의 논리학과 같이 전통논리학의 시야에 들어오는 한)가 포함되며, 그에 따라 지그바르트에게는 이것들이 사실상 심리학적으로 기초 지어진다.

개별적 상론도 이러한 논의와 일치한다. 순수논리적 명제와 이론, 그리고 이것들이 구성되는 객관적 요소는 인식-심리학적 연구와 인식-실천적 연구의 흐름 어디에서도 꺼내지지 않는다. 심리학적 우연성에 대립해 논리적 필연성과 그 이념적 법칙성을 성격 짓는 것이 중요한 곳에서 문제는 언제든지 우리의 사유와 그 기능이다. 모순율, 이유율과 같이 순수원리는 '우리의 사유가 기능하는 법칙 또는 기본적으로 움직이는 형식'[15] 등이라고 반복해 부른다. 예를 들면 다음과 같이 말한다.

부정이 존재자를 넘어서 포착하는 ― 일치시킬 수 없는 것도 서로 측정하는 ― 사유의 움직임 속에 뿌리내린 것이 확실하듯이, 확실히 아리스토텔레스는 자신의 원리로 단지 우리 사유의 본성만을 맞닥뜨리려 할 수 있다.[16]

다른 곳에서는 이렇게 말한다.

모순의 원리와 이것에 의해 '형용의 모순(contradictio in adjecto)'[17]을 부정하는 명제의 절대적 타당성은 …… 부정하는 경우 우리는 항상 동일한 것을 실행하고 앞으로도 실행한다는 직접적 의식에 의거한다.[18]

---

15 위의 책, 184쪽. 또한 184쪽 이하의 전체 연관도 참조.

16 위의 책, 253쪽.

17 (옮긴이 주) 이것은 명사를 규정하거나 정의하는 데 포함된 모순을 뜻하며, '벼락같은 침묵', '잔인한 친절' 등과 같이 양립할 수 없는 말을 엮어 수사적 효과를 올리는 일종의 '모순어법(oxymoron)'이다. 그러나 '형용의 모순'은 명사를 정의하는 데 부가되는 모순적 규정이 주로 형용사로 이루어지기 때문에 '둥근 사각형', '두 면의 삼각형'처럼 형용하는 말이 형용을 받는 말과 모순되는 것을 말한다.

18 위의 책, 386쪽.

7절 회의적 상대주의인 심리학주의

지그바르트에 따르면, 이와 유사한 것이 ('일치의 원리'로서) 동일률에 대해서, 그리고 어쨌든 모든 순수개념적 명제와 특히 순수논리적 명제에 대해서도 적용된다.[19] 우리는 다음과 같이 표명하는 것을 듣게 된다.

그 자체로 존재하는 바의 것을 인식할 가능성을 …… 부정하면, 존재자가 우리가 생산하는 사유의 하나에 불과하면, 어쨌든 우리가 필연성의 의식으로 생산한 그 표상에 곧 객관[객체]성을 덧붙이는 것은, 그리고 우리가 어떤 것을 존재하는 것으로 정립하자마자 곧 이것으로써 비록 가정적으로만 받아들였더라도 우리와 동일한 본성을 지닌 다른 사유하는 존재 모두는 동일한 필연성에서 생산되었다고 주장하는 것은 타당하다.[20]

이와 동일한 인간학주의의 경향은 논리적 근본개념과 무엇보다 진리의 개념에 관계되는 모든 상론에 관통하고 있다. 지그바르트에 따르면, 예를 들어 그것은 '지능을 가진 어떤 생명체가 이 판단을 사유하는 것을 도외시하고, 어떤 판단이 참일 수도 있다는 것은 …… 허구이다.' 어쨌든 진리를 심리학주의로 바꾸어 해석하는 사람만 이렇게 말할 수 있다. 따라서 지그바르트에 따르면 그 자체로 타당하고 아무튼 누구에 의해서도 인식되지 않는 진리, 예를 들어 인간의 인식 능력을 넘어서는 진리에 관해 이야기하는 것도 허구일 것이다. 적어도 초인간적 지능을 가진 생명체를 믿지 않는 무신론자도 그렇게 이야기하면 안 될 것이며, 우리 자신은 그와 같이 지능을 가진 생명체가 현존하는 것을 증명한 다

---

19 위의 책, 341쪽 참조. "이러한 명제는 우리가 그 명제 속에 **오직 우리 사유의 불변하고 거부할 수 없는 기능으로만** …… 의식되는 의미에서 확실히 아프리오리한 것임에 틀림없을 것이다." 나는 비록 이 인용한 부분이 연관 속에 논리적 원리에 직접 관련되지 않더라도 이 부분을 인용해도 된다. 이에 대해 상론한 것(아래 48항의 2))과 (앞에서) 인용한 동일한 쪽에서 모순율과 명백하게 비교하는 언급의 전체 의미가 정당화한다.
20 위의 책, 8쪽.

음에야 비로소 그렇게 이야기해야 한다. 그렇지 않다면 만유인력의 공식을 표현하는 판단은 뉴턴 이전에는 참이 아니었을 것이다. 그리고 정확하게 검토해 보면, '그와 같은 판단을 주장하는 지향(의도)에는 실로 모든 시대에 대해 무제약적 타당성이 함께 속한다.'는 것은 본래 모순에 가득 찬 것이고 전체적으로 거짓일 것이다.

진리의 개념에서 지그바르트의 여러 가지 상론으로 더 자세하게 파고드는 것은 우리가 여기에서 거부해야만 할 더 큰 번거로움이 요구될 것이다. 지그바르트에게 진리는 의식의 체험으로 해소되고, 그래서 객관적 진리에 관한 모든 논의에도 불구하고 자신의 초경험적 이념성 속에 놓여 있는 진리의 참된 객관성은 폐기된다. 체험은 실재적 개별성이며, 시간적으로 규정되고 생성되며 소멸한다. 그러나 진리는 '영원하다.' 더 적절하게 말하면, 진리는 하나의 이념이며, 그 자체로 초시간적이다. 진리에, 시간 속에 어떤 위치를 지정하거나 모든 시간을 통해 계속 확장된다 해도 어떤 지속을 지정하는 것은 전혀 무의미하다.

물론 사람들은 진리에 관해 진리가 우리에게 때로는 '의식에 다가온다.' 그래서 우리에게 '파악되고' '체험된다.'고도 말한다. 그러나 파악함, 체험함, 의식됨에 관한 논의는 여기 이러한 이념적 존재와의 관계에서 경험적 존재, 즉 개별적으로 단일화된 존재와의 관계에서 논의와 완전히 다른 의미이다. 우리는 진리를 심리적 체험의 흐름 속에 등장하고 다시 사라지는 경험적 내용과 같이 '파악하지' 않는다. 진리는 현상들 가운데 (하나의) 현상이 아니라 그 속에서 하나의 일반자(Allgemeines), 즉 하나의 이념이 하나의 체험인 총체적으로 변경된 의미에서 체험이다. 우리는 일반적으로 어떤 종, 예를 들어 '그' 빨간색에 관해 의식하듯이, 진리를 의식한다.

빨간 무언가를 마음에 그려 보자. 그러나 빨간 것은 빨간색 종(種)이 아니다. 또한 구체적인 것(대상)은 종을 ('심리학적', '형이상학적') 부분으로 자체 속에 갖지 않는다. 이러한 비자립적 빨간색 계기인 부분(Teil)은 구체적 전체(konkretes Ganz)와 마찬가지로 '여기 그리고 지금'(의 구제적인 것)이며, 구체적 전체와 함께 또 그 속에서 존립하고 소멸되며, 서로 다른 빨간 객체(대상)에서 같지만(gleich), 동일하지(identisch) 않다. 그러나 빨간색은 하나의 이념적 통일체이며, (이것에 관해) 생성과 소멸을 논의할 경우 이치에 어긋난다. 그 부분은 빨간색이 아니라 빨간색의 개별적 사례이다. 그리고 대상들이 서로 다르듯이 일반적 대상은 개별적 대상과 다르며, 파악의 작용도 서로 다르다. 직관적인 구체적 대상을 고려해 감각된 빨간색은 이러한 여기 그리고 지금 존재하는 개별적 특징을 생각하는 것이나, 빨간색 종('빨간색은 하나의 색깔이다.'라는 언표에서와 같이)을 생각하는 것과 총체적으로 다른 것이다. 그리고 구체적-개별적인 것을 고려하면서 어쨌든 이러한 것이 아니라 일반자, 즉 이념을 생각하는 것처럼, 우리는 그 이념화작용(Ideation)의 더 많은 작용을 고려하는 가운데 개별적 작용들 속에 생각된 이 이념적 통일체의 동일성에 관한 명증적 인식을 획득한다. 이것은 진정하고 가장 엄밀한 의미에서 이념성이다. 즉 그것은 동일한 종 또는 동일한 유(類)의 종 등이다.

그러므로 이제 진리도 하나의 이념이며, 우리는 이 이념을 다른 모든 이념과 마찬가지로 직관에 근거한 이념화(이것은 여기에서 당연히 통찰의 작용이다.)의 작용 속에서 체험하고, 구체적인 개별적 사례들(즉 여기에서는 명증적 판단의 작용들)이 산재된 다양체에 대립해 비교하는 가운데 그 동일한 통일체에 의해 명증성을 획득한다. 그리고 일반자의 존재 또는 타당함이 그 밖에도 이념적 가능성의 가치를 —즉 그 일반자에 포함되는 경험적 개별자의 가능한 존재에 관해서— 소유하듯이, 우리는 여기에서도 동일한 것을 보게 된다. 즉 '진리가 타당하다.'는 진술과 '관련된 의미의 내용을 지닌 판단을 통찰하는 사유하는 존재자가 가능하다.'라는 진술은 동일한 가치를 갖는다. 만약 지성적 존재자가 전혀 없다면, 그와 같은 존재자가 자연의 질서를 통해 배제된다면, 따라서 실재적으로 불가능하다면, 또는 어떤 부류의 진리에 대해 그것을 인식할 능력이 있는 어떠한 존재자도 없다면, 이때 이 이념적 가능성은 충족된 실제성 없이 남게 된다. 즉 진리(또는 어떤 부류의 진리)를 파악함, 인식함, 의식됨은 이때 결코 어디에서도 실현되지 않는다.

그러나 모든 진리 그 자체는 그것이 존재하는 그대로 남아 있고, 자신의 이념적 존재를 유지한다. 진리는 '공허함 속 그 어디에' 있는 것이 아니라, 이념들의 초시간적 영역 속에 있는 타당성의 통일체이다. 진리는 절대적으로 타당한 것의 영역에 속하며, 우리는 우선 그 타당성에 대해 통찰을 하거나 적어도 정초된 억측을 하는 모든 것을 절대적으로 타당한 것의 영역으로 분류하고, 계속해서 표상작용에 대해 간접적이고 타당한 것으로 규정되지 않은 억측된 것 — 따라서 우리가 그것을 아직 인식하지 않았고 아마 결코 인식되지 않는 반면에 타당한 것 — 의 모호한 범위도 절대적으로 타당한 것의 영역에 산정한다.

이러한 관점에서 지그바르트가 명석한 입장을 관철하지 않았다고 나는 생각한다. 그는 진리의 객관성을 구해 내려 했으며, 이 객관성을 주관주의적 현상론(Phänomenalismus)으로 가라앉히려 하지 않았다. 그렇지만 지그바르트의 심리학적 인식론에서 진리의 객관성으로 밀고 나갈 수 있다고 믿은 그 길(방법)에 관해 심문해 보면, 우리는 다음과 같은 진술에 직면하게 된다.

내가 언제나 동일한 것을 말하게 되는[21] 종합이 취소될 수 없는 어떤 판

---

21 내가 이것을 언젠가 확실하게 주장할 수 있는가? 취소할 수 없음은 사실적인 것이 아니라 이념적인 것에 관계한다. '불변하는 것은 판단의 확실성'(지그바르트가 방금 전에 그렇게 불렀듯이)이 아니라, 바로 타당성 또는 진리다.

7절 회의적 상대주의인 심리학주의

단의 경우 남아 있는 확실성 — 이 확실성은 그 확실성이 순간적이고 시간과 더불어 변경되는 심리학적 동기가 아니라 내가 사유할 때마다 변경되지 않는 동일한 것 그리고 모든 변화에 동요하지 않는 것에 의거하는 것이 인식될 경우 오직 이때에만 현존할 수 있다. 이것은 한편으로 '나는 존재하고 사유한다.'는 확실성, '나는 나이고 지금 사유하며 이전에 사유했고 이러저러한 것을 사유하는 동일한 나'라는 확실성인 나의 자기의식 자체이며, 다른 한편으로 그것에 대해 내가 판단하는 것, 사유하는 자의 개별적 상황에 완전히 독립적인 내용, 즉 내가 그 동일성에서 인정한 자신의 동일하게 남아 있는 내용에 관해 사유된 것 그 자체이다.[22]

일관된 상대주의적 심리학주의는 당연히 다음과 같이 답변한다. 즉 개인에 따라 변경되는 것뿐만 아니라 모든 것에서 변함이 없는 것, 따라서 어디에서나 동일하게 남아 있는 내용과 이 내용을 지배하는 변함없는 기능의 법칙도 심리학적 사실이다. 그와 같은 모든 인간에게 본질적인 공통적 특징과 법칙이 존재한다면, 이것이 인간 본성의 종적인 것(Spezifisches)을 형성한다. 그에 따라 보편타당성으로서 모든 진리는 인간 종과 관계하고, 더 일반적으로는 사유하는 존재자의 그때그때 종에 관계한다. 〔그 결과〕 다른 종에는 다른 사유법칙이, 다른 진리가 있게 된다.

그러나 우리는 이제 우리의 측면에서 다음과 같이 말하게 된다. 즉 내용과 변함없는 기능의 법칙(보편적으로 동등한 내용을 산출하는 데 대한 자연법칙으로서)에 관한 보편적 동등함은 오히려 이념성에 의거하는 진정한 보편타당성을 결코 형성하지 않는다. 어떤 류의 모든 존재자가 자신의 구조에 따라 동등한 판단을 하지 않을 수 없다면, 그것은 서로 함께 경험적으로 일치한다. 그런데 모든 경험적인 것을 초연한 논리학의

22 지그바르트, 같은 책, 39항의 2, 310쪽.

이념적 의미에서 그것은 이 경우 어쨌든 일치하는 판단 대신 이치에 어긋나는 판단을 할 수 있다. 진리를 〔구조〕 본성의 공통성과의 관계를 통해 규정하는 것은 진리의 개념을 포기하는 것을 뜻한다. 만약 진리가 사유하는 지능을 가진 생명체, 그 정신적 기능과 운동의 형식과 본질적 관계를 갖는다면, 진리는 그들과 함께 ─ 개별자와 함께 아니라면 그 종과 함께 ─ 생성되고 소멸될 것이다. 〔그렇다면〕 진리의 진정한 객관성과 마찬가지로 존재의 진정한 객관성도, 심지어 주관적 존재의 진정한 객관성 또는 주관적 존재의 진정한 객관성도 사라져 버릴 것이다.

예를 들어 사유하는 존재자가 그 자신의 존재를 참으로 존재하는 것으로 남김없이 정립할 수 없는 경우에는 어떠한가? 이 경우 그 존재자는 존재할 것이며 또한 존재하지 않을 것이다. 진리와 존재는 둘 다 동등한 의미에서 '범주'이고, 명백하게 상관적이다. 우리는 진리를 상대화(相對化)할 수 없고, 존재의 객관성을 고수한다. 물론 진리를 상대화하는 것은 어쨌든 다시 관계의 지점(Beziehungspunkt)으로서 어떤 객관적 존재를 전제한다. 정말 상대주의적 모순은 바로 여기에 있다.

지그바르트의 그 밖의 심리학주의와 조화를 이루는 가운데 우리는 여기〔심리학주의〕에 속하는 일반자에 관한 그의 학설을 보게 된다. 왜냐하면 진리의 이념성은 철저하게 일반자, 즉 개념적인 것의 이념성을 전제하기 때문이다. 그는 때로는 농담조로 '일반자 그 자체는 오직 우리의 머릿속에 〔존재할 것이다.〕'[23]라고 표명하며, '개념적으로 표상된 것은 순수하게 내적인 것 …… 우리가 사유하는 내적 힘 이외에 아무것에도 의존하지 않는 것.'[24]이라고 진지하게 진술한다. 의심할 여지없이 우리는 이러저러한 심리학적 내용에 대한 주관적 작용으로서 우리의 개념

---

23 위의 책, 103쪽 주해.
24 위의 책, 45항의 9, 388쪽.

7절 회의적 상대주의인 심리학주의

적 표상작용에 대해 그와 같은 것을 말할 수 있다. 그러나 이러한 표상 작용의 '내용(Was)', 즉 개념은 어떠한 의미에서도 심리학적 내용의 내실적 단편으로, 즉 그 작용과 더불어 생성되고 소멸되는 '여기 그리고 지금의 것'으로 파악될 수 없다. 그것은 사유 속에서 생각될 수 있지만, 사유 속에서 산출되지는 않는다.

지그바르트는 진리의 개념의 경우와 같이 진리의 개념과 매우 밀접하게 연관된 개념인 근거와 필연성의 경우에도 이러한 상대화를 일관된 방식으로 수행한다. '우리가 알지 못하는 논리적 근거는, 엄밀히 말해, 모순이다. 왜냐하면 그 근거는 우리가 그것을 알게 됨으로써 비로소 논리적 근거가 되기 때문이다.'[25] 따라서 수학적 정리가 자신의 근거를 수학적 공리 속에 갖는다는 진술은 '엄밀하게 말하면' 인간적-심리학적 내용에 대한 상태에 관계할 것이다. 그렇다면 그러한 진술을 인식하는 누군가가 도대체 존재했든 미래에 존재할 것이든 그 진술은 타당하다고 우리는 여전히 주장해도 좋은가? 근거와 귀결 사이의 그와 같은 관계가 이것들의 발견에 관해 이야기함으로써 객관성을 부여한다는 통상의 논의는 그에 따라 거꾸로 된 논의일 것이다.

우리는 지그바르트가 순수논리적인 것에 관계하는 진리의 근거와 규범적으로 논리적인 것에 관계하는 판단의 근거를 근본적으로 구별하지 못한 것을 유감으로 생각한다.

한편 진리(판단이 아니라 이념적 타당성의 통일체)는 근거를 갖는데, 이것은 여기에서 같은, 달리 말하면 진리를 그 (객관적, 이론적) 근거[이유]로 되돌리는 이론적 증명이 존재한다는 것을 뜻한다. 이유율은 유일하게 오직 이러한 의미에만 관계된다. '모든 판단은 근거를 갖는다.' 하물며 '모든 판단은 그와 같은 근거를 함축적으로 함께 주장한다'는 것은 근

---

25 위의 책, 32항의 2. 248쪽.

거의 이러한 개념에 전혀 적용되지 않는다. 궁극적 정초의 모든 원리, 따라서 모든 진정한 공리는 이에 대립된 방향에서 모든 사실의 판단과 마찬가지로 이러한 의미에서 근거가 없다. 사실 그 자체 또는 사실의 판단이 아니라 오직 사실의 개연성만 정초될 수 있을 뿐이다.

다른 한편 '판단의 근거'라는 표현은 ── 심리학적 '근거', 즉 판단을 내리는 원인과 특히 판단을 내리는 내용적 동기도 도외시하는 경우[26] ── 판단의 논리적 권리를 뜻할 뿐이다. 물론 이러한 의미에서 모든 판단은 자신의 권리(비록 권리가 '함축적으로 함께 주장된다.'고 말하는 것이 의심스럽더라도)를 '요구한다.' 이것은 모든 판단에서 판단은 참이라는 것을 참이라고 주장해야 한다고 요구해야 한다는 것을 뜻하며, 인식의 기술자(技術者)로서, 일상의 의미에서 논리학자로서 우리는 다시 계속되는 인식의 운동과 관련해 판단에서 여러 가지를 요구해야만 한다. 그 요구가 충족되지 않으면, 우리는 그 판단을 논리적으로 불완전하다고, '정초되지 않았다'고 비난한다. 물론 정초되지 않았다는 것은 공통의 단어의미를 어느 정도 과장한 것이다.

필연성에 관해 지그바르트가 상론한 것도 이와 유사한 의혹을 불러일으킨다. 그는 다음과 같이 말한다.

우리가 이해할 수 있게 논의하고자 하는 한, 모든 논리적 필연성에는 어쨌든 최후에 논리적 필연성으로 사유하는 것이 그 본성인 존재하는 사유하는 주관이 전제되어야만 한다.[27]

또는 실연적 판단과 필증적 판단의 차이에 관한 상론을 추적해 보

---

26 지그바르트가 (주어와 술어를) 결합하는 동기와 (판단을) 결정하는 근거를 적절하게 분리한 같은 책, 250쪽을 참조.
27 위의 책, 33항의 7. 262쪽.

7절 회의적 상대주의인 심리학주의

면, 지그바르트는 '완전히 의식적으로 진술된 모든 판단에서 그 판단을 진술하는 필연성이 함께 주장되는 한에서'[28] 그 차이를 비본질적인 것으로 간주했다. 필연성에 대한 총체적으로 다른 개념은 지그바르트의 경우 서로 분리되는 것이 빠져 있다. 주관적 필연성, 즉 각 판단에 부착된(오히려 어떤 판단을 확신하고 이에 반대되는 판단을 수행하려고 시도할 때 모든 판단의 경우 드러나는) 확신의 주관적 강제는 완전히 다른 필연성의 개념과, 특히 — 어떤 법칙 또는 법칙에 적합한 것을 통찰해 파악하는 작용이 구성되는 독특한 의식으로서 — 필증적 필연성과 명석하게 구분되지 않는다. 지그바르트의 경우 결국 필증적 필연성(본래 이중의)이 완전히 결여되었다. 동시에 그는 필증적 필연성의 의식뿐만 아니라 그 객관적 상관자 — 즉 우리가 그 [필연성의] 의식 속에서 통찰하는 법칙 또는 법칙에 적합한 타당함 — 도 필연적인 것으로 부르게 허용하는 근본적 애매성을 보지 못하고 놓쳐 버렸다. 그래서 '그것은 필연성이다.'와 '그것은 법칙이다.'라는 표현은 정말 최초로 자신의 객관적으로 같은 값을 획득하며, 마찬가지로 'S는 P이다가 필연적이다.'라는 표현과 'S는 P이다가 법칙에 따라 정초되었다.'라는 표현도 같은 값을 갖는다.

그리고 물론 그것은 순수논리학의 객관적 의미에서 모든 필증적 판단에 기초가 되는 이 최후의 순수객관적인 이념적 개념이다. 이 개념만 모든 이론적 통일체를 지배하고 구성하며, 명제에 관한 하나의 객관적-이념적 진리의 형식으로서 가정적 연관의 의미를 규정하고, 결론명제를 '필연적'(이념적-법칙적) 귀결로서 전제에 결합시킨다.

지그바르트가 이 차이를 정당하게 다루지 않았더라도, 그가 심리학주의에 사로잡혔더라도, 이것은 라이프니츠가 '이성의 진리와 사실의

---

28 위의 책, 31항의 1, 230쪽 이하.

진리(vérités de raison et celles de fait)'[29]를 기본적으로 구별한 것에 관한 자신의 반론을 특히 보여 준다. 지그바르트는 두 종류의 '필연성은 결국 가정적 필연성'이라 생각한다. 왜냐하면 '어떤 사실적 진리에 반대되는 것은 아프리오리하게 불가능하지 않다는 것으로부터 사실이 일어난 후에 그 사실을 주장하는 것이 나에게 필연적이 아닐 수 있다는 것, 그리고 반대의 주장이 그 사실을 아는 사람에게 가능하리라는 것이 귀결되지 않기'[30] 때문이다. '다른 한편으로 동일한 명제가 의거하는 보편적 개념을 소유하는 것도 결국 필연적 판단을 산출하기 위해 동일성의 원리가 그것에 적용될 수 있기 이전에 거기에 존재함에 틀림없는 바로 그 사실적인 것이다.' 그래서 그는 라이프니츠의 구별이 '필연성의 성격에 관해서 해소된다.'[31]라고 결론지어도 좋다고 믿는다.

여기에서 최초에 타당하게 된 것은 물론 정당하다. 내가 판단을 내리는 동안 모든 판단은 나에 대해 필연적으로 주장하는 것이고, 반대로 내가 그 판단을 여전히 확신하는 동안 〔그 판단을〕 부정하는 것은 나에게 불가능하다. 그러나 라이프니츠가 사실의 진리에 필연성-합리성을 부인하는 경우 그가 의미하는 것은 이 심리학적 필연성인가? 또한 법칙이 구축되는 보편적 개념을 소유하지 않고 어떠한 법칙도 인식될 수 없다는 것은 확실하다. 확실히 이렇게 소유하는 것은 법칙에 대한 인식 전체와 마찬가지로 사실적인 것이다. 그런데 왜 라이프니츠는 오히려 인식된 법칙의 진리가 아니라 법칙에 대한 인식작용을 필연적이라고

---

29 (옮긴이 주) '이성의 진리'는 모순율에 근거하고 필연적이며 아프리오리(a priori)하게 알 수 있고 그 대상영역은 가능세계이다. 반면 '사실의 진리'는 충족이유율에 근거하며 우연적이고 아포스테리오리(a posteriori)하게 알게 되며 그 대상영역은 현실세계이다. 그리고 흄(D. Hume)에서 이성의 진리는 '관념의 관계(realtion of ideas)'이고 사실의 진리는 '사실의 문제(matter of facts)'에 해당한다.

30 지그바르트, 같은 책, 31항의 6, 239쪽.

31 마지막 두 인용문은 같은 책, 240쪽.

했는가? 판단하는 작용의 우연성은, 경우에 따라 통찰의 인식이 될 수 있더라도, '이성의 진리'의 필연성과 양립할 수 없지 않은가?

심리학주의의 주관적 필연성과 라이프니츠 관념론의 객관적 필연성이라는 본질적으로 다른 두 개념을 혼동함으로써만 라이프니츠의 그 구별이, '필연성의 성격에 관해 해소된다.'는 결론이 지그바르트의 논쟁에서 성립한다. 법칙과 사실 사이의 근본적인 객관적-이념적 차이에는 체험하는 방식에서 주관적 차이가 불가피하게 상응한다. 만약 합리성의 의식, 필증적인 것의 의식을 결코 갖지 않았다면, 사실성의 의식에 그 특징적 차이로 체험했다면 우리는 법칙의 개념을 전혀 갖지 못했을 것이고, 법칙을 사실과, 즉 유적(이념적·법칙적) 일반성을 보편적(사실적·우연적) 일반성과, 필연적(법칙적·유적) 귀결을 사실적(우연적·보편적) 귀결과 구별할 수 없었을 것이다.[32]

이미 알려진 개념들의 복합으로서(게다가 이미 알려진 복합의 형식들의 복합으로서) 주어지지 않은 개념은 개별적 사례에 대한 직관에 근거해서만 근원적으로 생길 수 있다는 것이 참인 한에서, 이 모든 것은 그렇다. 라이프니츠의 '이성의 진리'는 법칙일 뿐이며, 더구나 이념적 진리의 엄밀하고 순수한 의미에서 법칙일 뿐이다. 이념적 진리는 '순수하게 개념 속에 근거하며' 필증적으로 명증적인 순수한 일반성으로 우리에게 주어지고 우리가 인식하게 된다. 라이프니츠의 '사실의 진리'는 개별적 진리이며, 그 밖의 모든 실존(Existenz)에 관해 진술하는 명제의 영역이다. 그 명제가 '모든 남쪽 나라 사람은 다혈질이다.'처럼 '일반적' [전칭] 명제의 형식을 취하더라도 그렇다.

---

32 (옮긴이 주) 흔히 '일반(allgemein)'은 실재적 영역에서, '보편(universal)'은 이념적 영역에서 사용하는데, 후설이 여기에서 이러한 기준에 엄격하게 적용하고 있지는 않다.

지그바르트의 경우 그가 논리적 기본개념과 기본문제를 전체적으로 다루는 데 포함된 상대주의적 귀결에 대한 명확한 논의가 없다. 분트의 경우도 동일하다. 분트의 논리학은 심리학적 동기에 지그바르트의 논리학보다 더 자유로운 활동 공간을 허용하고 광대한 인식론의 절(節)을 포함하지만, 궁극적인 원리적 의문을 거의 언급하지 않는다. 립스의 경우도 유사한데, 립스는 심리학주의를 매우 독창적이고 일관되게 주장하지만 우리가 베네케 이래 거의 다시 찾을 수 없을 정도로 모든 타협을 지극히 적대시하고 그 분과[논리학]의 모든 세부사항까지 깊게 관철시켰다.

에르트만의 경우는 완전히 다르다. 모범적으로 시종일관 그는 길게 상론하면서 상대주의를 단호하게 지지하고, 사유의 법칙이 **변화**될 가능성을 시사함으로써 '이러한 점에서 거기에서 우리 사유의 한계를 넘어서는, 우리 자신 이외에 우리에 대해 입장을 획득할 수 있다고 생각하는' '주제넘음(Vermessenheit)'을 방지해야만 한다[33]고 믿는다. 그의 학설을 더 자세하게 파고드는 것은 유익할 것이다.

에르트만은 반대자의 입장을 논박함으로써 시작한다. 그는 다음과 같이 말한다.

아리스토텔레스 이래 다수는 이러한 [논리적] 원칙의 필연성이 무제약적인 것, 따라서 그 타당성은 영원한 것이라고 주장했다. ……

그것에 대한 결정적인 증명의 근거는 모순되는 판단을 사유하는 것이 불가능함에 있다. 그런데 어쨌든 오직 이 사유가 불가능함에서만 그 원리

---

[33] 에르트만, 『논리학』 제1권(제1판), 60항. Nr. 370, 378쪽 이하.

가 우리의 표상작용과 사유작용의 본질을 재현한다는 것이 귀결된다. 왜냐하면 그 원리가 이 본질을 인식시키기 때문이며, 모순된 판단이 우리가 표상하고 사유하는 모든 것에서, 따라서 우리의 판단작용에서도 구속된 바로 그 조건을 폐기하려 하므로 모순된 판단이 수행될 수 없다.[34]

우선 이 논증의 의미에 관해 몇 가지 말하자. 그것은 다음과 같이 추론하는 것으로 보인다. 즉 그 원리를 부정하는 것을 수행할 수 없음에서 '그 원리가 우리의 표상작용과 사유작용의 본질을 재현한다.'는 것이 귀결된다. 왜냐하면 원리가 그 본질을 재현하면, 그것을 부정하는 것을 수행할 수 없음이 필연적 귀결로서 생기기 때문이다. 〔그런데〕 이것은 추론으로 생각될 수 없다. 나는 'A가 B에서 귀결된다.'는 것을 'B가 A에서 귀결된다.'에서 추론할 수 없다. 그 견해는 명백히 논리적 원리를 부정하는 것이 불가능함은 그 설명을 이 원리가 '우리의 표상작용과 사유작용의 본질을 재현하는' 데서 발견한다는 것뿐이다. 다시 후자로 말하는 것은 그 원리가 일반적으로 인간의 표상작용과 사유작용 그 자체에 속하는 것을 확인하는 법칙이라는 점, '그 원리는 우리가 우리의 모든 표상작용과 사유작용이 구속된 조건을 지시한다.'는 점이다. 그리고 원리가 그러한 조건을 지시하기 때문에 원리를 부정하는 모순된 판단은 ── 에르트만이 받아들이듯이 ── 수행할 수 없는 것이다.

그러나 나는 이러한 추론에 동의할 수 없거나 그 추론이 조립되는 주장에 동의할 수 없다. 나는 어떤 존재자(예를 들어 인간)의 모든 사유를 지배하는 법칙에 의해서 곧바로 이러한 법칙의 타당성을 부정하는 판단이 '개인에게(in individuo)' 드러난다는 것은 충분히 가능하다고 본다. 이러한 법칙을 부정하는 것은 그 법칙을 주장하는 것에 모순된다. 그

---

34 위의 책, Nr. 369, 375쪽. 아래에 계속되는 인용문은 순서에 따라 연결된다.

러나 실재적 작용으로서 부정하는 것은 그 법칙의 객관적 타당성 또는 그 법칙이 일반적으로 진술하는 조건의 실재적 유효성과 아주 잘 양립할 수 있다. 모순의 경우 문제가 되는 것이 판단의 내용들의 이념적 관계라면, 여기에서 문제가 되는 것은 판단의 작용과 그 법칙적 조건 사이의 실재적 관계이다. 연상심리학이 사실상 가르쳤듯이, 관념연상의 법칙이 인간의 표상작용과 판단작용의 근본법칙이라고 가정하면, 이때 이러한 법칙을 부정한 판단이 그 현존재를 곧바로 이러한 법칙의 유효성에 힘입는다는 것은 불합리한 것으로 폐기해야 할 불가능함이 아닌가?[35]

그러나 비록 그 추론이 정당하더라도 그 추론은 자신의 목적을 놓쳐 버렸음에 틀림없을 것이다. 왜냐하면 논리적 절대주의자(이렇게 말하는 것을 용서하라.(sit venia verbo))는 정당하게 다음과 같이 반론을 제기한다. 즉 에르트만이 말하는 사유법칙은 나와 세계 모두가 말하는 사유법칙이 아니거나 — 이때 그는 나의 논제와 전혀 관련이 없다. — 그는 사유법칙에 그 명석한 의미와 철저히 상반되는 성격을 부여한다고 반론을 제기한다. 그리고 논리적 절대주의자는 또다시 다음과 같이 반론을 제기한다. 즉 사유법칙에서 귀결로서 생길 이러한 법칙을 부정할 사유의 불가능성은 나와 세계 모두가 이해하는 동일한 것이거나 — 이때 나와 세계 모두가 이해하는 것은 나의 견해를 지지한다. — 이것은 다른 것이다. 이때 나는 또다시 부딪히지 않는다.

첫 번째 점에 관해 말하면, 논리적 원리는 진리, 거짓, 판단(명제) 등과 같이 어떤 개념의 단순한 의미(내용) 속에 근거한 일정한 진리만 표현할 뿐이다. 그러나 에르트만에 따르면, 논리적 원리는 인간의 사유의 본질을 표현하는 '사유법칙'이다. 논리적 원리는 모든 인간의 표상작용과 사유작용이 구속된 조건을 제시하며, 나중에 명확한 말로(expressis

---

35 이 책 22항의 후반부를 참조.

7절 회의적 상대주의인 심리학주의

verbis) 동일하게 가르치듯, 인간의 본성과 더불어 변경될 것이다. 그 결과 에르트만에 따르면 논리적 원리는 실재적 내용을 가질 것이다. 그러나 이것은 순수개념적 명제로서 그 원리의 성격에 모순된다. 단순한 개념 속에 근거한 어떠한 명제도, 개념 속에 놓여 있고 개념과 더불어 주어진 것을 단순히 확인하는 어떠한 명제도 실재적인 것(Reales)에 관한 것을 진술하지 않는다. 그리고 우리는 논리법칙이 이러한 것도 실행하지 않는다는 것을 인식하기 위해 논리법칙의 실제적 의미만 살펴보면 된다. 심지어 논리법칙에서 판단에 관해 논의하는 경우에도 논리법칙은 심리학의 법칙이 이 말로 정확하게 파악하려는 것, 즉 실재적 체험으로서 판단을 말하는 것이 아니라, 판단이 진술하는 실제적 작용의 기초가 되든 아니든 또한 이러저러한 것에 관해 진술되든, 그것이 존재하는 그대로 동일한 '종에서(in specie)' 진술의 의미(Aussagebedeutung)에 관한 의미(Sinn)에서의 판단을 뜻한다. 논리적 원리를 자연법칙의 방식으로 우리의 실재적 표상작용과 판단작용을 규제하는 실재적 법칙으로 파악하자마자 그 원리의 의미를 총체적으로 변경시킨다. 이러한 점을 위에서 상세하게 논의했다.

우리는 논리적 근본법칙을 사유법칙으로 부르는 것이 얼마나 위험한지 살펴보았다. 사유법칙은 제8절에서 더 상세하게 설명할 것처럼, 사유를 규범화하는 경우 역할을 하도록 임명받은 법칙의 의미에서만 그럴 뿐이다. 이미 시사한 표현의 방식으로는 이 경우 문제가 되는 것은 실천적 기능, 즉 사용법이지 그 법칙의 내용 자체 속에 있지 않다. 그런데 논리적 근본법칙이 '사유의 본질'을 표현한다는 것, 이것은 모든 판단의 정당성을 측정할 수 있는 필요하고도 충분한 기준이 그 법칙 속에 주어진다는 전제가 충족될 경우 그 규범적 기능의 관점에서 충분히 정당화된 의미를 여전히 획득할 수 있다. 이 경우 우리는 기껏해야 논리적 근본법칙이 올바른 판단작용의 과장된 의미에서 모든 사유의 이념적 본질을 뚜렷이 새겼다고 말할 수 있다.

그래서 예전의 합리론이 즐겨 파악했지만 명석하게 할 수 없었던 것은 '논리적 근본법칙은 어떤 주장이 그것이 그렇지 않으면 이치에 어긋날 것이라는 단순한 이유 때문에 반론이 제기되면 안 된다는 평범한 일반성일 뿐'이라는 점과, 따라서 거꾸로 '사유가 이러한 규범과 조화를 이루는 것도 사유가 그 자신 속에 형식적으로 일치한다는 것' 이상을 보증하지 않는다는 점이다. 그래서 지금도 여전히 이러한 (이념적) 의미에서 '사유의 본질'에 관해 이야기하고, 이 본질을 우리가 알듯이 형식적으로 이치에 어긋난 것(Widersinn)을 멀리 떨쳐 버릴 뿐인 그 법칙[36]을 통해 바꿔 말하는 것은 전혀 적절하지 않다. 현대에 이르기까지 형식적 정합성 대신 형식적 진리에 대해 이야기하면, 그것은 여전히 합리론적 선입견의 잔재이며, '진리'라는 말로 현혹된 놀음이기 때문에 반드시 폐기해야 한다.

어쨌든 이제 두 번째 점으로 넘어가자. 에르트만은 사유법칙을 부정하는 불가능성을 그와 같이 부정을 수행할 수 없음으로 파악한다. 논리적 절대주의자인 우리는 이 두 가지 개념을 별로 동일시하지 않아서, 수행할 수 없음 일반은 부정하고 불가능성은 올바른 것으로 간주한다. 작용으로서 부정하는 것이 불가능한 것이 아니라,(이것은 실재적인 것에 속하기 때문에 실재적으로-불가능한 것과 같은 것을 뜻한다.) 그 부정하는 내용을 형성하는 부정명제가 불가능하며, 더구나 그 명제는 이념적 명제로

---

36 나는 여기에서 이미 모든 순수논리법칙을 총괄했다고 생각한다. 전통적 의미에서 두세 가지 '사유법칙'으로 형식적-정합적 사유의 개념을 한 번도 성립시킬 수 없고, 이에 대립해 예전부터 가르쳐 왔던 모든 것을 나는(나 혼자만은 아니지만) 착오로 간주한다. 형식적으로 이치에 어긋난 모든 것은 하나의 모순으로 환원되지만, 예를 들어 삼단논법이나 산술학 등의 아주 다양한 다른 형식적 근본법칙을 매개해서만 환원된다. 이미 삼단논법에서 그 근본법칙의 수는 적어도 한 다스(12개)이다. 그 근본법칙은 모두 적확하게──그 근본법칙이 자신이나 자신과 같은 값을 지닌 명제를 전제하는 가상(Schein)의 증명으로──논증된다.

7절 회의적 상대주의인 심리학주의

서 이념적 의미에서 불가능하다. 그렇지만 여기에는 '그 명제는 이치에 어긋나고 그래서 명증적으로 거짓이다.'가 포함되어 있다. 부정명제의 이러한 이념적 불가능성은 부정하는 판단의 작용의 실재적 가능성과 전혀 논쟁하지 않는다. 애매한 표현의 궁극적 잔재를 회피해야만 하며, '그 명제가 이치에 어긋나고 판단의 작용이 인과적으로 배제되지 않았다.'라고 말해야 하며, 모든 것은 완전히 명석해진다.

물론 그래서 정상적 인간의 사실적 사유에서 어떤 사유법칙을 현실적으로 부정하지 않지만, 에피쿠로스[37]와 헤겔[38] 같은 위대한 철학자가 모순율을 부정한 이래 인간의 경우 그러한 일이 전혀 등장할 수 없다고 주장할 수 없게 되었다. 아마 천재와 정신이상자는 이러한 관점에서도 서로 비슷하고, 아마 미친 사람 가운데도 사유의 법칙을 부정하는 사람이 존재할 것이다. 어쨌든 우리는 그들을 인간으로서 인정해야만 한다. 우리는 원초적 원리를 부정하는 것과 동일한 의미로 모든 원초적 원리의 필연적 귀결을 부정하는 것을 생각해 보는 것이 불가능하다는 점도 숙고해야 한다. 그렇지만 뒤죽박죽된 삼단논법이나 산술학의 정리와

---

37 (옮긴이 주) 에피쿠로스(Epikuros, 기원전 314~270)는 데모크리토스의 원자론을 이어받아 확실한 것은 감각뿐이며, 인생의 최대목표인 쾌락을 증진시키려면 세속적 지식뿐만 아니라 내적 자유도 필요하다며 번뇌 없는 마음의 평정(ataraxia)을 최고의 가치로 추구하는 쾌락주의를 주장했다. 그런데 후설이 '에피쿠로스가 모순율을 부정했다.'라는 논의는 지금으로선 정확한 맥락을 확인할 수 없고, 에피쿠로스가 진리의 기준을 감각적 지각에 두었기 때문에 그때그때 다르게 판단할 수 있다는 점, 영혼과 물질의 원자가 비스듬한 운동(declinatio)을 하는, 즉 원인이 없는 우연이라는 점으로 추측해 볼 수 있다.

38 (옮긴이 주) 헤겔(G. W. F. Hegel)은 『정신현상학』에서 의식이 대상을 경험해 파악하는 지각과 대상의 법칙성을 인식하는 '오성'의 단계, 이 대상의식을 객관화해 스스로를 고찰하는 '자기의식'의 단계, 이 자기의식이 주관적 정신·객관적 정신·절대적 정신을 파악해 가는 '이성'의 단계로 발전해 간다고 파악한다. 이러한 과정에서 정(正)·반(反)·합(合)으로 모순과 대립이 변증법으로 지양(Aufheben)되는 것이 종합의 중요한 구조의 계기이다. 즉 오성의 단계에서는 모순도 이성의 단계에서는 지양의 계기, 모든 운동과 생명력의 근원이다. 그런데 헤겔의 경우 'A는 동시에 non-A가 아니다.'라는 모순율에서 '동시에'를 넘어서는 차원, 즉 '시간이 지나면' 또는 '다른 단계에서는'이라는 조건에서 다루기 때문에 전통 논리학의 모순율을 단적으로 부정했다고 할 수는 없다.

관련해 우리가 착각을 일으킬 수 있다는 점은 잘 알려져 있고, 그래서 이것은 논쟁의 여지가 없는 논증으로 이바지한다. 그 밖에 이것은 본질적인 것을 언급하지 않는 논쟁의 문제이다. 이념적 판단의 내용이 이치에 어긋난 것인 논리적 불가능성과 이에 상응하는 판단의 작용을 수행할 수 없음인 심리학적 불가능성은 심리학적 불가능성이 논리적 불가능성과 더불어 일반적-인간적으로 주어지고, 따라서 이치에 어긋난 것을 참으로 간주하는 일이 자연법칙으로 배제되는 경우에도 이질적 개념일 것이다.[39]

사유법칙에 대립된 모순의 이러한 진정한 논리적 불가능성은 이제 논리적 절대주의자가 이 사유법칙의 '영원성'에 대한 논증으로 사용한다. 여기에서 영원성에 대한 논의는 무슨 의미가 있는가? 어쨌든 그것은 각각의 판단이 시간과 상황, 개인과 종에 의존하지 않고 순수논리적 법칙을 통해 '구속되어' 있다는 사정을 뜻할 뿐이다. 물론 개인과 종에 의존하지 않는 것은 사유를 강제하는 심리학적 의미에서가 아니라 '바로 다르게 판단하는 사람이 그가 실로 심리적 존재자의 어떤 종에 포함되더라도 무조건 거짓으로 판단하는' 규범의 이념적 의미에서이다. 심리적 존재자와의 관련은 명백히 보편성을 제한하는 것을 의미하지 않는다. 판단에 대한 규범은 판단하는 존재자를 '구속하지' 돌을 구속하지 않는다. 이러한 사실은 규범의 의미 속에 포함되어 있고, 이러한 관점에서 돌이나 이와 유사한 존재를 예외로 다루는 것은 우스꽝스러운 일일 것이다.

그런데 논리적 절대주의자의 증명은 매우 간단하다. 그는 바로 다음과 같이 말할 것이다. 즉 '그다음의 연관은 나에게 통찰로 주어진다. 이러저러한 원리가 타당하고, 그 원리가 자신의 개념의 내용 속에 근거

---

39 이 책 제4절의 22항, 특히 중반 이후를 참조.

7절 회의적 상대주의인 심리학주의

하는 것을 단지 전개하기에 타당할 뿐이다. 그 결과 모든 명제(즉 이념적 의미에서 가능한 모든 판단의 내용)는 그것이 원리를 직접 부정하거나 원리에 간접적으로 위반될 경우 이치에 어긋난다. 후자는 순수한 연역적 연관이 가정(Hypothesis)으로서 그와 같은 판단의 내용의 진리에 정립(Thesis)으로서 그 원리의 비진리를 결합하는 것만 뜻할 뿐이다.' 따라서 이러한 종류의 판단의 내용이 이치에 어긋나고 그 자체로 거짓이면, 그 내용인 모든 현실적 판단도 반드시 옳지 않다. 왜냐하면 어떤 판단이 올바르다는 것은 '그 판단이 판단하는 그것', 즉 그 내용이 참인 경우이며, 그것이 거짓인 경우 올바르지 않기 때문이다.

나는 방금 전에 이러한 엄밀한 보편성의 의미가 각기 제한되는 것, 따라서 인간이나 판단하는 존재자의 다른 종류의 유(類)로 제한되는 것을 당연히(eo ipso) 배제하는 것에 주의를 환기시키기 위해 '모든 판단'을 강조했다. 나는 내가 통찰하는 것을 누군가 통찰하도록 강제할 수 없다. 그러나 나 자신은 의심할 수 없고, 내가 통찰할 경우, 즉 진리 그 자체를 파악할 경우 여기에서 모든 의심은 잘못된 것이리라는 것을 나는 정말 또다시 통찰한다. 그래서 나는 대체로 내가 여기에서부터 비이성과 회의의 세계를 근본적으로 변화시키기 위해 아르키메데스의 점으로 간주하거나, 그것으로써 내가 모든 이성과 인식을 포기하기 위해 포기하는 문제점에서 나 자신을 발견한다. 나는 이것이 그러한 사정이라는 것을, 내가 후자의 경우 — 이때 이성이나 비이성에 관해 여전히 논의될 수 있다면 — 이성적으로 진리를 추구하는 모든 것, 주장하고 정초하는 모든 것을 중지해야만 한다는 것을 통찰한다.

이 모든 점에서 나는 물론 그 탁월한 연구자〔에르트만〕와 대립된 입장에 서 있다. 결국 그는 계속 이렇게 말한다.

그와 같이 정초된 형식적 원리의 필연성이 무제약적인 것은 …… 그 원리에 대한 우리의 인식이 우리가 자신 속에서 발견하고 그 원리를 통해 표현하는 사유의 본질이 사유의 불변하는 본질 또는 유일하게 가능한 본질이라는 사실을 보증하는 경우, 우리 사유의 그 조건이 동시에 각기 가능한 사유의 조건이라는 사실을 보증하는 경우뿐이다. 그렇지만 우리는 우리의 사유에 관해서만 안다. 우리의 사유와 서로 다른 사유를 구상하는 것, 따라서 그와 같이 서로 다른 사유의 종(種)에 대해 유(類)로서 사유 일반은 구상할 수 없다. 그와 같은 사유 일반을 기술할 수 있을 것으로 보이는 말은 이러한 가상을 일깨워야만 할 요구를 충족시키는 우리가 실행할 수 있는 어떠한 의미도 갖지 않는다. 왜냐하면 그와 같은 말이 기술하는 것을 성립시키려는 모든 시도는 우리의 표상작용과 사유작용에 구속되어 있고 그 범위 안에서 움직이기 때문이다.

만약 '우리 사유의 본질'에 관한 논의처럼 매우 곤혹스러운 논의를 순수논리적 연관에서 일반적으로 인정하면, 따라서 사유의 형식적 정합성을 제한하는 이념적 법칙의 총계를 통해 우리가 분석한 기준에 따라 그 말을 이해하면, 당연히 우리는 에르트만이 증명할 수 없는 것으로 간주한 것, 즉 '사유의 본질은 불변하는 본질이며 하물며 유일하게 가능한 본질'이라는 주장을 엄밀하게 증명해야만 한다고 요구할 것이다. 그러나 물론 에르트만이 이러한 것을 부정하는 동안 그가 문제 되는 논의 방식의 유일하게 정당화된 그 의미를 고수하지 않았다는 사실은 분명하고, (계속 다음의 인용문이 이러한 사실을 더 명확하게 드러낸다.) 사유법칙을 사유의 실재적 본질의 표현으로, 그래서 마치 그 법칙으로 그 인식의 측면에 따라 일반적 인간의 구조에 대한 직접적 통찰을 획득하는 것처럼, 실재적 법칙으로 이해했다는 사실도 분명하다.

유감스럽게도 이것은 그러한 경우가 아니다. (그렇다면) 실재적인 것에 관해 전혀 이야기하지 않는 명제도, 즉 매우 일반적인 종류의 어떤 단어의 의미 또는 진술의 의미와 분리될 수 없게 정립된 것을 설명할 뿐인 명제도 어떻게 (아래에서 계속 진술할) '정신적 과정의 본질, 요컨대 우리 영혼의 본질'에 관해 그토록 중요한 실재적 종류의 인식을 보증해 주는 것인가?

다른 한편 만약 그와 같은 법칙이나 다른 법칙을 통해 사유의 실재적 본질을 통찰했다면, 어쨌든 우리는 공로가 많은 그 연구자(에르트만)와 완전히 다른 결론에 도달했을 것이다. '우리는 우리 사유에 관해서만 안다.' (이것을) 더 정확하게 말하면, 과학적 심리학자로서 우리는 우리 개인의-고유한 사유에 관해 알 뿐만 아니라, 일반적-인간의 사유에 관해 약간, 여전히 동물의 사유에 관해 더 조금만 안다. 그러나 어쨌든 이러한 실재적 의미에서 (우리와) 다른 종류의 사유이며, 그 사유에 분류되는 사유하는 존재자의 종(種)은 우리가 사유하기에 결코 불가능하지 않고, 매우 잘 그리고 유의미하게 기술될 수 있다. 이것은 자연과학에서 허구적 종의 경우 그것을 기술하는 것이 배제되지 않은 것과 아주 똑같다. 뵈클린[40]은 가장 뛰어난 켄타우로스(반인반마)와 물의 요정을 육체를 지닌(생생한) 자연스러움으로 그려 냈다. 우리는 그의 그림을 적어도 심미적으로 믿는다. 과연 그의 그림이 자연법칙으로도 가능한지 누가 결정하려 하겠는가.

그러나 만약 유기체의 생생한 통일을 법칙적으로 형성하는 유기적 요소들의 복합형식을 궁극적으로 통찰한다면, 그와 같은 생성의 흐름

---

40 (옮긴이 주) 뵈클린(A. Böcklin, 1827~1901)은 스위스 바젤에서 태어나 독일 뒤셀도르프 아카데미에서 미술을 배웠고 유럽 여러 곳에서 활동했다. 초기에는 고대의 영웅과 반인반수의 괴물, 님프 같은 신화 속의 상징적 피조물을 즐겨 그렸으나, 1850년대 중반 이후 과거와 현재, 신화와 실제가 혼합된 암시적 상징을 인물로 표현했고, 점차 죽음에 대한 다양한 모습을 천착해 갔다. 그의 작품은 에른스트(M. Ernst), 달리(S. Dali) 등 초현실주의 화가뿐만 아니라 말러(G. Mahler), 라흐마니노프(S. Rachmaninoff) 등의 음악가에게도 깊은 영향을 주었다.

을 유형적으로 형성된 강바닥 속에 유지하는 법칙을 가졌다면, 우리는 실제의 종에 객관적으로 가능한 다양한 종을 학문적으로 정밀한 개념 속에 첨가할 수 있었을 것이고, 이러한 가능성을 이론물리학자가 자신이 (가정한) 허구적 인력(引力)의 종과 같이 진지하게 논의할 수 있었을 것이다. 어쨌든 그와 같은 허구의 논리적 가능성은 자연과학의 영역뿐만 아니라 심리학의 영역에서도 논쟁의 여지가 없다. 우리가 심리학적 사유법칙의 영역을 순수논리적 사유법칙의 영역과 혼동하고, 순수논리적 사유법칙 자체를 심리학적 의미로 오해하는 '다른 유로의 기초이동 (metabasis eis allo genos)'을 실행할 때 비로소 '우리는 다른 종류의 사유방식을 표상할 수 있는 상황이 아니다.'라는 주장, '다른 종류의 사유방식을 기술하는 것으로 보인다는 말은 우리가 실행할 수 있는 의미가 전혀 없다.'라는 주장이 정당화의 겉모습을 띤다. 그와 같은 사유방식으로부터 어떠한 '정당한 표상도' 만들 수 없더라도, 그와 같은 사유방식은 절대적 의미에서도 실행할 수 없더라도, 아무튼 이 실행할 수 없음은 결코 불합리의 의미에서, 이치에 어긋난 것의 의미에서 불가능성이 아닐 것이다.

아마 다음의 고찰이 이를 설명하는 데 유익할 것이다. 아벨[41]의 초월함수론에서 나온 정리는 갓난아이에게도 문외한(수학자가 농담조로 말하곤 하는 수학의 어린애)에게도 전혀 '실행할 수 없는 의미'를 갖지 않는다. 이것은 그것을 표상하고 사유하는 개인적 조건에 달려 있다. 수학자와 문외한, 성인과 어린아이의 관계처럼, 일반적으로 사유하는 존재자의 더 높은 종 ─ 예를 들어 천사 ─ 과 우리 인간의 관계와 같을

---

41 (옮긴이 주) 아벨(N. H. Abel, 1802~1829)은 노르웨이의 목사 아들로 태어나 독학으로 수학을 공부해 수학에서 오랜 과제였던 문제 5차 방정식의 근이 존재하지 않음을 증명했으나, 잠시 유럽을 방문한 후 결핵으로 신음하다 스물일곱 살에 요절했다. 그의 업적은 수학에 '아벨의 대수방정식', '아벨의 적분', '아벨의 정리', '아벨군(群)' 등의 용어로도 남아 있을 정도이며, 노르웨이 정부는 그의 업적을 기려 2002년부터 아벨학술상을 제정해 시상하고 있다.

7절 회의적 상대주의인 심리학주의

수 있다. 더 높은 종의 말과 개념은 우리가 전혀 실행할 수 없는 의미를 가질 것이며, 우리의 심리적 구조의 어떤 종적 특성은 바로 그것을 인정하지 않을 것이다. 정상적 인간은 아벨의 함수론을, 정말 단지 그 개념을 이해하기 위해 몇 년이, 말하자면 5년이 걸린다. 그가 어떤 천사의 함수론을 이해하기 위해, 어쨌든 운이 좋아도 〔수명이〕 100년에 도달하기 어려운 데 반해 정상적 인간의 구조에서 1000년이 걸릴 수도 있다.

그러나 종의 구조의 자연적 제한을 통해 제약된 이 절대적으로 실행할 수 없음은 당연히 우리에게 불합리성, 이치에 어긋난 명제를 무리하게 요구하는 것은 아니다. 전자의 경우 중요한 문제는 우리가 전적으로 이해할 수 없는 명제이고, 이때 그 명제 자체는 정합적으로 심지어 타당하게 고찰된다. 반면 후자의 경우 우리는 그 명제를 매우 잘 이해하지만, 그 명제는 이치에 어긋나고, 그래서 '우리는 그 명제를 믿을 수 없다.' 즉 우리는 그 명제가 이치에 어긋난 것으로 폐기해야 한다고 통찰한다.

이제 에르트만이 자신의 전제에서 이끌어 낸 극단적 결론도 고찰해 보자. '직관하는 사유의 공허한 요청'에 의지해 우리는 그에 따라 '우리의 사유와 본질적으로 다른 사유가 일어날 가능성'을 인정해야만 하며, 그래서 그는 다음과 같은 결론을 이끌어 낸다.

논리적 원리 역시, 우리가 이러한 사유는 그 성질에 따라 변화될 수 없다고 보증하지 않아도 이러한 우리 사유의 영역에 대해서만 타당하다. 왜냐하면 논리적 원리가 모든 원리에 들어맞든, 그 원리가 하나의 원리에서 분석적으로 결코 도출될 수 없으므로 그 원리 가운데 단지 몇 가지에만 들어맞든, 그와 같은 변화가 일어나는 것은 그에 따라 가능하게 남아 있기 때문이다. 이러한 가능성이 우리 사유에 관한 우리 자기의식의 진술 속에 그것이 실현되는 것을 예견해야 할 버팀목을 전혀 발견하지 못한다는 것은 중요하지 않다. 왜냐하면 우리는 우리 사유를 오직 그것이 있는 그대로만 받아들일 수 있기 때문이다. 우리는 사유의 미래의 성질을 그 현재의 성질을 통해 속박해 넣을 입장이 아니다. 특히 우리는 우리 정신의 과정에 본질을, 요컨대 우리 영혼의 본질을 우리가 우리에게 주어진 사유의 불변성을 그것에서 연역할 수 있을 정도로 파악할 능력이 없다.[42][43]

그리고 에르트만은 다음과 같이 말한다.

우리는 그 모순된 생각을 우리가 실행할 수 없는 모든 명제는 우리가 이러한 일정한 성질로서 체험하는 사유의 성질을 전제하는 — 하지만 절대적으로가 아니라 모든 가능한 조건 아래 — 가운데에서만 필연적이라는 사실을 시인하지 않을 수 없다. 그래서 논리적 원리는 이에 따라 자신의 사유에 필연성을 계속 이어 간다. 그러나 단지 이 필연성은 절대적인 것이 아니라 가정적인 것〔우리의 논의방식으로는 '상대적'〕으로 간주된다. 우리는 표상작용과 사유작용의 본성에 따라 이 원리에 동의할 수밖에 없다. 논

---

42 에르트만, 같은 책, Nr. 369 밑의 e, 377~378쪽 참조. 만약 논리적 사유가 변화될 가능성에 일단 친숙해지면, 논리적 사유의 **진화**(Entwicklung)라는 생각은 더 이상 멀리 떨어져 있지 않다. 페레로(G. Ferrero)의 『상징주의의 심리학적 법칙(*Les lois psychologique du Symbolisme*』(파리, 1895)에 따르면, "논리학은 실증적이 되어야 하고 추론의 법칙을 나이와 문화의 발달 단계에 따라 서술해야 한다. 왜냐하면 논리학도 두뇌의 발달과 더불어 변화되기 때문이다. …… 우리가 이전에 순수논리학과 연역적 방법을 선호했던 것은 사유의 게으름이었고, 형이상학은 오늘날에 이르기까지 다행스럽게 여전히 약간 시대에 뒤처진 사람에게만 나중까지 영향력을 행사하는 이러한 사유의 게으름의 엄청난 기념비가 남아 있을 것이다." 나는 이 인용문을 《철학 잡지(*Zeitschrift für Philos.*)》 제113권 85쪽에 게재된 라송의 신간 서평에서 읽었다.

43 (옮긴이 주) 라송(A. Lasson, 1832~1917)은 독일의 유대인으로 고등학교 교사를 거쳐 베를린대학교 교수로 활동하면서 헤겔의 관념론과 에크하르트(M. Eckhart)의 신비주의에 영향을 받아 도덕적 의무로서 마음의 자유를 강조했다. 저서로 『법철학 체계』(1881), 『기억』(1894), 『신체』(1898) 등이 있다.
페레로(G. Ferrero)에 관련된 자료는 다음 기회에 더 조사해 첨부하기로 한다.

리적 원리는 우리의 사유가 동일한 것으로 남아 있다는 전제 아래 보편적으로 타당하다. 논리적 원리가 필연적인 것은 그것이 사유의 본질을 표현하는 한에서 우리가 그 전제 아래에서만 사유할 수 있기 때문이다.[44]

이제까지 상론한 것에 따르면 이러한 결론은 정당하지 않다. 우리 자신과 본질적으로 다른 영혼의 삶에 일어날 가능성은 확실히 인정된다. 확실히 우리는 우리의 사유를 그것이 존재하는 그대로만 받아들일 수 있으며, '우리 정신의 과정에 본질, 요컨대 우리 영혼의 본질'에서 그 불변성을 연역해 내려는 모든 시도는 확실히 어리석을 것이다. 그러나 이것에서 그 전적으로(toto coelo) 다른 가능성, 즉 우리 종의 구조의 변화가 모든 원리에 또는 몇 가지 원리에 들어맞는 가능성, 그래서 이러한 명제의 사유의 필연성은 단순히 가정적인 사유의 필연성이라는 가능성이 결코 귀결되지 않는다.

오히려 이 모든 것은 이치에 어긋나고, 우리가 그 말(당연히 어떠한 색조도 띠지 않는 순수학문적 용어로서)을 여기에서 항상 사용해 왔던 적확한 의미에서 이치에 어긋난다. 그와 같은 학설이 여전히 등장하고 심지어 진지한 연구자를 기만할 수 있는 것은 우리의 다의적인 논리적 전문용어의 재앙이다. 기초논리학의 원초적 개념이 구별되었고 그러한 구별에 근거해 전문용어가 분명해졌다면, 우리는 모든 논리적 전문용어 ─사유의 법칙, 사유의 형식, 실재적 진리와 형식적 진리, 표상·판단·명제·개념·징표·속성·근거[이유]·필연성 등─ 에 부착되어 있듯이 그토록 지독한 애매성을 껴안지 않았을 것이고, 그토록 많은 이치에 어긋난 점, 특히 상대주의의 이치에 어긋난 점이 논리학과 인식론에서 이론적으로 어떻게 등장할 수 있었으며, 뛰어난 사상가조차 현혹시키

---

44 에르트만, 같은 책, Nr. 370, 378쪽 참조.

는 가상을 사실상 어떻게 그 자체로 가질 수 있었는가?

심리적 존재자의 서로 다른 종에 대해 여러 가지로 구별되고 이따금 이러저러하게 변화하는 표상작용과 판단작용의 심리학적 법칙으로서 가변적인 '사유법칙'의 가능성에 관한 논의는 나름대로 충분한 의미가 있다. 심리학적 법칙 가운데 흔히 '경험법칙'으로 이해하곤 하며, 경우에 따라 다를 수 있는 사실성에 관련된 공존과 계기의 대략적 일반성을 이해하곤 하기 때문이다. 우리는 표상작용과 판단작용의 규범법칙으로서 가변적인 사유법칙의 가능성도 기꺼이 인정한다. 확실히 규범적 법칙은 판단하는 존재자의 종적 구조에 적합할 수 있고, 그래서 판단하는 존재자와 더불어 변화될 수 있다.

분명히 이것은 개별과학의 방법적 규정에 들어맞듯이 방법론으로서 실천적 논리학의 규칙에 들어맞는다. 수학을 하는 천사는 우리와 다른 계산 방법을 가질 수도 있지만, 그렇다고 원리와 정리도 다른가? 이러한 물음은 사실 또 더 이끌어 간다. 즉 가변적인 사유법칙에 관한 논의는 우리가 그 속에 순수-논리적 법칙(우리는 정수론, 서수론, 순수집합론 등을 이것에 편입시켜도 좋다.)을 이해할 때 비로소 이치에 어긋난다. 우리가 부르듯이 '사유의 규범법칙'이라는 모호한 표현은 심리학적으로 기초가 세워진 그 사유의 규칙과 일반적으로 혼동하게 유혹한다. 그러나 그 법칙은 그 의미의 내용 속에 순수하게 뿌리내리고 결코 그 내용을 넘어서지 않는 이념적인 종류의 순수이론적 진리이다. 따라서 그 법칙은 '사실의 문제(matter of fact)'의 세계에 실제적이거나 허구적으로 변화하는 것을 통해 결코 영향을 받지 않는다.

결국 우리는 여기에서 본래 세 겹의 대립, 즉 실천적 규칙(Regel)과 이론적 법칙(Gesetz)의 대립, 이념적 법칙과 실재적 법칙의 대립, 정밀한 법칙과 '경험적 법칙'(즉 '모든 규칙은 예외가 있다.'는 것을 뜻하는 평균적 일반성으로서의)의 대립을 고려했어야만 했다. 만약 심리적 사건의 정밀한 법칙을 통찰했다면, 그 법칙 역시 영원하고 변하지 않을 것이다. 그 법칙이 이론적 자연과학의 근본법칙과 같은 것이라면, 어떠한 심리적 사건이 존재하지 않더라도 타당할 것이다. 만약 모든 중력의 질량이 파괴되더라도, 그에 따라 인력의 법칙이 폐기되지 않을 것이고, 오직 사실적으로 적용될 가능성만 없게 남을 것이다. 그런데 실로 이것은 인력을 이끄는 질량이 실존하는 것에 관해 아무것도 이야기하지 않으며, 오직 인력을 이끄는 질량 그 자체에 소속된 것만 이야기할 뿐이다.(물론 위에서[45] 인식했듯이, 정밀한 자연법칙을 확정하는 것에는 여기서 도외시한, 이러한 법칙의 단순한 지향에서 우리가 입각한 이념화하는 허구(idealisierende Fiktion)가 그 기초에 놓여 있다.) 따라서 논리법칙이 정밀한 법칙이며 정밀한 법칙으로 통찰된다는 것을 승인하자마자 사실적 존재를 배치하는 데 변화를 통해, 그리고 이 변화를 통해 정립된 자연사적 종과 정신적 종을 개조함으로써 논리법칙이 변화될 가능성은 배제되고, 그래서 논리법칙의 '영원한' 타당성은 보증된다.

심리학주의의 측면에서 누군가 우리의 입장에 대해 '모든 진리와 마찬가지로 논리법칙의 진리도 인식 속에 놓여 있다.'라고, '심리적 체험으로서의 인식은 자명하게 심리학적 법칙에 지배된다.'라고 반론을 제기할 수 있다. 그러나 나는 '어떤 의미에서 진리가 인식 속에 놓여 있는지'의 물음을 여기에서 철저하게 다 규명하지 않고 그래도 '심리학적 사실의 변화는 인식에서 오류를, 오류에서 인식을 결코 만들어 낼 수 없다.'는 점을 지적한다. 현상으로서 인식의 생성과 소멸은 다른 심리적 현상, 예를 들어 감각적 현상의 생성과 소멸처럼 당연히 심리적 조건에 의존한다. 그렇지만 어떤 심리적 사건과 같이 내가 바로 직관하는 빨간색이 하나의 색깔 대신 음(音)이라는 것, 또는 두 음 가운데 더 낮

---

45 이 책, 제4장 23항 중간을 참조.

은 음이 더 높은 음이라는 것을 이제껏 이룰 수 없다. 더 일반적으로 말하면, 그때그때 체험의 일반적인 것 속에 놓여 있고 근거되는 모든 것이 각기 가능한 변화를 넘어서 있는 것과 마찬가지로 모든 변화가 개체적 개별성에 관계하지만 개념적인 것에 대해 아무 의미가 없기 때문이다. 그래서 이에 상응하는 것도 인식하는 작용의 '내용'에 대해 적용된다.

인식의 개념에는 그 개념의 내용[내포]이 진리의 성격을 갖는다는 점이 포함되어 있다. 이러한 성격은 일시적인 인식의 현상에 소속되지 않고, 그 현상의 동일한 내용, 즉 우리가 나는 'a+b=b+a이다.'를 인식하며 무수히 다른 사람도 동일한 것을 인식한다.'라고 말하는 경우, 우리 모두가 염두에 두는 이념적인 것 또는 일반적인 것에 소속된다. 물론 예를 들어 허위의 추론에서 인식의 오류가 생길 수 있다. 그 때문에 인식 그 자체가 오류로 되는 것이 아니라, 단지 인과적으로 어떤 것이 다른 것에 추가될 뿐이다. 또한 판단할 수 있는 존재자의 어떤 종에서 아무런 인식도 생기지 않을 수 있고, 그 존재자가 참으로 간주하는 모든 것이 거짓이고 거짓으로 간주하는 모든 것이 참일 수 있다. 그러나 진리와 거짓은 그 자체로 변하지 않은 채 남아 있다. 진리와 거짓은 관련된 판단의 내용의 본질적 성질이며, 판단의 작용의 그와 같은 본질적 성질이 아니다. 진리와 거짓은 누군가 승인하지 않더라도 판단의 내용에 소속된다. 색깔·음·삼각형 등과 마찬가지로 색깔·음·삼각형 등으로서 그것에 귀속되는 본질적 성질을 모든 세상에 누가 언젠가 그것을 인식할 수 있든 없든 항상 갖는 것과 아주 똑같다.

그러므로 에르트만이 정초하고자 했던 가능성, 즉 다른 존재자는 완전히 다른 원리를 가질 수 있다는 가능성은 승인될 수 없다. 이치에 어긋난 가능성은 곧 불가능성이다. 우리는 그의 학설에 포함된 것을 한번쯤 깊이 생각해 보아야 한다. 아마 독특한 종류의 존재자, 우리의 원리가 그에게는 적용되지 않는, 오히려 우리에게 모든 진리가 그들에게는 거짓이 되는 그와 같은 완전히 다른 원리가 적용되는 논리적 초인간이 존재할지 모르기 때문이다. 그들이 그때그때 체험한 심리적 현상을 체험하지 못한다는 것이 그들에게는 당연히 타당하다. 우리가 실존하는 것과 그들이 실존하는 것은 우리에게는 참일 수 있지만 그들에게는 거짓일 수 있다 등등. 물론 우리 논리적 일상의 인간은 '그와 같은 존재자는 실성했고, 진리에 대해 이야기하며 자신의 법칙을 폐기하고 자기 자신의 사유법칙을 가져야만 한다고 주장하며, 법칙 일반의 가능성이 의존하는 사유법칙을 부정한다.'라고 판단할 것이다. 그들은 주장하는 동시에 주장된 것을 부정하는 것을 승인한다. 긍정과 부정, 진리와 오류, 실존과 비실존은 그들이 사유하는 가운데 그 모든 두드러진 특징을 서로 간에 상실한다. 우리가 그들의 이치에 어긋난 점을 알아채고 지극히 명쾌한 통찰 그 자체로 인식하는 반면, 그들은 자신들의 이치에 어긋난 점을 깨닫지도 못한다. 그런데도 그와 같은 가능성을 인정하는 사람은 극단적 회의주의에서 '진리의 주관성은 개별적 인격 대신 종에 관련된다.'라고 단지 뉘앙스를 통해서만 구별하는 데 불과하다. 그는 우리가 위에서 정의한 의미에서 종적 상대주의자이며, 우리가 여기에서 반복하지 않은 (앞에서) 논의한 반론에 지배된다. 그 밖에 나는 왜 우리가 가공으로 만든 종족 차이의 경계선에 머물러야 하는지 그 이유를 이해하지 못한다. 왜 실제적 종족 차이, 이성과 정신이상의 차이, 그리고 결국 개인차를 동등하게 정당화된 것으로 승인하지 않는가?

아마 상대주의자는 우리가 명증성에 호소하는 데 대해, 또는 우리가 무리하게 요구한 가능성이 명증적으로 이치에 어긋난 점에 호소하는 데 반대해 위에서 함께 인용한 명제, 즉 '이러한 가능성이 자기의식의 진술 속에 버팀목을 전혀 발견하지 못한다는 것은 중요하지 않다.' 또는 '우리가 우리 사유의 형식에 거슬러서 사유할 수 없다는 것이 실로 자명하다.'는 명제에 반론을 제기한다. 그런데도 우리가 이미 논박한 사유의 형식을 이렇게 심리학주의로 해석하는 것을 도외시하는 가운데 우리는 그와 같은 방책이 절대적 회의주의를 뜻한다는 사실을 지적한다. 그렇다면, 명증성을 더 이상 신뢰하지 않아도 좋다면, 도대체 우리는 어떻게 여전히 주장을 내세우고 이성적으로 지지할 수 있는가? 가령 다른 인간이 우리와 아주 똑같은 구조로 만들어져서 동일한 사유의 법칙에 힘입어 또한 유사한 판정을 내리는 경향이 있을 수 있다는 점을 고려해서인가? 그러나 전혀 아무것도 알 수 없을 때 우리가 이러한 사실을 알 수 있는가? 통찰(Einsicht)이 없으면 앎(Wissen)도 없다.

어쨌든 사람들이 일반적으로 인간적인 것을 넘어서는 것 같은 매우 의심스러운 주장 — 그런데 내용의 가르침에서 매우 사소하지만 그들이 진술하는 약간의 것에 대해 우리에게 가장 명석한 통찰을 가져다주는 단순히 평범한 것은 아닌 주장 — 을 신뢰하려는 것은 정말 이상하다. 아무튼 이 속에서 사유하는 존재자와 그 종적 특성 가운데 아무것도 전혀 발견될 수 없다.

상대주의자는 그가 '너는 나를 극단적 상대주의자로 다루는데, 그러나 나는 단지 논리적 원리에 관해서만 그러할 뿐이고 다른 모든 진리는 논쟁의 여지없이 남아 있다.'라고 말함으로써 비록 일시적이지만 개선된 어떤 입장을 획득하는 것도 바랄 수 없다. 그래서 그는 종적 상대주의에 반대하는 일반적 반론을 어쨌든 벗어나지 못한다. 논리적 근본 진리를 상대화하는 사람은 모든 진리 일반도 상대화한다. 이것은 모순율의 내용에 눈길을 돌리고 당연하다고 생각되는 귀결을 이끌어 내는 것으로 충분하다.

에르트만 자신은 그와 같은 어중간함에서 완전히 멀리 떨어져 있다. 즉 그의 학설이 요구하는 상대주의적 진리의 개념을 사실상 자신의 논리학에 기초를 놓았다. 그 정의는 다음과 같다.

어떤 판단의 진리는 그 판단하는 대상의 논리적 내재(Immanenz)[46]가 주관적으로, 더 특별하게는 객관적으로 확실하며 이 내재의 술어적 표현이 사유에 필연적인 것 속에 존립한다.[47]

그래서 우리는 물론 심리학적인 것의 영역 속에 머문다. 왜냐하면 대상은 에르트만에게 표상된 것이고, 이 표상된 것은 다시 표상과 명백하게 동일화되기 때문이다. 마찬가지로 '객관적인 일반적 확실성'은 단지 외견상으로만 객관적인 것에 불과하다. 왜냐하면 그 확실성은 '판단하는 자의 보편적으로 일치함에 근거하기'[48] 때문이다.

분명 우리는 에르트만의 경우 '객관적 진리'라는 표현이 없음을 깨닫지 못하지만, 그는 객관적 진리를 '보편타당성', 즉 모든 사람에 대한 타당성과 동일시한다. 그러나 이것은 그에게는 모든 사람에 대한 확실성으로 해체되고, 내가 올바로 이해했다면, 모든 사람에 대한 사유의 필연성으로도 해체된다. 비로 이것도 위의 정의(定義)를 뜻한다. 사람들은 '어떻게 우리가 하나의 유일한 사례에서 이러한 의미로 객관적 진리를 정당하게 주장하게 되는지', 그리고 '어떻게 우리가 그것을 규정함으로써 요구되고 또한 걸출한 그 연구자가 알아차리게 된 무한소급을 벗어나게 되었는지'에 의문을 품을 것이다.

유감스럽게도 에르트만의 방책은 충분하지 않다. 그가 말하듯이, 확실히 우리가 다른 사람과 일치함을 주장하는 판단은 이러한 일치함 자

---

46 (옮긴이 주) '내재'는 의식영역 안에 존재하는 것으로, 의식영역 밖에 존재하는 '초재'와 구별된다. 그리고 '실재적(real)'은 일정하게 시간적, 공간적으로 지각하고 규정할 수 있는 구체적 개체의 특성을 뜻하는 것으로, 그렇지 않은 '이념적(ideal)'과 구별된다. 또한 '내실적(reell)'은 감각적 질료와 의식(자아)의 관계로 의식작용에 본질적으로 내재하는 것으로서, 의식과 실재적 대상 사이의 '지향적' 관계에 대립된 뜻으로 사용된다.
47 에르트만, 같은 책, N. 278, 275쪽.
48 위의 책, 274쪽.

체가 아니다. 그러나 무엇이 이것을 유효하게 하는가? 그리고 무엇이 우리가 이 경우 갖고 있는 주관적 확실성을 유효하게 하는가? 어쨌든 우리의 주장은 오직 우리가 이러한 일치함을 알 경우에만, 즉 이 일치함의 진리를 잘 깨달을 경우에만 정당화될 것이다. 또한 사람들은 '어떻게 우리가 모든 사람의 일치함에 관한 주관적 확실성에도 도달할 수 있는지 그리고 결국 이 어려움을 도외시하기 위해, 마치 진리가 모든 사람의 경우에는 발견되고 오히려 일부 선택된 사람의 경우에는 발견되지 않는 것처럼, 보편적 확실성을 요구하는 것이 도대체 정당화될 수 있는지'를 심문할 수 있을 것이다.

8절 심리학주의의 편견

이제까지 우리는 심리학주의를 주로 그 귀결에 입각해 반박해 왔다. 이제 심리학주의가 지지하는 추정적 자명성은 기만적 편견임을 증명하려고 시도하면서 심리학주의의 논증 자체에 대해 반론해 보자.

41 첫 번째 편견

첫 번째 편견은 "심리적인 것을 규칙화하는 규정은 자명하게 심리학적으로 기초 세워져 있다. 따라서 인식의 규범법칙은 인식의 심리학에 근거해야만 한다는 것도 명백하다."라는 것이다.

우리가 일반적으로 논증하는 대신에 '사태 그 자체(Sache selbst)'에 다가서자마자 그 기만은 사라진다.

우선 두 진영의 잘못된 파악을 끝내야만 한다. 결국 논리법칙은, 그 자체만으로 고찰해 보면, 규정의 의미에서 결코 규범명제, 즉 마땅히 판단되어야 할 그 내용에 속하는 것을 진술하는 명제가 아니다. 〔한편으로〕 인식의 활동을 규범화(Normierung)하는 데 이바지하는 법칙(Gesetze)과 〔다른 한편으로) 이 규범화하는 생각 자체를 포함하고 이 규범화하는 것을 일반적으로 구속하면서 진술하는 규칙(Regeln)을 철저히 구별해야만 한다.

하나의 예, 가령 예전부터 '징표의 징표[1]도 사태 그 자체의 징표이다.'라는 말로 파악되는 잘 알려진 삼단논법의 원리를 고찰해 보자. 이렇게 파악하는 간결함은 이것이 명백하게 거짓인 어떤 명제를 지향된 생각의 표현으로 제공하지 않을 때 추천할 만하다.[2] 지향된 생각을 구체적으로 표현하기 위해 우리는 더 많은 말에 익숙해져야만 한다. '만약 징표 A를 갖는 각 대상이 징표 B도 갖고 어떤 일정한 대상 S가 징표 A를 갖는다면 그 대상은 징표 B도 갖는다는 명제는 각 징표의 쌍 AB에 대해 적용된다.'

이제 우리는 이 명제가 최소한의 규범적 생각도 포함하지 않는다는 것을 단호하게 반박해야만 한다. 물론 그 명제를 규범화하는 데 사용할 수 있지만, 그렇기 때문에 그 명제 자체가 규범은 아니다. 우리는 그 명제에 명백한 규정도 근거로 세울 수 있다. 예를 들어 '모든 A도 B이다.' 그리고 '어떤 S는 A이다.'라고 판단하는 사람은 모두 '이 S도 B이다.'라고 반드시(마땅히) 판단해야만 한다. 그러나 누구나 이것이 더 이상 근원적인 논리적 명제가 아니고 규범적 생각을 끌어들임으로써 비로소 논리적 명제에서 파생되었다는 것을 안다.

그리고 동일한 것이 모든 '순수논리적' 명제 일반뿐 아니라 모든 삼단논법의 법칙에도 명백하게 타당하다.[3] 그러나 오직 이러한 법칙에만

---

1 (옮긴이 주) '징표의 징표'에서 앞의 것은 종(種) 개념(제1실체로서 개별자)으로서의 징표를, 뒤의 것은 유(類) 개념(제2실체로서 보편자)으로서의 징표를 뜻한다.
2 확실히 징표의 징표는, 일반적으로 말하면, 사태의 징표가 **아니다**. 만약 원리가 그 말이 명석하게 진술하는 것을 뜻한다면, 실로 다음과 같은 것을 추론하는 것이다. 즉 '이 압지(壓紙)는 빨갛다. 빨간 것은 하나의 색깔이다. 그러므로 이 압지는 하나의 색깔이다.'
3 규범적 생각, 즉 존재의 당위(Seinsollen)는 논리적 명제의 내용에 속하지 않는다는 이러한 확신에서 나는 기쁘게도 나토르프와 우연히 일치한다. 그는 최근 『사회교육학 (Sozialpädagogik)』(슈투트가르트, 1899), 4항에서 간단명료하게 다음과 같이 표명했다.

적용되지 않는다. 다른 이론적 분과의 진리와 같이 무엇보다 정말 우리가 통상 논리학에서 분리하곤 하는 순수수학의 진리도 규범적으로 전환할 능력을 갖는다.[4]

$$(a+b)(a-b) = a^2 - b^2$$

잘 알려진 이 명제는 예를 들어 '임의의 두 수의 합(合)과 차(差)의 적(積)은 그 수들의 제곱의 차와 같다.'를 뜻한다. 여기에는 우리의 판단작용과 이 판단작용이 마땅히 경과해야 할 방식에 관한 논의는 전혀 없으며, 우리가 앞에 갖는 것은 이론적 법칙이지 실천적 규칙이 아니다.

반면 이에 상응하는 다음의 명제를 고찰해 보자. '두 수의 합과 차의 적을 규정하기 위해 그 수들의 제곱의 차를 만든다면', 우리가 표명한 것은 거꾸로 실천적 규칙이지 이론적 법칙이 아니다. 또한 여기에서 규범적 사고를 도입함으로써 최초로 법칙이 규칙으로 변화된다. 규칙은 법칙의 자명한 필증적 귀결이지만, 그런데도 사유의 내용에 따라 법칙과 다른 것이다.

우리는 더 나아갈 수 있다. 그것이 어떤 이론적 영역에 속하더라도

"우리의 주장에 따르면 논리법칙은 사람이 마땅히 생각해야 할 것을 말하기보다 이러저러한 상황에서 사실적으로 생각하는 것만큼이나 말하지 않는다." "만약 A=B이고 B=C이면, A=C이다."라는 상등성 추론의 예와 관련해 이것은 "나는 내가 비교할 수 있는 명사(名辭)와 이것을 통해 동시에 주어진 그 관계 이외에 아무것도 주목하지 않으면서 이것을 통찰하는데, 이때 이에 상응하는 사유의 사실적 또는 존재당위의 그 어떤 경과나 실행을 생각할 필요가 없다는 것"을 뜻한다.(같은 책, 20, 21쪽)

또한 몇 가지 다른 점에서, 적지 않은 본질적인 점에서 나의 책 『서론』은 명민한 그 연구자의 이 저술과 일맥상통한다. 그런데 그의 저술은 (『서론』의 초고가 완성된 이후에 출간되어) 나의 사상을 형성하고 서술하는 데 유감스럽게도 나에게 더 이상 도움을 줄 수 없었다. 이에 반해 나토르프의 예전의 두 저술, 즉 앞에서 인용한 《철학 월보》 23권에 게재된 논문과 『심리학 입문(Die Einleitung in die Psychologie)』은, 다른 점에서는 나와 반대되게 자극했더라도, 나에게 흥미를 일으켜 활기차게 작용을 미쳤다.

4 내가 그 용어를 사용하는 바와 같이 '순수수학' 또는 '형식적 수학'은 순수산술과 다양체이론(집합론) 전체를 포괄하지만, 그러나 기하학을 포괄하지는 않는다. 순수수학에서 3차원의 유클리드의 다양체이론은 기하학에 상응하는데, 이 다양체는 공간의 유(類)의 이념이지만 이 공간 자체는 아니다.

모든 일반적 진리가 올바른 판단작용의 일반적 규범을 정초하는 데 동일한 방식으로 이바지할 수 있다는 것은 정말 분명하다. 논리법칙은 이러한 관점에서 [다른 법칙과] 결코 다르지 않다. 그 고유한 본성에 따라 논리법칙은 규범적 진리가 아니라 이론적 진리이며, 그와 같은 진리로서 어떤 다른 분과의 진리와 아주 똑같이 판단작용을 규범화하는 데 이바지할 수 있다.

다른 한편 물론 이것 역시 명백하다. 즉 논리적 명제 속에 사유의 규범을 보는 일반적 확신은 완전히 근거가 없을 수 없으며, 그 확신이 우리를 즉시 납득시키는 자명성은 전적으로 착각일 수 없다. 사유를 규제하는 일에서 논리적 명제는 다른 명제보다 내적 우선권을 반드시 확실하게 갖는다. 그러나 규제하는 (당위의) 이념이 이 때문에 논리적 명제 자체의 내용 속에 포함되어야만 하는가? 그 이념은 통찰의 필연성과 더불어 이 내용 속에 근거할 수 없는가? 달리 말하면, 논리법칙과 순수수학적 법칙은 사유를 규제하는 본성의 사명을 이 법칙들에 부여하는 탁월한 의미내용을 가질 수 없는가?

우리는 이러한 단순한 고찰에서 어떻게 두 측면이 사실상 여기에서 옳지 못한 일을 배분했는지 보게 된다.

반(反)심리학주의자는 인식을 규제하는 것을 이른바 논리법칙의 본질(Essenz)로 내세우는 점에서 잘못 생각했다. 그래서 형식논리학의 순수이론적 성격, 그리고 그 결과 형식논리학과 형식수학을 동등하게 다루는 것도 당연히 부당하다. 사람들은 전통적 삼단논법에서 다루어진 그룹의 명제가 심리학과 관계가 없다는 것을 올바로 파악했다. 마찬가지로 사람들은 인식을 규범화하는 데 그 명제의 본성의 사명을 인식했고, 그 때문에 그 명제는 필연적으로 모든 실천적 논리학의 핵심을 반드시 형성해야만 한다.

그러나 사람들은 [한편으로] 그 명제의 고유한 내용과 [다른 한편으로) 그 기능, 그 실천적 응용의 차이를 간과했다. 이른바 논리적 원리 그 자체가 규범이 아니라 바로 규범으로 이바지할 뿐이라는 점을 간과 했다. 사람들은 규범화하는 것을 고려해 사유법칙에 관해 이야기하는 것에 익숙해졌고, 그래서 마치 이 법칙도 심리학적 내용을 갖는 것처럼 그리고 마치 통상적으로 심리학적 법칙은 규범화하는 반면 그 밖의 심리학적 법칙은 규범화하지 않는 점에 차이가 있을 뿐인 것처럼 보였다.

다른 측면으로 심리학주의자는 우리가 그 부당함을 이제 간략하게 명시할 수 있는 자신이 추정한 공리로 진행하는 점에서 잘못 판단했다. 심리학적인 것이든 아니든 모든 일반적 진리가 올바른 판단작용의 규칙을 정초한다는 것이 순수한 자명성으로 입증되면, 이것으로 판단규칙의 유의미한 가능성뿐만 아니라 심리학에 근거하지 않는 판단규칙의 현존(Existenz)도 보증된다.

물론 그러한 모든 판단규칙은, 판단작용의 올바름을 규범화하는데도, 실로 그 때문에 논리적 규칙이 아니다. 그렇지만 학문적 사유의 기술학(技術學)에 전적으로 고유한 영역을 형성하는 본래적 의미에서 논리적 규칙 가운데 오직 어떤 그룹의 규칙만 심리학적 정초를 승인하는 사실, 그런 다음 학문적 인식을 산출하는 데 그리고 이러한 인식이 산출되는 것을 비판하는 데 인간의 본성에 특히 적합한 기술적 규정도 요구된다는 사실을 통찰해야 한다. 반면 다른 그룹은, 비할 데 없이 더 중요한 그룹은 그 객관적 내용 또는 이념적 내용에 따라 그 학문에 필요한 법칙을 규범적으로 전환하는 데서 성립한다.

밀이나 지그바르트 같은 탁월한 연구자를 포함해 심리학적 논리학자는 학문을 (진리의 이론적 통일체라는 이념으로서의) 그 객관적 측면보다 (종적-인간적 인식을 획득하는 방법론적 통일체로서의) 주관적 측면에서 더 고찰하고 따라서 논리학의 방법론적 과제를 일면적으로 강조하는 가운데, [한편으로] 순수논리적 규범과 [다른 한편으로] 종적 인간의 사유하는 기술(Denkkunst)의 기술적 규칙 사이의 근본적 차이를 간과한다. 그러나 이 둘은 내용, 기원 그리고 기능상 완전히 다른 성격이다. 우리가 그 원본적 내용에 주목하는 순수논리적 명제가 오직 이념적인 것에 관련된다면, 그 방법론적 명제는 실재적인 것에 관련된다. 전자의 기원은 직접 통찰할 수 있는 공리(Axiom)에 있다면, 후자의 기원은 경험적이고 주로 심리학적인 사실(Tatsache)에 있다. 전자를 수립하는 것이 순수이론적 관심에 이바지하고 단지 부수적으로만 실천적 관심에 이바지한다면, 후자의 경우는 반대이다. 즉 방법론적 명제의 직접적 관심은 실천적인 것이고 단지 간접적으로만 — 요컨대 그 목표가 학문적 인식 일반을 방법적으로 촉진하는 한에서 — 이론적 관심도 그것을 통해 촉진된다.

42 상세한 설명

임의의 모든 이론적 명제는, 위에서 살펴보았듯이, 규범적으로 전환될 수 있다. 그러나 이렇게 생긴 올바른 판단작용을 위한 규칙은 일반적으로 논리적 기술학이 필요 없으며, 그 가운데 약간만 논리적으로 규범화되도록 예정되어 있다. 만약 이 기술학이 우리의 학문적 노력을 활기차게 도우려면, 이 기술학은 우리가 그 도움을 통해 우선적으로 획득하기를 바라는 〔이미〕 완성된 학문의 풍부한 인식을 전제하면 안 된다. 주어진 모든 이론적 인식을 규범적인 것으로 목적 없이 전환하는 것은 유익할 수 없고, 우리에게 필요한 것은 이론적 인식과 인식의 방법 일반을 평가하면서 비판하는 데 일반적 규범이자 그 일반성에서 모든 일정한 학문을 넘어서서 포착하는 규범이며, 마찬가지로 이론적 인식과 인식의 방법을 촉진하는 실천적 규칙이다.

바로 이것이 논리적 기술학이 수행하려는 것이며, 만약 논리적 기술학이 학문적 분과로서 이러한 일을 하려고 하면 그 기술학 자체는 어떤 이론적 인식을 전제해야만 한다. 이러한 점에서 진리·명제·주어·술어·대상·성질·근거와 귀결·관계 점과의 관계 등의 개념 속에 순수하게 근거한 모든 인식은 그 기술학에 대해 각별한 가치가 반드시 있다는 사실은 이제 처음부터 분명하다. 왜냐하면 모든 학문은 그 학문이 가르치는 것에 따라 (그래서 객관적, 이론적으로) 진리에서 구축되었기 때문이다. 또한 모든 진리는 명제 속에 놓여 있고, 모든 명제는 주어와 술어를 포함하며 이것들을 통해 대상 또는 성질에 관계되고, 명제 그 자체는 근거와 귀결에 따라 결합되기 때문이다 등등.

객관적, 이론적 통일체로서 모든 학문의 그와 같은 본질적 구성요소 속에 근거한 진리 — 따라서 모든 학문 그 자체에 객관적 지지 발판과 의미부여가 폐기된다고 생각하지 않고는 폐기된다고 생각할 수 없는 진리 — 는, 경우에 따라 학문이 되려는 요구 또는 근거명제나 귀결명제로써, 삼단논법이나 귀납법으로써, 증명이나 이론 등으로써 학문에 소속되려는 요구가 그러한 지향에 실제로 상응하든지, 오히려 이론과 학문 일반의 가능성에 관한 이념적 조건에 아프리오리하게 대립되지 않든지 평가될 수 있는 근본적 기준을 자명하게 형성한다는 사실은 이제 분명하다. 이때 객관적 통일체로서 학문의 이념을 구성하는 개념의 내용(의미) 속에 순수하게 근거하는 진리는 그 어떤 개별학문의 영역에 부속될 수 없다는 것을 인정하면, 특히 이념적 진리로서 그러한 진리가 '사실의 문제(matter of fact)'에 관한 학문은 물론 심리학에서도 자신의 고향을 가질 수 없다는 것을 인정하면, 우리의 문제는 명백해진다.

그러면 하나의 고유한 학문인 순수논리학의 이념적 현존도 반박할 수 없다. 순수논리학은 다른 모든 학문적 분과의 절대적 자립성에서 체계적이거나 이론적인 통일체의 이념을 구성하는 데 필요한 개념을 한정하고, 순수하게 이 개념에 근거한 이론적 연관을 탐구한다. 이때 순수논리학은 그 자체가 '형식'에 따라 그 법칙의 내용에 지배되는 고유한 특성, 즉 이 학문 자체가 진리의 체계적 통일체로서 이루어진 요소들과 이론적 연관이 그 학문 자체의 이론적 내용에 함께 속하는 법칙에 지배되는 고유한 특성을 가질 것이다.

그 형식에 관해 모든 학문에 관계되는 학문이 '그 자체에서' 자신에게 관계되는 것은 역설적이지만, 전혀 유해하지 않다. 그 가장 간명한 사례가 이러한 점을 분명하게 해 준다. 모순율은 모든 진리를 규제하고, 그 자체가 진리이기 때문에 자신도 규제한다. 이렇게 규제하는 것이 여기에서 뜻하는 바를 숙고해 보면, 자신에게 적용되는 모순율을 정식화하고, 통찰의 자명성에, 따라서 불가사의함과 의문스러움에 바로 반대되는 것에 직면하게 된다. 순수논리학이 자신과 관련해 규제하는 것은 일반적으로 이러한 사정이다.

그러므로 이 순수논리학은 방법론적 논리학의 첫 번째 그리고 가장 본질적인 기초이다. 그러나 물론 방법론적 논리학은 심리학이 그 논리학에 제공하는 아주 다른 기초를 갖는다. 왜냐하면 이미 상론했듯이, 모든 학문은 이중의 관점에서 고찰되어야 하기 때문이다. 즉 첫 번째 관점에서 학문은 이러저러한 진리의 영역에서 인식을 획득하고 체계적으로 한정하며 진술하려고 인간이 준비해 실행하는 것의 총괄이기 때문이다. 이렇게 준비해 실행하는 것을 우리는 '방법'이라 부르는데, 예를 들어 계산판과 계산자로 계산하는 것, 평판 위에 문자로 계산하는 것, 이러저러한 계산기로 계산하는 것, 대수표·사인이나 탄젠트 도표 등으로 계산하는 것, 더 나아가 십자선과 망원경을 사용한 천문학의 방법, 현미경공학의 생리학 방법, 염색 방법 등이다. 이 모든 방법은, 그 서술의 형식도 마찬가지이지만, 오늘날 정상적으로 존립하는 인간의 구조에 적합하며, 그 일부는 심지어 우연적인 민족의 특성이다. 분명히 그 방법들은 다른 구조를 가진 존재자가 전혀 사용할 수 없을 것이다. 심지어 생리학적 조직도 여기에서 본질적 역할을 한다. 그렇다면 예를 들어 가장 우수한 광학 기구가 그의 시각(視覺)이 우리의 시각과 현저하게 다른 말단 기관에 결합된 어떤 존재자에게 도움이 되는가? 이것은 어디에서나 그러하다.

그러나 모든 학문은 여전히 다른 관점에서, 즉 학문이 가르치는 것에 따라, 그 이론적 내용에 따라 고찰되어야 한다. 이상적인 경우 모든 개별적 명제가 진술하는 것은 하나의 진리이다. 그러나 어떠한 진리도 학문 속에 고립되어 있지 않으며, 다른 진리와 더불어 근거와 귀결의 관계를 통해 통합되어 이론적 연대로 함께 등장한다. 학문의 이러한 객관적 내용은, 학문이 그 지향을 실제로 충족시키는 한에서, 연구자의 주관성, 즉 인간 본성 일반의 특성과 완전히 독립해 있으며, 그 내용은 곧 객관적 진리이다.

순수논리학은 그 형식상 학문의 이러한 이념적 측면을 겨냥한다. 즉 순수논리학은 일정한 개별과학의 특수한 소재에 속하는 것, 그 진리의 그리고 결합하는 형식의 그때그때 특성에 속한 것이 아니라 진리와 진리 일반의 이론적 연대에 관련된 것을 겨냥한다. 그러므로 각 학문은 그 객관적, 이론적 측면을 고려해 철저히 이념적 성격인 순수논리학의 법칙에 적합해야만 한다.

어쨌든 이로써 이 이념적 법칙도 방법론적 의미를 획득하며, 간접적 명증성이 정초되는 연관 속에 생기고 그 규범은 순수하게 논리적 범주에 근거하는 그 이념적 법칙을 규범적으로 전환한 것일 뿐이므로 방법론적 의미도 지닌다. 이 책 제1절[5]에서 강조한 정초의 성격에 특징은 '정초에서 통찰성 — 추론에서, 필증적 증명의 연관에서, 매우 광

---

5 앞의 7항 이하를 참조.

범위한 합리적 이론의 통일성에서, 하지만 개연성의 정초에 통일성에도 ─ 은 이념적 합법칙성의 의식일 뿐이다.'라는 것 속에 총체적으로 원천이 있으며, 이것을 통해 그 특징을 완전히 설명한다. 역사적으로는 아리스토텔레스의 천재성 속에 최초로 눈을 뜬 순수논리적 반성은 그때그때 기초가 되는 법칙 자체를 추상적으로 이끌어 내며, 그렇게 획득할 수 있고 최초로 단지 개별화된 다양한 법칙을 원초적 근본법칙으로 환원하고, 그래서 하나의 학문적 체계를 만들어 냈는데, 이 체계는 일반적으로 가능한 모든 순수논리법칙 ─ 추론·증명 등 모든 가능한 '형식' ─ 을 질서정연하고 순수하게 연역적으로 도출할 수 있게 허용하는 것이다. 실로 실천적-논리적 관심이 이러한 작업수행을 장악했다. 이러한 관심에서 순수논리적 형식은 우리가 어떻게 정초해야만 하는지의 규범과 규칙으로 변형되고, 가능한 비법칙적으로 형성되는 것에 관해서는 우리가 어떻게 정초하면 안 되는지의 규칙으로 변형된다.

그에 따라 규범은 두 부류로 나뉜다. 그 하나는 모든 필증적 연관을 아프리오리하게 규제하면서 모든 정초하는 것이 순수하게 이념적 본성이고 오직 명증적으로 전용해서만 인간의 학문에 관련된다. 다른 하나는 정초하는 데 대한 단순한 보조수단 또는 대용물로 성격 지어도 좋은 것인데,[6] 경험적이고, 본질적으로 학문의 종적-인간적 측면에 관련된다. 그래서 이 규범은 인간의 보편적 구조에 근거하며 더구나 어떤 (기술학에 더 중요한) 부분에는 심리적 구조에, 다른 부분에는 심지어 물리적 구조에 근거한다.[7]

---

6 앞의 9항 이하를 참조.
7 기초적 계산 기술도 후자의 관련에서 좋은 예를 제공한다. 우리 인간이 2차원 그룹배열을 직관하듯이 3차원 그룹배열(특히 부호배분의 경우)을 아주 분명하게 직관하고 실천적으로 지배할 수 있을 존재자는 아주 완전히 다른 각양각색의 계산 방법을 가질 것이다. 이러한 문제는 나의 『산술철학』, 특히 물리적 상황이 방법을 형성하는 데 끼치는 영향은 275쪽 이하와 312쪽 이하를 참조.

43 관념론적 반론에 대한 검토. 그 결함과 정당한 의미

그러므로 나는 논리학의 심리학적 정초나 객관적 정초에 관한 논쟁에서 중간 위치를 취한다. 반심리학주의자는 우리가 위에서 순수논리 법칙으로 성격 지은 이념적 법칙에 주로 주목하고, 심리학주의자는 인간학적 법칙으로 성격 지은 방법론적 규칙에 주로 주목한다. 따라서 두 진영은 서로 의사소통을 할 수 없었다. 심리학주의자가 반대 진영의 논증에 중요한 핵심을 정당하게 평가하는 경향이 거의 없었다는 사실은 어쨌든 반대 진영의 논증에서 무엇보다 회피되었어야 할 모든 심리학적 동기와 혼동 자체가 함께 작동하기에 더욱 이해할 수 있는 일이다. '형식적' 또는 '순수'논리학의 서술이라고 주장하는 저술들의 사실적 내용도 심리학주의자가 거절하는 태도를 더 확고하게 할 뿐이었으며, '아무튼 제안된 분과〔논리학〕에서 중요한 문제는 수줍고 동시에 제멋대로 제한된 인식심리학의 한 단편, 또는 이 인식심리학에 근거한 인식을 규제하는 일'이라는 인상을 그들 속에 불러일으킬 뿐이었다.

어쨌든 반심리학주의자는 자신의 논쟁[8]에서 '심리학은 자연법칙을 다루는 데 반해 논리학은 규범법칙을 다룬다.'라고 강조하면 안 된다. 사실적 존재와 사건이 경험적으로 정초된 규칙인 자연법칙에 대립된 것은 규정으로서 규범법칙이 아니라, 순수하게 개념(이념, 순수개념적 본질)에 근거한 ─ 따라서 경험적이지 않은 ─ 법칙성의 의미에서 이념적 법칙이다. 형식주의적 논리학자가 규범법칙에 관해 논의하는 경우 이러한 순수개념적 성격 그리고 이러한 의미에서 아프리오리한 성격에 주목하는 한에서, 그의 논증은 의심할 여지가 없이 올바르다. 그러나 형식주의적 논리학자는 순수논리적 명제의 이론적 성격을 간과했으며,

---

8 앞의 19항, 특히 구 중간과 13항 후반의 드로비슈의 인용문을 참조.

〔한편으로〕 그 내용을 통해 인식을 규제하게 예정된 이론적 법칙과 〔다른 한편으로〕 그 자체로 또 본질적으로 규정의 성격을 갖는 규범법칙의 차이를 잘못 오해했다.

참과 거짓의 대립은 심리학과 아무 상관없다는 주장도 전혀 올바르지 않다.[9] 즉 특히 진리는 어쨌든 인식 속에 '파악되고' 이념적인 것은 이것에 의해 그 실재적 체험으로 규정되기 때문이다. 다른 한편 그 개념적 순수성에서 이렇게 규정되는 것에 관련된 명제는 물론 실재적인 심리적 사건의 법칙이 아니다. 심리학주의자는 이 점에서 잘못 생각했고, 이념적인 것 일반의 본질을 오해했듯이, 특히 진리의 이념성을 오해했다. 이 중대한 점을 더 상세하게 논의해야 한다.

결국 반심리학주의자의 최종적 논증[10]의 기초에도 잘못된 것과 동시에 올바른 것이 있다. 형식논리학이든 방법론적 논리학이든 어떠한 논리학도 모든 진리 그 자체를 인식할 수 있는 기준을 제공할 수 없기 때문에, 논리학을 심리학적으로 정초하는 데는 전혀 순환이 없다. 그러나 (기술학의 통상적 의미에서) 논리학을 심리학적으로 정초하는 것과, 또한 우리가 '순수논리적' 명제라고 부르는 이론적으로 완결된 그룹의 논리적 명제를 심리학적으로 정초하는 것은 전혀 다르다. 이러한 관점에서 모든 이론적 통일체의 본질적 구성요소 속에, 따라서 학문 그 자체의 체계적 내용의 개념적 형식 속에 근거한 명제를 어떤 개별학문 — 심지어 사실과학 — 의 우연적 내용에서 도출하는 것은 어떤 경우 실로 일종의 순환이더라도 그것은 물론 터무니없는 불일치이다. 우리는 모순율에서 이러한 생각을 분명하게 이해하며, 어떤 개별학문을 통해 모순율이 정초된다고 생각한다. 그래서 진리 그 자체의 의미에 포함된 진리

---

9 앞의 19항 후반을 참조.
10 앞의 19항 후반을 참조.

는 수, 선분 등에 관한 진리 또는 심지어 물리적이거나 심리적 사실성에 관한 진리를 통해 정초된다고 생각한다. 어쨌든 이 불일치는, 형식논리학의 대표자가 순수논리법칙과 규범법칙 또는 기준을 또다시 혼동함으로써 자신의 유효함을 박탈함에 틀림없을 방식으로 그 좋은 생각을 희미하게 만들었다는 점을 제외하고, 형식논리학의 대표자의 눈앞에 마찬가지로 아른거렸다.

이 불일치는 근본적으로 규명하면, '단순한 형식(즉 학문적 이론 그 자체의 개념적 요소)에 관련된 명제가 완전히 이질적(heterogen) 내용의 명제에서 해명되어야 한다.'는 점에 성립한다.[11] 모순율, '전건(前件) 긍정식(modus ponens)' 등 원초적 원리의 경우 그 불일치는 이러한 명제〔원리〕를 도출하는 것이 개별적 연역의 단계에서 그 명제 자체를 전제하게 될 것 — 전제의 방식으로가 아니라 그 타당성이 없으면 연역하는 의미와 타당성도 상실하게 될 연역원리의 방식으로 — 이라는 점에서 순환이 되는 것은 이제 분명하다. 이러한 관점에서 반성적 순환(reflektives Zirkel)에 관해 이야기할 수 있는데, 이것은 전제와 결론의 명제가 서로 뒤섞여 경과하는 통상적이거나 직접적인 '순환논증(circulus in demonstrando)'과 대립된 것이다.

모든 학문 가운데 오직 순수논리학만 이러한 반론을 피하는 것은 순수논리학의 전제가 대상적으로 관련된 것에 따라 그것이 정초하는 결론의 명제와 동질적(homogen)이기 때문이다. 더 나아가 순수논리학은 그때그때의 연역이 원리로서 전제하는 명제를 바로 이 연역 자체에서 증명하지 않는다는 점, 모든 연역이 전제하는 명제를 증명하는 것이 아니라 모든 연역의 첨단에서 공리로 내세우는 점을 통해 순환을 피한

---

11 물론 이질적 영역들 사이의 이론적 연관의 불가능성과 문제가 되는 이질성의 본질은 논리적으로 충분히 규명되지 않았다.

다. 그래서 순수논리학의 매우 어려운 과제는 다음과 같은 점에 있다. 즉 한편으로 출발점으로서 불가결하고 직접적인 반성적 순환 없이는 서로 더 이상 환원될 수 없는 공리로 분석적으로 상승해 가는 점이며, 더 나아가(다른 한편으로) 논리적 정리(삼단논법의 명제는 이 가운데 작은 부분을 형성할 뿐이다.)를 위한 연역을 형성하고 정리해 각 단계에서 단순히 전제뿐만 아니라 연역하는 단계의 원리도 공리나 이미 증명된 정리에 포함시키는 과제이다.

44 두 번째 편견

인식의 규칙이 인식의 심리학에 의거해야만 한다는 점은 자명하다는 그 첫 번째 편견을 입증하는 데 심리학주의자[12]는 모든 논리학의 사실적 내용을 증거로 내세운다. 그렇다면 논리학은 무엇을 논의하는가? 어쨌든 언제나 표상과 판단, 추론과 증명, 진리와 개연성, 필연성과 가능성, 근거와 귀결, 이와 밀접하게 연관된 유사한 다른 개념도 논의한다. 그러나 이러한 표제에서 심리적 현상과 형성물 이외에 다른 것이 사유될 수는 없는가? 표상과 판단의 경우 이 점은 당장 분명하다. 하지만 추론은 판단들로 [새로운] 판단을 정초하는 것이고, 어쨌든 정초하는 것은 하나의 심리적 활동이다. 진리와 개연성, 필연성과 가능성 등에 관한 논의도 판단에 관련된다. 이것들이 뜻하는 것은 언제나 오직 판단에서 제시되고, 즉 체험될 수 있기 때문이다.

따라서 심리적 현상에 관련된 명제와 이론을 심리학에서 배제하려고 생각하는 것은 이상하지 않은가? 이러한 관점에서 순수논리적 명제

---

12 앞의 18항의 논증, 두 번째 문단을 참조.

와 방법론적 명제를 구분하는 것은 쓸모없고, 이에 대한 반론은 이 둘 모두에 들어맞는다. 그러므로 추정적으로 '순수'논리학인 논리학의 어느 한 부분만 심리학에서 소외시키려는 모든 시도는 완전히 틀린 것으로 간주되어야만 한다.

45 '순수수학도 심리학의 한 분과가 될 것이다'라는 데 대한 논박

이 모든 것이 아무리 자명해 보여도, 잘못된 것임에 틀림없다. 그것은 우리가 알고 있듯이, 심리학주의의 불가피한 이치에 어긋난 귀결을 가르친다. 그러나 여전히 다른 것도 여기에서 의아하게 일치함에 틀림없을 것이다. 즉 순수논리적 교리와 산술적 교리 사이의 자연적 유사성은 종종 이 둘의 이론적 통일을 주장하는 데까지 이끈다.

이미 때때로 언급했듯이, 로체[13]도 수학을 '그 자체만으로 계속 발전된 보편적 논리학의 한 부문'으로 간주해야만 한다고 가르쳤다. 그는 "단지 실천적 이유로 〔이 둘을〕 수업에서 분열시켜 가르쳤기에 수학의 완벽한 시민권이 논리학의 보편적 영역에 있다는 것을 못 보고 빠뜨렸다."[14]고 생각한다. 릴[15]에 따르면 정말 "논리학은 순수형식적 수학(이

---

13 (옮긴이 주) 로체(R. H. Lotze, 1817~1881)는 실증적 자연주의, 감각적 유물론, 비합리주의에 대항해 사변적 관념론과 기계론적 자연관을 결합했다. 철학은 세계존재뿐 아니라 진리(논리학)와 가치(실천철학)도 포함시킨 타당성이론과 가치론으로 신칸트 학파(독일 서남학파)의 선구자가 되었다. 저서로 『형이상학』(1841), 『논리학』(1843), 『소우주: 자연의 역사와 인간의 역사의 이념』(1856~1858) 등이 있다.

14 로체, 『논리학』(제2판), 18항 34쪽과 112항 138쪽.

15 (옮긴이 주) 릴(A. Riehl, 1844~1924)은 신칸트 학파의 입장에서 인식론에서 심리학주의를 반대하고 논리주의를 강조했다. 또한 실증주의적 경향에 따라 형이상학을 부정하고 인식 대상의 실재성을 주장했다. 저서로 『실재론 개요』(1870), 『철학의 개념과 형식』(1872), 『철학적 비판주의와 이것의 실증과학에 대한 의미』 제1~2권(1876~1887) 등이 있다.

개념은 한켈[16]의 의미로 파악한 것이다.)의 일반적 부문과 …… 일치한다고 당연히 말할 수 있다."[17] 아무튼 논리학에 대해 정당한 논증은 산술에 대해서도 인정되어야만 한다. 산술은 수(數), 그 관계와 결합의 법칙을 수립한다. 그러나 수는 심리적 활동인 총괄하는 것과 셈하는 것에서 생긴다. 관계는 관계 짓는 작용에서 생기며, 결합은 결합하는 작용에서 생긴다. 덧셈과 곱셈, 뺄셈과 나눗셈은 단지 심리적 과정일 뿐이다. 이것들이 감성적 지지 발판을 필요로 하는 것은 중요한 문제가 아니다. 왜냐하면 이것은 정말 모든 사유의 각각에 타당하기 때문이다. 그래서 합한 것, 곱한 것, 뺀 것, 나눈 몫 그리고 산술의 명제 속에 규제된 것으로 나타나는 무엇이든 심리적 생산물이며, 따라서 이것은 심리적 합법칙성의 지배를 받는다.

정밀성(Exaktheit)을 얻고자 진지하게 노력하는 현대 심리학이 수학적 이론을 둘러싸고 확장하려는 모든 수고가 매우 바람직해도, 수학 자체를 심리학의 한 부분으로 분류하려 한다면 그 심리학은 구축되기 어려울 것이다. 두 학문의 이질성은 결코 오인될 수 없다. 그래서 다른 한편으로 수학자도, 그가 이론적으로 수립한 것을 추정적으로 개선하고 심화시켜 정초하려는 의도에서 그에게 심리학적 연구를 끈질기게 강요하려 하면 냉소를 지을 뿐일 것이다. 수학자는 당연히 '수학적인 것과 심리적인 것은 전혀 무관한 세계라서 이 둘을 매개하려는 생각은 실로 불합리하다고 말할 것이다. 어디에선가 그러한 생각을 하면, 당연히 여기에 '〔허용되지 않는〕 다른 유(類)로의 기초이동(metabasis eis allo genos)'

---

16 (옮긴이 주) 한켈(H. Hankel, 1839~1873)은 매우 짧은 생애 동안 복소수 이론과 함수에 관한 많은 업적을 남겼는데, 이것은 『복소수 체계』(1867)에 집약되어 있다. 그는 현대 수학이 그리스 수학보다 인도 수학을 더 많이 닮았으며, 인도-아라비아 수(數) 체계의 기원은 인도라고 서양인으로서는 처음으로 주장했다.

17 릴, 『철학적 비판주의와 그 실증과학에 대한 의미(*Der philosophische Kritizimus und seine Bedeutung für die positive Wissenschaft*)』, 제2권, 제1부 226쪽.

이 적용되는 이야기와 마주칠 것이다.[18·19]

46 순수수학과 유사하게 순수논리학의 탐구 영역은 이념적 영역이다

이러한 반론에 의해 우리는 물론 다시 귀결에서부터의 논증에 빠져든다. 그러나 그 내용에 주목하면, 반대 진영의 근본적 오류를 지적할 기회를 발견한다. 더 이상 자립적 현존의 권리를 쟁취할 필요가 없는 성숙하게 발전된 자매 분과인 순수논리학과 순수수학을 비교하는 것은 신뢰할 수 있는 주도적 동기로서 이바지한다. 따라서 우선 수학에 주목하자.

비록 우리가 셈하지 않고는, 어떤 수도 합하지 않고는, 어떤 합도 곱하지 않고는 어떤 적(積) 등을 가질 수 없더라도, 누구도 순수수학적 이론을 특히 예컨대 순수 부정수론(不定數論)을 '심리학의 부분이나 부문'으로 파악하지 않는다. 산술의 모든 연산의 형성물은 산술적 연산의 어떤 심리적 작용을 소급해 지시하며, 이 심리적 작용을 반성하는 가운데에서만 수·합·적 등이 '명시될' 수 있다. 산술적 개념의 이러한 '심리학

---

18 이에 대한 보충은 나토르프가 탁월하게 상론한 「인식의 객관적 정초와 주관적 정초」(《철학 월보》 제23권, 265쪽 이하)를 참조. 더 나아가 프레게의 흥미 있는 저술인 『산술의 기초(*Die Grundlagen der Arithmetik*)』(1884) 「머리말」 6쪽 이하를 참조.(나는 『산술철학』 제1권 129~132쪽에 프레게의 반심리학주의적 입장에서 행한 **원리적** 비판을 더 이상 시인하지 않는다는 사실을 말할 필요가 거의 없다.) 이 기회에 이 책(『논리 연구』 제1권)의 논의 전체와 관련해 프레게의 그 이후 저술인 『산술의 근본법칙(*Die Grundgesetze der Arithmetik*)』 제1권(1893)의 「머리말」을 지적해야 할 것이다.
19 (옮긴이 주) 프레게(G. Frege, 1848~1925)는 논리학을 수학적 엄밀함으로 표현하는 것을 과제로 삼아 기호의 의미와 그 지시대상의 연관관계를 탐구하고, 진리함수의 명제계산·주어와 술어 대신에 변항(變項)에 의한 명제분석·양화이론 등을 제시해 현대의 수리논리와 분석철학에 결정적 영향을 주었다. 또한 후설의 『산술철학』을 심리학주의라고 비판함으로써 후설이 『논리 연구』 제1권에서 순수논리학을 정초해 가는 데도 큰 영향을 끼쳤다. 저서로 『개념기호법』(1879), 『산술의 기초』(1883), 『산술의 근본법칙』(1893) 등이 있다.

적 기원'에도 불구하고 수학적 법칙이 심리학적 법칙이어야 한다는 주장을 누구나 잘못된 기초이동(metabasis)으로 인정한다. 이것은 어떻게 설명될 수 있는가?

여기에는 단지 하나의 답변만 있을 뿐이다. 심리학은 사실로서, 시간적으로 경과하는 심리적 작용으로서 당연히 셈하는 것과 산술의 연산을 다룬다. 심리학은 정말 심리적 사실 일반에 관한 경험적 학문이다. 그러나 산술은 전혀 다르다. 산술이 탐구하는 영역은 우리에게 아주 친숙한 계열인 이념적 종(種) 1, 2, 3······을 통해 알려지며, 완벽하고 또 남김없이 규정된다. 개체적 사실, 시간적 규정성은 이 영역에서 전혀 논의되지 않는다. 수(數)에 관한 셈하기·합·적(그리고 그 이상의 것)은 셈하는 것·합하는 것·곱하는 것 등의 우연적으로 여기저기 일어나는 작용이 아니다. 이것들은 자명하게 그때그때 표상되는 그 표상과도 다르다. 수 5는 나나 다른 어떤 사람이 5를 셈하는 것이 아니며, 나나 다른 어떤 사람의 표상 5도 아니다. 후자의 관점에서 수 5는 표상작용의 가능한 대상이며, 전자의 관점에서 그것은 어떤 셈하는 작용에서 그 속에 객체적인 것, 구성된 집합적인 것의 측면으로 그 작용의 구체적인 개별적 사례를 갖는 형식의 이념적 종(Spezies)이다. 그 수 5는 어떤 경우에도 이치에 어긋나지 않고는 심리적 체험의 부분이나 측면으로 파악될 수 없고, 따라서 실재적인 것으로 파악될 수 없다. 만약 수 5가 본래 무엇인지를 명석하게 현전화하면,[20] 그래서 5에 관한 충전적 표상을 산출

---

20 (옮긴이 주) 현재화(Gegenwärtigung)는 원본적 지각이 생생한 '지금' 속에 현재 존재하는 것으로 '직접 제시하는 것(Präsentation)'이며, 현전화(Vergegenwärtigung)는 기억이나 상상처럼 시간적, 공간적으로 지금 여기에 현존하지 않는 것을 의식에 다시 현존하게 만드는 것, 즉 '직접 제시하는 것'과 함께 통각과 연상을 통해 예측에 의해 주어지는 '간접적으로 제시하는 것(Appäsentation)'의 작용이다. 그런데 이러한 세밀한 분석은 1904~1905년 강의 『시간의식』에서 본격적으로 이루어지기 때문에 여기에서는 통상적인 표상과 같은 의미로 사용한 것이다.

하면, 우리는 우선 그 어떤 다섯 개의 객체에 관한 집합적 표상이 분절된 작용을 형성하게 된다. 이 작용 속에서 일정한 분절의 형식에서 집합체, 그리고 이와 함께 앞에서 말한 수의 종에 개별적 사례가 직관적으로 주어진다.

이러한 직관적 개별자에 관해서 우리는 이제 '추상(Abstraktion)'을 한다. 즉 직관된 것 그 자체에서 집합형식의 비자립적 계기를 이끌어낼 뿐만 아니라 이 직관된 것 속에 이념(Idee)을 파악한다. 그러면 형식의 종으로서 수 5는 사념하는 의식 속으로 들어온다. 지금 사념된 것은 이러한 개별적 사례가 아니고, 전체로서 직관된 것도 아니며 비록 그 자체만으로 분리될 수 있는 형식이 아니더라도 직관 속에 내재하는 형식도 아니다. 오히려 사념된 것은 이념적 형식의 종이다. 이것은 어떤 작용 가운데 직관적으로 구성된 집합체에서도 그것이 개별화될 수 있는 산술의 의미에서 단적으로 하나인 것(Eine)이며, 그래서 시간성과 지나가 버리는 성격을 지닌 작용의 우연성에 전혀 관여하지 않는 것이다. 셈을 하는 작용은 생성 소멸한다. 그러나 수에 관해 이와 같은 것을 이야기하는 것은 무의미하다.

그래서 산술의 명제, 대수학의(즉 산술적-유적) 명제와 마찬가지로 수치(數値)의 (산술적-단일적) 명제는 그와 같은 이념적 개별자(경험적 부류와는 명확하게 구별되는 두드러진 의미에서 가장 낮은 종)에 관여한다. 그러한 명제는 셈이 이루어지는 실재적인 것에 관해서도, 셈이 이루어지는 실재적 작용 또는 이러저러한 간접적 대수의 지표가 구성되는 실재적 작용에 관해서도 전혀 아무것도 진술하지 않는다. 구체적으로 셈하는 것과 수의 명제는 관계된 구체적 단일자(單一者)가 속하는 학문적 영역에 포함되며, 반면 산술의 사유과정에 관한 명제는 심리학에 포함된다. 그러므로 엄밀하게 또 본래적으로 말하면, 산술의 명제는 '수에 관한 우리의 단순한 표상에 포함된 것'에 대해 아무것도 말하지 않는다. 왜냐하면 산술의 명제는 그 밖의 표상뿐만 아니라 우리 자신의 표상에 대해서도 거의 아무것도 말하지 않기 때문이다. 오히려 산술의 명제는 수와 수의 결합 그 자체를 추상적 순수성과 이념성에서 다룬다. '보편산술(arithmetica universalis)'의 명제 ── 또한 우리가 말할 수 있듯이 산술의 법칙학(Nomologie) ── 는 부정수 유의 이념적 본질 속에 순수하게 근거하는 법칙이다. 이 법칙의 범위에 들어가는 궁극적 개별자는 이념적 개별자이며, 이것은 수로 규정된 수, 즉 부정수 유의 가장 낮은 종차(種差)이다. 그러므로 이 개별자와 관계하는 것은 산술적-단일의 명제, 즉 '수의 산술(arithmetica numerosa)'의 명제이다. 이 명제는 그 보편적 산술의 법칙을 숫자로 부여된 수에 적용함으로써 생기는데, 이것은 이렇게 주어진 수의 이념적 본질에 순수하게 포함된 것을 표현한다. 이 모든 명제 가운데 경험적-보편적 명제로 환원되는 것은 전혀 없다. 이 보편성이 최대한의 가능한 보편성이더라도 실재적 세계의 영역 전체에서 경험적으로 예외가 없는 것이다.

우리가 여기에서 순수산술과 관련해 상세하게 진술한 것은 철저하게 순수논리학으로 전이된다. 또한 우리는 순수논리학에 대해 논리적 개념이 심리학적 기원을 갖는다는 사실을 자명한 것으로 인정하지만, 또한 이러한 사실에 근거한 심리학주의의 귀결은 부정한다. 우리가 학문적 인식의 기술학이라는 의미에서, 논리학에 승인한 범위에서 논리학이 광범위하게 심리적 체험을 다룬다는 것을 물론 우리도 의심하지 않는다. 확실히 학문적으로 탐구하고 증명하는 방법론은 탐구하고 증명하는 것이 경과하는 심리적 과정의 본성을 충분히 고려할 것을 요구한다. 이에 따라 표상·개념·판단·추리·증명·이론·필연성·진리 등과 같은 논리적 전문용어도 심리적 체험과 소질의 형성물에 대한 부류의 명칭으로 등장할 수 있고 또 그렇게 등장해야만 한다.

반면 우리는 문제가 되는 기술학의 순수-논리적 부분에서 그 같은

8절 심리학주의의 편견

일이 일어나는 것을 부인한다. 즉 자립적인 이론적 분과로서 분리될 수 있는 순수논리학이 어쨌든 심리적 사실을 겨냥하고 심리학적 법칙으로 성격 지을 수 있을 법칙을 겨냥한다는 것을 부정한다. 예를 들어 원초적 '사유법칙'이나 삼단논법의 공식[격]과 같은 순수-논리적 법칙은, 이 법칙을 심리학적 법칙으로 해석하려고 시도하자마자, 자신의 본질적 의미를 완전히 상실한다는 사실을 우리는 이미 인식했다. 따라서 이러한 법칙 또는 유사한 법칙이 구축되는 개념은 전혀 경험적 외연을 가질 수 없다는 점은 처음부터 분명하다. 달리 말하면 이 개념은 그 외연이 사실적 개별자를 충족시키는 단순한 보편적(universell) 개념의 성격을 가질 수 없고, 그 외연이 오직 이념적 개별자, 즉 진정한 종에서 이루어지는 진정한 유(generell) 개념임에 틀림없다. 더구나 위에서 말한 전문용어와 순수논리적 연관 속에 등장하는 모든 전문용어 일반은 한편으로 바로 심리학에 속하는 영혼의 형성물에 대한 부류의 개념을 뜻하고, 다른 한편으로 순수법칙성의 영역에 속하는 이념적 개별자에 대한 유개념을 뜻할 정도로 총체적으로 애매함에 틀림없음이 분명해진다.

47 논리적 근본개념에서 그리고 논리적 명제의 의미에서 입증하는 증명

이러한 것은 역사적으로 주어진 논리학을 검토하는 데 단지 일시적으로 개관하고 게다가 인식의 주관적-인간학적 통일체와 인식내용의 객관적-이념적 통일체의 근본적 차이에 특히 주의해도 입증된다. 그러면 애매함이 즉시 등장하며, 이것은 마치 '원리론(Elementarlehre)'이라는 전통적 명칭으로 다루어진 소재가 내적으로 동질의 것이며 총체적으로 심리학적 소재인 것처럼 기만적 가상을 명백하게 드러낸다.

[그 명칭으로] 무엇보다 표상이 다루어지고 또한 광범위하게 심리학

적으로 다루어지기 때문에 표상이 생기는 통각의 과정은 가능한 최대로 깊게 탐구된다. 하지만 표상의 본질적 '형식'의 차이가 문제 되자마자 고찰하는 방식에서 실로 단절이 준비되어 있는데, 이것은 판단의 형식론에서 계속되고 추론의 형식론에서 이에 속한 사유의 법칙론에서와 마찬가지로 가장 광범위하게 서로 상충된다. 표상이라는 전문용어는 갑자기 심리학적 부류의 개념의 성격을 상실한다. 이것은 우리가 표상이라는 개념에 포함되어야 할 개별적인 것에 대해 심문하자마자 명증성으로 드러난다. 만약 논리학자가 단일의 표상과 일반적 표상(소크라테스-인간 일반, 수 4-수 일반)의 차이, 속성의 표상과 비속성의 표상(소크라테스, 백인-한 인간, 하나의 색깔) 등의 차이를 확정하면, 또는 논리곱·논리합·한정 등의 결합과 같은 표상의 여러 가지 결합형식을 새로운 표상으로 열거하면, 또는 내포관계·외연관계와 같은 표상의 본질적 관계를 분류하면, 어쨌든 여기에서 중요한 문제는 현상적 개별자가 아니라 종적 개별자라는 점을 누구나 반드시 알게 된다.

누군가 논리적 범례로 '삼각형의 표상은 도형의 표상을 포함하고 도형의 외연은 삼각형의 외연을 포섭한다.'라는 명제를 표명한다고 하자. 이 명제에 그 사람의 주관적 체험이 논의되고, 〔어떤〕 현상이 〔다른〕 현상 속에 실재적으로 포함된 것이 논의되는가? 이 경우 또 이와 유사한 모든 연관에서 '표상'의 외연에는 내가 지금 갖는, 그리고 한 시간 후에 갖게 될 삼각형의 표상이 별개의 항(項)으로서 속하는가? 오히려 '삼각형'의 표상이 유일한 항으로서 속하지 않는가? 그 밖에 '소크라테스'라는 표상, '사자'라는 표상 등이 개별자로서 속하지 않는가?

모든 논리학에는 판단에 관한 논의가 매우 많다. 하지만 여기에도 애매함이 있다. 논리적 기술학의 심리학주의 진영에서는 참으로 간주하는 것으로 판단에 대해 말하고, 따라서 일정한 성질의 의식체험에 대해 말한다. 〔반면〕 순수논리학 진영에서는 이에 대해 전혀 논의하지 않는다. 여기에서 판단은 명제 ─ 게다가 문법적 명제가 아니라 이념적 의미의 통일체로 이해된 ─ 와 같은 것을 뜻한다. 이것은 순수논리법칙에 대해 필요한 기반을 제공하는 판단의 작용 또는 형식의 구별 모두에 들어맞는다. 정언판단, 가언판단, 선언판단, 실존판단 그리고 그 명칭이 어떠하든 그 밖의 판단은 순수논리학에서 판단의 부류에 대한 명칭이 아니라 이념적 명제 형식에 대한 명칭이다.

동일한 것이 실존적 추론, 정언적 추론 등 추론의 형식에도 적용된다. 이와 관련된 분석은 의미의 분석이며, 따라서 결코 심리학적 분석이 아니다. 분석되는 것은 개체적 현상이 아니라 지향적 통일체의 형식이며, 추론하는 체험이 아니라 추론이다. 논리적-분석적 의도에서 "정언판단 '신은 의롭다.'는 주어의 표상 '신'을 갖는다."라고 말하는 사람은 확실히 그나 다른 어떤 개인이 갖는 심리적 체험으로서 판단에 대해 말하는 것이 아니며, 마찬가지로 그 판단 속에 포함된, 또 '신'이라는 단어가 불러일으킬 심리적 작용에 대해 말하는 것도 아니다. 오히려 그는 가능한 체험이 다양함에도 하나인 그 명제 '신은 의롭다.'에 대해, 하나인 전체의 개별적 부분에서 다를 수 없을 또다시 하나의 표상인 그 표상 '신'에 대해 이야기한다.

따라서 논리학자가 '모든 판단'이라고 표현하는 것은 '모든 판단작용'이 아니라 '모든 객관적 명제'를 뜻한다. 판단이라는 논리적 개념의 외연 속에서 내가 방금 체험한 '$2 \times 2 = 4$'라는 판단과 어제 또는 어떤 날 또는 그 밖에 어떤 사람에게서 체험이었던 '$2 \times 2 = 4$'라는 판단은 그 권리가 같지 않다. 반대로 이러한 판단의 작용 가운데 어느 하나도 문제가 되는 외연 속에서 역할을 하지 않는다. 과연 단적으로 '$2 \times 2 = 4$', '지구는 정육면체이다.', 피타고라스의 정리 등은 역할을 하며 게다가 실로 하나의 항으로서 한다. '판단 S는 판단 P에서 귀결된다.'라고 말할 경우도 사정은 이와 전적으로 마찬가지이며, 모든 유사한 경우에도 그러하다.

이렇게 함으로써 논리적 원리의 참된 의미도 처음으로 규정되고 게다가 우리가 앞에서 분석해 특징지은 그와 같은 의미로 규정된다. 사람들은 모순율이 판단에 관한 판단이라고 가르쳤다. 그러나 판단을 심리적 체험, 참으로 간주하는 작용, 믿는 등의 작용으로 이해하는 한 이러한 파악은 타당성을 가질 수 없다. 모순율을 진술하는 자는 판단한다. 그러나 모순율이 그것에 대해 판단하는 것도 판단이 아니다. '모순된 두 판단 가운데 하나가 참이고 다른 하나는 거짓이다.'라고 진술하는 사람은, 그가 스스로 오해하지 않을 경우,(추후에 해석할 경우 그렇게 오해하더라도) 판단의 작용에 대한 법칙이 아니라 판단의 내용에 대한 법칙, 즉 우리가 손쉽게 명제라고 부르는 이념적 의미에 대한 법칙을 진술하는 것을 뜻한다. 따라서 '모순된 두 명제 가운데 하나가 참이면 다른 하나는 거짓이다.'라는 표현이 더 적절하다.[21]

우리가 모순율을 이해하기 위해 대립된 명제의미(Satzbedeutung)의 의미(Sinn)를 현전화하는 것만 필요할 뿐이라는 점도 분명하다. 실재적 작용으로서의 판단을 염두에 두지 않으면, 그 판단은 결코 이 일에 관련된 객체가 아닐 것이다. 우리는 다음과 같은 사실을 통찰하기 위해 단지 눈길을 돌리기만 하면 된다. 즉 이러한 논리적 법칙성의 범위에는 오직 이념적 의미에서 판단만 속한다. '2×2=5'라는 '그' 판단은 '용(龍)이 존재한다.'는 '그' 판단 이외에, 내각의 합에 관한 '그' 명제 등 이

---

21 우리는 모순율을 그 명증적 귀결이 '모순된 두 판단 가운데 하나가 **올바르다.**'인 판단에 대한 규범적 명제와 혼동하면 안 된다. '올바름'의 개념은 진리의 개념과 상관적이다. 어떤 판단이 올바른 것은 참인 것을 참으로 간주할 때이다. 따라서 그것은 그 '**내용**'이 참된 명제인 판단이다. '참'과 '거짓'이라는 논리적 술어는 본래의 의미상 이념적 진술-의미라는 뜻에서 오직 명제에만 관계한다. 또한 모순적 판단의 개념은 모순적 명제와 상관관계에 있다. 즉 인식작용적(noetisch) 의미에서 판단은, 그 **내용**(그 이념적 의미)이 우리가 형식적-논리적 의미에서 모순이라고 하는 기술(記述)로 규정된 관계에 있을 때, 모순적이다.

외에 하나의 판단이다. 반면 이러한 이념적 통일체 각각에 무한히 다양하게 상응하는 실제적이거나 표상된 판단의 작용 가운데 어느 하나도 그 범위에 속하지 않는다. 모순율과 유사한 것은 모든 순수논리적 명제, 예를 들어 삼단논법의 명제에 적용된다.

〔한편으로〕 부류의 전문용어로서 전문용어를 심리적 체험에 사용하는 심리학적 고찰방식과 〔다른 한편으로〕 바로 동일한 전문용어가 이념적 유와 종을 대표하는 객관적 또는 이념적 고찰방식의 차이는 결코 부차적이거나 단순히 주관적인 차이가 아니다. 그 차이는 본질적으로 서로 다른 학문의 차이를 규정한다. 어떤 유의 이념적 개별자(또는 그 유의 이념적 본질 속에 아프리오리하게 근거한 것)에 관한 학문인 순수논리학과 산술은 어떤 경험적 부류의 개체적 개별자에 관한 학문인 심리학과 분리된다.

48 결정적 차이

결론적으로 그 차이를 인정하든 부정하든 심리학주의의 논증에 대한 태도 전체가 의거하는 결정적 차이를 부각시키면, 다음과 같다.

1) 이념적 학문과 실재적 학문 사이에는 전혀 조정할 수 없는 본질적 차이가 있다.[22] 전자는 아프리오리하고, 후자는 경험적이다. 전자

---

22 (옮긴이 주) 전통적으로 이념성(이념적인 것)과 실재성(실재적인 것)은 '의식'을 기준으로 '내(內), 외(外)'로 구분해 왔다. 그러나 후설은 '시간성'을 기준으로 삼기 때문에 시간 속에서 일어나는 의식의 다양한 작용들도 실재성을 갖는다. 즉 구체적인 체험흐름인 내실적 내재(內在)뿐 아니라, '외적'인 감각자료가 인식작용에 의해 구성된 인식대상도 지향적 내재이다. 지향적 내재는 결국 내실적 초재(超在)이다. 물론 사념되거나 정립되었더라도 의식에 직관되지 않은 것은 순수 초재이다. 후설은 이 지향적 내재를 포괄해 분석하기 위해 '내적 지각'보다 '내재적 지각'이라는 표현을 주로 사용한다.

가 통찰의 확신으로 진정한 유적 개념에 근거한 이념적-법칙적 일반성을 전개한다면, 후자는 실재적인 법칙적 일반성을 게다가 사실의 영역에 관련된 통찰의 개연성으로 확인한다. 보편개념의 외연은 전자의 경우 가장 낮은 종차(種差)의 범위이고, 후자의 경우 시간적으로 규정된 개체적 개별자의 범위이다. 따라서 그 궁극적 대상은 전자의 경우 이념적 종이지만, 후자의 경우 경험적 사실이다. 이것에서 명백히 자연법칙과 이념법칙, (아마 '모든 까마귀는 까맣다.'-'까마귀는 까맣다.'와 같이 유적 명제로 분장한) 사실에 관한 보편적 명제와 (순수수학의 보편적 명제와 같은) 진정한 유적 명제, 경험적 부류의 개념과 이념적 유의 개념 등의 사이에 본질적 차이를 전제한다. 이러한 차이에 대한 올바른 평가는 현재 지배적이지만 모든 논리적인 것에 대한 이해를 차단하는 경험론의 추상이론 ── 우리는 이 추상이론에 대해 나중에[23] 상세하게 이야기할 것이다.[24] ── 을 최종적으로 포기하는 것에 철저히 달려 있다.

2) 모든 인식, 특히 모든 학문에서 다음 세 가지 연관 사이의 근본적 차이에 주목해야만 한다.

ⓐ 학문이 주관적으로 실현되는 인식체험의 연관, 따라서 탐구작용이 수행되는 또는 오래전에 발견된 이론이 통찰에 의해 숙고되는 표상·판단·통찰·추측·의문 등의 심리학적 연관.

ⓑ 그 자체로 이러한 학문의 영역을 형성하는, 학문 속에서 탐구되고 이론적으로 인식된 사태의 연관. 탐구작용과 인식작용의 연관은 탐구된 것과 인식된 것의 연관과 명백히 다른 것이다.

ⓒ 이론적 이념의 논리적 연관, 즉 종적 연관. 이 연관에서 어떤 학문

---

23 『논리 연구』 제2-1권, 제3연구 「머리말」 이하를 참조.
24 (옮긴이 주) 1913년 개정된 『논리 연구』에서 제2권과 달리 제1권은 몇 군데 문구나 표현이 수정되었을 뿐이다. 여기 개정판에 추가된 괄호 안의 것에서도 그가 제1권과 제2권의 긴밀한 연속성을 얼마나 중요하게 간주했는지 확인할 수 있다.

적 분과 — 특히 학문적 이론, 증명이나 추론 — 의 진리의 통일체가 구성되고 또한 참된 명제 속의 개념의 통일체, 진리의 연관에서 단순한 진리의 통일체 등이 구성된다.

예를 들어 물리학의 경우 〔한편으로〕물리학적으로 사유하는 사람의 심리적 체험의 연관과 〔다른 한편으로〕그 사람이 인식한 물리적 자연을 구별하고, 이 둘을 다시 물리학적 이론 — 따라서 해석역학, 이론 광학 등의 통일체 — 에서 진리의 이념적 연관과 구별한다. 사실과 가정의 연관을 지배하는 개연성을 정초하는 형식도 논리적인 것의 계열에 속한다. 논리적 연관은 이념적 형식이고, 이 형식 때문에 '종(種)에서' 동일한 진리, 동일한 추론과 증명, 동일한 이론과 이성적 분과가, 누가 '그것을' 사유하더라도, 하나의 동일한 것으로 논의된다. 이러한 형식의 통일체는 법칙적 타당성의 통일체이다. 이 형식의 통일체가 이 통일체와 유사한 모든 것과 더불어 따르는 법칙은 순수논리법칙이다. 그래서 순수논리법칙은 모든 학문을 전반적으로 포괄하는, 게다가 그 심리학적 의미내용과 대상적 의미내용에 따른 것이 아니라 그 이념적 의미내용에 따라 포괄하는 법칙이다. 물론 일정한 학문의 이념적 통일체를 형성하는 것은 개념·명제·진리의 일정한 연관이며, 이것이 논리적 연관으로 부르는 것은 오직 그것이 개별적 사례의 방식으로 논리학 아래 종속되는 한에서일 뿐이다. 그러나 그것 자체가 존립요소로서 논리학에 소속하지는 않는다.

이 세 가지 다른 연관은 물론 다른 모든 분과와 마찬가지로 논리학과 산술에도 해당된다. 단지 이 둘의 경우 탐구된 사태는 물리학에서와 같이 실재적 사실이 아니라, 이념적 종이다. 논리학의 경우 그 이론적 통일체를 형성하는 이념적 연관이 특수한 사례로서 그것 자체를 수립하는 법칙 아래 종속되는 그때그때 미리 언급된 특징은 그 이념적 종의 특수성에서 생긴다. 논리법칙은 이러한 연관의 부분인 동시에 규칙이며, 이것들은 이론적 연대(連帶)에 속하고 어쨌든 동시에 논리적 학문의 영역에 속한다.

49 세 번째 편견. 명증성의 이론으로서 논리학

세 번째 편견[25]은 '모든 진리는 판단 속에 있다.'라는 명제로 정식화된다. 그러나 우리는 판단을 그것이 명증성을 띨 경우에만 참으로 인식한다. 이 명증성은, 사람들이 그렇게 말하듯이, 각자의 내적 경험을 통해 모두에게 이미 잘 알려진 심리적 성격, 독특한 감정이 연결된 판단의 진리를 보증하는 일종의 독특한 감정을 뜻한다. 그런데 논리학이 진리에 대한 인식을 우리에게 촉진할 기술학이면, 논리법칙은 자명하게 심리학의 명제이다. 즉 그것은 이 '명증성의 감정'이 현존함이나 없음이 의존하는 심리학적 조건을 우리에게 밝혀 주는 명제이다. 그렇다면 이 명제에는 당연히 이 두드러진 성격[명증성의 감정]에 관여하는 판단을 실현하는 경우 우리를 촉진시킬 실천적 규제가 연결된다. 경우에 따라서는 우리가 논리법칙 또는 논리적 규범에 대해 이야기할 경우 심리학적으로 기초가 세워진 사유의 규칙도 생각해 볼 수 있을 것이다.

밀은 논리학과 심리학의 경계를 명확하게 하려는 의도로 "논리학에 관련된 사유의 특성은 사유의 우연적 특성의 일부이다. 나쁜 사유작용과 구별되는 것으로 좋은 사유작용은 이 특성, 즉 이 특성의 현존에 달려 있다."[26]라고 가르칠 때 그는 이미 이러한 [심리학주의의] 파악에 대해 약간 언급한다. 계속 진술해 가면서 그는 논리학을 반복해 [심리학적

---

25 이 책 제3절의 논증에서, 특히 19항 후반에서 이 편견이 역할을 했다.
26 밀, 『윌리암 해밀턴 경의 철학에 대한 검토』(제5판), 462쪽.

8절 심리학주의의 편견

으로 파악할 수 있는) '명증성의 이론' 또는 '명증성의 철학'으로 부르는 데,[27] 이 경우 그는 물론 순수논리적 명제를 직접 겨냥했던 것이 아니다. 독일에서는 지그바르트가 이러한 관점을 때때로 대변한다. 그에 따르면 "어떠한 논리학도 이 주관적 필연성의 감정(이 그 이전 단락에서는 '명증성의 내적 감정'이라고 한다.)이 등장하는 조건을 의식하게 되고, 이 조건을 자신의 일반적 표현으로 이끄는 것 이외에 달리 수행할 수 없다."[28] 분트의 많은 표명도 이와 같은 방향에서 시사한다. 예를 들어 분트는 그의 저술 『논리학』에서 다음과 같이 주장한다.

사유의 일정한 결합 속에 포함된 명증성과 보편타당성의 속성은 …… 심리학적 사유법칙에서 논리적 사유법칙을 산출한다. 논리적 사유법칙의 규범적 성격은 단지 사유가 심리학적으로 결합되는 가운데 어떤 결합이 사실적으로 명증성과 보편타당성을 소유하는 것 속에서만 정초된다. 왜냐하면 이제 우리가 그것이 명증성과 보편타당성의 조건을 충족시켜야 한다는 요구로 사유 일반에 접근하는 것이 비로소 가능하기 때문이다.

명증성과 보편타당성을 수반하기 위해 반드시 충족되어야 할 그 조건 자체를 우리는 논리적 사유법칙이라 부른다. …… 심리학적 사유는 항상 더 포괄적인 형식으로 남는다.[29] (라고 여전히 명백하게 강조된다.)

19세기 말 논리학의 문헌에서 논리학을 실천적으로 전환된 명증성

---

27 위의 책, 473, 475, 476, 478쪽.

28 지그바르트, 『논리학』 제1권(제2판), 16쪽.

29 분트, 『논리학』 제1권(제2판), 91쪽. 분트는 여기에서 명증성과 보편타당성을 끊임없이 병치시킨다. 보편타당성에 관해서 그는 (한편으로) 명증성의 단순한 귀결일 뿐인 주관적 보편타당성과 (다른 한편으로) 경험을 이해할 수 있게 요청하는 것이 되는 객관적 보편타당성을 구별한다. 그러나 이 요청을 정당화하는 것과 적절하게 충족시키는 것은 어쨌든 다시 명증성에 기초하기 때문에, 보편타당성을 출발점에 대한 원리적 상론으로 끌어들일 수 없는 것으로 보인다.

260

의 심리학으로 해석하는 경향이 뚜렷해지고 격렬하게 확산되었다. 여기에 회플러와 마이농의 『논리학』을 특히 언급할 만하다. 왜냐하면 명증성의 심리학이라는 관점을 논리학 전체에서 최대한 일관되게, 실제로 타당하게 수행된 최초의 시도로 간주할 수 있기 때문이다. 회플러는 논리학의 주된 과제를 "명증성이 이루어지는 것이 우리의 표상이나 판단의 일정한 속성에 의존하는 (우선 심리학적) 법칙"[30]을 연구하는 것이라고 한다. 논리학은 "실제로 생기거나 가능한 것으로 표상될 수 있는 사유의 모든 나타남 가운데 그 명증성이 직접 다가오거나 명증성이 이루어지는 데 필요조건인 사유의 종류('형식')를 이끌어 내야만 한다."[31] 이러한 것이 어떻게 진지하게 심리학적으로 고찰되는지는 그 밖의 상론이 보여 준다. 그래서 예를 들어 논리학이 올바른 사유에 관한 학설의 이론적 기초에 관계하는 한, 논리학의 방법은 심리학이 모든 심리적 나타남에 적용하는 것과 동일한 방법이라고 한다. 그래서 논리학은 특히 올바른 사유의 나타남을 기술해야 하고, 그런 다음 가능한 한 단순한 법칙으로 환원해야, 즉 단순한 법칙에 입각해 더 얽혀 복잡해진 법칙을 설명해야 한다.[32] 더 나아가 논리학의 추리론은 '어떤 일정한 판단이 전제에서 명증성으로 추론될 수 있는지 하는 것이 전제의 어떤 징표에 의존하는지 …… 그 법칙을 수립하는' 과제를 부과해야 한다 등등.

---

30 마이농과 공동 작업해 회플러가 집필한 『논리학』(1890), 16쪽 윗부분을 참조.
31 위의 책, 17쪽.
32 위의 책, 18쪽.

50 논리적 명제가 판단의 명증성의 이념적 조건에 관한 명제로 애매하게 변형됨. 그 결과로 생기는 명제는 심리학적 명제가 아니다

이제 비판으로 넘어가자. 우리는 논증이 시작되는 명제, 즉 현재에 상투어로서 유포되지만 반드시 해명해야만 할 명제 — '모든 진리는 판단 속에 있다.'라는 명제 — 를 의심스럽지 않다고 승인할 생각은 전혀 없다. 물론 '진리를 인식하는 것과 진리를 정당한 권리로 주장하는 것은 진리를 통찰하는 것을 전제한다.'는 점을 당연히 의심하지 않는다. 마찬가지로 '논리적 기술학은 명증성이 판단작용 속에 우리에게 밝혀지는 심리학적 조건에 따라 탐구되어야 한다.'는 점도 의심하지 않는다. 우리는 이론이 제기된 파악을 심지어 한 걸음 더 다가가 받아들인다. 지금 다시 순수논리적 명제와 방법론적 명제의 차이를 관철하려고 생각하더라도, 우리는 순수논리적 명제와 관련해 이 명제는 명증성의 심리학적 자료와 일정한 관계를 가지며 어떤 의미에서는 그 자료의 심리학적 조건을 제공한다는 점을 명백하게 인정한다.

그러나 물론 우리는 이러한 관계를 하나의 순수하게 이념적이며 간접적인 관계로 간주한다. 우리는 순수논리적 명제 자체가 명증성과 그 조건에 관해 최소한의 어떤 것을 진술한다는 것을 부정한다. 우리는 순수논리적 명제가 명증성에 대한 체험의 그 관계를 오직 응용하는 길 또는 전용하는 길에서만 획득할 수 있다는 점, 즉 '순수하게 개념 속에 근거한' 각각의 법칙이 그 개념의 경험적인 개별적 사례가 일반적으로 표상된 영역으로 전이될 수 있는 것과 동일한 방식으로 획득할 수 있다는 점을 보여 줄 수 있다고 믿는다. 그렇지만 이렇게 생긴 명증성의 명제는 이전과 마찬가지로 이후에도 자신의 아프리오리한 성격을 유지하고, 그 명증성의 명제가 진술하는 명증성의 조건은 결코 심리학적 조건이 아니며, 따라서 실재적 조건이 아니다. 오히려 순수개념적 명제는 모든 유사한 경우와 마찬가지로 여기에서도 이념적 양립 불가능성 또는 가능성에 관한 진술로 변화된다.

간단한 고찰이 논점을 명석하게 해 줄 것이다. 우리는 각각의 순수 논리법칙에서 아프리오리하게 가능한 (명증적) 변형을 통해 어떤 명증성의 명제를, 우리가 하려고 한다면, 명증성의 조건을 읽어 낼 수 있다. 모순율과 배중률이 결합된 원리는 '명증성은 어느 한 판단에서, 하지만 한 쌍의 모순된 판단에서 어느 한 판단에서만 등장할 수 있다'라는 명제와 확실히 동등한 값을 갖는다.[33] AAA 양식(Modus Babara)은 '모든 A는 C이다.'라는 형식의 명제에 필연적 진리(또는 더 정확하게 표현하면, 필연적으로 귀결되는 진리로서 그 명제의 진리)의 명증성은 그 전제가 '모든 A는 B이다.'와 '모든 B는 C이다.'라는 형식을 갖는 추론하는 작용 속에 등장할 수 있다는 명제와 의심할 여지 없이 같은 값을 갖는다. 그래서 순수논리적 명제의 경우에도 이와 유사하다. 'A는 참이다.'라는 명제와 '그것은 A라고 어느 누가 명증적으로 판단하는 것은 가능하다.'라는 명제 사이에 명백하게 일반적으로 같은 값이 존립하기 때문에 그것은 완전히 이해할 수 있는 일이다. 그래서 진리의 개념 속에 법칙적으로 포함된 것을 진술하는 것과 어떤 명제형식의 명제가 참으로 있음이 이와

---

33 명증성의 이론이 실제로 회플러가 같은 책, 133쪽에서 해석한 것을 요구하면, 논리적 원리에 대한 경험주의적 오해는 우리가 이전에 비판한 것(이 책 23항 참조)으로 교정되었을 것이다. 회플러의 명제 '동일한 대상에 대한 긍정판단과 부정판단은 양립할 수 없다.'는, 정확하게 살펴보면, 그 자체로 거짓이며 하물며 논리적 원리의 의미로 간주될 수도 없다. 이와 유사한 부주의한 오해는 근거와 귀결의 상관개념(Korrelativa)을 정의하는 경우 깜빡해서 일어나는데, 그 정의가 올바르다면, 모든 추론법칙에서 거짓 명제를 만들 것이다. 그 정의는 다음과 같다. '판단 F가 '근거' G의 '귀결'이면, G를 **참으로 간주하는 것**과 F를 (표상된) 참으로 간주하는 것은 양립 불가능한 …… 경우이다.'(같은 책, 136쪽) 우리는 회플러가 양립 불가능성을 '비공존(Inkoexistenz)'의 명증성으로 설명하는(같은 책, 129쪽) 점에 주목한다. 그는 (한편으로) 관련된 명제의 이념적 '비공존'(더 명백하게 이야기하면, 그 '함께 타당하지 않음 (Nichtzusammengelten)')과 (다른 한편으로) 참으로 간주하거나 표상하는 등 그것에 상응하는 작용의 실재적 '비공존'을 분명히 혼동하고 있다.

8절 심리학주의의 편견

상관적인 명제형식의 명제가 참으로 있음을 야기하는 점을 진술하는 의미를 지닌 명제는 물론 명증성이 가능하게 등장하는 판단의 명제형식과의 관계로 정립되어 변형된다.

그렇지만 이러한 연관에 대한 통찰은 동시에 순수논리학을 명증성의 심리학에 흡수시키려는 모든 시도를 반박할 계기를 제공해 준다. 그 자체로 어쨌든 'A는 참이다.'라는 명제는 이와 같은 값을 지닌 '그것이 A라고 어느 누가 명증적으로 판단하는 것은 가능하다.'라는 명제와 동일한 것을 뜻하지 않는다. 'A는 참이다.'라는 명제는 어느 누구의 판단작용에 대해 또한 일반적으로 어느 누구든 그의 판단작용에 대해 전혀 이야기하지 않는다. 여기에서 사정은 순수수학적 명제의 경우와 완전히 똑같다. 'a+b=b+a'라는 진술은 두 수를 합한 수치(數値)가 결합에서 그 위치에 의존하지 않는 것을 뜻하지만, 어느 누가 셈하거나 합하는 것에 대해 전혀 말하지 않는다. 어느 누가 셈하거나 합하는 것은 명증적이고 같은 값을 지닌 변형을 통해 비로소 일어난다. '구체적으로는' 실로 (그리고 이러한 일은 아프리오리하게 확고하다.) 셈하는 것 없이는 어떠한 수도, 합하는 것 없이는 어떠한 합도 주어지지 않는다.

그러나 우리가 순수논리적 명제의 원본적 형식을 떠나고 이 형식을 같은 값을 지닌 귀속된 명증성의 명제로 전환하는 경우조차 심리학이 자신의 소유물로 요구할 수 있을 것에서는 아무것도 생기지 않는다. 심리학은 경험적 학문, 즉 심리적 사실에 관한 학문이다. 따라서 심리학적 가능성은 실재적 가능성의 한 사례이다. 그러나 그 명증성의 가능성은 이념적 가능성이다. 심리학적으로 불가능한 것이, 이념적으로 말하면, 매우 충분히 있을 수 있다. 일반화된 '3체(體) 문제'[34] 또는 'n체 문제'를

---

34 (옮긴이 주) '3체 문제(three-body problem)'는 천체역학에서 세 개 천체의 각 질점(質点)이 떨어진 거리의 제곱에 반비례하는 만유인력의 상호작용 아래 운동할 때 그 궤도를 구하는 문제이다. 질점이 두 개인 2체 문제에서 그 궤도는 상대의 질점을 초점으로 원·타원·

해결하는 것은 모든 인간의 인식능력을 넘어설 것이라고 우리는 말한다. 그렇지만 그 문제는 하나의 해답을 갖고 있으며, 그래서 이와 관련된 명증성은 가능하다. 10의 18제곱의 수가 존재하며, 이에 관련된 진리가 존재한다. 그렇지만 누구도 그와 같은 수를 실제로 표상할 수 없으며, 이와 관련된 덧셈과 곱셈 등을 실제로 할 수 없다. 명증성은 여기에서 심리학적으로 불가능하며, 어쨌든 이념적으로 말하면, 아주 확실하게 하나의 가능한 심리적 체험이다.

'진리'라는 개념을 명증적 판단작용의 가능성이라는 개념으로 전환하는 것은 개체적 존재와 지각의 가능성이라는 개념의 관계와 유사하다. 지각을 충전적 지각으로만 이해할 경우에 한해서, 이 개념들이 같은 값을 지닌 것은 반론의 여지가 없다. 따라서 어떤 봄(Schauen)에서 세계 전체, 물체들의 지극히 무한함을 지각하는 지각이 가능하다. 물론 이 이념적 가능성은 그 어떤 경험적 주체가 받아들일 수 있을 실재적 가능성이 결코 아니며, 더구나 그러한 봄은 봄의 무한한 연속체, 즉 통일적으로 생각된 칸트의 이념[35]일 것이다.

판단의 명증성과 관련해 논리법칙에서 이끌어 낼 수 있고 필증적 명증성에서 아프리오리하게 타당한 것으로 비춰 줄 가능성의 이념성을 강조하는 가운데, 우리는 그 이념성의 심리학적 유용성을 결코 부정하지 않는다. 우리가 '모순된 두 명제 가운데 하나가 참이며 다른 하나는 거

포물선·쌍곡선의 2차 곡선 중 하나이다. 그러나 뉴턴 역학에서 3체 문제의 운동은 18계 미분방정식으로 나타낼 수 있는데, 수학적 방법은 계수 6이 한계이기 때문에 풀 수 없음을 증명했다. 어쨌든 태양과 지구의 인력을 받아 운동하는 달의 공전궤도를 구하는 것도 제한적 3체의 문제로 구할 수 있다.

35 (옮긴이 주) 칸트에 따르면, "어떤 경험도 결코 이념에 합치할 수 없다는 점에 바로 이념의 특성이 있다."(『순수이성비판』, B 649) "이념은 범주보다 객관적 실재성에서 더 멀리 떨어져 있다. 이념이 구체적으로 표상되게 만드는 어떠한 나타남[현상]도 발견될 수 없기 때문이다. 이념은 어떠한 가능한 경험적 인식도 도달하지 못하는 완전성을 포함한다."(같은 책, B 595~596)

짓이다.'라는 법칙에서 '한 쌍의 가능한 모순적 판단 가운데 각각 하나의 판단, 하지만 오직 하나의 판단만 명증성의 성격을 가질 수 있다.'라는 진리를 이끌어 내면, 이렇게 이끌어 내는 것은 우리가 명증성을 '판단하는 어떤 사람이 자신의 판단의 정당성을, 즉 그 판단이 진리에 적합함을 깨닫는 체험'으로 정의하는 경우 명증적으로 정당하게 이끌어 내는 것이다. 그래서 실로 새로운 명제는 어떤 심리적 체험이 양립할 가능성이나 불가능성에 관한 진리를 표명한다.

그러나 모든 순수수학적 명제도 이러한 방식으로 심리적인 것의 영역에 가능하거나 불가능한 사건을 우리에게 알려 준다. 어떠한 경험적 셈이나 계산도, 대수학의 변환이나 기하학의 작도(作圖)의 어떠한 심리적 작용도, 수학의 이념적 법칙에 모순된다면 불가능하다. 그래서 이 법칙은 심리학적으로 이용될 수 있다. 우리는 어떤 종류의 심리적 작용, 즉 셈하고 더하고 곱하며…… 결합하는 등의 작용에 관련된 아프리오리한 가능성과 불가능성을 항상 이 법칙에서 읽어 낼 수 있다. 그러나 이 때문에 그 법칙이 그 자체로 심리학적 명제는 아니다. 심리적 체험에 관한 자연과학으로서 심리학의 소관사항은 이러한 체험이 자연에 제약을 받는 것(Naturbedingtheit)을 탐구하는 것이다. 따라서 심리학의 영역에 속하는 것은 특히 수학적 활동과 논리적 활동의 경험적-실재적 관계이다. 하지만 이 활동의 이념적 관계와 법칙은 그 자체만의 영역을 형성한다. 이 영역은 '개념'에서 구축된 순수 유적 명제 속에 구성되는데, 그 개념은 가령 심리적 작용에 관한 부류의 개념이 아니라, 그와 같은 작용 또는 그 작용의 객관적 상관자 속에 그 자신의 구체적 기반을 갖는 이념적 개념(본질 개념)이다. 피타고라스에 따라 진리라고 부르는 수 3 등은, 우리가 이미 논의했듯이, 경험적 개별자나 개별자의 부류가 아니라 우리가 셈하고 명증적으로 판단하는 등 작용의 상관자 속에 이념화하면서(ideirend) 파악하는 이념적 대상이다.

그래서 명증성을 고려해 이러한 명칭으로 포괄된 체험의 자연적 조건을 찾아내는 것, 우리의 경험이 증언하는 것에 따라 명증성이 생기고 사라지는 실재적 연관을 탐구하는 것은 심리학의 단순한 과제에 불과하다. 관심, 어떤 정신적 신선함, 연습 등이 집중된 것은 그와 같은 자연적 조건이다. 이러한 조건을 탐구하는 것은 정밀한 내용에 대한 인식, 진정한 법칙의 성격을 지닌 통찰의 보편성에 이르는 것이 아니라, 모호한 경험적 일반성에 이른다.

그런데 판단의 명증성은 그와 같은 심리학적 조건에 제약되는 것이 아니라, 오히려 이념적(ideal) 조건에 제약된다. 그 심리학적 조건은, 순수하게 판단의 종적 형식과 질료 속에 근거하는 것이 아니라 영혼의 삶에서 판단의 경험적 연관 속에 근거하는 한에서, 우리가 외적인 경험적 조건으로 부를 수도 있다. 모든 진리는 그 가능성에 따라 동일한 형식과 소재의 올바른 진술의 무한하고 제약 없는 다양체에 비해 하나의 이념적 통일체이다. 이러한 관념적(ideell) 다양체에 속한 모든 현실적 판단은 그 단순한 형식을 통하든 그 질료를 통해 그 명증성의 가능성에 대한 이념적 조건을 충족시킨다. 그래서 순수논리법칙은 순수하게 진리의 개념 속에 또 이 개념과 본질적으로 유사한 개념 속에 근거한 진리이다. 그 법칙은 가능한 판단의 작용에 적용하는 경우 단순한 판단의 형식에 근거해 명증성이 가능하거나 불가능한 이념적 조건을 표명한다. 이 가운데 전자〔명증성이 가능한 이념적 조건〕는 그때그때 심리학의 테두리에 빠진 — 그래서 경험이 심리학적 귀납(Induktion)에 도달하는 데까지만 — 일종의 심리적 존재자의 특별한 구조에 관계한다. 하지만 후자는 이념의 법칙적 조건으로서 모든 가능한 의식에 일반적으로 적용된다.

결국 그리고 최종적으로 이러한 논쟁에 궁극적인 해명도 우선 가장 근본적인 인식론적 차이, 즉 실재적인 것(Reales)과 이념적인 것(Ideales)의 차이를 올바로 인식하는 데 또는 이 차이가 분석되는 그 모든 차이를 올바로 인식하는 데 달려 있다. 그것은 실재적 진리·법칙·학문과 이념적 진리·법칙·학문 사이의, 실재적(개체적) 일반자나 마찬가지의 개별자와 이념적(종적) 일반자나 마찬가지의 개별자 등 사이에 반복해 강조된 차이이다. 물론 어떤 방식으로는 누구나 이 차이를 확실하게 알며, 심지어 흄 같은 극단적 경험론자마저도 '관념의 관계(relations of ideas)'와 '사실의 문제(matters of fact)'를 근본적으로 구별했고, 그에 앞서 위대한 관념론자인 라이프니츠가 '이성의 진리(vérités de raison)'와 '사실의 진리(vérités de fait)'라는 표제로 이러한 구별을 이미 가르쳤다. 그러나 인식론적으로 중요한 구별을 한 것이 그 구별의 인식론적 본질을 올바로 파악한 것을 뜻하지 않는다.

〔이에 따라〕'도대체 이념적인 것은 그 자체로 무엇이며 실재적인 것과의 관계는 무엇인지', '이념적인 것이 어떻게 실재적인 것에 관련되는지', '이념적인 것이 어떻게 실재적인 것에 내재하며(einwohnen) 그래서 인식될 수 있는지'가 분명하게 이해되어야만 한다. 근본의 문제는 실제로 이념적 사유의 객체 — 그것을 현대적으로 표현하기 위해 — '사유경제(思惟經濟)'로 단축된 표현방식, 즉 그 자신의 본래 내용으로 환원되어 오직 개체적 개별체험으로, 개별적 사실에 관한 오직 표상과 판단으로 해소되는 표현방식에 대한 단순한 표시(Anzeige)일 뿐인지, 또는 관념론자가 그 경험론의 학설은 몽롱한 일반성에서 진술하지만 '모든 진술, 예를 들어 이 경험론의 학설 자체에 속하는 모든 진술은 의미와 타당성을 요구한다.', '이 이념적 통일체를 실재적 개별자로 환원

하는 모든 시도는 불가피한 불합리에 휩쓸려 든다.', '개념을 어떤 범위의 개별자로 해체하는 것은 사유하는 가운데 이러한 범위에 통일성을 부여하는 어떤 개념 없이는 생각할 수 없을 것이다.' 등을 깊이 숙고하지는 않는다고 말하는 경우 그 관념론자가 정당한지이다.

다른 한편 우리가 실재적 '명증성 이론'과 이념적 '명증성 이론'을 구별한 것을 이해하는 것은 명증성과 진리에 대한 올바른 개념을 전제한다. 지난 10년간 심리학주의의 문헌은 명증성에 대해 그것이 어떤 판단의 경우에는 생기고 다른 판단의 경우에는 없는, 그래서 기껏해야 일반적으로 인간에게 — 더 정확하게 파악하면, 정상적인 판단상황에서 정상적으로 존재하는 모든 인간의 경우 — 일정한 판단에 연결되어 나타나고 다른 판단에서는 나타나지 않는 우연적 감정이라고 말한다. 정상적인 모든 사람은 일정한 정상적 상황에서 명제 '2 + 1 = 1 + 2'의 경우 그가 화상을 입었을 때 고통을 느끼는 경우와 같이 명증성을 느낀다〔고 말한다〕.

물론 이 경우 우리는 '이러한 특수한 감정의 권위는 무엇에 근거하는지', '어떻게 그 감정이 판단의 진리를 보증하고 그 판단에 '진리의 소인을 각인시키며' 그 진리를 '통지하는' 일을 해 나가는지' 또는 어떠한 비유적 논의로 하더라도 이러한 것을 심문할 수 있다. 또한 '정상적인 소질과 정상적인 상황이라는 모호한 논의는 도대체 무엇을 정밀하게 특징짓는지 심문할 수 있고, 무엇보다 정상적인 것에 호소하는 것조차 명증적 판단의 범위와 진리에 적합한 판단의 범위가 합치되지 않는다는 점을 지적할 수 있다. 결국 정상적인 사람과 정상적인 상황에서 판단하는 사람도 엄청나게 많은 수의 가능한 올바른 판단이 명증성을 결여함은 틀림없는 사실이다. 어쨌든 우리는 실제의 인간이나 이렇게 유한하게 자연에 제약을 받는 가능한 인간 누구도 정상적이라고 부를 수 없게 정상성이라는 문제가 되는 개념을 파악하려고 하지 않을 것이다.

경험론은 이념적인 것과 실재적인 것의 관계를 사유 속에서 일반적으로 오해하듯이, 진리와 명증성의 관계도 오해한다. 그런데 명증성은 우연적이거나 자연법칙에 따라 어떤 판단에 연결된 부수적인 감정이 결코 아니다. 그것은 어떤 부류의 모든 임의적 판단(즉 이른바 '참된' 판단)에 단순하게 부착시킨 심리적 성격이 전혀 아니다. 그래서 그 자체만으로 고찰된 관련된 판단의 현상학적 내용은, 이러한 성격을 지니든 그러지 않든, 동일하게 같은 것으로 남아 있다. 이 사태는 가령 우리가 감각의 내용과 이것에 관련된 감정 사이의 연관을 생각하곤 하는 것과 전혀 다르다. 즉 두 사람이 동일한 감각을 갖지만, 그 감각은 감정 속에서 그들에게 다르게 움직인다.

〔요컨대〕명증성은 어쩌면 진리에 대한 '체험'일 뿐이다. 물론 진리는 일반적으로 이념적인 것이 실재적 작용 속에 체험일 수 있는 의미로서만 체험된다. 달리 말하면, 진리는 그 개별적 사례가 명증적 판단 속에서 현실적 체험인 하나의 이념이다. 그러나 명증적 판단은 원본적으로 주어진 것에 대한 의식이다. 비명증적 판단과 명증적 판단의 관계는 임의로 표상하는 어떤 대상을 정립하는 것과 그 대상을 충전적으로 지각하는 것의 관계와 유사하다. 충전적으로 지각된 것은 단순히 어떤 방식으로 사념된 것이 아니라, 그것이 사념된 것으로서, 즉 그 자체로서 현재에 또 남김없이 파악되며 또한 작용 속에서 원본적으로 주어진다. 이와 유사하게 명증적으로 판단된 것은 단순히 판단된 것(판단하고 진술하며 주장하는 방식으로 판단된 것)이 아니라, 판단의 체험 속에 그 자체로 현재하는 것(gegenwärtig) ── 어떤 사태가 이러저러한 의미의 파악으로 그 종류에 따라 개별적으로 또는 일반적으로, 경험적으로 또는 이념적으로 등 '현재하는 것'일 수 있는 의미에서 현재하는 것 ── 으로 주어진다. 원본적으로 〔스스로를〕 부여하는 모든 체험을 연결하는 유비(類比)

는 그런 다음 유비적 논의로 이끈다. 즉 우리는 명증성을 봄(Sehen), 통찰함(Einsehen), 스스로 주어진 ('참된') 사태를 포착함(Erfassen), 또는 당연하다고 생각되는 애매함에서 진리를 포착함이라고 부른다. 그리고 지각의 영역 속에서 '보지 못한 것(Nichtsehen)'이 결코 '존재하지 않는 것(Nichtsein)'과 합치되지 않듯이, 명증성이 결여된 것도 비진리와 같은 것을 뜻하지는 않는다. 의견[사념]과 이 의견이 뜻하는 것인 그 자체로 현재하는 것 사이가, 진술의 현실적 의미와 그 자체로 주어진 사태 사이가 일치하는 체험이 명증성이며, 이렇게 일치하는 것의 이념이 진리다. 하지만 진리의 이념성이 그 객체성을 형성한다. 어떤 명제의 사고(Satzgedanke)가 여기 그리고 지금 주어진 사태로 일치하는 것은 우연적 사실이 아니다. 오히려 그 관계는 동일한 명제의 의미와 동일한 사태에 관계한다. '타당성'이나 '대상성'(또는 '부당성'이나 '대상성이 없음')은 이러한 시간적 체험인 진술에 소속되는 것이 아니라 '2×2는 4이다.' 등 (순수하고 동일한) 진술, 즉 '종(種)으로서' 진술에 소속된다.

판단 U(즉 U라는 내용, 의미의 내용을 지닌 판단)를 통찰하는 판단의 방식으로 수행하는 것과 진리 U가 존립하는 것을 통찰하는 것이 동일한 것으로 귀결된다는 사실은 오직 이러한 파악으로만 일치한다. 이에 상응해 우리는 누가 통찰하더라도 우리의 통찰 ── 우리 가운데 누군가가 실제로 통찰을 갖는 한에서 ── 과 논쟁할 수 없다는 통찰도 갖게 된다. 왜냐하면 이것은 정말 참으로 체험되는 것은 또한 단적으로 참인 것이지 거짓일 수 없다는 사실을 뜻할 뿐이기 때문이다. 그러나 이것은 진리에 대한 체험과 진리 사이의 유적 본질연관에서 생긴다. 따라서 우리의 파악에 대해서만 그 의심이 배제된다. 그것은, '명증성을 우연적으로 결합된 감정으로 파악하는 것은 그 의심을 결코 벗어날 수 없으며 명백하게 완전한 회의주의와 같게 된다.'는 의심, 즉 '우리가 U가 있다는 통찰을 가질 경우 도대체 다른 사람이 U와 명백하게 양립할 수 없는 U′가 있다는 통찰을 가질 수 있는지', '일반적으로 통찰은 〔다른〕 통찰과 융화되지 않게 충돌할 수 없는지' 등의 의심이다.

그래서 우리는 왜 명증성의 '감정'이, 관련된 판단의 내용의 진리 이외에 다른 본질적 전제조건을 가질 수 없는지도 이해한다. 왜냐하면 아무것도 없는 곳(wo nichts ist)에서 아무것도 볼 수 없는 것이 자명하듯이, 어떠한 진리도 없는 곳(wo keine Wahrheit ist)에는 참으로 통찰하는 어떠한 것도, 즉 어떠한 명증성도 주어질 수 없다는 것이 자명하기 때문이다.[36]

---

36 『논리 연구』 제2권 제6연구 제5절 「충전성의 이상. 명증성과 진리」 참조.

9절 사유경제의 원리와 논리학

52 들어가는 말

우리가 이제까지 논박에 몰두해 왔던 심리학주의와 매우 유사한 것은 최근 몇 년간 특별하게 보급된, 논리학과 인식론을 경험적으로 정초하는 다른 형식의 심리학주의이다. 즉 아베나리우스[1]와 같이 최소 역량의 원리로, 또는 마흐[2]가 말했듯이 사유경제의 원리로 이 분과를 생물학적으로 정초하는 것이다. 이 새로운 경향이 결국 다시 일종의 심리학

---

1 (옮긴이 주) 아베나리우스(R. Avenarius, 1843~1896)는 파리에서 태어나 취리히·베를린히·라이프치히대학교에서 철학을 배우고 취리히대학교 교수로 활동했다. 그는 인간의 인식작용을 생물학적으로 분석하고 순수한 경험에 의해서만 세계를 일원론으로 설명하려 했으며, 이 경험비판론은 논리적 실증주의에 큰 영향을 주었다. 저서로『순수경험비판』(1888~1890),『인간의 세계개념』(1891) 등이 있다.

2 (옮긴이 주) 마흐(E. Mach, 1838~1916)는 진정한 실재는 감각적 경험요소일 뿐이며 물질이나 정신은 이 감각요소의 특수한 복합이라는 실증적 경험비판론을 주장해 논리적 실증주의를 개척했다. 과학은 경험을 초월한 통일원리로 실재 세계를 설명하는 것이 아니고, 현상적인 경험적 사실을 기술하는 것이다. 이 기술에서 개념이나 법칙은 모두 감각을 정리하는 사유경제의 수단이다. 후설은 그의 이론을 긍정적으로 평가하는 동시에 비판적으로 검토해 현상학적 분석의 방법을 형성했다. 저서로『역학의 발달』(1883),『감각의 분석』(1886),『열학(熱學)의 원리』(1896),『인식과 오류』(1905) 등이 있다.

주의로 합류한다는 점은 코르넬리우스[3]가 『심리학』에서 가장 명료하게 드러냈다. 이 저술에서 문제가 되는 원리는 명백하게 '오성의 근본법칙'으로, 동시에 '일반적인 심리학적 근본법칙'[4]으로 주장된다. 이 근본법칙 위에 건설된 심리학(특히 인식 과정의 심리학)은 동시에 철학 일반의 기초를 제공해야 한다.[5]

나는 이 사유경제의 이론 속에 잘 정당화되고 적절하게 제한되어 매우 풍부한 사상이 전환 — 즉 일반적으로 채택하는 경우 한편으로 모든 진정한 논리학과 인식론의 파멸을 뜻하고 다른 한편으로 심리학의 파멸을 뜻하게 될 전환 — 을 포함한다고 생각한다.[6]

우리는 우선 아베나리우스-마흐 원리의 성격을 일종의 목적론적 적응 원리로서 밝히고, 그런 다음 그 원리의 가치 있는 내용과 이것에 근거하는 연구가 심리적 인간학과 실천적 학문이론에 대해 정당화된 목표를 규정한다. 끝으로 심리학과 무엇보다 순수논리학 및 인식론을 정초하는 데 그 원리가 어떤 도움도 줄 수 없다는 점을 증명한다.

---

3 (옮긴이 주) 코르넬리우스(H. Cornelius, 1863~1947)는 뮌헨에서 태어나 수학, 물리학, 화학을 공부한 뒤 철학으로 전환해 뮌헨대학교와 프랑크푸르트대학교 교수로 활동했다. 그는 마흐의 인식론과 칸트의 선험철학에 깊은 영향을 받았으며, 호르크하이머(M. Horkheimer)와 아도르노(Th. Adorno)가 그의 제자이다. 저서로 『경험과학으로서의 심리학』(1897), 『선험적 체계학』(1916), 『칸트의 순수이성비판 주해』(1926) 등이 있다.
4 코르넬리우스, 『심리학』, 82, 86쪽.
5 같은 책, 3~9쪽('심리학의 방법과 위치').
6 내가 이 제9절에서 아베나리우스 철학의 주요 경향에 대해 실행해야만 할 부정적 비판은 그의 학문적 작업에 대한 순수한 진지함에 대해서뿐 아니라, 심리학에서 너무 일찍 빠져나간 연구자에 대해서 전폭적으로 존경을 표하는 것과 서로 매우 잘 조화를 이룬다.

53 마흐-아베나리우스 원리의 목적론적 성격과 사유경제학[7]의 학문적 의미

아무리 표명되더라도 그 원리는 진화(Entwicklung)의 원리 또는 적응(Anpassung)의 원리라는 성격을 지녀서 사상을 서로 다른 나타남의 영역에 가능한 한 합목적적으로(경제적으로, 힘을 절약하면서) 적응하는 것으로 학문을 파악하는 데 관계한다.

아베나리우스는 대학교수 자격논문[8] 머리말에서 이 원리를 "새로운 인상이 부가될 경우 영혼이 자신의 표상을 수여하는 변화는 될 수 있는 대로 가장 적은 변화이다."라고 말한다. 그러나 이것은 곧 다음과 같은 것을 뜻한다. 즉 '영혼이 유기적 실존의 조건과 그 합목적성에 대한 요구에 지배되는 한에서, 앞에서 인용한 원리는 진화의 원리가 된다. 즉 영혼은 필요한 만큼의 힘을 통각에 사용하며, 다수의 통각이 가능한 경우 더 적은 힘을 소비하며 동일한 작업을 실행하는 또는 동일한 힘을 소비하면서 더 많은 작업을 실행하는 통각에 우선권을 부여한다. 유리한 상황에서 영혼 자신은 순간적으로 더 적은 힘을 소비하는 것을 선호하는데, 하지만 이것은 더 적은 효과의 양 또는 효과의 지속과 결합되어 있고, 그만큼 더 많은 효과 또는 더 지속하는 효과를 얻을 것을 약속하는 일시적인 많은 노력을 선호한다.'

아베나리우스가 통각(Apperzeption)[9]의 개념을 도입함으로써 성취한

---

7 '사유경제적'이라는 마흐의 용어가 일반적으로 정착된 다음에 사람들은 사유경제적 연구의 학문적 총괄을 나타내는 데 '사유경제학(Denkökonomik)'이라는 나에게는 매우 편안한 형성물(만들어 낸 말) ──적어도 이하의 쪽수들 안에서── 을 묵인해야 할 것이다.

8 아베나리우스, 『최소역량 원리에 따른 세계에 대한 사유로서 철학. 순수경험비판 서론(*Philosophie als Denken der Welt gemäß dem Prinzip des kleinsten Kraftmaße. Prolegomena zu einer Kritik der reinen Er-fahrung*)』(라이프치히, 1876), Ⅲ쪽 이하.

9 (옮긴이 주) 이 용어는 라틴어 'appercipere(덧붙여 지각한다)'에서 유래하며, 직접적으로 지각함 이외에 잠재적으로 함축된 감각들도 간접적으로 지각하는 것을 의미한다. 칸트 이

더 큰 추상성(Abstraktheit)은 그 통각의 개념이 너무 넓어 모호하고 내용이 빈약한 경우 비싼 대가를 치른다. 마흐는 아베나리우스의 경우 번잡하고 전체적으로 매우 의심스러운 연역의 결과로 나타나는 것, 즉 학문이 관련된 경험의 영역에서 가능한 한 완전하게 방향을 정하게 성취하는, 우리의 사유를 그 영역에 가능한 한 경제적으로 적응하게 성취하는 것을 정당하게 첨단에 내세웠다. 그는 그 밖에 어떤 원리에 대해 이야기하는 것을 좋아하지 않았고, 또한 정당하게, 단적으로 학문적 탐구의 '경제적 본성', 개념·공식·이론·방법 등의 '사유경제의 작업수행'에 관해 말하기 좋아했다.

따라서 이러한 원리에서 중요한 문제는 합리적 이론의 의미에서 원리, (순수수학의 법칙 또는 수학적-물리학적 법칙이 할 수 있듯이) 합리적 설명의 근거로서 기능할 수 있을 정밀한 법칙이 아니라, 일반적으로 생물에 관한 학문에서 크게 유익하고 총체적으로 일반적인 진화의 사상에 포함될 수 있는 가치 있는 목적론적 관점이다.

자기 보존과 종의 보존의 관계는 여기에서 정말 명백하다. 동물의 행동은 표상과 판단을 통해 규정된다. 만약 이 표상과 판단이 일어난 일의 경과에 충분히 적합하지 않다면, 과거의 경험이 유용할 수 없다면, 새로운 것은 예견되지 않으며 수단과 목적(이 모든 것은 적어도 대략적 평균치에서 관련된 개체의 생활권 안에서 그리고 그 개체를 위협하는 해로움이나 유리한 유용성과 관련된다.)도 적절하게 정리되지 않아 어떠한 보존도 가능하지 않을 것이다. 인간과 유사한 생명체, 즉 단지 감각의 내용을 체험하지 어떠한 연상(Assoziation)[10]도 행하지 않고 어떠한 표상의

후에는 새로운 경험(표상)을 이전의 경험(표상)들과 종합하고 통일해 대상을 인식하는 의식의 적극적인 작용을 뜻하기도 한다.

10 (옮긴이 주) '연상'은 시간이 흐르면서 변양된 표상이 동기부여에 의해 새롭게 주어지는 표상에 끊임없이 결합하는, 즉 시간의식 속에 어떤 것이 다른 것을 기억하고 지시하는 내재적 체험발생의 짝짓기(Paarung) 법칙을 뜻한다. 정신적 세계를 지배하고 구성하는 이 법칙

습관도 형성하지 않는 생명체, 따라서 그 내용을 대상적으로 해석하고 외적인 사물과 일어난 일을 지각하며 이것을 습관에 따라 예상하거나 기억 속에 다시 현전화할 능력이 없는 생명체, 이러한 모든 경험의 작용 속에 평균적 성공을 확신할 수 없을 생명체 —— 이러한 생명체는 과연 어떻게 존속할 수 있는가?

이미 흄은 이러한 점에서 '자연의 경과와 우리 관념의 계기(繼起) 사이에 일종의 미리 규정된 조화'[11]에 관해 이야기했고, 현대의 진화론은 이러한 관점을 다시 추적하고 여기에 속한 정신구조의 목적론을 상세하게 탐구하라고 열심히 권고했다. 확실히 이것은 이미 진작부터 물리적 생물학에 못지않게 심리적 생물학에 대해서도 유익한 관점이다.

물론 이러한 관점은 맹목적 사유의 영역뿐만 아니라 논리적 사유, 학문적 사유의 영역에도 스며든다. 인간의 우수성은 오성(Verstand)이다. 인간은 지각하고 경험하면서 자신의 외적 상황에 순응하는 존재자일 뿐만 아니라, 사유하고 개념을 통해 직관적인 것의 좁은 한계를 극복한다. 개념적 인식으로 인간은 엄밀한 인과법칙에까지 관철해 달성하는데, 이 인과법칙은 인간이 평소에 가능하던 것보다 비교할 수 없게 넓은 범위에서, 또 비교할 수 없게 큰 확실성으로 미래에 나타나는 진행을 예견하고 과거에 나타난 것의 경과를 재구성하며 주변 사물이 일으킬 수 있는 반응을 미리 계산하고 이것을 실천적으로 극복할 수 있게 허용한다. 콩트는 이것을 "과학 다음에 예측, 예측 다음에 행동(science

---

은 감각된 것들의 동질성과 이질성에 따른 연상적 일깨움에 의해서만 분리된 기억들이 서로 관련지어지고, 하나의 시간적 연관 속에 질서지어진다. 『시간의식』의 분석에 따르면, 근원적 연상에 의한 합치와 종합은 동등한 것과 유사한 것의 감각적 통일, 즉 현실적 직관과 과거 속으로 가라앉은 직관들의 서로 다른 위치를 결합하는 내적 시간의식의 끊임없는 흐름인 하부 의식 속에 통일이 수동적으로 미리 주어져 있기 때문에 가능하다.

11 흄, 『인간 오성론(*An Enquiry concerning Human Understanding*)』, 제5부 제2장.(*Essays*, Green a. Grose 편집, 제2권, 46쪽.)

d'où prévoyance, prévoyance d'où action)"이라고 적절하게 표명했다. 일면적으로 지나치게 긴장된 인식에 대한 충동이 개개의 연구자에게 아무리 많은 고뇌를 하물며 드물지 않게 주더라도, 결국 학문의 성과와 학문의 보물은 어쨌든 인류 앞에 드러난다.

그런데 방금 상세하게 논한 것 가운데는 물론 아직 사유경제에 관한 논의가 없었다. 그러나 이러한 사상은 우리가 적응의 이념이 무엇을 요구하는지 더 정확하게 검토하자마자 즉시 끈질기게 달라붙는다. 생명체는 자기 자신을 촉진하는 데 필요하거나 유리한 작업을 더 빠르게 또 더 적은 힘을 소비하면서 실행할수록 명백하게 그만큼 더 합목적적으로 구성되고, 즉 자신의 생활조건에 그만큼 더 적응된다. 어떤 (평균적으로 일정한 영역에 속하고 일정한 빈도로 등장하는) 해로움이나 유용함에 직면해 그 생명체는 더 빠르게 방어나 공격을 준비하고 이 점에서 성과를 거두며, 그럴수록 더 새로운 해로움에 대항하거나 새로운 유용함을 실현할 그 밖의 남은 힘을 유지하게 된다. 물론 여기에서 중요한 문제는 단지 거칠게 서로 잇달아 조정되고 우리가 평가할 수 있는 모호한 관계이지만, 결국 충분히 규정해 논의될 수 있는 관계, 적어도 어떤 영역 안에서 대체로 계몽적으로 음미될 수 있는 관계이다.

확실히 이것은 정신적 작업수행의 영역에도 타당하다. 그 작업수행이 보존을 촉진하는 것으로 인식된 후에, 우리는 이 작업수행을 경제적 관점에서 고찰할 수 있고 인간의 경우 사실적으로 실현된 작업수행을 목적론적으로 검토할 수 있다. 또한 이른바 아프리오리한, 어떤 완벽한 것을 사유경제로 권장된 것으로 입증할 수 있고, 이것을 우리가 사유를 진행시켜 가는 형식과 방법 — 일반적이든 더 진보된 정신을 소유한 자의 경우든 학문적 탐구의 방법 — 에서 이미 실현된 것으로 증명할 수 있다. 어쨌든 여기에서 보람되고 계몽적인 광범위한 연구의 영역이 열린다. 심리적인 것의 영역은 곧 생물학 영역의 한 부분이며, 그래서 그 영역은 물리학적 탐구의 본성에 따라 기본법칙을 겨냥하는 추상적-심리학적 탐구의 공간뿐만 아니라 구체적-심리학적 탐구, 특히 목적론적 탐구의 공간도 제공해 준다. 후자의 탐구는 물리적 인간학에 필수적 대응물인 심리적 인간학을 구성하며, 인간을 인류의 생활공동체 속에 고찰하고 더 나아가 지구 전체 생명체의 생활공동체 속에서 고찰한다.

54 사유경제학의, 주로 순수연역적 방법학의 영역에서 정당화된 목적에 대한 상세한 설명. 순수연역적 방법학과 논리적 기술학의 관련

특히 학문의 영역에 적용되면, 사유경제의 관점은 중요한 결과를 산출할 수 있고, 서로 다른 탐구방법의 인간학적 근거에 밝은 빛을 던져 줄 수 있다. 가장 진보된 학문에 특징적인 가장 성과가 큰 방법은 대부분 단지 우리의 심리적 구조의 특성을 고려해 보는 것만으로도 만족하게 이해될 수 있다. 마흐는 이러한 점에서 다음과 같이 탁월하게 말한다.

> 앞에서 시사한 방향에서 해명해 주지 않고 수학을 하는 사람은, 마치 종이와 연필이 지능에서 그 자신보다 우수한 것처럼, 종종 불쾌한 인상을 품어야만 한다.[12]

여기에서는 다음과 같은 것을 숙고해야 한다. 즉 인간의 지성적 힘이 어느 정도 제한되는지, 더 자세히 말하면, 그 안에서 추상적 개념이

---

12 마흐, 『역학의 발전(*Die Mechanik in ihrer Entwicklung*)』(1883), 460쪽. 그 위치는 완전히 인용할 가치가 있다. 그는 계속 말한다. "이러한 방식으로 수업의 대상으로 이루어지는 수학은 유대교의 비교(秘敎, Kabbala) 또는 신비의 마방진(魔方陣, Quadrat)에 몰두하는 것보다 교육적으로 거의 유익하지 않다. 필연적으로 이것을 통해 비로소 신비적 경향이 생기는데, 이 경향은 어쩌다 성과를 거둔다."

완전히 이해될 수 있는 결합을 여전히 유지하는 영역이 어느 정도 좁은 지, 그리고 본래의 방식으로 수행된 그러한 결합을 단순히 이해하는 것이 얼마나 힘든지 검토해 보면, 더 나아가 단지 적당하게 복잡한 명제들의 연관의 의미를 본래 파악하는 데 더구나 단지 적당하게 복잡한 연역을 실제로 또 통찰해 실행하는 데 이와 유사한 방식으로 얼마나 제한 되는지 숙고해 보면, 결국 적극적이고 완전히 통찰하는, 어디에서나 사유 그 자체로 고생하는 탐구가 근원적으로 움직일 수 있는 영역이 더 유력한 이유로(a fortiori) 얼마나 적은지 숙고해 보면, 도대체 포괄적인 합리적 이론들과 학문들이 어떻게 성립하는지 반드시 놀라게 된다. 그래서 예를 들어 수학적 분과, 즉 비교적 단순한 생각을 다루는 것이 아니라 생각과 가지각색으로 서로 맞물려 결합된 생각의 참된 탑(塔)을 자유자재로 다루고, 탐구를 통해 점점 더 복잡해지는 가운데 창조되는 분과가 어떻게 가능한지는 중대한 문제이다.

기술과 방법은 이것을 할 수 있다. 이것들은 우리 정신의 구조가 불완전한 점을 극복하고, 상징으로 조작하는 과정으로 또 직관성, 본래의 이해, 명증성을 단념하는 작업수행으로 우리가 간접적 성과 — 방법의 작업수행 능력을 일반적으로 정초함으로써 결단코 확실하게 되기 때문에 완전히 확실한 성과 — 를 이끌어 내게 해 준다. 여기에 속한 모든 기술성(Künstlichkeit) — 적확한 의미에서 일반적으로 방법에 관해 논의할 경우 우리가 통상 주목하는 기술성 — 은 사유경제를 준비하는 성격을 띤다. 기술과 방법은 일정한 자연의 사유경제적 과정에서 역사적으로 또 개별적으로 생긴다. 그러는 가운데 연구자의 실천적-논리적 반성은 이러한 과정의 장점을 통찰해 이해하고, 그래서 기술과 방법을 완전히 의식적으로 완성하며 인위적으로 결합하고, 그와 같은 방식으로 더 복잡하지만 자연적인 사유의 기계장치보다 비교할 수 없게 더 작업을 수행할 수 있는 사유의 기계장치를 만들어 낸다. 그러므로 통찰하는 길로 또 우리 정신의 구조[13]의 특수성을 끊임없이 고려함으로써 탐구의 개척자는 그 보편적 정당성을 반드시 증명하는 방법을 고안해 낸다. 일단 이러한 일이 이루어지면, 그 방법은 각기 주어진 개별적 사례에서 통찰하지 않고도, 기계적으로 준수될 수 있으며, 그 성과의 객관적 정당성은 보장된다.

통찰하는 사유의 과정을 기계적 사유의 과정으로 이렇게 광범위하게 환원하는 것(이러한 환원을 통해 직접적 방법으로 실행할 수 없는 사유의 작업수행에 엄청난 주변이 간접적 방법으로 성취된다.)은 기호적-상징적 사유의 심리학적 본성에 의거한다. 이러한 사유는 (네 가지 종〔덧셈·뺄셈·곱셈·나눗셈〕에 대한, 또 마찬가지로 (어쩌면 대수표, 삼각함수표 등을 이용해) 통찰하는 사유의 협력이 전혀 없어도 해답이 튀어나오는 10진법 수를 이용한 연산에 대한 계산규칙의 본성에 따라) 맹목적 기계장치를 구축하는 경우뿐만 아니라 통찰해 탐구하고 증명하는 연관에서도 막대한 역할을 한다. 여기에는 예를 들어 모든 순수수학의 개념의 주목할 만한 이중성 (Verdoppelung)이 언급될 수 있을 것이다. 이 이중성에 따르면, 특히 산술에서 일반적으로 산술의 기호는 우선 근원적인 정의의 의미에서 관련된 수 개념에 대한 기호이고, 그런 다음 오히려 순수한 연산의 기호로서, 즉 오직 외적인 연산의 형식을 통해서만 그 의미가 규정되는 기호로서 기능한다. 그런데 각각의 기호는 일정한 연산의 형식으로 종이 위에 이러저러하게 조작될 수 있는 단순한 그 어떤 것(Irgendetwas)으로 간주된다.[14] 기호를 일종의 계산기로 만드는, 이렇게 대리하는 연산의 개

---

13 물론 이것은 '**학문적 심리학**의 지원을 받아'를 뜻하지 않는다.

14 만약 외적 연산의 형식 대신에 내적 연산의 형식을 받아들이면, 기호를 '일정한' 관계에 있는, '일정한' 결합을 허용하는 '그 어떤 사유의 객체(Denkobjekt)'의 의미로 이해하면, 그래서 그 사유의 객체에 대해 게다가 이에 상응하는 **형식적** 의미에서 'a+b=b+a' 등과 같은 연산의 법칙과 관계의 법칙이 타당하면 새로운 계열의 개념이 생긴다. 이것이 곧 위의 본문에서 바로 논의한 근원적인 분과를 '형식적으로' 일반화하는 데로 이끄는 것이다.

9절 사유-경제의 원리와 논리학

넘은 산술적 사유와 심지어 산술적 탐구의 최대한의 구간에서 유일하게 기준이 되는 것이다. 그 연산의 개념은 산술적 사유를 엄청나게 경감시키는 것을 뜻하며, 산술적 사유를 추상(Abstraktion)의 매우 곤란한 고지(高地)에서 직관(Anschauung)의 편안한 길로 옮겨 놓는다. 이 길에서 통찰해 이끌린 상상은 규칙의 테두리 안에서, 가령 규칙화된 놀이처럼 자유로우면서도 비교적 적은 노력으로 활동할 수 있다.

이와 연관해 다음과 같은 것, 즉 '순수수학적 분과에서 본래의 사유가 대리하는 기호적 사유로 사유경제적으로 전가하는 것이 어떻게 처음에는 전혀 감지되지 않은 채 근원적인 사유의 계열과 심지어 학문을 형식적으로 일반화하는 계기를 부여했는지' 그리고 '특히 이것을 향한 정신의 작업이 거의 없이 어떻게 이러한 방식으로 무한히 확장된 지평의 연역적 분과가 생겼는지'를 지적할 수 있을 것이다. 그래서 근원적인 정수론(整數論)과 수량론(數量論)인 산술에서 또 어느 정도는 그 자체에서 일반화된 형식적 산술이 성립되는데, 이 형식적 산술과 관련해 정수와 수량은 여전히 우연적으로 적용된 대상이지 더 이상 근본개념이 아니다. 이제 여기에서 (다음과 같은) 완전히 의식적인 반성을 시작하는 사이에, 더 이상의 연장으로 순수 다양체이론이 생긴다. 이 이론은 그 형식에 따라 가능한 모든 연역적 체계를 자체 속에 포함하며, 그래서 심지어 형식적 수학의 형식적 체계도 이 이론에 대해서는 단순한 하나의 개별적 사례를 드러낼 뿐이다.[15]

이러한 유형 및 이와 유사한 유형의 방법을 분석하는 것과 그러한 유형의 작업수행을 완전히 타당하게 해명하는 것은 아마 학문의 이론에서, 게다가 그토록 중요하고 계몽적인 연역적 (가장 넓은 의미에서 수학적) 방법학의 이론에서 가장 멋지고 어쩌면 거의 개척되지 않은 장

---

15 이에 관해 몇 가지는 이 책 제11절의 69항과 70항을 참조.

(場)을 형성한다. 여기에서 단순한 일반론으로, 기호가 대리하는 기능과 힘을 절약하는 기계장치에 관한 모호한 논의로 물론 충분하지 않다. 도처에서 깊이 파고드는 분석이 필요하고, 유형적으로 서로 다른 각각의 방법에 대해 연구가 실제로 실행되어야 하며, 그 방법의 경제적 작업수행이 이 작업수행을 정확하게 설명하는 것에 더해 실제로 증명되어야 한다.

만약 여기에서 해결해야만 할 과제의 의미를 명석하게 파악했다면, 학문 이전의 사유와 학문 이외의 사유에 대해 해결할 수 있는 사유경제의 문제도 새로운 빛과 새로운 형식을 획득할 것이다. 자기 보존은 외적 자연에 일정하게 적응하는 것이 요구되는데, 이것은 우리가 이미 말했듯이 사물을 어느 정도 올바로 판정하고 일어난 일의 경과를 예견하며 인과적 연속을 올바로 평가하는 등의 능력이 필요하다. 그러나 이 모든 것에 관한 실제의 인식은 아무튼 학문 속에서 비로소 실행된다. 그렇다면 우리는 전체적으로 소수의 재능인 오직 학문만 제공할 수 있는 통찰이 없는데 어떻게 실천적으로 올바른 판단을 내리고 추론할 수 있는가? 학문 이전의 삶에 실천적 요구에는 실로 매우 복잡하고 작업을 수행할 수 있는 많은 처리방식이 유용하게 쓰인다. 이것은 단지 10진법 수의 체계를 생각해 보아도 알 수 있다. 그 처리방식이 통찰에 의해 고안되지 않고 자연적으로 생긴다면, 어쨌든 '어떻게 그러한 일이 가능한지', '어떻게 맹목적인 기계적 연산이 최종의 가치에서 통찰이 요구한 것과 일치할 수 있는지' 하는 문제를 검토해야만 한다.

위에서 시사했던 숙고가 우리에게 길을 제시해 준다. 학문 이전과 학문 이외의 처리방식의 목적론을 해명하기 위해 우리는 우선 관련된 표상의 연관과 판단의 연관뿐 아니라 작동하는 처리를 정확하게 분석함으로써 무엇보다 사실적인 것, 즉 관련된 사유를 처리하는 심리학적 기계장치(Mechanismus)를 명백히 제시하게 된다. 이때 그것의 사유경제적 작업수행은 이러한 처리절차가 — 필연적이든 적지 않은 개연성을 지니든 — 진리와 일치해야만 할 성과로서 간접적으로 또 논리적으로 통찰되어 정초될 수 있다고 증명하는 가운데 분명하게 드러난다. 결국 사유경제적 기계장치가 자연적으로 발생하는 것을 하나의 기적으로 (즉 신의 지성에 독특한 창조 행위의 결과로서) 남겨 놓지 않기 위해 우리는 일상적 인간(어쩌면 미개인, 동물 등)의 자연적이며 또 지배적인 표상의 상황과 표상의 동기를 겨냥해 신중하게 분석해 가고, 이에 근거해 그와 같이 성과가 풍부한 처리절차가 어떻게 '저절로' 즉 순수하게 자연적 근거에서 형성될 수 있고 또 형성되어야 했는지 증명해야만 한다.[16]

그러므로 이러한 방식으로 내 생각으로는 충분히 정당화되고 성과가 많은 사유경제학의 이념이 다소 규정된 것으로 명백해지면, 사유경제학이 해결해야만 할 문제와 선택해야만 할 주된 방향이 대략적으로 시사된다. 학문적 인식에 대한 기술학(Kunstlehre)이라는 실천적 의미에서 논리학과 사유경제학의 관계는 즉시 이해된다. 명백히 사유경제학은 이러한 기술학의 중요한 시초를 형성하며, 인간 인식의 기술적(技術的) 방법의 이념을 구성하는 데, 그와 같은 방법을 유용하게 특수화하는 데뿐만 아니라 그것을 평가하고 고안해 내는 규칙을 도출하는 데에도 실로 중요한 도움을 준다.

---

16 여기에서 해결할 수 있고 또 위에서 간략하게 시사된 과제의 본질을 분명하게 이해하는 데는 자연수의 계열보다 더 적당한 사례가 없다. 바로 그것이 매우 계몽적으로 보였기 때문에 나는 나의 저술 『산술철학』 제1권(1891) 제12절에서 이것을 매우 상세하게 다루었으며, 더구나 내가 확신하듯이 그러한 연구가 수행되어야 할 방식을 유형적으로 예시할 수 있다고 상세하게 다루었다.

55 순수논리학과 인식론에서 사유경제학이 무의미함 그리고 사유경제학과 심리학의 관계

이러한 생각이 아베나리우스와 마흐의 생각과 일치하는 한에서 차이가 전혀 없으며, 나는 이들의 생각에 기꺼이 동의할 수 있다. 실제로 나는 우리가 특히 마흐의 역사적-방법론적 연구에서 풍부한 논리적 가르침을 받는다고 확신하며, 이 점은 그의 결론에 결코 (또는 전혀) 공감할 수 없을 경우에도 그러하다. 유감스럽게도 나는 마흐가 성과가 가장 풍부한 연역적 사유경제학의 바로 그 문제 — 내가 위에서 다소 간략하지만 아주 충분히 단호한 표현으로 정식화하려고 했던 문제 — 를 착수하지도 않았다고 본다. 그 이유는 어쨌든 부분적으로 그가 자신의 연구에 기초를 확실히 놓았다고 믿었던 인식론적 오해 때문이다. 그러나 바로 이러한 오해에는 마흐의 저술이 끼친 특히 강한 영향이 연결되어 있다. 그것은 동시에 그가 아베나리우스와 공유하는 그의 사상의 측면이며, 그 때문에 나는 여기에서 그에게 반대해야만 한다.

아베나리우스의 최소 힘의 양에 관한 학설뿐 아니라 마흐의 사유경제에 관한 학설은, 이미 살펴보았듯이, 일정한 생물학적 사실에 관계되며, 이 경우 궁극적으로 중요한 문제는 진화론의 한 분파이다. 따라서 여기에 속한 탐구에서 실천적 인식론에, 학문적 탐구의 방법론에 빛을 비춰 줄 수 있지만, 결코 순수인식론에, 특히 순수논리학의 이념적 법칙에 빛을 비춰 줄 수 없다는 점은 자명하다. 그러나 반면 마흐-아베나리우스 학파의 저술은 사유경제적으로 정초된 인식론을 겨냥한 것처럼 보인다. 물론 사유경제학을 그와 같이 해석하거나 이용하는 데 반대해 우리가 앞에서 심리학주의와 상대주의에 겨냥했던 반론의 전체적 중심지가 전환된다. 인식론을 사유경제적으로 정초하는 것은 실로 결국에는 심리학적으로 정초하는 것으로 환원하고, 그래서 여기에서 다시 그 논증을 반복할 필요도 없고 특별히 적응시킬 필요도 없다.

코르넬리우스의 경우 그가 심리적 인간학의 목적론적 원리에서 이 원리 자체를 이끌어 내는 데 자신의 측면에서 이미 전제된 심리학의 기본적 사실을 도출하려 기도함으로써, 그리고 계속해서 심리학에 의해 철학 일반의 인식론적 정초를 얻으려 힘씀으로써 명백한 불일치가 축적되었다. 이른바 그 원리는 결코 궁극적으로 설명하는 이성적 원리가 아니며, 복합적 적응의 사실들의 단순한 통합에 불과할 뿐이라는 것에 나는 주목한다. 이 복합적 적응의 사실들은 — 관념적으로 — 기본적 사실과 기본적 법칙으로의 궁극적 환원을, 우리가 이 환원을 수행할 수 있든 없든 상관없이, 기다린다.

서로 다른 심리적 기능을 목적론적 원리를 통해 설명하려는 의도에서 심리학에 목적론적 원리를 '근본법칙'으로서 기초에 놓으려는 것은 심리학을 촉진시킬 전망을 열지 못한다. 심리적 기능과 이보다 더 중요한 심리적 형성물의 목적론적 의미를 증명하는 것, 따라서 사실적으로 형성된 심리적 요소들의 복합체가 우리가 아프리오리하게 예상하는 자기 보존과의 그 유용성의 관계를 어떻게 또 무엇을 통해 소유하는지 상세히 증명하는 것은 확실히 교훈적이다. 그러나 기술적(記述的)으로 주어진 것을 실제의 설명에 겉모습이 일깨우는 방식으로, 또 그 밖에 심리학의 궁극적 기초를 드러내는 것에 주로 결정된 학문적 서술의 연관에서 목적론적 원리의 '필연적 귀결'로서 내세우는 것은 단지 혼란만 일으킬 뿐이다.

이러저러한 가능한 한 많은 작업을 수행하려고 노력하는 것에 관해 이야기하는 심리학적 법칙 또는 인식론적 법칙은 난센스이다. 사실의 순수 영역에는 '가능한 한 많은 것'이 전혀 없으며, 법칙성의 영역에는 어떠한 노력도 전혀 없다. 심리학적 관점에서는 각 경우에 규정된 것, 정확히 그만큼만 그리고 더 이상 아무것도 일어나지 않는다.

경제원리의 사실적인 것은 '표상, 판단 그 밖에 사유의 체험과 같은 것이 존재하며, 이것과 결합되어 즐거움의 형식으로 일정하게 형성하는 방향을 촉진하고 불쾌함의 형식으로 그렇게 형성하는 방향에서 물러서는 감정도 존재한다.'는 것으로 환원된다. 이때 일반적으로 거칠게 대략적으로 진행되는 표상이 형성되고 판단이 형성되는 과정을 확인하는데, 이 과정에 따라 근원적으로 무의미한 요소에서 우선 개개의 경험이 형성되고 그런 다음 다시 함께 형성된 경험이, 다소간에 질서 세워진 하나의 경험이 통일체의 결과로 생긴다. 심리학적 법칙에 따라, 대략적으로 일치하는 최초의 심리적 배치(Kollokation)에 근거해 우리 모두에 대해 공통적인 하나의 세계와 이 세계의 현존에 대한 경험적-맹목적 신념이 생긴다. 그러나 우리는 '이 세계가 각자에 대해 정확하게 동일한 것이 아니라 단지 대략적으로만 동일할 뿐이며, 공통의 표상과 행동의 가능성은 실천적으로 충분히 보증되는 한에서만 존재할 뿐'이라는 점에 특히 주의해야 한다. 세계는 보통의 인간과 학문적 탐구자에 대해 동일한 것이 아니다. 보통의 인간에게 세계는 단순히 대략적 규칙성의 연관이며 수많은 우연이 스며들어 있지만, 학문적 탐구자에게 세계는 절대적으로 엄밀한 법칙성에 의해 철저히 지배되는 자연이다.

그런데 실천적 삶의 요구에 대해(자기 보존의 요구에 대해) 충분한 — 경험의 대상으로서 — 세계의 이념을 발전시키고 확정시키는 심리학적 방법과 수단을 증명하는 것, 더 나아가 엄밀한 법칙적 경험의 통일체의 객관적으로 타당한 이념을 끊임없이 더 풍부해지는 그 학문적 내용과 더불어 학문적 탐구자와 탐구자 세대의 정신 속에 형성시키는 심리학적 방법과 수단을 증명하는 것은 확실히 중대한 학문적 의미를 받아들이는 것이다. 그러나 인식론적으로 이러한 연구 전체는 상관없다. 기껏해야 그러한 연구는 간접적으로 인식론에 유용할 수 있다. 즉 정말 심리학적 동기가 절대적으로 중요한 문제일 경우 인식론적 편견을 비판하는 목적에 유용할 수 있을 뿐이다.

9절 사유경제의 원리와 논리학

문제는 '소박하든 학문적이든 경험이 어떻게 성립하는지'가 아니라, '객관적으로 타당한 경험이 되기 위해 그 경험은 어떤 내용을 가져야만 하는지'이다. 즉 문제는 '실재적 인식(더 일반적으로 말하면 인식 일반)의 그와 같은 객관적 타당성을 기초짓는 이념적 요소와 법칙은 무엇인지', 그리고 '이러한 작업수행은 어떻게 본래적으로 이해될 수 있는지'이다. 달리 말하면, 우리가 관심을 두는 것은 세계의 표상이 생성되고 변화하는 것이 아니라, 학문이 갖는 세계의 표상이 각기 다른 것이 갖는 세계의 표상과 대립시키고, 학문이 갖는 세계의 표상이 자신의 세계를 객관적으로 참된 세계로서 주장하는 객관적 권리이다.[17] 그런데 심리학은 세계의 표상이 어떻게 형성되는지 통찰해 설명하려 하는데, (서로 다른 실재적 학문들의 총체로서) 세계에 대한 학문은 참되고 실제적인 세계로서 무엇이 실재로(realiter) 존재하는지 통찰해 인식하려 한다. 그러나 인식론은 '무엇이 실재적인 것(Reales)을 통찰해 인식할 가능성을 형성하는지', 그리고 '무엇이 객관적-이념적 관점에서 학문과 인식 일반의 가능성을 형성하는지' 통찰해 이해하려 한다.

56 계속. 순수논리적인 것을 사유경제적으로 정초하는 '선결문제 요구의 오류(hysteron proteron)'[18]

우리가 절약의 원리의 경우, 인식론적 원리이든 심리학적 원리이든,

---

17 (옮긴이 주) 요컨대 후설의 일관된 관심은, 칸트가 순수오성 개념의 선험적 연역에서 기울였듯이(『순수이성비판』, B 116), 경험이 어떻게 발생하는지 하는 사실(quid facti)이 아니라, 그 경험이 보편타당할 수 있는 근거 또는 권리(quid juris)이다.

18 (옮긴이 주) 이것은 그리스어로 '나중의 것이 먼저'라는 말인데, 논증되지 않은 명제를 전제로 삼아 추리하는 것으로 '선결문제(先決問題) 요구의 오류' 또는 '부당(不當)한 가정(假定)의 오류'를 뜻한다.

어떤 원리에 연관된 것처럼 보이는 가상은 그 요점이 사실적으로 주어진 것과 눈에 띄지 않게 이것에 가정된 논리적으로 이념적인 것(Ideales)을 혼동하는 데 있다. 그 자체로 '맹목적' 사실(우선 개념적으로 한정된 어떤 영역의 사실)을 가능한 한 일반적 법칙으로 정리하고 이러한 의미에서 가능한 한 합리적으로 총괄하는 단순한 기술(記述)을 넘어서는 모든 설명의 최고 목표로서 또 이상적으로 정당화된 경향으로서 이념적인 것을 통찰해 인식한다. 여기에서 '총괄하는' 작업수행의 '가능한 한 많이(möglichst viel)'는 완전히 명석하다. 즉 그것은 철저하고 모든 것을 포괄하는 합리성의 이상(理想)이다.

만약 모든 사실적인 것이 법칙에 따라 정리되면, 가능한 한 보편적이며 연역적으로 서로 독립된 법칙들의 가장 적은 총체〔총괄〕가 존재함에 틀림없으며, 이것에서 그 밖의 모든 법칙은 순수한 연역으로 이끌어낼 수 있다. 이 경우 이 '근본법칙'은 그 '가능한 한 많이'를 포괄하며 작업을 수행하는 법칙이고, 이 법칙의 인식은 그 영역에 대한 절대적으로 가장 큰 통찰을 얻어 주며, 이 영역 속에서 대체 설명할 수 있는 것 모두를 설명할 수 있게 해 준다.(이때 물론 이상화(理想化)하는 방식으로 연역하고 포섭하는 무제한의 능력이 전제된다.) 그래서 기하학의 공리는 근본법칙으로서 공간적 사실들의 전체를 설명하거나 포괄하며, 각기 일반적 공간의 진리(달리 말하면 각기 기하학적 진리)는 이 공리를 통해 그 진리에 대해 궁극적으로 설명하는 근거로 명증적으로 환원된다.

그래서 우리는 최대로 가능한 합리성의 이러한 목표 또는 원리를 합리적 학문의 가장 높은 목표로서 통찰해 인식한다. 우리가 그때그때 이미 소유한 법칙보다 더 일반적인 법칙을 인식하는 것은, 그 인식이 바로 더 깊고 더 포괄적인 근거로 소급해 이끌어 가는 한에서, 실제로 더 좋은 것이리라는 점은 명백하다. 그러나 이 원리는 분명히 결코 생물학적이고 단순히 사유경제적인 원리가 아니라, 오히려 순수하게 이념적인 원리이며 게다가 규범적인 원리이다. 그래서 그 원리는 결코 인류의 심리적 삶과 공동체 삶의 사실로 해소되거나 해석될 수 없다. 최대로 가능한 합리성의 경향을 생물학적 적응의 경향과 동일시하거나 생물학적 적응의 경향에서 이끌어 내는 것, 이때 그 경향에 여전히 심리적 근본 힘(Grundkraft)의 기능을 짊어지게 하는 것 — 이것은 오직 논리법칙을 심리학주의로 오해하고 또 논리법칙을 자연법칙으로 파악하는 데에서만 자신과 유사한 것을 찾아낼 수 있는 오류들의 총합이다. 우리의 심리적 삶은 이러한 원리에 의해 사실적으로 지배된다고 말하는 것도 여기에서 명백한 진리에 모순된다. 즉 우리의 사실적 사유는 — 마치 일반적으로 이념적인 것이 자연의 힘과 같은 것처럼 — 바로 이념적인 것에 따라 진행하지 않는다.

논리적 사유 그 자체의 이념적 경향은 합리성을 향한다. 사유경제학자(이렇게 말하는 것이 허용된다면(sit venia vervo))는 이 합리성에서 인간 사유의 결정적인 실재적 경향을 만들고, 이 경향을 힘의 절약이라는 모호한 원리를 통해 또 궁극적으로는 적응을 통해 정초한다. 그런 다음 그는 우리가 마땅히 합리적으로 생각해야만 할 규범을 해명하려고 생각하고, 일반적으로 합리적 학문의 객관적 가치와 의미를 해명하려고 생각한다. 사유에서 경제에 관한 논의, 일반적 명제를 통해 사실에 대한, 〔또한〕 더 높은 일반성을 통해 더 낮은 일반성에 대한 사유경제적 '총괄'에 관한 논의 등은 확실히 충분히 정당화된다. 그러나 이 논의는 오직 사실적 사유와 통찰해 인식된 이념적 규범을 비교함으로써만 정당화될 뿐이다. 그에 따라 이 이념적 규범은 '자체로〔본성상〕 앞선 것(proteron te physei)'이다. 규범의 이념적 타당성은 사유경제에 관한 모든 유의미한 논의의 전제이며, 그래서 그것은 이러한 경제학설을 설명한 가능한 결과가 결코 아니다.

우리는 이념적 사유에 기준 삼아 경험적 사유를 측정하고, 마치 그것이 이념적 원리에서 통찰해 이끌어 낼 수 있는 것처럼, 경험적 사유가 몇 가지 범위 안에서 사실적으로 그렇게 경과하는 것을 확인한다. 그러므로 우리는 우리의 표상작용과 판단작용이 마치 논리적으로 규제되듯이 대체로 (즉 평균적 삶을 촉진하는 데 충분하게) 그렇게 경과하게 하는 우리 정신의 조직(geistige Organisation)을 설치하는 것에 대해 이야기하자 우리 정신의 조직의 자연적 목적론(Teleologie)에 대해 이야기한다. 실제로 통찰하는 사유의 몇 가지 경우를 예외로 하면, 우리의 표상작용과 판단작용은 그 자체 속에 논리적 타당성을 보증하지 않으며, 그자체 속에 통찰로 또는 간접적으로 앞선 통찰에 의해 목적에 맞게 질서 세워지지 않는다. 그러나 이것은 일정한 겉모습의 합리성에 사실적이며, 그래서 사유경제학자인 우리는 경험적 사유방법에 대해 반성하면서 일반적으로 그와 같은 사유방법은 엄밀한 논리적 — 대체로 평균적 — 성과와 일치하는 성과를 반드시 제공한다는 점을 통찰해 증명할수 있다. 우리는 이러한 점을 위에서 논의했다.

그러므로 우리는 '선결문제 요구의 오류(hysteron proteron)'를 인식한다. 모든 사유경제학에 앞서 우리는 그 이상(理想)을 정말 알고 있어야만 하며, '학문이 이념적으로 무엇을 추구하는지' '법칙적 연관, 근본법칙과 이것에서 이끌어 낸 법칙 등이 이념적으로 무엇이며, 어떠한 작업을 수행하는지'를 우리가 이것들에 대한 인식의 사유경제적 기능을 밝히고 평가할 수 있기 이전에 알아야만 한다. 물론 우리는 이러한 이념에 대한 어떤 모호한 개념을 학문적으로 밝히기 이전에 이미 갖고 있으며, 그래서 순수논리학이라는 학문이 완성되기 이전에 사유경제에 관해 논의할 수도 있다. 그러나 본질적 상태는 그것으로써 변화되지 않으며, 순수논리학은 그 자체로 모든 사유경제학에 선행한다. 순수논리학을 사유경제학 위에 정초하는 것은 이치에 어긋난 것으로 남는다.

여전히 한 가지가 남았다. 자명하게 모든 학문적 설명과 〔개념에 의

9절 사유경제의 원리와 논리학

한] 이해도 심리학적 법칙에 따라 또 사유경제의 의미에서 진행된다. 그렇지만 그 때문에 논리적 사유와 자연적 사유의 차이를 없애 버리고 학문적 활동을 자연적인 맹목적 활동의 단순한 '연속'으로 서술할 수 있다고 믿는다면, 그것은 오류이다. 우리는 적어도, 이것이 아주 문제가 없지 않더라도, 논리적 이론뿐 아니라 '자연적' 이론에 대해서도 이야기할 수 있다. 그러나 이 경우 논리적 이론이 참된 의미에서 자연적 이론과 동일한 것을 하지 않으며, 단지 약간 상승하는 가운데 하는 것이 아니라는 사실을 간과하면 안 된다. 논리적 이론은 자연적 이론과 동일한 목표를 갖지 않는다. 오히려 논리적 이론은 하나의 목표를 갖는데, 우리는 이 목표를 처음으로 '자연적 이론' 속으로 끌어들인다.

앞에서 지적했듯이 우리는 논리적 이론을 기준으로, 그리고 본래 이렇게 부를 수 있는 이론을 기준으로 어떤 자연적 (즉 여기에서는 통찰에 의거하지 않은) 사유 과정을 측정하며, 이 사유 과정을 단지 이것이 마치 논리적으로 통찰에 의한 사유에서 싹터 나오듯이, 마치 실제로 이론이듯이 그와 같이 존재하는 심리학적 성과를 숙성(zeitigen)시키는 데 불과하기 때문에 자연적 이론이라고 부른다. 하지만 이렇게 명칭을 붙임으로써 실제의[참된] 이론에 본질적 특성을 그와 같은 '자연적' 이론에 끼워 넣고 본래의 이론적인 것을, 말하자면 자연적 이론 속으로 투영해 보는 잘못에 모르는 사이 빠져든다. 이론의 이러한 유사물(Analoga)은 심리적 경과로서 실제의 이론과 많은 점에서 여전히 유사성을 가질 수도 있지만, 어쨌든 근본적으로 다른 것으로 남는다. 논리적 이론은 그속에서 지배하는 이념적 필연성의 연관을 통해 [비로소] 이론이 된다. 반면 여기에서 자연적 이론이라고 부르는 것은 통찰에 의한 연관이 없는, 구속하는 힘이 없는 우연적 표상 또는 확신이 경과하는 것일 뿐이다. 하지만 실천적으로는 마치 이론과 같은 어떤 것이 기초에 놓여 있는 것처럼, 평균적 유용성이 있다.

이러한 사유경제적 경향의 오류는 결국 이 경향의 대표자의 인식에 대한 관심이 (심리학주의자 일반과 마찬가지로) 학문의 경험적 측면에 집착해 머문다는 데서 기인한다. 그는 오직 나무만 볼 뿐이지 숲은 보지 못한다. 그는 생물학적 현상으로서 학문을 위해 노력하지만, 객관적 진리의 이념적 통일체로서 학문의 인식론적 문제를 전혀 다루지 않는다는 점을 알아차리지 못한다. 이념적인 것 속에 여전히 문제를 인식했던 과거의 인식론은 이들을 오류로 간주하는데, 이 오류는 단지 하나의 방식으로만, 즉 그 인식론의 상대적으로 사유경제적인 기능을 철학의 더 깊은 발전 단계에서 증명하는 데 대해 학문적으로 몰두하기에 걸맞는 대상일 수 있다는 것이다. 그러나 인식론의 주요 문제와 주된 경향에 대한 그러한 평가가 당장 철학의 유행이 될 듯하면 할수록, 이에 반대하는 연구는 더 이의를 제기하고, 동시에 원리적으로 논쟁이 되는 문제를 가능한 한 많은 측면에서 규명함으로써, 게다가 실재적인 것과 이념적인 것의 영역에서 근본적으로 서로 다른 사유의 방향을 가능한 한 깊게 파고들어 분석함으로써 철학의 궁극적 기초를 놓는 (Fundamentierung) 데 전제인 통찰해 해명하는 그 길을 개척하는 것이 더 필요하다. 그리고 이러한 길에 이 저술도 작은 기여를 할 수 있기 바란다.

10절 비판적 고찰의 결론

57 우리의 논리적 노력이 당연하다고 생각하는 오해에 대한 숙고

이제까지의 연구는 주로 비판적이었다. 우리는 지금까지의 연구를 통해 경험론의 논리학 또는 심리학주의의 논리학에 어떤 종류의 형식이든 각기 유지할 수 없는 점을 입증했다. 학문적 방법론의 의미에서 논리학은 자신의 가장 중대한 기초를 심리학 외부에 갖는다. 모든 경험에, 그래서 심리학에 독립적인 이론적 학문(학문적 인식작용의 기술학(Technologie), 즉 통상의 이론적–실천적 의미의 논리학을 최초로 가능케 하는 이론적 학문)으로서 '순수논리학'의 이념은 적확한 것으로 인정되어야 하며, 순수논리학을 그 자립성에서 구축하는 거부 불과한 과제는 진지하게 착수되어야 한다.

우리는 이 정도의 성과에 만족해도 좋은가? 정말 그 과제가 성과로 인정된다고 기대해도 좋은가? 따라서 현대 논리학 — 자신의 성공을 확신하고 그토록 저명한 연구자들이 검토하며 널리 유포된 평가를 통해 부각된 이 학문 — 은 적확하지 않은 궤도에서 헛수고하고 있지 않은가?[1][2] 사람들은 이러한 사실을 거의 인정하지 않으려 한다. 관념론적 비판은 원리의 문제를 숙고할 경우 불쾌함을 불러일으킬지 모른다. 그러나 밀에서 에르트만과 립스까지 자부심 강한 일련의 주요 저서들

1 퀼페(『철학입문(*Einleitung in die Philosophie*)』(1897, 44쪽)가 논리학에 대해 "논리학은 의심할 여지없이 최고로 발전된 철학의 한 분과일 뿐만 아니라 가장 확실하고 최고로 완결된 분과 가운데 하나이다."라고 말한다면, 이것이 정말 옳을 수 있다. 나에게 명백한 논리학의 학문적 확실성과 완결성을 평가하는 경우, 나는 이것을 동시에 현대의 **학문적** 철학의 낮은 상태에 대한 표시로 파악해야만 했다. 이와 관련해 다음의 물음을 제기하게 되었다. 즉 '모든 학문적 사유의 에너지가 선명하게 정식화할 수 있고 가장 쉽게 확실히 해결할 수 있는 문제——그 자체만으로 고찰해 보면, 이 문제가 여전히 매우 제한되어 재미없고 아마 전혀 흥미 없더라도——를 처리하는 데 향한다면, 이 비참한 상태를 점차 끝장내는 것이 어쨌든 가능해야 하지 않는가?' 그러나 이 물음은, 즉시 명백해지듯이, 우선 순수논리학과 인식론에 관련된다. 여기에서는 확실하게 파악할 수 있는, 단연코 처리할 수 있는 정밀한 연구가 넘친다. 단지 손을 뻗어 붙잡기만 하면 된다. 어쨌든 '정밀한 학문[과학]'(앞에서 거명한 분과는 확실히 그 언젠가 이 정밀한 학문으로 계산될 것이다.)도 그 위대함 전체를 이미 잘 알려진 말인 "최소의 점 속에 그 힘 전체를 집중한다."라는 말을 적용하기 위해 가장 적은 것으로 만족하는 이러한 겸손함 덕분이다. 다만 확실하지만 전체의 관점에서 사소한 발단은 정밀한 학문에 언제든 다시 강력한 진보에 대한 기반으로서 확증된다.

확실히 이러한 성향은 지금 어디에서나 철학 속에 작동하고 있다. 그러나 내가 통찰하도록 배웠듯이, 대부분 빗나간 방향으로, 즉 가장 좋은 학문적 에너지가 심리학에 기울어진 방향으로 작동하고 있다. 그 심리학은 물리적 과정에 대한 학문보다 철학에 더 이상 관심이 없고 달리 관심조차 없는, 설명하는 자연과학으로서의 심리학이다. 물론 우리는 바로 이러한 것을 인정하지 않으려 하고, 정말 철학적 분과를 심리학적으로 기초 짓는 것(Fundierung)에 곧바로 관련해 획득된 위대한 진보에 대해 이야기한다. 그리고 적어도 논리학에서 이 이야기를 하지 않는다. 내가 올바로 파악했다면, 엘젠한스(Th. Elsenhans)가 최근에 "현대 논리학이 논리적 문제를 증가된 성과에 의해 검토한다면, 그것은 무엇보다 그 대상 속으로 심리학적으로 더 깊게 파 내려간 덕분이다."(《철학 잡지》 제109권(1896), 203쪽)라는 말로 부여한 표현은 그와 같은 사항에 대해 매우 널리 퍼져 있는 견해이다.

추정컨대 나는 이 책의 연구를 시작하기 전에 또는 심리학주의의 견해가 나를 수학의 철학 속으로 휩쓸리게 하는 해결할 수 없는 어려움을 인식하기 전에 정확하게 똑같이 말해야 한다. 그러나 이러한 견해의 잘못된 점을 지극히 명석한 근거에서 통찰할 수 있는 지금, 나는 그 밖에 앞길이 유망한 과학적 심리학의 발전을 기뻐할 수 있고 이 심리학에 지극히 대단한 관심을 둘 수 있지만, 그 심리학에서 본래 **철학적** 해명을 기대하는 사람은 아니다. 어쨌든 전혀 오해받지 않기 위해 나는 내가 경험적 심리학과 (완전히 다른 방식의 인식비판과 같이) 이 심리학을 기초 짓는 현상학 사이를 명확하게 구별한다는 점을 동시에 첨부해야만 한다. 이 현상학은 체험의 순수한 본질학(Wesenslehre)으로 이해된 것이다. 이것은 이 책의 제2권에서 분명하게 드러날 것이다.

2 (옮긴이 주) 퀼페(O. Külpe, 1862~1915)는 분트 밑에서 실험심리학을 연구하고 뷔르츠부르크·본·뮌헨대학교 교수로서 사유의 인지심리학 분야에 뷔르츠부르크 학파를 주도했다.

을 단순히 둘러보기만 하는 것으로도 흔들리는 신뢰를 회복하는 데는 대부분의 사람에게 충분하다. 사람들은 다음과 같은 말을 듣게 될 것이다. 즉 그 논증을 어떤 방식으로 해결하고 번영하는 학문의 내용과 조화를 이루는 수단이 아마 반드시 존재할 것이며, 만약 그렇지 않다면, 중요한 문제는 그 학문을 단지 인식론적으로 재평가하는 것이며, 이것은 중요하더라도 어쨌든 그 학문의 본질적 내용을 폐기하는 혁명적 결과가 되면 안 된다고. 기껏해야 많은 것을 더 정확하게 파악하는 것, 주의하지 않고 진술한 개개의 것을 적절하게 제한하는 것 또는 연구의 순서를 수정하는 것 정도다. 몇 가지 순수논리적 명제를 명확하게 편성하는 것과 논리적 기술학의 경험적-심리학적 진술을 분리시키는 것은 실제 나름대로 의의가 있다. 관념론적 논증의 힘을 느끼지만 결론을 내리는 데 필요한 용기가 없는 많은 사람은 그와 같은 방식의 생각에 만족할 수 있다.

우리가 파악한 의미에서 논리학이 필연적으로 겪어야 할 근본적 개조(改造)는, 그 밖에 특히 표면적으로 고찰할 경우 이 개조가 손쉽게 단순한 반동(Reaktion)으로 나타날 수 있기 때문에 이미 반감과 불신에 직면할 것이다. 이러한 반동을 겨냥한 것이 아니라는 점, 예전 철학의 정당한 경향에 다시 연결시키는 것이 전통 논리학을 부흥시키려는 것이 아니라는 점, 이것은 다만 우리가 분석한 내용을 더 정확하게 숙고해보면 명백하게 반드시 밝혀질 것이다. 하지만 그러한 시사를 통해 모든 불신을 극복하고 우리의 지향〔의도〕을 방해하는 것을 예방할 수 있기를 희망하기는 어렵다.

저서로 『심리학 개요』(1893), 『철학 입문』(1897) 등이 있다.

우리가 칸트, 헤르바르트와 로체 그리고 그전에 이미 라이프니츠와 같은 위대한 사상가의 권위를 내세워야 할 입장에 있는 상황도 지배적인 편견이 있을 경우 우리에게 버팀목이 될 수 없다. 정말 그렇게 하는 것은 오히려 불신을 강화하는 데 기여할 뿐이다.

우리는 가장 일반적인 것에 따라 칸트가 순수논리학과 응용논리학을 구별한 것으로 되돌아가게 된다. 사실상 우리는 이와 관련해 그가 표명한 것의 가장 현전한 점에 찬성할 수 있다. 물론 이것은 적절한 유보조건 아래서일 뿐이다. 예를 들어 칸트가 그토록 좋아하고 또 의문스럽게 구분지어 사용한 그 혼란된 신비적 개념(나는 오성(Verstand)과 이성(Vernunft)의 개념을 뜻한다.)을 물론 우리는 영혼(Seele)의 능력에 관한 본래적 의미로 받아들이지 않는다. 어떤 정상적인 사유 태도의 능력으로서 오성 또는 이성은 그 개념 속에서 순수논리학(확실히 이것은 정상적인 것(Normales)을 정의한다.)을 전제하며, 그래서 우리는 진지하게 그 능력에 호소하면서 우리가 유사한 경우에 무용의 기술을 무용의 능력(즉 정교하게 춤출 능력)을 통해 설명하려 하고, 그림 그리는 기술을 그림 그리는 능력 등을 통해 설명하려 할 때보다 정말 더 현명하지는 않을 것이다. 오히려 우리는 오성과 이성이라는 전문용어를 '사유형식'과 그 이념적 법칙을 향한 방향 — 논리학이 인식에 대한 경험적 심리학에 대조적으로 선택해 가야 할 방향 — 을 시사하는 단순한 표시로 간주한다. 그러므로 이와 같이 제한하고 해석하며 상세하게 규정하는 것에 따라 우리는 칸트의 학설을 가깝게 느낀다.

그러나 바로 이러한 일치가 논리학에 대한 우리의 파악을 손상시키는 영향을 끼치지 않는가? 칸트에 따르면, (본래 오직 유일하게 학문이 되어야 할) 순수논리학은 "오성의 원리론(Elementarlehre)을 모범적으로 단정하게 서술할 것을 요구하듯이 "간결하고 건조해야"³ 한다. 누구나 예셰(Jäsche)가 편집해 출판한 칸트의 강의를 알고 있으며, 의심 스러울 정도로 그 강의가 그러한 성격을 요구하는 데 얼마나 상응하는 지를 안다. 그래서 이렇게 대단히 빈약한 논리학이 우리가 본받아야만 할 모범(Vorbild)인가? 그 학문을 이렇게 아리스토텔레스-스콜라철학의 논리학의 관점으로 철회하려는 생각에 누구도 익숙해지려 하지 않는 다. 그리고 칸트의 논리학은 아리스토텔레스 이래 완결된 학문의 성격 을 지녔다고 가르치듯이,⁴ 정말 그런 결과가 되는 것 같다. 약간 엄숙하 게 전달된 개념규정으로 시작된 삼단논법에 대해 스콜라철학이 고안해 낸 것 —— 이것은 〔새로운 생각을〕 고무시킬 가망이 전혀 없다.

우리는 물론 이에 대해 다음과 같이 대답할 것이다. 즉 논리학에 대 해 칸트가 파악한 것을 밀 또는 지그바르트가 파악한 것보다 가깝게 느 끼는 것은 우리가 그가 파악한 것의 내용 전체를 인정하거나, 칸트가 그의 순수논리학에 대한 이념에 부여했던 일정한 형태를 인정하는 것 을 뜻하지 않는다. 우리는 주된 경향에서 칸트와 일치하지만, 그럼에도 그가 지향했던 분과〔논리학〕의 본질을 명석하게 간파했고 그 분과 자체 를 그에 적절한 내용에 따라 서술했다는 사실을 발견하지 못한다.⁵

---

3 『순수이성비판』,「선험적 논리학」의 '들어가는 말' I.(하르텐슈타인판, 제3권 83쪽)〔B 78〕
4 (옮긴이 주) 칸트는 『순수이성비판』, '제2판의 머리말' (B Ⅷ)에서 논리학이 아리스토텔레 스 이래 한 걸음도 후퇴하거나 전진할 수 없을 정도로 어느 모로 보아도 완결되고 완성된 것 으로 간주한다.
5 (옮긴이 주) 후설이 강의나 세미나 등을 통해 칸트를 본격적으로 연구한 시기는 1907년 이후로 알려져 있다. 따라서 『논리 연구』의 초고가 완성된 1898년경 그가 칸트를 이해한 측 면은 베를린대학교의 파울센(F. Paulsen)과 빈대학교의 브렌타노에게 배운 시각, 즉 실증적 자연과학의 입장에서 칸트의 인식론을 해석한 것이었다. 그래서 후설은 "논리학에 관한 밀이 나 지그바르트보다 칸트의 견해에 더 가깝게 느낀다."(이 책, 50항)라고 옹호하면서도, "칸 트는 논리학의 이념의 내용과 범위를 올바로 파악하고 규정하지 못했다."(3항), "칸트의 인 식론은 심리학주의의 심리학"(28항), "칸트의 오성과 이성은 신비적 개념"(58항)일 뿐이라

59 헤르바르트 그리고 로체와의 연결점

그 밖에 우리의 관점은 칸트보다 헤르바르트에 더 가깝다. 그 주된
이유는 헤르바르트의 경우 근본이 되는 점을 더 선명하게 부각시켜 놓
았고 순수논리적인 것과 심리학적인 것을 명백하게 구별해 냈기 때문
이다. 그 점은 사실상 이러한 관점에서 결정적이다. 요컨대 '개념'의 객
관성, 즉 순수논리적 의미에서 표상의 객관성이다.

그는 예를 들어 심리학의 주요 저서에서 다음과 같이 말한다.

모든 사유된 것(Gedachtes)은, 단순히 그 성질에 따라 고찰해 보면, 논리
적 의미에서 하나의 개념이다. [이어서 말하기를] 어떤 것도 사유하는 주
관에 다가오지 않는다. 우리는 그와 같은 주관에 단지 심리학적 의미에서
개념을 증여해 줄 뿐인 반면, '인간', '삼각형' 등의 개념은 본래 누구에게
도 속하지 않는다. 일반적으로 논리적 의미에서 각 개념은 오직 한 번만 현
존한다. 만약 개념의 수가 이 개념을 표상하는 주관의 수와 더불어 증가한
다면, 또는 더구나 심리학적으로 고찰해 보면 개념을 산출하고 생산하는
사유의 서로 다른 작용의 수와 더불어 증가한다면, 개념은 존재할 수 없을
것이다.[6]

그래서 그는 (같은 책 동일한 항에서) 계속 이렇게 말한다.

예전 철학이 문제 삼은 '실체(有, entis)'는, 볼프[7]의 경우조차, 논리적 의

고 비판하는 다소 애매한 태도를 취한다. 그러나 선험적 전환이 이루어진 1905년 이후에 이
러한 후설의 비판은 칸트를 깊게 이해할수록 더욱 선명하게 부각되어 확장해 갔다.

6 헤르바르트, 『과학으로서의 심리학』 제2권, 120항(초판, 175쪽).

7 (옮긴이 주) 볼프(Ch. Wolff, 1679~1754)는 슐레지엔의 브레슬라우(현재는 폴란드의
영토)에서 태어나 예나와 라이프치히대학교에서 신학과 철학, 자연과학을 공부하고 할레대

미의 개념일 뿐이다. …… '사물의 본질은 불변한다.(essentiae rerum sunt immutabiles)'는 옛 명제도 여기에 포함된다. 이 명제는 '개념은 완전히 시간이 아닌 것(Unzeitliches)이며, 이 개념들 가운데 모든 논리적 관계에서 참인 것은 그래서 이 개념에서 형성된 학문적 명제와 추론은 우리뿐만 아니라 고대인에 대해서도, 지상뿐 아니라 천상에서도 참이며 참으로 지속된다.'는 것을 뜻할 뿐이다. 그러나 모든 인간과 시대에 대해 공동체적 앎을 제시해 준다는 이러한 의미에서 그 개념은 결코 심리학적인 것이 아니다. …… 심리학적 관점에서 개념은 그것이 표상된 것에 대한 논리적 의미에서 개념을 갖는 표상 또는 표상할 수 있는 것이 그것을 통해 실제로 표상되는 표상이다. 이렇게 이해하면, 물론 각자는 각자의 개념을 자신만 갖는다. 즉 아르키메데스는 원에 대한 자신의 개념을 연구했고, 뉴턴도 자신의 개념을 연구했다. 이것은 논리적 관점에서 보면 모든 수학자에 대해 하나의 유일한 개념인데도, 심리학적 의미에서 보면 두 가지 개념이었다.

이와 유사한 논의는 『철학입문 교재(Lehrbuch zur Einleitung in die Philosophie)』 제2장에서 나타난다. 첫 문장은 다음과 같이 시작한다.

우리의 총체적 사유는 두 가지 측면에서, 즉 일부는 우리 정신의 활동으로, 일부는 그 활동을 통해 사유된 것의 관점에서 고찰될 수 있다. 후자의 관점에서 사유된 것을 개념(Begriff)이라 하는데, 이 말은 그것이 파악된 것(Begriffenes)을 지시하는 사이에 우리가 그 사유를 받아들이고 생산하며 재생산하는 방법과 방식을 도외시할 것을 요구한다.[8]

학교의 교수로서 당시 학계의 공용어였던 라틴어를 독일어로 옮기고 개념을 체계적으로 분류하고 정리했다. 그는 데카르트의 사상, 특히 라이프니츠의 철학에 영향을 크게 받아 '라이프니츠-볼프 학파'를 형성했으며 많은 저술을 발표하고 왕성한 교육을 통해 칸트 이전까지의 독일 계몽주의를 일으키는 데 크게 기여했다.

8 헤르바르트, 『철학입문 교재』(제5판), 34항 77쪽.

헤르바르트는 같은 책 35항에서 이 두 개념이 완전히 동일할 수 있다는 점을 부정한다. 왜냐하면

이 두 개념이 정신의 활동을 통해 사유된 것의 관점에서 구별되는 것이 아니고, 따라서 개념 일반으로서 구별되는 것이 아니기 때문이다. 반면 하나의 동일한 개념에 대한 사유는 여러 번 반복될 수 있고, 서로 매우 다른 기회에 산출되고 떠올릴 수 있으며, 무수히 많은 이성의 존재자가 그 개념이 이것에 의해 복제되지 않고도 실시할 수 있다.

헤르바르트는 계속해 주석에서 다음과 같이 경고한다.

개념은 실재적 대상도 사유의 실제적 작용도 아니라는 점을 명심해야 한다. 후자의 오류는 지금도 여전히 효력을 발휘하고 있다. 그래서 많은 사람은 논리학을 오성의 자연사(自然史)로 간주하고, 오성의 타고난 법칙과 사유의 형식을 논리학 속에서 인식할 수 있다고 믿는다. 이렇게 해서 심리학이 타락하게 되었다.

〔한편〕 그는 다른 책에서 이렇게 말한다.[9]

개념의 대당관계[10]와 종속관계[11]에서 연쇄식 추론[12]까지 반론의 여지없

9　헤르바르트, 『과학으로서의 심리학』, 119항(초판 제2권 ,174쪽).
10　(옮긴이 주) 대당(對當)관계는 동일한 주어와 술어이지만 양이나 질이 다른 두 판단에서 어느 한쪽의 진위로부터 다른 쪽의 진위를 추리하는 방법이다.
11　(옮긴이 주) 종속관계에는 두 개념 중 다른 개념을 포섭하는 유(類)와 다른 개념에 포섭되는 종(種), 이러한 포섭에서 상위개념과 하위개념 또는 동위개념이 있다.
12　(옮긴이 주) 연쇄식 추론은 삼단논법에서 최후의 결론 이외에 계속 이어지는 여러 삼단논법에서 각기 결론을 생략한 채(약식 삼단논법) 연결시켜 추리하는 방법이다.

　　10절 비판적 고찰의 결론

이 순수논리학에 속한 모든 학설 가운데 어느 것도 심리학적인 것을 전혀 전제하지 않는다는 사실을 우리는 완전한 귀납을 통해 증명할 수 있다. 순수논리학 전체는 사유된 것과의 관계, 우리 표상의 내용(비록 특히 이 내용 자체는 아니지만)을 다루지만, 사유의 활동이나 사유의 심리학적 가능성, 따라서 형이상학적 가능성은 전혀 다루지 않는다. 응용윤리학과 마찬가지로 응용논리학이 비로소, 즉 우리가 주어진 규정에 따라 형성하려는 그 소재의 성질이 검토되는 한에서, 심리학적 지식을 필요로 한다.

이러한 관점에서 우리는 현대 논리학이 진지하게 숙고하기보다〔무시해〕옆으로 제쳐 놓았던 계몽적이고 중요한 많은 논의를 발견한다. 그렇지만 헤르바르트의 권위에 이렇게 연결 짓는 것도 오해되지 않아야 한다. 이것은 헤르바르트가 구상했고 그의 견실한 제자 드로비슈가 매우 탁월한 방식으로 실현한 논리학의 이념과 처리방법으로 되돌아가는 것을 결코 뜻하지 않는다.

확실히 헤르바르트는 특히 위에서 인용한 점에서, 즉 개념의 이념성을 강조한 점에서 큰 공적을 세웠다.〔논리학의〕개념에 관한 그의 개념을 각인하는 것은, 그의 전문용어를 이제 찬성하든 찬성하지 않든, 정말 그를 높게 평가해야 한다. 그러나 다른 한편 헤르바르트는, 내가 보기에는, 단순히 개개의 또 미숙한 문제제기를 넘어서지 못했고, 일그러진 많은 생각을 통해, 그리고 유감스럽게도 매우 영향력이 커진 생각을 통해 자신의 가장 좋은 지향〔의도〕을 완전히 타락시켰다.

헤르바르트가 내용, 표상된 것, 사유된 것과 같은 표현의 근본적 애매성에 주목하지 않은 점은 정말 불리했다. 그 애매성에 따르면 이러한 표현은 한편으로 그에 상응하는 표현의 이념적, 동일한 의미의 내용(Bedeutungsgehalt)을 지시하고, 다른 한편으로 그때그때 표현된 대상적인 것(Gegenständliches)을 지시한다. 헤르바르트는, 내가 아는 한,〔논리학의) 개념에 대한 개념을 규정하는 데 유일한 해명하는 말을 하지 않았다. 즉 논리적 의미에서 개념 또는 표상은 이에 상응하는 표현의 동일한 의미일 뿐이라고 이야기하지 않았다.

그러나 더 중요한 것은 헤르바르트가 무심코 범한 근본적 실수이다. 이 실수로 그는 논리적 개념의 이념성에 본질적인 것을 그 개념의 규범성(Normalität) 속에 정립한다. 그 결과 그에게는 참되고 진정한 이념성의 의미(Sinn), 즉 의미의 통일체(Bedeutungseinheit)의 의미가 산재된 체험의-다양체로 전이된다. 이념적인 것과 실재적인 것이 연결할 수 없는 깊은 균열로 나뉘는 이념성의 근본적 의미는 곧바로 상실하게 되고, 그것에 끼워 넣었던 규범성의 의미가 논리적 근본파악을 혼란시켰다.[13] 이 실수와 가장 밀접하게 연관된 것은 헤르바르트가 사유(Denken)에 대한 도덕(Moral)으로서 논리학을 오성의 자연사로서 심리학에 대립시켰을 때 구제하는 공식을 발견했다고 믿은 것에 있다.[14] 이 도덕의 배후에(그리고 통상의 의미에서 도덕의 옆에 비슷하게) 끼워져 있는 순수이론적 학문에 대해 그는 아무런 표상(생각)도 없었고, 더구나 이러한 학문의 범위와 자연적 한계 그리고 이러한 학문과 순수수학의 내적 통일성에 대해서는 표상(생각)조차 없었다.

그래서 다른 관점에서는 아무리 그의 논리학이 그 좁은 범위 속에 정비한 자발적이고 정밀한 탐구의 습관을 통해 (장점을) 훨씬 뛰어나게 보여 주더라도, 이러한 관점에서 헤르바르트의 논리학은 칸트의 논리학과 아리스토텔레스-스콜라철학의 논리학과 마찬가지로 부족하다는 비난을 당연히 받는다. 그 근본적 실수와 연관된 것도 헤르바르트의 인식론의 착오이다. 이 착오는 (한편으로) 논리적 사유의 주관적 경과와

---

13 이에 관해서는 『논리 연구』 제2권 종(種)의 통일성에 관한 절(제2연구의 특히 제1절)을 참조.

14 헤르바르트, 『심리학 교재』(제3판), 180항, 1882년 발행한 단행본의 127쪽.

10절 비판적 고찰의 결론

〔다른 한편으로〕 외적 실제성의 실재적 경과를 조화시키는 외견상 매우 의미심장한 문제를 있는 그대로의 문제로서, 또한 우리가 나중에 증명하게 될 문제, 즉 명료하지 않음에서 생긴 가상의 문제로서 인식할 능력이 전혀 없음을 드러내 준다.

이 모든 것은 헤르바르트의 영향권에 있는 논리학자뿐 아니라 특히 헤르바르트의 많은 제안을 받아들이고 위대한 통찰력으로 철저하게 숙고했고 독창적으로 계속 실행해 간 로체에도 해당한다. 우리는 로체에게 많은 신세를 졌지만, 유감스럽게도 헤르바르트와 같이 종적 이념성과 규범적 이념성을 혼동함으로써 자신의 훌륭한 시도도 무산시켜 버렸다. 심오한 사상가에 걸맞는 독창적 생각이 매우 풍부한 그의 위대한 논리학 저술은 이로써 심리학주의 논리학과 순수논리학이 조화를 이루지 못한 잡종(Zwitter)이 되고 말았다.[15]

60 라이프니츠와의 연결점

여기에서 대변하는 논리학에 대한 견해가 되돌아볼 위대한 철학자 가운데는 위에서 거명한 라이프니츠도 있다. 우리의 견해는 비교적 그의 견해와 가장 가깝다. 또한 우리는 헤르바르트의 논리적 확신이, 오직 그가 칸트에게 대립해 라이프니츠의 이념을 부활시킨 한에서만, 칸트의 논리적 확신보다 가깝게 느낀다. 그러나 물론 헤르바르트는 라이프니츠에게서 발견되는 가치 있는 모든 것을 단지 접근해 가면서 전부 길어 낼 능력이 없음을 드러냈다. 그는 수학과 논리학을 하나로 정립하는 이

---

15 이 책(『논리 연구』) 제1판 제2권의 부록에서 약속한 로체의 인식론에 대한 논쟁은 지면이 부족해 인쇄되지 못했다.

거대한 사상가의 구상이 지닌 위대함에는 훨씬 미치지 못한다. 우리가 특히 공감해 언급하려는 그의 구상에 대해 간단히 말해 보자.

근대 철학의 시작을 추진시킨 동기, 즉 학문을 완성하고 혁신하려는 이념에 따라 라이프니츠도 논리학을 개혁하기 위해 부단히 노력했다. 그러나 그는 선임자들보다 더 통찰을 발휘해 스콜라철학의 논리학을 공허한 형식주의로 비방하는 대신 불완전하지만 사유에 참된 도움을 줄 수 있을 참된 논리학의 귀중한 이전 단계로 파악했다.[16] 논리학을 수학적 형식과 엄밀성을 지닌 분과로, 최고의 가장 포괄적인 의미에서 보편수학[17]으로 발전시키는 것은 그가 항상 새롭게 전력을 다해 헌신한 목표였다.

나는 『새로운 에세이(*Nouveaux Essais*)』 L. 제4권 17장[18]에서 시사한 것을 따라가는데, 여기에서 그는 '형식에서 논증(argumens en forme)'에 대한 완전히 일반적 학설로 확장된 삼단논법 형식의 학설을 '그 중요성이 충분히 인식되었기 때문에 일종의 보편수학(Mathématique universelle)'이라고 한다.

다른 곳에서는 이렇게 말한다.

'형식에서 논증'으로 나는 비단 학교에서 사용되는 저 스콜라철학의 변증

---

16 예를 들어 에르트만이 편집한 《철학 저술집(*Opera Philosophica*)》, 418쪽 이하에서 바그너(Wagner)에게 보낸 편지 속에 라이프니츠는 전통 논리학에 대해, '그가 원했던 논리학의 거의 그림자'에 불과해도, 상세하게 옹호한 것을 참조.

17 (옮긴이 주) 보편수학은 데카르트에서 시작해 라이프니츠에서 정점을 이룬 사상으로 후설의 학문이론의 핵심이다. 하지만 데카르트에서 보편수학의 이념은 그가 해석기하학을 발전시키면서 생각한 산술·기하학·천문학·음악이론학·광학·기계학 등을 포괄하는 수학의 통합과학이다. 그리고 라이프니츠에서 보편수학은 이것을 넘어 논리학·대수학까지 포괄하는 모든 형식과학에 대한 학문을 뜻한다. 반면 후설은 학문이론으로서 논리학을 완성하고자 한다. 요컨대 『논리 연구』의 주도적 이념도 산술의 형식적인 것과 논리학의 형식적인 것의 관계를 밝히는 것이다.

18 예를 들어 4항, 에르트만이 편집한 《철학 저술집》, 395a 참조.

10절 비판적 고찰의 결론

법뿐만 아니라 좀 더 형식에 따라 추론하고 또 어떠한 항목도 보충할 필요가 없는 추론까지 모두 여기에 포함되어 있다는 것을 알아야 한다고 이해했다. 따라서 '연쇄식(sorites)', 즉 반복을 피하는 일련의 삼단논법, 더 나아가 바르게 수행되는 계산, 대수의 계산, 미적분의 해석까지도 나에겐 하나같이 형식에 따른 추론이다. 그 이유는 곧 이들 추론형식은 미리 증명되어 있으며, 따라서 그 부분에서는 전혀 착오가 없음을 확신하기 때문이다.

그러므로 여기에서 구상된 '보편수학'의 영역은 라이프니츠가 아주 완성시키지 않은 채 구축하려고 애쓴 논리계산의 영역보다 훨씬 넓을 것이다. 본래 라이프니츠는 이 보편수학으로 통상 양(量)의 의미에서 '보편수학' 전체(이것은 라이프니츠의 '보편수학'의 가장 좁은 개념을 형성한다.)를 함께 반드시 포괄할 것이고, 특히 순수수학적 논증도 다른 곳에서 반복해 '형식에서 논증(argumenta in forma)'이라 불렀다. 그러나 '결합술(Ars combinatoria)'이나 '보편적 부호(符號)법칙(Speciosa generalis)' 또는 '추상적 형식이론(doctrina de formis abstracta)'도 여기에 반드시 포함될 것이다.[19] 이 '결합술'은 위에서 말한 가장 넓은 의미는 아니지만 더 넓은 의미에서 '보편수학'의 기초 부분을 형성하는 반면, 이 '보편수학' 자체는 이에 종속된 영역으로서 논리학과 구별된다. 우리가 특별히 관심을 두는 결합술을 라이프니츠는 '보편적 표현으로 공식(formulis) 또는 순서(ordinis), 유사함(similitudinis), 관계(relationis) 등의 이론'[20]으로 정의한다. 결합술은 여기에서 '질(質)의 보편학'으로서 '양(量)의 보편학'(보통의 의미에서 일반수학)에 대립된다.[21]

---

19 페르츠(Pertz) 판, 『수학 저술집』 제7권, 24, 49쪽 이하, 54, 159, 205쪽 이하 참조.
20 위의 책, 61쪽.
21 이에 관해서는 게르하르트(Gerhardt) 판 『철학 저술집』 제7권, 297쪽 이하의 중요한 단락들을 참조.

결합술은 특히 나에게는 가령 A, B, C 등(양을 표시하든 그 밖의 것을 표시하든)에서 상호 결합해 다양한 공식이 성립될 수 있는 한, 일반적으로 사물의 형식이나 공식, 즉 질(質) 일반 또는 유사함이나 유사하지 않음을 취급하는 학문(이것 역시 일반적으로 기호법(characteristica) 또는 부호법(speciosa)이라 불러도 좋다.)이며, 따라서 이것은 양(量)에 적용되는 여러 공식과 같음 및 같지 않음을 다루는 대수학과 구별된다. 따라서 대수학은 결합술에 종속되어 결합술의 여러 규칙을 항상 사용하는데, 이 규칙은 훨씬 일반적이며, 단순히 대수학뿐만 아니라 암호해독술(ars deciphratoria)이나 갖가지 유희(遊戲), 더 나아가 선을 이용해 전통적 방법으로 수행되는 기하학에서조차 요컨대 유사함의 개념이 쓰이는 모든 부분에 적용된다.

자신의 시대를 훨씬 앞서간 라이프니츠의 직관은 현대의 '형식적' 수학과 수학적 논리학을 아는 사람에게 명확하게 한정되고 극히 경탄할 만하다. 수학적 논리학은, 내가 명확하게 말하듯이, 보편학(scientia generalis) 또는 추론계산(calculus ratiocinator)에 대한 라이프니츠의 단편(斷編)에도 해당된다. 트렌델렌베르크의 세련되지만 피상적인 비판은 이 보편학의 유용성을 거의 알아낼 수 없을 것이다.[22]

동시에 라이프니츠는 반복해서 또 강조해 개연성의 수학적 이론을 위해 논리학을 확장할 필요성을 지적한다. 그는 수학자에게 도박을 포함한 문제를 분석할 것을 요구하며, 수학자에게 경험적 사유와 이에 대한 논리적 비판을 크게 촉진시킬 것을 기대한다.[23] 요컨대 라이프니츠는 아리스토텔레스 이래 논리학이 기록해야 했던 훌륭한 성과, 개연성

---

22 『역사적 철학논고(*Historische Beitäge zur Philosophie*)』, 제3권.
23 예를 들어 『새로운 에세이』, L. 제4권, 제16장 5항; 에르트만이 편집한 『철학 저술집』 388쪽 이하; L. 제4권 제1장 14항(같은 책, 343쪽)을 참조. '보편학'에 대한 단편(같은 책, 84, 85쪽 등)도 참조.

10절 비판적 고찰의 결론

의 이론, 그리고 19세기 후반에야 비로소 무르익은 추론(삼단논법의 추론과 비삼단논법의 추론)의 수학적 분석을 천재적 직관으로 예견했다. 그는 자신의 결합술(Combinatoria)을 통해 또한 순수 다양체이론, 즉 순수논리학과 가까운 관계에 있는 — 실로 순수논리학과 내적으로 일치된 — 이 분과의 정신적 아버지이다.[24]

이 모든 점에서 라이프니츠는 우리가 여기에서 지지한 순수논리학의 그 이념의 토대 위에 서 있다. 인식의 유익한 기술에 본질적 기반이 심리학 속에 놓여 있을 수 있다는 생각보다 그에게 먼 것은 아무것도 없다. 그에 따르면 이 기반은 전적으로 아프리오리하다. 확실히 그 기반은 수학적 형식의 한 분과를 구성하는데, 이 분과는 그 자체로 가령 순수산술의 경우와 아주 똑같이 실천적으로 인식을 규제하는 직분을 즉시 자체 속에 포함한다.[25]

61 순수논리학의 이념을 인식비판으로 정당화하고 부분적으로는 실현할 독자적인 연구의 필요성

어쨌든 사람들은 라이프니츠의 권위를 칸트나 헤르바르트의 권위보다 더 낮게 인정하는데, 특히 그가 실행한 작업수행의 중요성을 〔자신의〕 위대한 의도에 부여할 수 없었기 때문이다. 그는 과거 시대의 사

---

24 이 책의 69항과 70항을 참조.
25 그래서 예를 들어 라이프니츠에 따르면, 가장 좁은 의미에서 '보편수학(Mathesis universalis)'은 '수학자의 논리학(Logica Mathematicorum)'과 일치한다.(페르츠판, 앞의 책 제7권 54쪽) 반면 그는 이 '수학자의 논리학'(또한 '수학의 논리학(Logica Mathematica)'이라고 같은 책 50쪽에서 부른다.)을 '양에 관한 판단을 발견하는 기술(Ars judicandi atque inveniendi circa quanti-tates)'로 정의한다. 물론 이것은 다시 더 넓은 의미의 '보편수학'으로 또 가장 넓은 의미의 '보편수학'으로 전이된다.

람으로서 새로운 학문은 자신의 시대를 훨씬 능가했다고 믿었다. 권위는 광범위하게 수행되고 추정적으로는 성과가 풍부하고 확실한 학문에 비교해 전혀 [그만큼] 비중이 크지 않다. 그 권위의 영향력은 그 권위의 경우 문제가 된 분과에 충분히 해명되고 적극적으로 완성된 개념이 없는 만큼 더 적어짐에 틀림없다. 분명한 사실은 우리가 중도에 멈추지 않고 비판적 고찰을 성과 없는 위험에 방치하지 않으려면, 순수논리학의 이념을 충분히 폭넓은 토대 위에 구축하는 과제를 스스로 떠맡아야만 한다는 것이다. 우리가 실질적이고 개별적으로 진술하는 가운데 순수논리학의 본질적 연구의 내용과 성격에 관해 명확하게 윤곽 지은 표상을 제공하고, 순수논리학의 개념을 더 분명하게 만들어 냄으로써만 우리는 마치 순수논리학이 상당히 진부한 명제들의 사소한 영역을 다룬다는 선입견을 제쳐 놓을 수 있다. 반면 우리는 그 분과가 매우 현저하게 확대되고 게다가 단지 체계적 이론의 내용의 관점뿐만 아니라 무엇보다 그 분과의 철학적 기초와 평가에 필요한, 어렵지만 중요한 연구의 관점에서 확대되는 것을 보게 된다.

그런데 순수논리적 진리의 영역에 추정적인 사소함은 그 자체만으로 그 영역을 논리적 기술학의 단순한 임시방편으로 다루는 논증이 결코 아니다. 그 자체 속에 하나의 이론적으로 완결된 통일체를 형성하는 것을 서술하는 것, 이러한 이론적 완결성 가운데 외부의 목적에 대한 단순한 임시방편을 넘어서 서술하는 것은 순수이론적 관심의 요청이다. 그 밖에 이제까지의 연구가 적어도 순수논리학의 본질을 올바로 이해하고 다른 모든 학문에 대해 이 순수논리학의 독특한 위치를 올바로 이해하는 것이 인식론 전체의 가장 중요한 문제 가운데 하나라는 사실을 명백하게 설명했다면, 순수논리학이 그 순수성과 자립성에서 실제로 서술되는 것 역시 이 철학적 기초학문의 중대한 관심이다. 물론 인식론은 형이상학을 추종하는 분과나 심지어 형이상학과 전적으로 일

10절 비판적 고찰의 결론

치하는 분과로 이해되면 안 되고, 심리학과 다른 모든 분과에 선행하는 것과 마찬가지로 형이상학에 선행하는 분과로 이해되어야 한다.

추가. 랑에와 볼차노를 참조

논리학에 대한 내 견해와 랑에의 견해를 분리시키는 거리가 아무리 멀리 떨어졌더라도, 그가 순수논리학을 경시하는 분위기가 지배적인 시대에 "학문은 논리학의 순수형식적 요소를 분리시켜 다루는 시도에서 본질적인 촉진을 기대해야만 한다."[26]는 확신을 단호하게 지지한 점에서 나는 그와 의견이 일치하며, 논리학에 큰 공적을 세웠다고 본다. 그의 견해에 찬성하는 것은 더 나아가 랑에가 물론 본질적으로 명석하게 이끌 수 없었던 그 분과의 이념에도 가장 일반적인 점에 따라 관련된다. 그가 순수논리학을 분리시키는 것을 그가 '논리학의 필증적인 것(Apodiktisches)'이라 부른 그 학설, 즉 '수학의 정리와 마찬가지로 절대적으로 강제적인 방식으로 전개되는 …… 그 학설'을 해방시키는 것으로 간주한 것은 근거가 없지 않다. 그리고 매우 명심해야 할 가치가 있는 것은 그가 이때 다음과 같이 부가한 말이다.[27]

강제적 진리가 현존한다는 단순한 사실은 매우 중요해 이 진리의 모든 흔적은 주도면밀하게 추적되어야만 한다. 형식논리학의 가치가 낮기 때문에, 또는 그것이 인간의 사유에 대한 이론으로서 충분하지 않기 때문에 이러한 연구를 하지 않는 것은 이와 같은 관점에서 이론적 목적과 실천적 목적을 혼동한 것으로서 무엇보다 거부되어야만 한다. 이와 같은 반론은 가령 화학자가 어떤 합성된 물체를 분석하는 일을 — 이 물체가 합성된 상태에

---

26 랑에, 『논리 연구』, 1쪽.
27 위의 책, 7쪽 이하.

서 매우 가치가 있는 반면 개개의 구성요소는 예측해 보건대 전혀 가치가 없을 것이기 때문에 ── 거절하려는 경우와 마찬가지로 간주될 수 있다.

그는 다른 곳에서 마찬가지로 정당하게 다음과 같이 주장한다.[28]

형식논리학은 필증적 학문으로서 그 학문의 유용성에 전혀 의존하지 않는 가치를 갖는다. 왜냐하면 각각의 체계에 아프리오리하게 타당한 진리에 최고의 경의(敬意)가 주어지는 것은 당연하기 때문이다.

랑에는 순수한 형식논리학의 이념을 열렬하게 지지했으나, 그 이념이 이미 오래전에 상대적으로 높은 정도로 실현되었다는 것을 꿈에도 생각하지 못했다. 물론 나는 특히 칸트 학파나 헤르바르트 학파에서 생겼고 이들이 제기했던 요구에 단지 약간만 상응할 뿐인 형식논리학의 많은 저술을 염두에 둔 것이 아니다. 그렇지만 1837년 출간된 베른하르트 볼차노의 『학문론(Wissenschaftslehre)』은 논리적 '원리론'의 문제에서 논리학을 체계적으로 구상하는 데 세계의 문헌들이 제시하는 것 모두를 훨씬 능가하는 작품이다. 물론 볼차노가 우리가 말하는 의미에서 순수논리학의 독자적 경계를 명확하게 구명하고 변호하지는 않았다. 하지만 사실상(de facto) 그는 그의 저술 제1권과 제2권 두 책에서, 즉 그가 파악한 의미로 학문론의 기초로서 순수논리학을 순수하게 또 학문적으로 엄밀하게 서술했으며, 그와 같이 풍부한 독창적이며 학문적으로 확실하고 어쨌든 성과가 많은 생각을 순수논리학에 부여했다. 이 때문에 그는 모든 시대를 통틀어 가장 위대한 논리학자 가운데 한 사람으로 간주되어야 한다. 역사적으로 그는 중요한 생각과 근본적 견해를 공유하는

---

28 위의 책, 127쪽.

라이프니츠와 상당히 가까운 관계에 있고, 그 밖에 철학적으로도 그와 가장 가깝다. 물론 그는 라이프니츠의 풍부한 논리적 직관을 완전히 길어 내지 않았고, 특히 수학적 삼단논법과 보편수학(matheisis universalis)에 관해 완전히 길어 내지 않았다. 어쨌든 라이프니츠의 유고는 그 당시 여전히 별로 알려지지 않았고, 그 유고를 이해할 단서로서 '형식적' 수학과 다양체이론은 없었다.

자신의 경탄할 만한 작품의 각 줄에서 볼차노가 날카로운 통찰력을 지닌 수학자로서 확증한 것은 그 자신이 수학적 해석학의 근본개념과 정리를 이론적으로 다루는 데 최초로 끌어들인 그러한 학문적 엄밀함의 정신을 논리학에서 지배하게 만든 것이다. 그래서 그는 학문적 엄밀함의 정신을 끌어들임으로써 그 해석학을 새로운 토대 위에 세웠다. 이러한 명성을 기념해 새겨 넣는 것을 수학의 역사는 잊어버리지 않았다.

우리는 볼차노의 경우 — 헤겔과 동시대인인데 — 세계에 대한 이론적-분석적 지식(Wissen)으로서 사려 깊은 세계관(Weltanschauung)과 세계지혜(Weltweisheit)가 되려고 겨냥했고, 이렇게 근본적으로 서로 다른 지향을 불행하게 혼동해 학문적 철학의 발전을 그만큼 더 억제했던 체계철학(Systemphilosophie)의 심원한 다의성(多義性)의 흔적을 결코 찾을 수 없다. 그의 사상은 수학적 간결함과 냉철함으로, 하지만 수학적 명석함과 엄밀함으로도 형성되었다. 그 분과의 전체 속에 이렇게 사상이 형성되는 의미와 목적에 더 깊게 파고들어 가야 비로소 냉철한 규정 또는 형식적 서술 속에 얼마나 위대한 정신적 연구와 정신적 작업수행이 꽂혀 있는지 밝혀진다. 관념론 학파의 편견, 사유습관, 언어습관 속에서 성장한 철학자 — 우리 모두는 여전히 이것들의 영향에서 완전히 성장해 벗어나지 못한다. — 에게는 그와 같은 본성의 학문이 아주 간단히 이념이 없는 천박함 또는 우둔함이나 자질구레함으로 보인다.

그러나 논리학은 볼차노의 저술에 입각해 학문으로 구축되어야만 하며, 이 저술에서 논리학에 필요한 것, 즉 수학적으로 날카로운 구별, 이론에서 수학적 정밀성을 배워야만 한다. 이때 논리학은 수학자가 철학적으로 경시(輕視)하는 것을 아랑곳하지 않는 수학자가 그래서 성공적으로 구축하는 논리학을 '수학화하는' 이론을 평가하는 데 다른 관점을 획득하게 된다. 왜냐하면 볼차노 자신은 그 이론을 아직 예감하지 못했더라도 그러한 이론은 볼차노식 논리학의 정신에 완전히 적합하기 때문이다. 어쨌든 미래의 논리학의 역사가(歷史家)에게는 그 밖에 매우 주도면밀한 위버베크 ── 그는 『학문론』 등급의 저술을 크니게(Ph. Knigge)의 『아낙네 거실의 논리학(Logik für Frauenzimmer)』(1789) 수준으로 세웠다.[29] ── 를 무심코 간과한 일이 더 이상 일어나면 안 된다.

아무리 볼차노의 작업수행이 완벽하게 마무리되었더라도, 그것이 (참으로 정직한 사상가 자체의 의미에서 완전히) 궁극적으로 확정적인 것으로 간주될 수는 없다. 여기에서 한 가지만 언급한다면, 인식론적 방향이 결핍된 것이 특히 민감하다. 논리적 사유의 작업수행을 본래 철학적으로 이해시키는 것, 그래서 논리적 분과 자체를 철학적으로 평가하는 것에 관련된 연구가 결여되어 있다.(또는 완전히 불충분하다.) 경우에 따라서는 수학자와 같이 확실히 경계가 설정된 영역 안에서 원리의 문제를 많이 걱정할 필요 없이 이론 위에 〔계속〕 이론을 세우는 연구자는 그와 같은 문제를 회피할 수 있다. 그러나 그 분과를 전혀 파악하지 못하고 인정하지 않는 사람에게, 또는 그 분과의 본질적 과제를 이질적인 과제와 혼동하는 사람에게 그와 같은 분과의 고유한 권리와 그 대상 및 과제의 본질을 분명하게 제시할 과제에 직면한 연구자는 그와 같은 문제를 회피할 수 없다. 일반적으로 이 책의 논리적 연구를 볼차노의 저술

---

29 위버베크는 이 둘에 대해, 즉 그 명칭에 대해 동등하게 말할 가치가 있는 많은 것을 알고 있다. 그 밖에 사람들은 언젠가 위버베크류와 같이 '위대한 철학자'에게 방향을 맞춘 논리학의 역사를 다루는 것을 이상한 변칙으로 느낄 것이다.

10절 비판적 고찰의 결론

과 비교하는 것은, 이 책의 논리적 연구가 다른 한편으로 볼차노 — 또한 로체 — 의 결정적 계기를 받아들였더라도, 이 둘의 경우 중요한 문제는 볼차노류의 사상이 형성된 것을 단순히 해설하거나 비판적으로 수정해 서술하는 것이 결코 아니라는 사실을 가르쳐 줄 것이다.

11절 순수논리학의 이념

적어도 이 책 제2권에서 계속되는 개별적 연구가 추구하는 목표를 약간의 성격적 특징을 통해 규정한 잠정적인 모습에 도달하기 위해 이제까지 비판적 고찰로 어느 정도 준비된 순수논리학의 이념을 과감하게 개념적으로 명석하게 부각시켜 보자.

62 학문의 통일성. 사물들의 연관과 진리들의 연관

학문은 우선 인간학적 통일체, 즉 어떤 사유에 속한 외적인 준비물과 더불어 사유의 작용, 사유의 성향의 통일체이다. 무엇이 이 모든 통일체를 인간학적 통일체로 만드는지, 특히 무엇이 이 통일체를 심리학적 통일체로 규정하는지는 여기에서 관심이 아니다. 오히려 우리의 관심은 무엇이 학문을 진정한 학문으로 만드는지를 겨냥하며, 어쨌든 이것은 사유의 작용들이 편입되는 심리학적 연관이나 일반적으로 실재적 연관이 아니라, 사유의 작용들에 통일적인 대상적 관계를 부여하고 이러한 통일성 가운데 이념적 타당성도 부여하는 일정한 객관적 또는 이

넘적 연관이다.

그렇지만 여기에서 더 정확하게 규정하고 명석하게 할 필요가 있다. 학문적 사유를 관념적으로 관철시키고 학문적 사유와 그래서 학문 그 자체에 '통일성'을 부여하는 객관적 연관으로 이중의 것이 이해될 수 있다. 즉 [한편으로] (실제적 또는 가능한) 사유의 체험이 지향적으로 관련되는 사태(Sache)의 연관이고, 다른 한편으로 실질적[사태에 입각한] 통일체가 그 속에서 그것이 존재하는 그대로 객관적 타당성이 되는 진리의 연관이다. 이 두 연관은 아프리오리하게 서로 함께 주어지며 서로를 떼어 낼 수 없다. 이러저러하게 규정되지 않고는 아무것도 존재할 수 없다. 그것이 존재하는 것과 이러저러하게 규정된 것, 이것은 곧 존재 그 자체의 필연적 상관자(Korrelat)를 형성하는 진리 그 자체이다. 개개의 진리나 사태에 타당한 것은 진리나 사태의 연관에도 명백하게 타당하다. 하지만 이렇게 명증적으로 분리할 수 없음은 동일성(Identität)이 아니다. 사태와 실질적 연관이 실제로 존립하는 것은 관련된 진리나 진리의 연관 속에 뚜렷이 각인된다. 그러나 진리의 연관은 이 속에 '참으로' 존재하는 사태의 연관과 다른 것이다. 이것은 진리에 대해 타당한 진리가 그 진리 속에 정립된 사태에 대해 타당한 진리와 일치하지 않는다는 사실로 즉시 밝혀진다.

오해를 불러일으키지 않기 위해 나는 대상성·대상·사태 등의 말이 여기에서는 항상 가장 넓은 의미로, 따라서 내가 선호하는 '인식'이라는 용어의 의미와 조화를 이루어 사용된다는 점을 명백하게 강조한다. (인식의) 대상은 이념적인 것일 뿐만 아니라 실재적인 것일 수 있으며, 종(種)이나 수학적 관계처럼 어떤 사물이나 사건의 경과일 수 있고, 어떤 존재의 당위(Seinsollen)와 같이 하나의 존재(ein Sein)일 수 있다. 이것은 저절로 '대상성의 통일체', '사태의 연관' 등의 표현으로 전이된다.

단지 추상적으로 서로 간에 사유하지 않는 이 두 통일체, 한편으로 대상성의 통일체, 다른 한편으로 진리의 통일체가 판단 속에 또는 더 정확하게 말하면 인식 속에 우리에게 주어진다. 이러한 〔인식이라는〕 표현은 단순한 인식의 작용과 같이 매우 넓어서 아무리 복잡하더라도 논리적으로 통일적인 모든 인식의 연관을 자체 속에 포괄한다. 즉 전체로서 각 인식의 연관은 그 자체로 하나의 인식의 작용이다. 우리가 어떤 인식의 작용을 수행하는 사이에, 또는 내가 선호하는 표현방식으로는 인식의 작용 속에서 살아가는 사이에, 우리는 그 인식의 작용이 바로 인식하는 방식으로 사념하고 정립하는 '대상적인 것(Gegenständliches)에 몰두해' 있다. 그리고 이것이 가장 엄밀한 의미에서 인식이라면, 즉 우리가 명증성을 갖고 판단한다면, 그 대상적인 것은 원본적으로 주어져 있다. 이때 사태(Sachverhalt)는 지금 우리에게 단지 추정적으로만 아니라 실제로 눈앞에 있으며, 사태 속에 대상 자체가 그것이 존재하는 그대로, 즉 정확하게 그러하게 또한 대상이 이러한 인식 속에 사념된 것 — 이러한 속성들을 지닌 것(Träger), 이러한 관계 항(項) 등의 것 — 과 다르지 않게 있다. 대상은 단순히 추정적으로가 아니라 실제로 그러한 성질을 띠고 또한 실제로 그러한 성질을 띠는 것으로서 우리의 인식에 주어진다.

그러나 이것은 대상이 그 자체로서 단순히 일반적으로 사념된 것(판단된 것)이 아니라 인식되었다는 것을 뜻할 뿐이다. 또는 대상이 그렇게 존재하고 명증적 판단의 체험 속에 개별화된 현실적으로 생성된 진리라는 사실을 뜻할 뿐이다. 이 개별화(vereinzelung)를 반성해 보고 이념화하는 추상(ideirende Abstraktion)을 수행하면, 그 대상적인 것 대신에 진리 자체가 파악된 대상이 된다. 우리는 이것에 관해 진리를 일시적인 주관적 인식의 작용에 이념적 상관자로서, 즉 가능한 인식의 작용과 인식하는 개인의 무제한의 다양성에 대립하는 하나의 진리로서 파악한다.

인식의 연관에는 진리의 이념적 연관이 상응한다. 이것은, 적절하게 이해하면, 단지 진리의 복합체가 아니라 그래서 그 자체가 더구나 전체로서 진리의 개념에 종속하는 복합적 진리이다. 또한 여기에는 그 말을 객관적으로 이해하면, 따라서 통일된 진리의 의미에서 학문이 속한다. 진리와 대상성 사이에 성립하는 일반적 상관관계의 경우 하나의 동일한 학문 속에서 진리의 통일체에는 또한 통일적 대상성이 상응한다. 즉 이것은 학문의 영역의 통일성이다. 이 통일성과 관련해 동일한 학문의 모든 개개의 진리는 실질적으로 함께 속하는 것이라고 한다. 물론 이러한 표현은, 나중에 보게 되듯이, 이 경우 통상적인 것보다 더 넓은 의미로 이해되는 것으로 보인다.[1]

63 계속. 이론의 통일성

이제 무엇이 학문의 통일성과 그래서 영역의 통일성도 규정하는지 심문하자. 왜냐하면 진리들을 하나의 진리의 연대(Band)로 조립하는 모든 것 — 실로 이것도 완전히 외적인 것으로 남아 있을 수 있다. — 이 학문을 형성하지 않기 때문이다. 제1절에서 말했듯이,[2] 학문에 속하는 것은 정초연관의 일정한 통일체이다. 그러나 이것도 충분치 않다. 그것이 학문의 이념에 본질적으로 속하는 것으로서 정초를 지적하지만, 어떤 종류의 정초의 통일성이 학문을 형성하는지 말하지 않기 때문이다.

논지를 명석하게 하기 위해 몇 가지 일반적인 확인 사항을 미리 서술해 보자.

---

1 이 책 64항의 끝부분을 참조.
2 6항 전반부 참조. 우리는 거기에서 '학문'이라는 표제 아래 물론 더욱 제한된 개념, 즉 이론적–설명하는 추상적 학문이 주목하는 개념을 고찰했다. 그렇지만 이것은 특히 우리가 다음에서 곧 계속 규명할 추상적 학문의 두드러진 위치를 고려하면, 어떠한 본질적 차이도 형성하지 않는다.

학문적 인식은 그 자체로 근거에 입각한 인식이다. 무엇에 대한 근거를 인식하는 것은 그것이 이러저러한 관계에 있다는 필연성을 통찰하는 것을 뜻한다. 어떤 진리의 객관적 술어로서 필연성(이 경우 필연적 진리를 뜻한다.)은 관련된 사태의 법칙적 타당성과 같은 것을 의미한다.[3] 따라서 〔한편으로〕 어떤 사태를 합법칙적 진리 또는 그 사태의 진리를 필연적으로 타당한 진리로 통찰하는 것과 〔다른 한편으로〕 사태의 근거에 대한 인식 또는 사태의 진리를 갖는 것은 같은 값을 지닌 표현이다. 물론 우리는 자연스러운 애매함 가운데 그것 자체가 하나의 법칙을 표명하는 모든 일반적 진리를 필연적 진리라고 말하곤 한다. 최초에 정의된 의미에 상응해 그것은 오히려 어떤 부류의 필연적 진리가 발생하게 되는 설명하는 법칙의 근거라고 말해야 할 것이다.

진리는 개체적 진리와 유적 진리로 나뉜다. 전자가 개체적 개별자의 실제적 현존에 관한 (명시적 또는 함축적) 주장을 포함하는 반면, 후자는 이것에서 완전히 해방되어 단지 개체적인 것의 (순수하게 개념에 입각한) 가능한 현존을 추리하는 것만 허용할 뿐이다.

개체적 진리는 그 자체로 우연적이다. 개체적 진리의 경우 근거에 입각해 설명하는 것에 대해 말하면, 그 때문에 중요한 문제는 그 진리의 필연성을 어떤 전제된 상황 아래 입증하는 것이다. 즉 어떤 사실과 다른 사실의 연관이 법칙적이라면, 그 사실의 존재는 관련된 종류의 연관을 규제하는 법칙에 근거해, 그리고 그에 속한 상황을 전제하는 가운데 필연적 존재로 규정된다.

중요한 문제가 사실적 진리를 정초하는 것이 아니라 유적 진리(이

---

3 따라서 중요한 문제는 관련된 판단의 주관적 심리학적 성격이 아니다. 가령 강요되어 있음의 느낌이 결코 아니다. 이념적 대상들과 그래서 또한 그와 같은 대상의 이념적 술어가 어떻게 주관적 작용에 관계하는지에 관해 우리는 이 책 39항 중반에 시사했다. 더 자세한 것은 『논리 연구』 제2권을 참조.

11절 순수논리학의 이념

것은 그 진리에 속한 사실 자체로 가능하게 적용되는 점에서 다시 법칙의 성격을 갖는다.)를 정초하는 것이라면, 우리는 (개체화(Individualisierung)가 아닌) 특수화(Spezialisierung)와 연역적 추론을 하는 도중에 정초할 수 있는 명제가 생기는 어떤 유적 법칙을 제시하게 된다. 유적 법칙을 정초하는 것은 그 본질상(따라서 단순히 주관적이거나 인간학적이 아니라 '그 자체로') 더 이상 정초할 수 없는 어떤 법칙으로 필연적으로 이끈다. 이것을 근본법칙이라 한다.

자신의 궁극적 근거에서 하나의 근본법칙성에 기인하고 이 근거에 입각해 체계적 연역으로 발생하는 법칙이 이념적으로 완결된 전체의 체계적 통일성은 체계적으로 완성된 이론의 통일체이다. 이 경우 근본법칙성은 하나의 근본법칙에서 성립하거나 동질적 근본법칙의 연대에서 성립한다.

이러한 엄밀한 의미에서 우리는 일반적 산술, 기하학, 해석역학, 수학적 천문학 등에서 이론을 갖는다. 통상적으로 우리는 이론의 개념을 상대적 개념, 즉 그 이론을 통해 지배된 ── 그 이론이 설명하는 근거를 제공한 ── 다양한 개별자에 상대적인 것으로 파악한다. 〔예를 들어〕 일반적 산술은 수치에 의한 또 구체적인 수의 명제에 대해, 해석역학은 역학적 사실에 대해, 수학적 천문학은 인력의 사실에 대해 설명하는 이론을 제공한다. 그러나 설명하는 기능을 받아들일 가능성은 우리가 말하는 절대적 의미에서 그 이론의 본질에 자명한 귀결이다. 더 느슨한 의미로 사람들은 단어의 엄밀한 의미에서 궁극적 근거가 아직 근본법칙은 아니지만 진정한 근거로서 근본법칙에 가깝게 이끄는 연역적 체계를 이론으로 이해한다. 그래서 완결된 이론의 단계서열에서 이론은 이러한 느슨한 의미에서 한 단계를 형성한다.

또한 다음과 같은 차이, 즉 모든 설명하는 연관은 연역적이지만 모든 연역적 연관이 설명하는 것은 아니라는 점에 주목하자. 모든 근거는 전제이지만, 모든 전제가 근거는 아니다. 물론 모든 연역은 필연적이지만, 즉 모든 연역은 법칙에 지배되지만, 결론이 법칙(추론법칙)에 따라 귀결되는 것이 결론이 법칙에서 귀결되고 법칙 속에 적확한 의미에서 '근거하는' 것을 뜻하지 않는다. 물론 사람들은 각각의 전제를, 특히 일반적 전제를 그것에서 이끌어 낸 '귀결'에 대한 '근거'로 부르곤 하는데, 이것은 매우 주목해야 할 애매함이다.

64 학문에 통일성을 부여하는 학문의 원리와 학문 이외의 원리. 추상적 학문과 구체적 학문 그리고 규범적 학문

이제 우리는 위에서 제기한 물음, 즉 '무엇이 하나의 학문의 진리가 함께 속해 있음을 규정하는지', '무엇이 학문의 '실질적' 통일성을 형성하는지' 하는 물음에 답변할 자리에 있다.

통일하는 원리는 본질적 종류와 비본질적 종류 두 가지가 있을 수 있다.

어느 학문의 진리는, 그 연결이 학문을 무엇보다 학문으로 만드는 것에 의거할 경우, 본질적으로 하나이다. 그리고 이것은, 우리가 이미 알고 있듯이, 근거에서 나온 인식, 따라서 (적확한 의미에서) 설명하는 것 또는 정초하는 것이다. 어떤 학문의 진리의 본질적 통일성은 설명하는 것의 통일성이다. 그러나 설명하는 모든 것이 하나의 이론을 지시하고, 그 완결을 설명하는 원리인 근본법칙에 대한 인식 속에서 발견한다. 그래서 설명하는 것의 통일성은 이론적 통일성, 즉 위에서 상론한 것에 따라 정초하는 법칙성의 동질적 통일성, 궁극적으로는 설명하는 원리의 동질적 통일성을 뜻한다.

그 속에서 이론의 관점, 원리적 통일성의 관점이 그 영역을 규정하는 학문, 그래서 하나의 근본법칙성으로 그것을 설명하는 원리를 갖는 가능한 모든 사실과 유적 개별자를 관념적 완결성 속에 포괄하는 학문을 사람들은, 반드시 적절하지는 않지만, 추상적 학문이라 부른다. 가장 특징적으로 말하면 이 학문을 본래 이론적 학문이라 부른다. 그런데 이러한 표현은 실천적 학문과 규범적 학문에 대립해 사용되고, 우리도 그 표현을 위에서 이러한 의미로 그냥 놔두었다. 크리스[4]의 제안에 따르면,[5] 이러한 학문을, 이 학문이 법칙 속에서 통일하는 원리를 본질적 탐구의 목표와 같이 소유하는 한에서, 대략 그 특색을 나타내려고 〔이론적 학문과〕 마찬가지로 법칙론적 학문으로 부를 수 있다. 때때로 사용하는 '설명하는 학문'이라는 명칭도, 이 명칭이 설명하는 것 자체가 아니라 설명에서 나온 통일성을 강조하려는 것이라면, 적절하다.

그러나 두 번째, 진리를 하나의 학문으로 총괄해 정리하기 위한 특별한 관점도 존재하는데, 가장 가까운 관점으로 우리는 다분히 문자 그대로의 의미로 사태(Sache)의 통일성이라 부른다. 우리는 그 내용상 하나의 동일한 개체적 대상성 또는 하나의 동일한 경험적 유에 관계되는 모든 진리를 결부시킨다. 이것은 지리학·역사학·천문학·박물학·해부학과 같이 구체적 학문, 또는 크리스의 용어를 사용하면, 존재론적 학문의 경우이다. 지리학의 진리는 그것이 지구와 관련됨으로써 통일되고, 기상학

---

4 (옮긴이 주) 크리스(J. A. von Kries, 1853~1928)는 헬름홀츠의 제자로 베를린, 프라이부르크대학교의 교수로 시각 이론의 이중성, 혈행(血行)역학에 크게 기여한 독일의 생리학적 심리학자이다. 개연성에 기초한 논리학의 확률이론에도 크게 기여했다. 저서로 『시력감각과 그 분석』(1882), 『개연성 계산의 원리』(1886), 『감각기관의 심리학과 생리학』(1891), 『일반 감각생리학』(1923) 등이 있다.

5 크리스, 『개연성 계산의 원리(*Die Prinzipien der Wahrscheinlichkeitsrechnung*)』, 1886), 85쪽 이하와 《학문적 철학 계간지(*Vierteljahrsschrift f. w. Philosophie*)》 제16권 (1892) 255쪽. 그런데 크리스가 '법칙론적(nomologisch)'과 '존재론적(ontologisch)'이라는 용어를 사용한 경우 중요한 문제는 여기에서처럼 학문에 관한 구별이 아니라 판단에 관한 구별이다.

의 진리는 여전히 제한되었지만 지구의 기후현상에 관련된다 등등.

우리는 이러한 학문을 또한 기술적(記述的) 학문으로 부르곤 하며, 실로 기술하는 것의 통일성이 대상이나 부류의 경험적 통일성을 통해 규정되며, 학문의 통일성을 규정하는 것이 여기에 속한 학문 속에 이러한 기술적 통일인 한에서 이러한 명칭을 인정할 수 있다. 그러나 물론 마치 기술적 학문이 우리에게 척도가 되는 학문의 개념에 모순되는 것을 단순히 기술하는 것을 겨냥하는 듯이 그 명칭을 이해하면 안 된다.

경험적 통일성에 따라 설명하는 것이 서로 멀리 떨어져 있거나 아주 이질적인 이론과 이론적 학문으로 이끄는 것은 가능하기 때문에 우리는 구체적 학문의 통일성을 정당하게 비본질적 통일성이라 부른다.

어쨌든 추상적 또는 법칙론적 학문이 그 이론적 존립요소에서 구체적 학문이 그것을 학문으로 만드는 모든 것, 즉 이론적인 것을 길어 내야만 할 본래의 근본학문이라는 사실은 분명하다. 구체적 학문이 그것이 기술하는 대상적인 것을 법칙론적 학문의 더 낮은 법칙에 결부시키고, 경우에 따라 〔앞으로〕 상승해 가는 설명의 주된 방향을 시사하는 것을 만족시킨다는 점은 충분히 이해할 수 있다. 왜냐하면 원리로 환원하는 것과 설명하는 이론 일반을 구축하는 것은 법칙론적 학문의 고유한 분야이며, 이러한 학문에서 충분히 발전될 경우 가장 일반적인 형식으로 이미 수행된 것으로 발견될 수 있기 때문이다.

물론 이것으로써 두 학문의 상대적 가치에 관해 아무것도 표명되지 않았다. 이론적 관심이 유일한 관심은 아니며, 유일하게 가치를 규정하는 관심도 아니다. 미적 관심, 윤리적 관심, 단어의 더 넓은 의미에서 실천적 관심은 개체적인 것에 결부될 수 있고, 그 개체가 개별적으로 기술하고 설명한 것에 최고의 가치를 부여할 수 있다. 그러나 순수 이론적 관심이 척도가 되는 관심인 한에서, 그러면 개체적 개별자 그리고 경험적으로 결부시키는 것은 그 자체만으로 전혀 가치가 없거나 일

11절 순수논리학의 이념

반적 이론을 구축하는 데 단지 방법적 통과점(Durchgangspunkt)일 뿐이다. 이론적 자연과학자 또는 순수이론적으로, 수학적으로 고려하는 연관 속에 자연을 탐구하는 자는 지구와 천체를 지리학자나 천문학자와 다른 눈으로 바라본다. 지구와 천체는 그 학자 자신과 아무 상관없으며 단지 중력이 작용하는 질량 일반의 실례일 뿐이다.

마지막으로 우리는 학문적 통일성의 다른 원리, 마찬가지로 비본질적 원리도 언급해야만 한다. 이것은 우리가 이 책 제2절 14항에서 상세하게 논의했듯이, 통일적인 가치를 평가하는 관심에서 생긴 원리이며, 따라서 하나의 통일적 근본가치를 통해 (또는 통일적 근본규범을 통해) 객관적으로 규정된 원리이다. 그래서 이 원리는 규범적 분과 속에서 진리가 실질적으로 함께 속해 있음 또는 그 영역의 통일성을 형성한다. 물론 '실질적으로 함께 속해 있음'에 관해 이야기할 경우, 사태 자체 속에 근거한 그러한 것으로 이해하게 되는 것은 지극히 자연스럽다. 따라서 이 경우 단지 이론적 법칙성에서 나온 통일성 또는 구체적 사태의 통일성만 주목하게 된다. 이러한 파악에서 규범적 통일성과 실질적 통일성은 대립되어 나타난다.

우리가 이전에 규명한 것에 따라 규범적 학문이 이론적 학문 — 무엇보다 법칙론적 학문의 가장 좁은 의미에서 이론적 학문 — 에 '규범적 학문은 이론적 학문에서 그 자신에서 바로 이론적인 것으로서 학문적인 것을 형성하는 모든 것을 길어 낸다.'라고 우리가 다시 말할 수 있는 방식으로 의존한다.

65 학문 또는 이론 일반이 가능한 이념적 조건의 물음.

A. 현실적 인식과 관련된 물음

우리는 이제 '학문 일반의 가능성의 조건'에 관한 중요한 물음을 제기한다. 왜냐하면 학문적 인식의 본질적 목표는 법칙론적 학문의 엄밀한 의미에서 이론을 통해서만 도달될 수 있기 때문에, 우리는 '이론 일반의 가능성의 조건'에 관한 물음을 통해 그 물음을 보충한다. 이론 그 자체는 진리로 이루어지고, 그 진리를 결합하는 형식은 연역적 형식이다. 그래서 우리 물음에 대한 대답은 보다 일반적인 물음에 대한 답변, 즉 진리 일반과 또한 연역적 통일성 일반의 가능성에 관한 물음에 대한 답변을 포함한다. 역사적으로 상기시키는 것은 물론 물음을 설정하는 형식 속에 의도된다. 우리는 '경험의 가능성의 조건'에 관한 물음[6]을 완전히 필연적으로 일반화하는 것에 분명히 관계한다. 실로 경험의 통일성은 칸트에게 있어 대상적 법칙성의 통일성이며, 따라서 그것은 이론적 통일성의 개념에 포함된다.

그런데 물음의 의미를 더 정확하게 표현할 필요가 있다. 그 물음은 우선 당연히 주관적 의미로 이해되어야 하는데, 이 의미 속에 그 물음은 이론적 인식 일반 — 더 일반적으로는 추론 일반과 인식 일반, 게다가 가능성에 따라 임의의 인간 존재자에 대한 — 의 가능성의 조건에 관한 물음으로 더 적절하게 표현될 것이다. 이러한 조건은 일부는 실재적인 것이고, 일부는 이념적인 것이다. 우리는 여기에서 실재적 조건, 즉 심리학적 조건을 도외시한다. 물론 심리학적 관련에서 인식의 가능성에는 우리가 사유하는 가운데 의존하는 모든 인과적 조건이 포함된다.

---

6 (옮긴이 주)『순수이성비판』, '선험적 분석론', '원칙의 분석론', '순수오성의 원칙의 체계'의 2. 모든 종합적 판단의 최상원칙(B 193~197) 참조.

11절 순수논리학의 이념

〔반면〕 인식의 가능성에 대한 이념적 조건은, 이미 상론한 것[7]에 따르면, 이중의 종류가 있을 수 있다. 이 조건은 인식작용적(noetisch) 조건, 즉 인식 그 자체의 이념 속에 근거한, 게다가 심리학적으로 제약된 인간의 인식작용의 경험적 특수성을 전혀 고려하지 않는 아프리오리한 조건이든지, 아니면 순수논리적(logisch) 조건, 즉 순수하게 인식의 '내용(Inhalt)' 속에 근거한 조건이다. 〔한편으로〕 전자와 관련해, 사유하는 주관 일반이 예를 들어 이론적 인식이 실현되는 모든 종류의 작용을 수행할 능력이 있어야만 한다는 것은 아프리오리하게 명증적이다. 특히 우리는 사유하는 존재자로서 명제를 진리로서 그리고 진리를 다른 진리의 귀결로서 통찰할 수 있고 또한 법칙을 그러한 것으로서, 즉 법칙을 설명하는 근거로서, 근본법칙을 궁극적 원리로서 등으로 통찰할 수 있는 능력을 갖고 있음에 틀림없다.

그러나 다른 측면에 따라 진리 그 자체와 특히 법칙, 근거, 원리는 우리가 이것을 통찰하든 그러지 않든 그것이 존재하는 그대로 있다는 것도 명증적이다. 하지만 우리가 그것을 통찰하는 한에서 그것이 타당하지 않기 때문이 아니라 그것이 타당한 한에서 우리가 그것을 단지 통찰할 수 있기 때문에, 이것은 그 인식의 가능성에 대한 객관적 또는 이념적 조건으로 간주되어야만 한다. 그 결과 진리 그 자체, 연역 그 자체

---

7 이 책 앞의 32항 중간을 참조. 나는 회의주의의 적확한 개념을 확정하기 위해 그토록 세밀한 구별이 중요하지 않은 그곳에서는 단순히 '**이론적 인식**의 인식작용적 조건'과 '**이론 자체**의 객관적-논리적 조건'을 대립시켰다. 그러나 우리가 문제되는 모든 관계를 극히 완전한 명석함으로 이끌어야만 할 여기에서는 논리적 조건을 우선 **인식**의 조건으로**도** 간주하는 것, 그런 다음 비로소 이 조건을 객관적 이론 자체에 직접적 관련을 부여하는 것이 적절하다고 생각한다. 물론 이것은 그래서 오히려 더 판명하게 전개될 우리의 견해에 본질적인 점에 저촉되지 않는다. 이와 같은 것은 여기에서 수행된—즉 인식작용적 조건 및 순수-논리적 조건과 나란히 경험적-주관적 인식의 조건을—함께 고려하는 것과 관련해 타당하다. 명백하게 우리는 여기에서 논리학의 명증성 이론에 대해 비판적으로 고찰했던 것을 이용한다. 이 책 앞의 50항 후반을 참조. 명증성은 실로 인식 그 자체의 성격일 뿐이다.

와 이론 그 자체에(즉 이러한 이념적 통일성의 보편적 본질에) 속하는 아프리오리한 법칙은 인식 일반 또는 연역적이고 이론적인 인식 일반의 가능성에 대한 이념적 조건으로, 게다가 순수하게 인식의 '내용' 속에 근거하는 조건으로 표현되는 법칙으로 성격 지어야 한다.

명백하게 여기에서 중요한 문제는 사유하는 주관과 주관성 일반의 이념과의 모든 관련에서 격리된 채 고찰되고 탐구될 수 있는 아프리오리한 인식의 조건이다. 문제가 되는 법칙은 실로 그 의미의 내용에서 그와 같은 관련 전체에서 자유롭고, 비록 이념적 방식으로도 인식작용·판단작용·추론작용·표상작용·정초작용 등이 아니라, 앞에서 상세하게 밝혔듯이,[8] 진리·개념·명제·추론·근거와 귀결 등에 관해 이야기한다. 하지만 자명하게 이러한 법칙은 이 법칙이 인식과 인식의 주관과의 확실한 관련을 맺게 되고, 심지어 인식작용의 실재적 가능성에 대해 진술하게 명증적으로 전환될 수 있다. 다른 경우와 마찬가지로 여기에서 이념적 (순수 유적 명제로 표현된) 관계를 경험적 개별 사례에 전이시킴으로써 실재적 가능성에 관한 아프리오리한 주장이 생긴다.[9]

요컨대 우리가 인식작용적 조건으로서 객관적-논리적 조건과 구별한 이념적 인식의 조건은 순수한 인식의 내용에 속하는 그 법칙적 통찰로 그렇게 전환되는 것일 뿐이며, 이렇게 전환됨으로써 이 통찰 자체는 바로 인식을 비판하는 데 또한 더 전환됨으로써 인식을 실천적-논리적으로 규범화하는 데 많은 성과를 거두게 된다.(왜냐하면 위에서 그렇게 많이 논의한 순수논리법칙의 **규범적** 전환도 여기에서 계속 이어지기 때문이다.)

---

8 이 책 47항의 전반부를 참조.
9 산술의 예는 이 책 23항의 후반부를 참조.

66 B. 인식의 내용과 관련된 물음

이러한 고찰에서 인식 일반과 특히 이론적 인식의 가능성에 대한 이념적 조건에 관한 물음의 경우, 우리는 순수하게 인식의 내용 속에 또는 그 인식의 내용이 종속되는 범주적 개념 속에 근거하고, 그래서 어떤 인식하는 주관의 작용으로서 인식에 관한 아무것도 포함하지 않는 추상적인 어떤 법칙으로 궁극적으로 되돌아가게 된다. 바로 이러한 법칙 또는 이 법칙을 구축하는 범주적 개념은 이제 이론 일반의 가능성에 대한 조건 아래 객관적-이념적 의미 속에 이해될 수 있는 것을 형성한다. 왜냐하면 우리가 이제까지 실행했듯이, 이론적 인식뿐만 아니라 그 내용에 관련해서도, 따라서 이론 자체와 직접 관련해서도 가능성의 조건에 관한 물음이 제기될 수 있기 때문이다. 우리는 이 경우, 반복해 강조하지만, 진리·법칙 등뿐만 아니라 이론에서 가능한 인식의 어떤 이념적 내용을 이해한다. 동일한 내용의 개체적인 개개의 인식하는 작용의 다양체에는 이렇게 이념적으로 동일한 내용으로서 하나의 진리가 상응한다. 이와 같은 방식으로 각각의 동일한 이론이 — 지금이나 다른 때, 이러저러한 주관 속에 — 인식으로 되는 개체적인 인식들이 복합된 다양체에는 이념적으로 동일한 내용으로서 바로 이 이론이 상응한다. 이때 그 이론은 작용에서 구축된 것이 아니라 순수한 이념적 요소들에서, 진리에서 구축된 것이며, 이것은 순수한 이념적 형식 속에, 근거와 귀결의 형식 속에서 구축된 것이다.

이제 우리가 가능성의 조건에 관한 물음을 이러한 객관적 의미에서 이론, 게다가 이론 일반으로 직접 관련지으면, 이 가능성은 순수하게 개념적으로 사유된 객체의 경우 갖는 의미 이외에 다른 의미를 가질 수 없다. 이 경우 우리는 객체(Objekt)에서 개념(Begriff)으로 되돌아가게 되고, '가능성(Möglichkeit)'은 관련된 개념의 '타당성(Geltung)',

더 적절하게 말하면, 본질을 지닌 것(Wesenhaftigkeit)을 뜻할 뿐이다. 이것은 '가상의 것(Imaginartät)', 더 적절하게 말하면, 본질이 없는 것 (Wesenslosigkeit)에 대립된, 종종 개념의 '실재성(Realität)'이라고 부르는 바로 그것이다. 이러한 의미에서 우리는 정의된 개념의 가능성, 타당성, 실재성을 보증하는 실재적 정의에 관해 이야기하고, 또한 실수와 허수, 실수의 기하학의 도형과 허수의 기하학의 도형 등의 대립에 관해 이야기한다. 그런데 개념에 적용되는 경우 가능성에 관한 논의는 전이를 통해 명백하게 애매하게 된다. 본래의 의미에서 관련된 개념에 포함된 대상들의 현존이 가능하다. 이 가능성은 예를 들어 그와 같은 대상을 직관적으로 표상하는 데 근거해 우리에게 비추어 주는 개념적 본질을 인식함으로써 아프리오리하게 보증된다. 그런데 이제 개념의 본질을 지닌 것은 전이를 통해 그 자체가 가능성이라고도 말한다.

이와 관련해 이론 일반의 가능성과 이 이론이 의존하는 조건에 관한 물음은 쉽게 파악할 수 있는 의미를 얻는다. 이론 일반의 가능성 또는 본질을 지닌 것은 물론 어떤 특정한 이론의 통찰에 의한 인식을 통해 보증된다. 그렇지만 계속되는 물음은 다음과 같다. 즉 '이론 일반의 이러한 가능성을 무엇이 이념적-법칙적 일반성으로 제약하는가?' 그래서 '무엇이 이론 그 자체의 이념적 '본질'을 형성하는가?' '그것에서 이론의 '가능성'이 구성되는 원초적 '가능성'은 무엇인가?' 달리 말하면 '그것에서 그 자체로 본질을 지닌 이론의 개념이 구성되는 원초적 본질을 지닌 개념은 무엇인가?' 더구나 '이러한 개념에 근거해 모든 이론 자체에 통일성을 부여하는 순수법칙은 무엇인가?' 따라서 '모든 이론 자체의 형식에 속하고 그 이론의 가능한 (본질적) 변화 또는 종류를 아프리오리하게 규정하는 법칙은 무엇인가?'

이 이념적 개념 또는 법칙이 이론 일반의 가능성을 제한하면, 즉 이것이 이론의 이념에 본질적으로 속하는 것을 표현하면, 각기 추정적인 이론은 그 이론이 이러한 개념 또는 법칙과 조화를 이룰 때만, 그리고 조화를 이루는 한에서만 이론이라는 사실이 직접 명백하게 밝혀진다. 어떤 개념의 논리적 정당화, 즉 그 개념의 이념적 가능성의 정당화는 그 개념의 직관적 본질 또는 연역할 수 있는 본질로 되돌아감(Rückgang)으로써 수행된다. 따라서 어떤 주어진 이론 그 자체의 논리적 정당화(즉 그 이론의 순수 형식에 따라)는 그 이론의 형식의 본질로 되돌아갈 것을 요구하고, 이론 일반의 이념적 구성요소들('이론의 가능성의 조건')을 형성하는 그리고 이론이라는 이념의 모든 특수화를 이론의 가능한 종류 속에 아프리오리하게 또 연역적으로 규제하는 그 개념과 법칙으로 되돌아갈 것을 요구한다.

여기에서 사정은 연역의 더 넓은 영역에서, 예를 들어 단순한 삼단논법의 경우와 마찬가지이다. 비록 삼단논법 그 자체가 통찰에 의해 자세하게 규명될 수 있더라도 아무튼 형식적 추론법칙으로 되돌아감으로써 비로소 그 궁극적이며 가장 철저한 정당화를 받아들인다. 실로 이로써 삼단논법의 연관의 아프리오리한 근거에 대한 통찰이 생긴다. 이것은 여전히 매우 복잡한 연역의 경우와 특히 이론의 경우 마찬가지이다. 통찰에 의해 이론적으로 사유하는 가운데 우리는 설명된 사태의 근거에 대한 통찰을 갖는다. 이러한 사유의 이론적 내용을 형성하는 이론적 연관 자체의 본질과 사유가 작업을 수행하는 아프리오리한 법칙의 근거를 더 깊게 파고드는 통찰을 우리는 그 형식과 법칙으로 되돌아감으로써, 그리고 그것들이 속한 다른 인식의 층(層) 전체의 이론적 연관으로 되돌아감으로써 비로소 획득한다.

더 깊은 통찰과 정당화를 시사하는 것은 제기된 문제를 해결하는 데 이바지하는 이론적 연구의 매우 중요한 가치를 부각시키는 데 이바지할 수도 있다. 즉 중요한 문제는 이론의 본질 속에 근거한 체계적 이론 또는 학문 그 자체의 이념적 본질에 —— 따라서 학문의 경험적, 인간학적 측면을 배제하고 학문의 체계적 이론의 내용의 측면에 따라 — 관계하는 아프리오리한 이론적 법칙론적 학문이다. 따라서 심원한 의미에서 중요한 문제는 이론의 [진정한] 이론(Theorie), 학문의 [진정한] 학문(Wissenschaft)이다. 그런데 우리의 인식을 풍부하게 하기 위한 작업수행은 물론 [한편으로] 그 문제 자체와 [다른 한편으로] 그 문제를 해결하는 독특한 내용을 구별하는 것이다.

67 순수논리학의 과제. 첫째 과제: 순수의미의 범주, 순수대상적 범주 그리고 그 법칙적 결합을 고정시키는 것

그 아프리오리한 분과의 이념을 이렇게 잠정적으로 확정한 근거 위에 우리가 노력하는 목표가 되어야 할, 그 이념을 더 깊게 이해하는 길을 개척하고 그 분과에 배분해야만 하는 과제를 대략 파악해 보면, 아마 다음의 세 가지 그룹으로 나뉠 수밖에 없을 것이다.

첫째, 그래서 중요한 문제는 객관적 관련에서 인식의 연관, 특히 이론적 연관을 '가능하게 하는' 더 중요하고 게다가 총체적인 원초적 개념을 확정하는 것 또는 학문적으로 명석하게 하는 것이다. 달리 말하면, 이론적 통일체의 이념을 구성하는 개념 또는 그와 같은 개념과 이념적 법칙의 연관 속에 있는 개념을 겨냥한다. 당연히 여기에서 두 번째 단계의 구성적 개념, 즉 개념과 그 밖에 이념적 통일체에 대한 개념이 등장한다. 주어진 이론은 주어진 명제를 일정하게 연역적으로 결합한 것이고, 주어진 명제 자체는 주어진 개념들이 일정하게 그러한 성질로 결합된 것이다. 이론에 속한 '형식'의 이념은 그 주어진 것에 대해 규정되지 않은 것을 대입시킴으로써 생기며, 그래서 개념과 다른 이념에 대한 개념이 단적인 개념을 대신한다. 여기에는 개념·명제·진리 등의 개념이 속한다.

기본적 결합형식, 특히 명제들의 연역적 통일에 대해 완전히 일반적인 구성적 결합형식, 예를 들어 명제들을 새로운 명제로 결합하는 연언(連言)·선언(選言)·가언(假言)의 형식은 물론 구성적이다. 그러나 계속해서 낮은 의미의 요소를 단순한 명제로 결합하는 형식도 구성적이며, 이것은 다시 서로 다른 주어의 형식, 술어의 형식으로 이끌고, 연언과 선언의 결합형식으로, 복수(複數)형식 등으로 이끈다. 확고한 법칙은 무한히 다양한 새로운 형식과 점차 더 새로운 형식이 원초적 형식에서 생기게 만드는 단계적 복합을 규제한다. 원초적 개념과 형식에 근거해 이끌어 낼 수 있는 개념을 결합적으로 개관할 수 있는 이 복합의 법칙과 이 결합적 개관 자체는 물론 여기에서 고찰한 탐구의 범위에 속한다.[10]

이제까지 언급한 개념, 즉 의미의 범주와 밀접한, 이념적 법칙의 연관에서 대상·사태·단일성·다수성·수·관계·결합 등과 같은 이것들에 상관적인 다른 개념이 있다. 그것은 순수한 또는 형식적인 대상적 범주이다. 따라서 이것 또한 고찰해야만 한다. 두 가지 측면에서 관통하는 중요한 문제는, 이미 그 기능을 명시했듯이, 어떤 인식소재의 특수성에 독립적인 개념, 사유작용 속에 특히 등장하는 모든 개념과 대상·명제·사태 등이 그것으로 반드시 정리되는 개념이다. 그래서 그 개념은 단지 서로 다른 '사유기능'의 관점에서만, 즉 가능한 사유작용 그 자체에서 발생하거나, 사유작용 속에 파악할 수 있는 상관자들에게 자신의 구체적인 토대를 가질 수 있다.[11]

이제 이 모든 개념은 확정될 수 있고, 그 기원은 개개의 방식으로 탐

---

10 『논리 연구』제2-1권의 제4연구(자립적 의미와 비자립적 의미의 차이 그리고 순수문법학의 이념) 참조.
11 이 책 62항 끝부분과 『논리 연구』제2-2권의 제6연구 44항(존재하는 개념과 그 밖에 범주의 기원은 내적 지각의 영역 속에 있지 않다) 참조.

구될 수 있다. 그런데 마치 관련된 개념적 표상 또는 표상의 성향이 성립하는 것에 관한 심리학적 물음이 문제가 되는 분과〔논리학〕에 전혀 관심이 없는 것과 같은 것은 아니다. 중요한 문제는 이러한 심리학적 물음이 아니라, 현상학적 기원(Ursprung)이다. 또는 우리가 '기원'에 관한 명석하지 않고 적당하지 않은 논의를 완전히 제쳐 놓는 것을 좋아하면, 중요한 문제는 관련된 개념의 본질을 통찰하는 것이고, 방법론적 관점에서는 명확하고 선명하게 구별된 단어의 의미를 확정하는 것이다. 우리는 오직 충전적 이념화작용(Ideation) 속에서 본질을 직관적으로 **현전화**(Vergegenwärtigung)함으로써만, 또는 복잡한 개념의 경우 그 개념에 내재하는 기본적 개념과 이것들이 결합하는 형식의 개념에 본질을 지닌 것을 인식함으로써만 이러한 목표에 도달할 수 있다.

이 모든 것은 단지 예비적이며 외견상 사소한 과제일 뿐이다. 이것은 대부분 필연적으로 전문용어로 논의하는 형식을 취하고, 잘 모르는 문외한에게는 아주 손쉽게 자질구레하고 무미건조한 자구(字句)만 파고드는 일로 보인다. 그러나 개념들이 구별되지 않고 이념화하는 직관 속에 그 본질로 되돌아감으로써 해명되지 않는 한, 더 이상의 모든 노력은 희망이 없다. 어떠한 인식의 영역에서도 애매함보다 더 치명적인 것은 분명히 없고, 어떠한 인식의 영역에서도 개념의 혼란보다 인식의 진보를 더 억제하는 것은 없으며, 실로 인식의 출발점과 참된 목표를 통찰하는 것을 순수논리학의 영역에서처럼 더 차단하는 것은 없다. 이러한 '서론(Prolegomena)'의 비판적 분석은 도처에서 이러한 점을 분명하게 제시했다.

우리는 이러한 첫 번째 그룹의 문제의 의미를 거의 과대평가할 수 없고, 바로 이 문제의 경우 그 분과 전체의 지극히 어려운 점이 놓여 있지 않은지 의심스럽다.

11절 순수논리학의 이념

68 둘째 과제: 이러한 범주들 속에 근거하는 법칙과 이론

두 번째 그룹의 문제는 그 두 부류의 범주적 개념에 근거한 법칙을 탐구하는 데 적용된다. 이 법칙은 그 개념들을 포괄하는 이론적 통일체의 복합과 변양시키는 변형의 가능한 형식에 관계할 뿐만 아니라,[12] 성장해 형성되는 형식의 객관적 타당성에도 관계한다. 따라서 그 법칙은 한편으로 순수하게 자신의 형성되는 범주적 형식에 근거한 의미 일반의 참 또는 거짓에 관계하고, 다른 한편으로 (그 의미의 대상적 상관자에 관해) 대상 일반, 사태 일반 등의 존재와 비존재에 또한 자신의 순수한 범주적 형식에 근거해 관계한다.

논리적-범주적이기 때문에 생각해 볼 수 있는 최대의 보편성으로 의미와 대상 일반에 관여하는[13] 이 법칙은 그 자체로 다시 이론을 구성한다.[14] 의미의 측면인 한 측면에는 추론의 이론, 예를 들어 삼단논법의 이론이 있다. 그런데 이것은 단지 그와 같은 하나의 이론일 뿐이다. 상관자의 측면인 다른 측면에는 다수성의 개념 속에 순수 다수성이론, 정수의 개념 속에 순수 정수론 등이 근거한다. 즉 그 자체만으로 완결된 이론이다. 그래서 여기에 속한 모든 법칙은 제한된 수의 원초적 법칙 또는 근본법칙으로 이끄는데, 이 근본법칙은 직접 범주적 개념 속에 뿌리내리며, (그 동질성에 의해) 그 개개의 이론을 상대적으로 완결된 존립의 부분으로 자체 속에 포함하는 모든 것을 포괄하는 하나의 이론을 반드시 정초한다.

여기에서 겨냥하는 것은 법칙의 영역이다. 이 영역에서는 가능한 모

---

12 『논리 연구』 제2-1권, 제4연구 참조.
13 『논리 연구』 제2-1권, 제1연구 29항(순수논리학과 이념적 의미)의 결론 부분 참조.
14 (옮긴이 주) 이처럼 『논리 연구』 제1권에서도 제2권을 참조하라고 여러 차례 지적하고 있다. 결국 제1권을 객관주의, 제2권을 주관주의로 해석하는 견해에 정당한 근거는 전혀 찾을 수 없다.

든 의미와 가능한 모든 대상을 포괄하는 그 형식적 보편성에 의해 각기 특수한 이론과 학문이 있으며, 그것이 타당한 한에서, 각 이론과 학문은 반드시 그 법칙에 따라 경과한다. 그런데 마치 각 개개의 이론이 그 가능성과 타당성의 근거로서 각 개개의 이러한 법칙을 전제하는 것과 같은 것은 아니다. 오히려 그 범주적 이론과 법칙은 자신의 이념적 완전무결함에서 모든 것을 포괄하는 기반을 형성하며, 이 기반에서 각기 규정된 타당한 이론은 그 자신의 형식에 속하며 자신의 본질을 지닌 것의 이념적 근거를 길어 낸다. 각기 규정된 타당한 이론은 이 법칙에 따라 경과하며, 그 이론은 이 법칙에서 그 '형식'에 따라 궁극적 근거에 입각해 타당한 이론으로 정당화될 수 있다. 이론이 개개의 진리와 연관에서 구축된 포괄적 통일체인 한에서, 진리의 개념에 속하고 또 이러저러한 형식의 개개의 연관의 가능성에 속하는 법칙이 한정된 영역 속에 함께 포함되어 있다는 사실은 자명하다. 그런데도 또는 오히려 이론의 개념이 더 좁은 개념이기 때문에 이론의 가능성에 대한 조건을 탐구하는 과제는 진리 일반에 대한, 그리고 명제의 연관의 원초적 형식에 대한 상응하는 과제에 대비해 더 포괄적인 과제이다.[15]

69 셋째 과제: 가능한 이론들의 형식에 관한 이론 또는 순수 다양체이론

만약 이 모든 연구가 완수되면, 이론 일반의 가능성의 조건에 대한 학문의 이념은 충족될 것이다. 그러나 우리는 이러한 학문이 자기 자신을 넘어서 이론의 본질적 본성(형식)과 이에 속한 관계의 법칙을 아프리오리하게 다루는 보충적 학문을 지시한다는 사실을 즉시 파악한다. 그래

---

15 이 책 65항 초반부 이하 참조.

서 모든 것을 하나로 파악하자면, 이론 일반에 관한 더 포괄적인 학문의 이념이 생기는데, 이 학문은 그 근본적 부분에서 이론의 이념에 구성적으로 속하는 본질적 개념과 법칙을 탐구하고, 그런 다음 이 이념을 세분화하며 이론 그 자체의 가능성 대신 오히려 아프리오리한 가능한 이론을 탐구하는 것으로 이행한다.

즉 위에서 제시한 과제가 충분히 해결되었다는 근거 위에서 순수한 개념적 범주에서 가능한 이론의 다양한 개념을 규정해 형성하는 것과 그 본질을 지닌 것이 법칙적으로 증명된 이론의 순수'형식'을 형성하는 것이 가능하다. 그렇지만 서로 다른 이 형식들은 서로 무관하지 않다. 우리가 그것에 따라 가능한 형식을 구축하고 그 법칙적 연관을 개관하며, 따라서 규정하는 근본요인을 변경(Variation)함으로써 어떤 것에서 다른 것으로 이행시킬 수 있는 등 처리절차의 일정한 질서가 존재할 것이다. 비록 전반적은 아니지만 그래도 아무튼 일정하게 정의된 유의 이론의 형식에 대해 일반적 명제가 존재할 것이다. 이 명제는 경계가 정해진 범위 속에서 형식의 합법칙적으로 분리해 발달하는 것, 결합하는 것, 변환하는 것을 지배한다.

여기에서 제시해야 할 명제는 명백하게 두 번째 그룹의 이론에 원리와 정리와, 예를 들어 삼단논법의 법칙 또는 산술의 법칙 등과 다른 내용과 성격을 지닌 것임에 틀림없다. 그러나 다른 한편 그러한 명제의 연역(왜냐하면 본래의 근본법칙이 여기에 존재할 수 없기 때문에)이 오직 두 번째 그룹의 이론에 의존해야만 한다는 점은 처음부터 분명하다.

이것은 이론 일반에 관한 이론적 학문의 궁극적인 최고 목표이다. 그것은 인식-실천적 관점에서도 결코 상관없는 목표가 아니다. 어떤 이론을 그 형식의 부류로 분류하는 것은 오히려 최대의 방법론적 의미를 가질 수 있다. 왜냐하면 연역적이고 이론적인 영역을 확대함으로써 이론적 탐구의 자유로운 생생함도 증가하고, 이것은 방법을 더 풍부하고 풍성하게 하기 때문이다. 그래서 어떤 이론적 분과나 그 이론 가운데 한 이론 안에서 제기되는 문제를 해결하는 것은 범주적 유형으로 되돌아가거나 (동일한 것이지만) 이론의 형식으로 되돌아감으로써, 그리고 어쩌면 이때 더 나아가 더 포괄적인 형식 또는 형식의 부류와 그 법칙으로 이행함으로써 그 상황에서 지극히 유효한 방법적 도움을 획득할 수 있을 것이다.

70 순수 다양체이론의 이념에 대한 설명

이러한 시사는 아마 다소 막연해 보일 것이다. 이 시사에서 중요한 문제가 모호한 상상이 아니라 확고한 내용의 구상이라는 것은 가장 보편적인 의미에서 '형식적 수학' 또는 현대 수학이 최고로 만개한 다양체이론이 입증한다. 사실상 그것은 (상관적으로 전환해) 방금 전에 입안된 이상(理想)을 부분적으로 실현하는 것일 뿐이다. 물론 이것으로써 근원적으로 수의 영역과 양의 영역에 관심을 쏟고, 동시에 이 관심을 통해 제약된 수학자 자신이 새로운 분과의 이념적 본질을 올바로 인식했고 일반적으로 모든 것을 포괄하는 하나의 이론의 최상의 추상(Abstraktion)으로 고양시켰다는 것을 말하지 않는다. 단지 형식에 따라 규정된 가능한 이론의 개념에 대상적 상관자(Korrelat)는 그와 같은 형식의 이론을 통해 지배할 수 있는 가능한 인식의 영역 일반의 개념이다.

그러나 수학자는 (그의 분야에서는) 그와 같은 영역을 다양체라 부른다. 따라서 그것은 그러한 형식의 이론에 종속되거나 그 영역의 객체에 대해 ── 이러저러하게 규정된 형식(여기에서는 유일하게 규정하는 것)의 일정한 근본법칙에 지배되는 ── 일정한 결합이 가능하다는 것을 통해 오직 유일하게 규정된 영역이다. 그 영역의 질료(Materie)에 따라 객체는 완전히 규정되지 않은 것으로 남아 있다. 수학자는 이것을 시사하는 데 특히 좋아하는 말인 '사유의 객체(Denkobjekt)'에 대해 이야기한다. 이것은 반드시 직접적으로 개체적이거나 종적인 개별자로서 규정되지도 않고, 간접적으로 그 질료적 종이나 유를 통해 규정되지도 않는다. 오히려 오직 자신에게 부과된 결합의 형식을 통해서만 규정된다. 따라서 이러한 결합 자체는 자신의 객체와 마찬가지로 내용적으로 거의 규정되지 않았고, 오직 그 결합의 형식만 규정된다. 즉 그 결합에 대해 타당하게 받아들인 기본적 법칙의 형식을 통해 규정된다. 그리고 이 법칙은 이때, 영역 또는 오히려 영역의 형식을 규정하듯이, 구축할 수 있는 이론, 더 적절하게 말하면, 이론의 형식을 규정한다. 예를 들어 다양체이론에서 '+'는 수를 더하는 기호가 아니라 'a+b=b+a' 등 형식의 법칙이 타당한 결합 일반의 기호이다. 요컨대 다양체는 그 사유의 객체가 이러한 (그리고 다른, 그래서 아프리오리하게 양립하는 것으로 입증할 수 있는) '연산(演算)'을 가능하게 함으로써 규정된다.

다양체이론의 가장 일반적인 이념은 가능한 이론(또는 영역)의 본질적 유형을 일정하게 형성하고 서로 간에 합법칙적 관련을 탐구하는 학문이 되는 것이다. 그렇다면 모든 실제적 이론은 그에 상응하는 이론의 형식을 특수화하는 것 또는 단일화하는 것이며, 마찬가지로 이론적으로 검토된 모든 인식의 영역은 개개의 다양체이다. 다양체이론에서 관련된 형식적 이론이 실제로 관철되었다면, 그것으로써 동일한 형식의 모든 실제적 이론을 구축하는 데 모든 연역적 이론적 연구가 해결된다.

이것은 방법론적으로 지극히 중요한 의미를 갖는 관점이며, 이 관점이 없으면 수학적 방법을 이해하는 것에 대해 논의할 수 없다. 순수한 형식으로 되돌아감으로써 이 순수한 형식을 포괄적인 형식과 형식의 부류로 손쉽게 정리하는 것은 이에 못지않게 중요하다. 수학의 경탄할 만한 방법론적 기술의 중요한 부분이 바로 여기에 놓여 있다는 사실을 기하학의 이론과 이론의 형식을 일반화해 생긴 다양체이론을 고려하는 것뿐 아니라 이미 이러한 종류의 최초의 또 가장 간단한 경우, 즉 실수(實數)의 영역(즉 그에 상응하는 이론의 형식인 '실수의 형식적 이론')을 보통의 복소수(複素數)의 두 배로 연장된 형식적 영역으로 확장하는 것이 분명하게 보여 준다. 사실상 이러한 견해에는, 예를 들어 정수의 영역에서 불가능한 (본질이 없는) 개념이 실재적 개념과 마찬가지로 방법적으로 다루어질 수 있듯이 이제껏 해명되지 않은 문제를 유일하게 해결할 수 있는 열쇠가 놓여 있다. 그런데 여기는 이 문제를 더 자세하게 논의할 자리가 아니다.

앞에서 기하학의 이론을 일반화해 생긴 다양체이론에 대해 이야기할 때 나는 당연히 유클리드 다양체이든 비유클리드 다양체이든 n-차원의 다양체학설을 생각했고, 더 나아가 그라스만[16]의 연장이론(Ausdehnungslehre) 그리고 이와 유사하며 모든 기하학적인 것에서 쉽게 분리될 수 있는 로언 해밀턴[17]의 이론 등을 생각했다. 또한 리[18]의 변환그룹(Transformationsgruppe)에 관한 학설, 칸토어의 수와 다양체〔집합〕에 관

---

16 (옮긴이 주) 그라스만(H. G. Grassmann, 1809~1877)은 베를린대학교에서 신학·고전어·문학·철학을 공부하고 고등학교 교사로 재직하면서 독자적으로 수학을 배워 벡터공간 속의 선형 대수학 분야를 개척했다. 그는 자신의 이론이 학계의 인정을 받지 못하자 인도유럽어족의 음운 변화에 대한 '그라스만 법칙'을 발표하는 한편, 힌두교 경전 『리그베다』를 독일어로 번역하기도 했다.(1873) 저서로 『선형 연장(延長) 이론』(1844), 『새로운 전기역학』(1845), 『연장이론』(1862) 등이 있다.

17 (옮긴이 주) 해밀턴(W. Rowan Hamilton, 1805~1865)은 아일랜드의 더블린대학교 교수이자 수학자, 물리학자, 천문학자로 광학·동역학·대수학의 발전에 크게 기여했다. 그는 허수를 확장한 4원수(quaternion)를 발견했으며, 그의 수리물리학은 뉴턴 역학을 개선해 양자역학의 기초를 세운 것으로 평가되어 '해밀턴 역학'이라 부른다. 저서로 『4원수 강의』(1853) 등이 있다.

18 (옮긴이 주) 리(M. Sophus Lie, 1842~1899)는 노르웨이 수학자로서 오슬로대학교와 독일의 라이프치히대학교 교수로 활동했다. 그는 양자역학에 중요한 연속적 선형과 벡터에서 변환그룹을 발견했는데, 오늘날 이것을 그의 이름을 따 '리 그룹'이라 부른다. 저서로 『변환그룹 이론』(1888, 1890, 1893) 등이 있다.

11절 순수논리학의 이념

한 탐구도 여기에 속하며, 그 밖에 다른 많은 이론도 마찬가지이다.

곡률(曲律)의 변경을 통해 다른 유의 준(準)-공간적 다양체가 서로
이행하는 방식으로 리만[19]-헬름홀츠[20] 이론의 첫 출발을 알게 되었던
철학자는 명확하게 구별된 유형의 순수이론의 형식이 법칙적 연대(連
帶)를 통해 어떻게 서로 함께 결합되는지에 대한 일정한 표상을 손에
넣을 수 있다. 순수한 범주적 이론의 형식으로서 그와 같은 이론의 참
된 지향(Intention)을 인식함으로써 모든 형이상학의 짙은 안개와 모든
신비주의가 그 분야의 수학적 연구에서 추방된다는 사실은 쉽게 증명
될 수 있을 것이다. 만약 나타나는 세계의 잘 알려진 질서의 형식을 '공
간'이라 부르면, 예를 들어 '평행선의 공리'가 타당하지 않은 '공간'에
대한 논의는 물론 이치에 어긋난 것이다. 기하학을 바로 나타나는 세계
의 공간에 관한 학문으로 부르는 한에서, 서로 다른 기하학에 대한 논
의도 마찬가지로 이치에 어긋난 것이다.

그러나 공간으로 세계의 공간의 범주적 형식을 이해하고, 이와 상관
적으로 기하학으로 통상의 의미에서 기하학의 범주적 이론의 형식을
이해하면, 이때 공간은 순수하게 범주적으로 규정된 다양체의 법칙적
으로 한정할 수 있는 유(類)로 정렬되며, 우리는 당연히 이러한 유와 관
련해 더 포괄적인 의미에서 공간에 대해 이야기하게 된다. 마찬가지로

---

19 (옮긴이 주) 리만(G. F. B. Riemann, 1826~1866)은 하노버왕국(오늘날 독일)에서
태어나 괴팅겐·베를린대학교에서 수학을 배웠고 저명한 수학자 가우스(C. F. Gauss)의 제
자로 마흔의 짧은 생애 동안 해석학·미분기하학·복소(複素)함수론·위상수학 등에 혁신적
업적을 쌓아 '리만 적분', '리만 방정식', '리만 함수', '리만 다양체', '리만 가설' 등의 업적을
남겼다. 저서로 『기하학의 기초를 이루는 가정에 관해』(1868) 등이 있다.
20 (옮긴이 주) 헬름홀츠(H. von Helmholtz,1821~1894)는 신칸트 학파의 물리학자·생
리학자로, 자연과학의 법칙에 따른 실험심리학을 주장하고 에너지보존법칙을 완성했다. 활
력이론에 대항해 신경운동의 속도를 측정해 유물론을 옹호했고, 시각과 청각을 연구해 망
막을 직접 검사하는 검안경도 개발했다. 저서로 『힘의 보존법칙』(1847), 『셈과 측정함』
(1887), 『인식론』(1891) 등이 있다.

기하학의 이론은 이에 상응하는 유, 즉 ─ 이때 이에 상응해 더 확장된 의미에서 이러한 '공간적' 다양체의 '기하학'이라 부를 수 있는 ─ 이론적으로 연관되고 순수하게 범주적으로 규정된 이론의 형식의 유로 분류된다.

어쨌든 'n-차원의 공간'에 관한 학설은 위에서 정의한 의미에서 이론의 학설이 이론적으로 완결된 부분을 실현한다. 3차원의 유클리드 다양체이론은 아프리오리한 순수범주적 이론의 형식들(형식적 연역적 체계)이 이렇게 법칙적으로 연관된 계열 가운데 하나의 궁극적인 이념적 개별자(Einzelheit)이다. 이 다양체 자체는 '우리의' 공간과 관련해, 즉 통상의 의미에서 공간과 관련해 그 공간에 분류되는 순수범주적 형식, 따라서 그것에서 그 공간이 이른바 하나의 개체적 개별자를 형성하지 가령 종차(種差)를 결코 형성하지 않는 이념적 유이다. 이와 다른 대단한 예는 복소수의 체계에 관한 학설인데, 이 체계 안에서 '통상의' 복소수 이론은 다시 단일의 개별자, 궁극적인 종차이다. 여기에 속한 이론과 관련해 정수, 서수(序數), 등급 수, '방향의 양(quantité dirigée)' 등 수론(數論)은 어느 정도 단순한 개체적 개별자이다. 그 각각은 하나의 형식적 유의 이념 또는 절대적 정수·실수·통상의 복소수 등에 관한 학설이 상응하며, 이 경우 '수'는 일반화된 형식적 의미로 받아들일 수 있다.

71 작업의 구분. 수학자의 작업수행과 철학자의 작업수행

그러므로 이것은 우리가 앞에서 정의한 의미에서 순수논리학 또는 형식논리학의 영역으로 간주한 문제이다. 이 경우 우리는 이론 일반에 관해 입안된 학문의 이념과 양립하는 그 영역을 가능한 한 최대로 연장시켰다. 순수논리학에 속하는 이론의 대부분은 이미 오래전에 '순수해석학' 또는 더 적절하게 말하면, 형식적 수학으로 구성되었고, 수학자들은 다른 분과와 더불어 ('우리의' 공간의 학문으로서) 기하학, 해석역학 등과 같이 완전한 의미에서 '순수한' 분과, 즉 형식적 분과를 더 이상 검토하지 않는다.

그리고 실제로 사안의 본성은 여기에서 철저히 분업을 요구한다. 이론을 구축하는 것, 모든 형식적 문제를 엄밀하게 방법적으로 해결하는 것은 항상 수학자의 고유한 전문분야로 남았다. 이 경우 독특한 방법과 탐구의 성향이 전제되었고, 모든 순수이론의 경우 본질적으로는 동일하다. 심지어 예전부터 철학의 가장 고유한 영역으로 간주되었던 삼단논법의 이론을 완성하는 것도 최근에는 수학자가 〔자신의 영역이라고〕 요구하고 점유하게 되었으며, 수학자의 손으로 예상 밖의 발전을 이룩했다. 삼단논법의 이론을 완성하는 것은 오래전에 해결된 이론이라고 잘못 생각했다. 동시에 수학자의 측면에서는 전통 논리학이 간과했거나 오인했던 새로운 유의 추론에 관한 이론이 발견되고 진정한 수학적 정교함으로 완성되었다.

그래서 누구도 수학자가 수학의 형식과 방법에 따라 다루는 모든 것을 그 자신의 것이라고 요구하는 것을 거부할 수 없다. 오직 수학을 현대 과학으로, 특히 형식적 수학으로 알지 못하고 단순히 유클리드와 아담 리스[21]를 기준으로 평가하는 사람만 마치 수학적인 것의 본질이 수와 양에 있듯이 생각하는 일반적 선입견을 여전히 고수할 수 있다. 철학자가 논리학을 '수학화(數學化)하는' 이론에 저항하고 자신의 일시적 양자(養子)를 그의 자연적〔타고난〕 부모에게 맡기려 할

---

21 (옮긴이 주) 리스(A. Riese, 1492~1559)는 중세 독일의 수학자로 '리세(Ries)'로도 알려져 있다. 잘 알려진 것이 별로 없지만 아동이나 상인과 기능공을 위해 인도·아라비아의 계산법을 설명한 책들을 썼고, 대수학에서 중세와 현대를 연결했다는 『코(Coß)』를 1524년 작성했으나 이 유고는 정작 1992년에야 출판되었다.

때, 자신의 자연적〔타고난〕 권리영역을 넘어가는 것은 수학자가 아니라 철학자이다. 철학적 논리학자가 추론의 수학적 이론에 관해 이야기할 때 즐겨 하는 과소평가는 그 이론의 경우 엄밀하게 전개된 모든 이론 (이 말도 진정한 의미로 받아들여야만 한다.)의 경우와 마찬가지로 다루는 수학적 형식이 유일한 학문적 형식, 체계적 완결함과 완전함을 제공하는, 가능한 모든 문제와 이것을 해결할 가능한 형식을 개관하게 해 주는 유일한 형식이라는 사실을 조금도 변화시키지 않는다.

그러나 모든 본래의 이론을 검토하는 것이 수학자의 전문 분야에 속한다면, 이때 철학자에게는 무엇이 남아 있는가? 여기에서 주의를 기울여야 할 것은 수학자가 정말로 순수한 이론가(Theoretiker)가 아니라 단지 창의력이 풍부한 기술자, 말하자면 형식적 연관을 단순히 고려해 기술상의 공예품과 같이 이론을 구축하는 건설자(Konstrukteur)일 뿐이라는 점이다. 실천적 기계공이 기계를 조립하기 위해 자연과 그 법칙성의 본질을 궁극적으로 통찰할 필요 없이 기계를 조립하듯이, 수학자는 수·양·추론·집합의 이론을 구축하는데 이것을 구축하기 위해 이론 일반의 본질과 이론을 제약하는 그 개념과 법칙의 본질을 궁극적으로 통찰할 필요가 없다. 이러한 사정은 실로 모든 '특수과학'의 경우와 유사하다. '본성〔자연〕에서 앞선 것(proteron te physei)'이 곧 '우리에게 더 앞선 것 (proteron pros emas)'은 아니다.[22]

그런데 실천적으로 매우 성과가 많은 통상의 의미에서 학문을 가능하게 만드는 것은 다행스럽게도 본질을 지닌 통찰이 아니라 학문적 본능(Instinkt)과 방법(Methode)이다.[23] 바로 이 때문에 본질을 지닌 통찰보

---

22 (옮긴이 주) 이 말은 존재론의 관점에서 앞선 것이 인식론의 관점에서도 앞선 것이라고 필연적으로 전제할 수 없다는 맥락으로 고대 철학에서 인용한 것으로 본다.

23 (옮긴이 주) 이러한 주장은 후설이 『위기』에서 갈릴레이가 자연을 구상한 동기부여를 치밀하게 분석하면서 "**발견**, 그것은 **본능과 방법**의 혼합물"(39쪽)이라고 밝힌 것과 맥이 상통한다. 그런데 방법은 당연하겠지만 여기에 본능을 강조한 점이 아주 독특하고 이채롭다.

11절 순수논리학의 이념

다 실천적 해결과 숙달에 더 겨냥하는 개별과학의 창의력이 풍부한 방법적 연구 이외에 지속적으로 '인식비판을 하는' 오직 철학자에게만 부과된 반성이 필요하다. 이것은 순수이론적 관심 이외에 다른 어떤 관심도 지배하지 않게 하며 순수이론적 관심도 도모해 자신의 권리〔정당성〕를 달성시키는 반성이다.

철학적 탐구는, 완전히 다른 목표를 세우는 것과 같이, 완전히 다른 방법과 성향〔기질〕을 전제한다. 철학적 탐구는 전문과학자의 분야에 참견하려는 것이 아니라 단지 전문과학자의 작업수행에서 그 의미와 본질을 방법과 사안에 관련해 통찰하려는 것일 뿐이다. 철학자에게는 우리가 세계에서 상황을 잘 아는 것, 사물이 미래에 경과하는 것을 예언하고 과거의 경과를 재구성할 수 있는 법칙을 공식으로서 갖는 것만으로 충분하지 않다. 오히려 철학자는 '사물', '사건', '원인', '결과', '공간', '시간' 등의 본질이 무엇인지 해명하려 하고, 더 나아가 이러한 본질이 사유될 수 있는 것으로서 사유작용, 인식될 수 있는 것으로서 인식작용, 의미될 수 있는 것으로서 의미의 본질 등과 어떠한 불가사의한 유사성을 갖는지 해명하려 한다. 그리고 과학은 이러한 문제를 체계적으로 해결하는 이론을 구축하는 반면, 철학자는 '이론의 본질이 무엇인지', '이론 일반을 가능케 하는 것은 무엇인지' 등을 심문한다. 〔요컨대〕 철학적 탐구가 비로소 자연과학자와 수학자의 학문적 작업수행을 보충한 결과 순수하고 진정한 이론적 인식이 완성된다. 전문과학자의 발견술(ars inventiva)과 철학자의 인식비판(Erkenntniskritik), 이것은 서로 보완하는 학문적 활동이며, 이 활동을 통해 모든 본질 관련을 포괄하는 완전한 통찰이 성립한다.

그런데 우리의 분과〔순수논리학〕를 그 철학적 측면에서 준비하는 데 다음에 이어질 개별적 연구들은 수학자가 작업을 수행하려 하지 않고 수행할 수도 없는 것, 그럼에도 작업이 수행되어야만 할 것을 명백하게 알려 줄 것이다.

72 순수논리학의 이념을 확장하는 것. 경험적 인식의 순수한 이론으로서 순수 개연성이론

우리가 이제까지 전개한 순수논리학의 개념은 이론의 이념에 본질적으로 관계하는 이론적으로 완결된 집단의 문제를 포괄한다. 근거에 입각한 설명이 없는, 따라서 이론이 없는 어떠한 학문도 가능하지 않는 한, 순수논리학은 가장 보편적인 방식으로 학문 일반의 가능성에 대한 이념적 조건을 포괄한다. 그러나 다른 한편 그렇게 파악된 논리학은 그 때문에 특수한 경우로서 경험과학 일반의 이념적 조건을 결코 자체 속에 포함하지 않는다는 점에 주의를 기울여야 한다. 물론 이러한 조건에 관한 물음은 더 제한된 물음이다. 경험과학 역시 학문이며, 자명하게 이론에서 그 내용에 따라 위에서 경계 지은 영역[순수논리학]의 법칙에 지배된다. 그렇지만 이념적 법칙은 경험과학의 통일성을 단지 연역적 통일성의 법칙의 형식으로 규정한다. 왜냐하면 경험과학은 실로 각기 자신의 단순한 이론으로 환원될 수 없기 때문이다. 이론광학, 즉 광학의 수학적 이론은 광학의 학문을 [전부] 길어 낼 수 없으며, 마찬가지로 수학적 역학도 역학 전체를 길어 낼 수 없다. 하지만 경험과학의 이론이 생기고 학문적 진보가 이루어지는 가운데 각양각색으로 변양되는 인식과정의 복잡한 장치 전체는 역시 경험적 법칙뿐만 아니라 이념적 법칙에도 따른다.

경험과학에서 모든 이론은 단순히 가정된 이론이다. 그것은 통찰에 의한 확실한 근본법칙에 입각한 것이 아니라 단지 통찰에 의한 개연적 근본법칙에 입각해 설명한다. 그래서 이론 자체는 통찰에 의한 단지 개연성일 뿐이고, 최종적인 이론이 아니라 일시적인 이론일 뿐이다. 이와 유사한 것이 일정한 방식으로 이론적으로 설명할 수 있는 사실에 적용된다. 사실에서 우리는 출발하고, 사실은 우리에게 주어진 것으로 간주되며, 우리는 이 사실을 단지 '설명하려' 할 뿐이다. 그러나 우리가 설명하는 가설로 올라가고 그 가설을 연역과 검증을 통해 — 경우에 따라서는 여러 차례 변경해 — 개연적 법칙으로 간주하는 가운데, 사실 자체도 전혀 변화되지 않고 존속해 남지 않고 진전되는 인식의 과정 속에서 변화된다. 사용할 수 있는 것으로 인정된 가설의 인식이 증대됨으로써 우리는 실재적 존재의 '참된 본질' 속으로 점점 더 깊게 파고들어 가고, 나타나는 사물에 대한 — 다소 간에 부적합한 점이 부착된 — 우리의 파악을 전진해 가며 수정한다.

사실은 단지 지각의 의미에서 (이와 유사하게 기억의 의미에서) 우리에게 바로 근원적으로 '주어져 있다.' 지각 속에서 사물들과 사건들은 추정적으로 그 자체가 우리와 대립해 있고, 이른바 장벽 없이 간취되고 포착된다. 그리고 거기에서 직관하는 것을 우리는 지각의 판단으로 표명한다. 이것이 학문에 최초로 '주어진 사실'이다. 하지만 이때 인식이 진전되는 가운데 우리가 지각의 나타남에 대해 '실제적' 사실의 내용에서 인정한 것은 변경된다. 그래서 직관적으로 주어진 사물 — '제2성질'[24]의 사물 — 은 단지 '단순한 나타남'으로 간주될 뿐이다. 그리고 이 나타남 속에 참된 것이 무엇인지 그때그때 규정하기 위해, 즉 인식의 경험적 대상을 객관적으로 규정하기 위해 우리는 이 객관성의 의미에 적합한 방법과 이 방법을 통해 획득할 수 있는 (그리고 전진해 가며 확대되는) 학문적 법칙에 대한 인식의 영역을 필요로 한다.

그러나 객관적 사실과학의 모든 경험적 처리절차에는 이미 데카르

---

24 (옮긴이 주) 로크는 외부로부터 감각이나 반성에 의해 생기는 단순개념 가운데 연장·형태·운동·정지·수 등 외적 사물의 본래적·항구적·객관성을 지닌 '제1성질'과, 색깔·소리·맛·향기 등 파생적·가변적·주관적인 '제2성질'로 구분한다. 그리고 이러한 구별은 아리스토텔레스가 전자를 다수의 감각기관에 의해 지각되는 '공통적으로 지각된 것(aistheta koina)'에서, 후자를 특정한 감각기관에 의해 지각되는 성질인 '독자적으로 지각된 것(aistheta idia)'으로 구별한 전통에서 유래한다.

트와 라이프니츠가 인식했듯이, 심리학적 우연성이 아니라 이념적 규범이 지배한다. 우리는 설명하는 법칙의 가치평가에서 또 실제적 사실의 규정에서 그때그때 게다가 학문이 도달한 각 단계에 대해 단지 하나의 정당한 처리절차만 존재한다고 주장한다. 새로운 경험적 사례가 유입됨으로써 개연적 법칙성 또는 이론이 지지할 수 없는 것으로 밝혀질 경우, 우리는 이 이론의 학문적 정초가 확실하게 잘못된 것에서 추론하지는 않는다. 이전의 경험의 영역 속에는 이전의 이론이 있었고, 확대된 경험의 영역 속에는 새롭게 정초할 수 있는 이론이 '유일하게 올바른' 이론이며, 이것은 정확한 경험적 검토를 통해 정당화할 수 있는 유일한 이론이다. 거꾸로 아마 우리는 어떤 경험적 이론이 ─ 그 이론이 경험을 인식하는 주어진 상황에서 유일하게 적절한 이론이라고 객관적으로 정당화된 다른 방법으로 혹시 밝혀지더라도 ─ 잘못 정초되었다고 판단할 것이다. 이것에서 알아차릴 수 있는 점은 경험적 사유의 분야 속에, 개연성의 영역 속에 ─ 경험적 학문 일반의 가능성, 실재적인 것에 대한 개연성을 인식할 가능성이 그 속에 아프리오리하게 근거한 ─ 이념적 요소와 법칙도 반드시 존재한다는 것이다. 이론의 이념, 더 일반적으로는 진리의 이념이 아니라 경험적으로 설명하는 통일성의 이념 또는 개연성의 이념에 관계하는 순수법칙성의 이러한 영역은 논리적 기술학의 두 번째 중대한 기초를 형성하며, 이에 상응해 넓게 파악할 수 있는 의미에서 순수논리학의 영역에 함께 포함된다.

다음의 개별적 연구[25]에서 우리는 더 좁은 영역, 즉 소재의 본질적 순서에서 첫 번째 영역으로 제한한다.

---

25 (옮긴이 주) 이것은 물론 『논리 연구』 제2권의 제1연구에서 제6연구까지를 뜻한다.

11절 순수논리학의 이념

후설 연보

성장기와 재학 시절(1859~1887)

1859년   4월 8일, 오스트리아 프로스니츠(현재 체코 프로스초프)에서 양품점을 경영하는 유대인 부모의 3남 1녀 중 둘째로 출생.

1876년   프로스니츠초등학교와 빈실업고등학교를 거쳐 올뮤츠고등학교 졸업.

1876~78년   라이프치히대학교에서 3학기(수학, 물리학, 천문학, 철학)를 수강.

1878~81년   베를린대학교에서 카를 바이어슈트라스(K. Weierstraß) 교수와 레오폴트 크로네커(L. Kronecker) 교수에게 수학을, 프리드리히 파울센(F. Paulsen) 교수에게 철학을 6학기 수강.

1883년   변수계산에 관한 논문으로 박사학위를 받은 후 바이어슈트라스 교수의 조교로 근무.

1883~84년   1년간 군복무를 지원.

1884년   4월, 부친 사망.

1884~86년   빈대학교에서 브렌타노(F. Brentano) 교수의 강의에 깊은 영향을 받기 시작.

1886년	4월, 빈 교회에서 복음파 세례를 받음.
1886~87년	할레대학교에서 카를 슈툼프(C. Stumpf) 교수의 강의를 들음.
1887년	8월 6일, 말비네(Malvine Steinschneider)와 결혼.
	10월, 교수 자격논문 「수 개념에 관하여」가 통과됨. 할레대학교 강사로 취임.

할레대학교 시절(1887~1901)

1891년	4월, 『산술철학』 1권을 출간.
1892년	7월, 딸 엘리자베트(Elisabeth) 출생.
1893년	프레게가 『산술의 근본 법칙』에서 『산술철학』을 비판. 12월, 장남 게르하르트(Gerhart) 출생.(게르하르트는 법철학자로 1972년 사망.)
1895년	10월, 차남 볼프강(Wolfgang) 출생.(볼프강은 1916년 3월 프랑스 베르됭에서 전사.)
1896년	12월, 프러시아 국적 취득.
1897년	《체계적 철학을 위한 문헌》에 「1894년부터 1899년까지 독일에서 발표된 논리학에 관한 보고서」를 게재.(1904년까지 4회에 걸쳐 발표.)
1900년	『논리 연구』 1권(순수논리학의 서론) 출간.
1901년	4월, 『논리 연구』 2권(현상학과 인식론의 연구) 출간.

괴팅겐대학교 시절(1901~1916)

1901년	9월, 괴팅겐대학교의 원외 교수로 부임.
1904년	5월, 뮌헨대학교에 가서 테오도어 립스(Th. Lipps) 교수와 그의 제자들에게 강의.
1904~05년	「내적 시간의식의 현상학」을 강의.

1905년	5월, 정교수 취임이 거부됨. 8월, 스위스 제펠트에서 뮌헨 대학생 펜더(A. Pfänder), 다우베르트(J. Daubert), 라이나하(A. Reinach), 콘라트(Th. Conrad), 가이거(M. Geiger) 등과 토론회.
1906년	6월, 정교수로 취임.
1907년	4월, 제펠트의 토론이 바탕인 일련의 5회 강의를 함.
1911년	3월, 《로고스》 창간호에 「엄밀한 학문으로서의 철학」을 발표.
1913년	4월, 《철학과 현상학적 탐구 연보》(이하 《연보》로 약칭)를 책임 편집인으로 창간하면서 『순수현상학과 현상학적 철학의 이념들』 1권을 발표. 셸러(M. Scheler)도 《연보》에 『윤리학의 형식주의와 실질적 가치 윤리학』 1권을 발표.(2권은 1916년 《연보》 2집에 게재.) 10월, 『논리 연구』 1권 및 2권의 개정판을 발간.
1914년	7월, 제1차 세계대전 발발.(12월, 두 아들 모두 참전.)

프라이부르크대학교 시절(1916~1928)

1916년	4월, 리케르트(H. Rickert)의 후임으로 프라이부르크대학교의 교수로 취임. 10월, 슈타인(E. Stein)이 개인 조교로 근무.(1918년 2월까지.)
1917년	7월, 모친 사망. 9월, 스위스 휴양지 베르나우에서 여름휴가 중 1904~1905년 강의 초안 등을 검토.(1918년 2~4월에 베르나우에서 보낸 휴가에서 이 작업을 계속함.)
1919년	1월, 하이데거 철학과 제1세미나 조교로 임명.
1921년	『논리 연구』 2권 수정 2판을 발간.
1922년	6월, 런던대학교에서 「현상학적 방법과 현상학적 철학」을 강의.
1923년	일본 잡지 《개조(改造)》에 「혁신, 그 문제와 방법」을 발표. 6월, 베를린대학교의 교수 초빙을 거절. 하이데거가 마르부르크대학교에, 가이거가 괴팅겐대학교에 부임. 란트그레베(L.

Landgrebe)가 개인 조교로 근무.(1930년 3월까지.)

1924년   일본 잡지《개조》에 「본질 연구의 방법」과 「개인 윤리의 문제
          로서의 혁신」을 발표. 5월, 프라이부르크대학교의 칸트 탄생
          200주년에 「칸트와 선험철학의 이념」을 강연.

1926년   4월, 생일날 하이데거가 『존재와 시간』의 교정본을 증정.

1927~28년 하이데거와 공동으로 『브리태니커 백과사전』 「현상학」 항목
          을 집필하기 시작.(두 번째 초고까지 계속.)

1927년   하이데거가《연보》8집에 『존재와 시간』을 발표.

1928년   1904~1905년 강의 수고를《연보》9집에 『시간의식』으로 발표.
          3월, 후임에 하이데거를 추천하고 정년으로 은퇴.

은퇴 이후(1928~1938)

1928년   4월, 네덜란드 암스테르담에서 「현상학과 심리학」과 「선험적
          현상학」을 강연. 8월, 핑크(E. Fink)가 개인 조교로 근무.
          11월, 다음 해 1월까지 『형식논리학과 선험논리학』을 저술.

1929년   2월, 프랑스 파리의 소르본대학교에서 「선험적 현상학 입문」
          을 강연. 3월, 귀국길에 스트라스부르대학교에서 같은 주제로
          강연. 4월, 탄생 70주년 기념 논문집《연보》10집에 『형식논
          리학과 선험논리학』을 발표.

1930년   『이념들』 1권이 영어로 번역되어 출간. 이 영역본에 대한 '후
          기'를《연보》최후판인 11집에 발표.

1931년   「파리 강연」의 프랑스어판 『데카르트적 성찰』이 출간. 6월, 칸
          트학회 초청으로 프랑크푸르트, 베를린, 할레대학교에서 「현
          상학과 인간학」을 강연.

1933년   1월, 히틀러가 집권하면서 유대인 박해 시작. 5월, 하이데거가
          프라이부르크대학교의 총장에 취임.

1934년   4월, 미국 남캘리포니아대학교의 교수초빙 요청을 밀린 저술

들의 완성을 위해 거절. 8월, 프라하철학회가 「우리 시대에 철학의 사명」이라는 주제로 강연 요청.

1935년   5월, 빈 문화협회에서 「유럽 인간성의 위기에서 철학」을 강연. 11월, 프라하철학회에서 「유럽 학문의 위기와 심리학」을 강연.

1936년   1월, 독일 정부가 프라이부르크대학교의 강의 권한을 박탈하고 학계 활동을 탄압. 9월, 「프라하 강연」을 보완해 유고슬라비아 베오그라드에서 창간한 《필로소피아》에 『위기』의 1부 및 2부로 발표.

1937년   8월, 늑막염과 체력 약화 등으로 발병.

1938년   4월 27일, 50여 년에 걸친 학자로서의 외길 인생을 마침.

그 이후의 현상학 운동

1938년   8월, 벨기에 루뱅대학교에서 현상학적 환원에 관한 학위 논문을 준비하던 반 브레다(H. L. Van Breda) 신부가 자료를 구하러 프라이부르크로 후설 미망인을 방문. 10월, 루뱅대학교에서 후설아카이브 설립을 결정. 11월, 유대인 저술 말살 운동으로 폐기 처분될 위험에 처한 약 4만 5000여 장의 유고와 1만여 장의 수고 및 2700여 권의 장서가 구출되어 루뱅대학교로 이전. 후설의 옛 조교 란트그레베, 핑크 그리고 반 브레다가 유고 정리에 착수.

1939년   『위기』와 관련된 논문 「기하학의 기원」을 핑크가 벨기에 브뤼셀에서 발간한 《국제철학지》에 발표. 3월, 유고 『경험과 판단』을 란트그레베가 편집해 프라하에서 발간. 6월, 루뱅대학교에 후설아카이브가 정식으로 발족.(이 자료를 복사해 1947년 미국 버팔로대학교, 1950년 독일 프라이부르크대학교, 1951년 쾰른대학교, 1958년 프랑스 소르본대학교, 1965년 미국 뉴욕의 뉴스쿨에 후설아카이브 설립.)

1939년	파버(M. Farber)가 미국에서 '국제현상학회'를 창설. 1940년 부터 《철학과 현상학적 연구》를 창간.
1943년	사르트르가 『존재와 무: 현상학적 존재론의 시도』를 발표.
1945년	메를로퐁티가 『지각의 현상학』을 발표.
1950년	후설아카이브에서 유고를 정리해 『후설전집(*Husserliana*)』을 발간.
1951년	브뤼셀에서 「국제현상학회」가 개최됨.
1958년	후설아카이브에서 『현상학 총서(*Phaenomenologica*)』를 발간.
1960년	가다머(H-G. Gadamer)가 『진리와 방법』을 발표.
1962년	미국에서 '현상학과 실존철학협회'가 창설됨.
1967년	캐나다에 '세계현상학 연구기구'가 창립. '영국현상학회'가 《영국 현상학회보》를 발간.
1969년	'독일 현상학회'가 창립되고 1975년부터 『현상학 탐구』를 발간하기 시작. 티미니에츠카(A-T. Tymieniecka)가 '후설과 현상학 국제연구협회'를 창설하고 1971년부터 《후설 연구 선집》을 발간.
1971년	미국 듀케인대학교에서 《현상학 연구》를 발간.
1978년	'한국현상학회'가 창립되고 1983년부터 《현상학 연구》를 발간.

후설의 저술

후설전집

1 『성찰(*Cartesianische Meditationen & Pariser Vorträge*)』, S. Strasser 편집, 1950;
『데카르트적 성찰』, 이종훈 옮김, 한길사, 2002, 2016(개정판).

2 『이념(*Die Idee der Phänomenologie*)』, W. Biemel 편집, 1950;『현상학의 이념』,
이영호 옮김, 서광사, 1988.

3 『이념들 1권(*Ideen zu einer reinen Phänomenologie und phänomenologischen Philosophie
I*)』, W. Biemel 편집, 1950. K. Schuhmann 새편집, 1976;『순수현상학과 현
상학적 철학의 이념들』1권, 이종훈 옮김, 한길사, 2009.

4 『이념들 2권(*Ideen zu einer reinen Phänomenologie und phänomenologischen Philosophie
II*)』, M. Biemel 편집, 1952;『순수현상학과 현상학적 철학의 이념들』2권,
이종훈 옮김, 한길사, 2009.

5 『이념들 3권(*Ideen zu einer reinen Phänomenologie und phänomenologischen Philosophie
III*)』, M. Biemel 편집, 1952;『순수현상학과 현상학적 철학의 이념들』3권,
이종훈 옮김, 한길사, 2009.

6 『위기(*Die Krisis der europäischen Wissenschaften und die transzendentale Phäno-
menologie*)』, W. Biemel 편집, 1954;『유럽 학문의 위기와 선험적 현상학』, 이

종훈 옮김, 한길사, 1997, 2016(개정판).

7 『제일철학 1권(*Erste Philosophie(1923~1924) I*)』, R. Boehm 편집, 1956.

8 『제일철학 2권(*Erste Philosophie(1923~1924) II*)』, R. Boehm 편집, 1959.

9 『심리학(*Phänomenologische Psychologie(1925)*)』, W. Biemel 편집, 1962; 『현상
학적 심리학』, 이종훈 옮김, 한길사, 2012.

10 『시간의식(*Zur Phänomenologie des inneren Zeitbewußtseins(1893~1917)*)』, R.
Boehm 편집, 1966; 『시간의식』, 이종훈 옮김, 한길사, 1996.

11 『수동적 종합(*Analysen zur passiven Synthesis(1918~1926)*)』, M. Fleischer 편
집, 1966; 『수동적 종합』, 이종훈 옮김, 한길사, 2018.

12 『산술철학(*Philosophie der Arithmethik(1890~1901)*)』, L. Eley 편집, 1970.

13 『상호주관성 1권(*Zur Phänomenologie der Intersubjektivität* I(1905~1920))』, I.
Kern 편집, 1973.

14 『상호주관성 2권(*Zur Phänomenologie der Intersubjektivität* II(1921~1828))』, I.
Kern 편집, 1973.

15 『상호주관성 3권(*Zur Phänomenologie der Intersubjektivität* III(1929~1935))』,
I. Kern 편집, 1973.

16 『사물(*Ding und Raum(1907)*)』, U. Claesges 편집, 1973.

17 『형식논리학과 선험논리학(*Formale und transzendentale Logik*)』, P. Janssen 편
집, 1974; 『형식논리학과 선험논리학』, 이종훈·하병학 옮김, 나남, 2010.

18 『논리 연구 1(*Logische Untersuchungen* I)』, E. Holenstein 편집, 1975; 『논리
연구 1』, 이종훈 옮김, 민음사, 2018.

19 『논리 연구 2(*Logische Untersuchungen* II)』, U. Panzer 편집, 1984; 『논리 연구
2-1』, 『논리 연구 2-2』, 이종훈 옮김, 민음사, 2018.

20-1 『논리 연구 보충판 1권(*Logische Untersuchungen. Ergänzungsband.* I)』, U.
Melle 편집, 2002.

20-2 『논리 연구 보충판 2권(*Logische Untersuchungen Ergänzungsband.* II)』, U.
Melle 편집, 2005.

21 『산술과 기하학(*Studien zur Arithmetik und Geometrie(1886~1901)*)』, I.

Strohmeyer 편집, 1983.

22 『논설(*Aufsätze und Rezensionen*(1890~1910))』, B. Rang 편집, 1979.

23 『상상(*Phantasie, Bildbewußtsein, Erinnerung*(1898~1925))』, E. Marbach 편집, 1980.

24 『인식론(*Einleitung in die Logik und Erkenntnistheorie*(1906~1907))』, U. Melle 편집, 1984.

25 『강연 1(*Aufsätze und Vorträge*(1911~1921))』, Th. Nenon & H. R. Sepp 편집, 1986.

26 『의미론(*Vorlesungen über Bedeutungslehre*(1908))』, U. Panzer 편집, 1986.

27 『강연 2(*Aufsätze und Vorträge*(1922~1937))』, Th. Nenon & H. R. Sepp 편집, 1989.

28 『윤리학(*Vorlesung über Ethik und Wertlehre*(1908~1914)』, U. Melle 편집, 1988.

29 『위기 보충판(*Die Krisis der europäischen Wissenschaften und die transzendentale Phänomenologie*(1934~1937))』, R. N. Smid 편집, 1993.

30 『논리학과 학문 이론(*Logik und allgemeine Wissenschaftstheorie*(1917~1918))』, U. Panzer 편집, 1996.

31 『능동적 종합(*Aktive Synthesen*(1920~1921))』, E. Husserl & R. Breeur 편집, 2000.

32 『자연과 정신(*Natur und Geist*(1927))』, M. Weiler 편집, 2001.

33 『베르나우 수고(*Die Bernauer Manuskripte Über das Zeitbewußtsein*(1917~1918))』, R. Bernet & D. Lohmar 편집, 2001.

34 『현상학적 환원(*Zur phänomenologische Reduktion*(1926~1935))』, S. Luft 편집, 2002.

35 『철학 입문(*Einleitung in die Philosophie*(1922~1923))』, B. Goossens 편집, 2002.

36 『선험적 관념론(*Transzendentale Idealismus*(1908~1921))』, R. D Rollinger & R. Sowa 편집, 2003.

37 『윤리학 입문(*Einleitung in die Ethik*(1920 & 1924))』, H. Peucker 편집,
   2004.

38 『지각과 주목함(*Wahrnehmung und Aufmerksamkeit*(1893~1912))』, T.
   Vongehr & R. Giuliani 편집, 2004.

39 『생활세계(*Die Lebenswelt*(1916~1937))』, R. Sowa 편집, 2008.

40 『판단론(*Untersuchungen zur Urteilstheorie*(1893~1918))』, R. D. Rollinger 편
   집, 2009.

41 『형상적 변경(*Zur Lehre vom Wesen und zur Methode der eidetischen Variation*
   (1891~1935))』, D. Fonfaral 편집, 2012.

42 『현상학의 한계 문제(*Grenzprobleme der Phänomenologie*(1908~1937))』, R.
   Sowa & T. Vongehr 편집, 2014.

후설전집에 수록되지 않은 저술들

1 『엄밀한 학문(*Philosophie als strenge Wissenschaft*)』, 『로고스(*Logos*)』 1집, W.
  Szilasi 편집, Frankfurt, 1965; 『엄밀한 학문으로서의 철학』, 이종훈 옮김, 지
  만지, 2008.

2 『경험과 판단(*Erfahrung und Urteil*)』, L. Landgrebe 편집, Prag, 1939; 『경험
  과 판단』, 이종훈 옮김, 민음사, 1997. 2016(개정판).

3 *Briefe an Roman Ingarden*, R. Ingarden 편집, The Hague, 1968.

후설 유고의 분류

A 세속적(mundan) 현상학
   I. 논리학과 형식적 존재론 ── (41, 이하 괄호 안의 숫자는 일련의 묶은 편
      수를 뜻함)
   II. 형식적 윤리학, 법철학 ── (1)
   III. 존재론(형상학(形相學)과 그 방법론) ── (13)

후설의 저술

IV. 학문이론 — (22)

V. 지향적 인간학(인격과 환경세계) — (26)

VI. 심리학(지향성 이론) — (36)

VII. 세계통각의 이론 — (31)

B 환원

I. 환원의 길 — (38)

II. 환원 자체와 그 방법론 — (23)

III. 잠정적인 선험적 지향적 분석학 — (12)

IV. 현상학의 역사적 및 체계적 자기특성 — (12)

C 형식적 구성으로서 시간 구성 — (17)

D 원초적 구성(근원적 구성) — (18)

E 상호주관적 구성

I. 직접적 타자경험의 구성적 기초학 — (7)

II. 간접적 타자경험의 구성(완전한 사회성) — (3)

III. 선험적 인간학(선험적 신학, 목적론 등) — (11)

F 강의들과 강연들

I. 강의들과 그 부분들 — (44)

II. 강연들과 부록들 — (7)

III. 인쇄된 논문들과 그 부록들의 수고(手稿)들 — (1)

IV. 정리되지 않은 원고 — (4)

K 1935년 비판적으로 선별할 때 수용하지 않았던 속기 필사본

I. 1910년 이전 수고들 — (69)

II. 1910년부터 1930년까지의 수고들 — (5)

III. 1930년 이후 『위기』와 관련된 수고들 — (33)

IX.~X. 후설 장서에 기재한 난외 주석들의 사본

L 1935년 비판적 선별할 때 수용하지 않았던 홀림체 필사본(베르나우 초고)

I. — (21)

II. — (21)

M 필사체 수고 사본 및 1938년 이전 후설의 조교들이 타이프 친 원고

I. 강의들 — (4)

1.『현상학 입문』(1922)

2.『철학입문』

3.『제일철학』

4『현상학적 심리학』

II. 강연들 — (3)

1 베를린 강연

2 칸트 기념 강연회의 연설

3 파리 강연과『데카르트적 성찰』

III. 출판 구상 — (17)

1『이념들』2권과 3권

a) 슈타인 사본

b) 란트그레베 사본

c) 란트그레베 사본에 대한 후설의 수정

2『논리 연구』제6연구(2-2권)의 개정

3 의식의 구조에 대한 연구들

a)~c) 1부 3부

d) 이러한 사상의 범위에 대한 구상

4 일본 잡지《개조》에 기고한 논문의 구상

5『위기』3부를 위한 구상

a) 프라하 강연

b) 빈 강연

c)『위기』3부; 내용색인; 역사연구;『위기』3부의 수정

6~8 커다란 구도 속에서의 구상

9 후설의 관념론에 관한 논쟁

10『브리태니커 백과사전』에 기고한「현상학」항목의 구상

11~17 네 가지 구도 속에서의 구상

N 비망록

P 다른 저자들의 수고들

Q 스승들의 강의를 들을 때 후설이 작성한 메모

R 편지들

  I. 후설이 쓴 편지들

  II. 후설에게 보낸 편지들

  III. 후설에 관한 편지들

  IV. 후설 사후(1938년) 후설 부인의 편지들

X 기록 문서들

  I. 임명장들

  II. 광고 포스터들

  III. 강의 안내문들

  IV. 일지들

찾아보기 (인명)

괴테(Geothe, J. W.) 44

그라스만(Grassmann, H. G.) 339

나토르프(Natorp, P.) 53, 119, 233, 234, 248

뉴턴(Newton, I.) 126, 136, 201, 265, 300, 339

데카르트(Descartes, R.) 23, 25, 26, 32, 299, 305, 346

드로비슈(Drobisch, M. W.) 32, 93~96, 121, 242, 302

라송(Lasson, A.) 223

라이프니츠(Leibniz, G. W.) 32, 89, 98, 124, 208~210, 268, 297, 300, 304~312, 347

라이나흐(Reinach, A.) 55

랑에(Lange, F. A.) 160, 161, 163~165, 173, 310, 311

로체(Lotze, R. H.) 119, 124, 246, 297, 299, 304, 314

리(Lie, M. Sophus) 339

리만(Riemann, G. F. B.) 67, 340

리스(Riese, A.) 342

리프만(Liebmann, O.) 163

립스(Lipps, H.) 55

립스(Lipps, Th.) 50, 112, 113, 116, 118, 121, 128, 197, 211, 295, 349

릴 (Riehl, A.) 246, 247

마이농(Meinong, A.) 32, 94, 118, 121, 155, 261

마흐(Mach, E.) 273~279, 285

밀(Mill, J. S.) 57, 58, 59, 91, 95, 105, 112, 115, 116, 118, 121

베인(Bain, A.) 91, 92, 197

베네케(Beneke, F. E.) 90, 93, 95, 211

베르누이(Bernoulli, J.) 124, 126

베르크만(Bergmann, J.) 84, 85, 93, 94, 165

베버(Weber, W. E.) 126

볼프(Wolff, Ch.) 299, 300

볼차노(Bolzano, B.) 17, 32, 85, 86, 93, 121, 310~314

뵈클린(Böcklin, A.) 220

분트(Wundt, W.) 93, 118, 121, 133, 197, 211, 260, 295

브렌타노(Brentano, F.) 17, 94, 118, 121, 155
빈델반트(Windelband, W.) 150
쇼펜하우어(Schopenhauer, A.) 107
슈툼프(Stumpf, C.) 94, 112, 119
슈페(Schuppe, W.) 93
슐라이어마허(Schleiermacher, F.) 85, 86
스펜서(Spencer, H.) 143, 145
아리스토텔레스(Arisoteles) 27, 59, 87,
    94, 95, 97
아베나리우스(Avenarius, R.) 273~276,
    285
아벨(Abel, N. H.) 221, 222
에르트만(Erdmann, B.) 77, 93, 116, 119,
    197, 211~230, 295, 305, 307
에피쿠로스(Epikuros) 106, 216
엘젠한스(Elsenhans) 295
예링(Hering, J.) 55
위버베크(Überweg, F.) 94, 313
지그바르트(Sigwart, Ch.) 91, 94, 117,
    118, 121, 132, 154, 159, 165~168,
    197~211, 236, 260, 298
칸토어(Cantor, G.) 128, 339
칸트(Kant, I.) 25, 26, 59~63, 85,
    88~96, 105, 107, 114, 121, 140,
    150, 160~163, 179, 184, 265, 274,
    275, 288, 297~300, 303, 304, 308,
    311, 340
코르넬리우스(Cornelius, H.) 274, 286
퀼페(Külpe, O.) 295
크니게(Knigge, Ph.) 313
크로만(Kroman, K.) 163
크리스(Kries, J. A.) 322
트렌델렌부르크(Trendelenburg, F. A.)
    59, 307
페레로(Ferrero, G.) 223
프레게(Frege, G.) 17, 53, 248, 349

프로타고라스(Protagoras) 185
한켈(Hankel, H.) 247
해밀턴(Hamilton, W.) 32, 59, 91~94,
    112, 116, 121, 145, 154, 259
해밀턴(Hamilton, W. Rowan) 339
헤겔(Hegel, G. W. F.) 90, 216, 223, 312
헤르바르트(Herbart, J. F.) 32, 90~93,
    96, 115, 121, 297, 299~304, 308,
    311
헤이만스(Heymans, G.) 154, 163, 172~179
헬름홀츠(Helmholtz, H.) 93, 322, 340
회플러(Höfler, A.) 118, 155, 261, 263
흄(Hume, D.) 57, 59, 151~153, 209,
    268, 277

찾아보기 (용어)

객관성 29, 32, 43, 63, 186, 187, 196,
    201~206, 299, 346
결합술 306~308
관념의 관계 209, 268
귀납 29, 57, 62, 113, 125, 126,
    137~140, 144, 146, 147, 151, 178,
    184, 238, 267, 302
기초이동 18, 61, 221, 247, 249
기호법 248, 307
내재 18, 33, 51, 93, 121, 163, 230, 250,
    256, 268, 276
네 가지 개념의 오류 169
다양체 41, 67, 70~74, 129, 136, 169,
    189, 202, 234, 267, 282, 303, 328,
    337~341
다양체이론 41, 308, 312, 335, 337~341
동일률 133, 166, 200
명증성 21, 24, 31, 37, 60, 69~73, 76,
    118, 125, 153, 154, 158, 159, 170,
    174, 181, 193, 194, 202, 228, 229,
    240, 259~272, 280, 317, 326
모순율 28, 29, 125, 131, 133, 143~148,

157~167, 171, 172, 186, 189,
    198~200, 209, 216, 229, 239, 244,
    255, 256, 263
물자체 107, 183~185
발견술 344
변증법 87, 216
보편산술 127, 251
보편수학 305, 306, 308, 312
보편학 306, 307
본능 174, 343
부호법 307
분석판단 197
사실의 문제 133, 225, 238, 268
사실의 진리 190, 192, 209, 210
사유경제 31, 79, 268, 273~293
사태 그 자체 15, 47, 232
삼단논법 28. 29, 124~127, 131, 134,
    168, 171, 175, 178, 215, 216, 233,
    235, 238, 245, 252, 256, 298, 301,
    305, 306, 308, 312, 330, 334, 336,
    342
3체 문제 264, 265

선결문제 요구의 오류 288, 291
수의 신비주의 98
수학화하는 논리학 313
심리학주의 11, 13, 14, 17, 18, 19,
　　27~38, 44, 50, 53, 59, 77, 85, 90,
　　91, 93, 16~272, 273, 285, 290,
　　293~295, 298, 304
선험적 심리학 161, 196
스콜라철학 96~99, 298, 303, 305
아프리오리 18, 37, 62, 63, 74, 90, 125,
　　126, 143, 152, 180, 184, 196, 200,
　　209, 238, 241, 242, 256, 262~265,
　　278, 286, 308, 311, 316, 326, 327,
　　329, 331, 336, 338, 341, 347
암호 해독술 307
연상 34, 57, 77, 124, 149, 152, 155,
　　213, 249, 276, 277
연쇄식 301, 306
오류추리 171, 172, 176, 177
응용논리학 88, 297, 302
이념화작용 52, 202, 333
이념화하는 허구 136, 226, 333
이성의 진리 50, 208~210, 268
이유율 133, 199, 206, 209
인간학주의 25, 186~211
인식대상적 52
인식작용적 52, 181~185, 326, 327
인식비판 21, 32, 295, 308, 344
정언명법 105
주관성 18, 19, 21, 25, 32, 43, 98, 181,
　　182, 186, 228, 327
충전적 37, 60, 249, 265, 270, 333
쾌락주의 106
통각 249, 253, 275, 276
필증적 37, 60, 127, 136, 139, 158, 159,
　　194, 207, 208, 210, 214, 240, 241,

265, 310, 311
학문이론 17, 67, 68, 72, 75, 78, 81~86,
　　111, 274, 305
현재화 35, 249
현전화 176, 249, 255, 277, 333
형용의 모순 199
회의론 21, 59, 184

이종훈

성균관대학교 철학과와 같은 대학교 대학원 철학과에서 후설현상학을 전공해 박사학위를 받았다. 현재 춘천교육대학교 윤리교육과 교수로 재직 중이다. 저서로 『현대의 위기와 생활세계』(1994), 『아빠가 들려주는 철학이야기』 제1~3권(1994, 2006), 『현대사회와 윤리』(1999), 『후설현상학으로 돌아가기』(2017)가 있으며, 역서로 『언어와 현상학』(커닝햄, 1995), 『소크라테스 이전과 이후』(컨퍼드, 1995), 『시간의식』(후설, 1996), 『경험과 판단』(후설, 1997), 『유럽 학문의 위기와 선험적 현상학』(후설, 1997), 『데카르트적 성찰』(후설, 2002), 『엄밀한 학문으로서의 철학』(후설, 2008), 『순수현상학과 현상학적 철학의 이념들』 제1~3권(후설, 2009), 『형식논리학과 선험논리학』(후설, 2010), 『현상학적 심리학』(후설, 2013), 『수동적 종합』(후설, 2018) 등이 있다.

현대사상의 모험 33

논리 연구 1 순수논리학의 서론

1판 1쇄 찍음 2018년 2월 20일
1판 1쇄 펴냄 2018년 2월 28일

지은이　에드문트 후설
옮긴이　이종훈
발행인　박근섭·박상준
펴낸곳　㈜민음사

출판등록　1966. 5. 19. 제16-490호
주소　서울특별시 강남구 도산대로 1길 62 (신사동)
　　　강남출판문화센터 5층 (06027)
대표전화　515-2000/팩시밀리 515-2007
홈페이지　www.minumsa.com

한국어판 ⓒ ㈜민음사, 2018. Printed in Seoul, Korea

ISBN　978-89-374-1634-7 (94160)
　　　978-89-374-1600-2 (세트)